Ye 2017

LES PREMIERES OEVVRES POETIQVES DV
Capitaine Lasphrise.

A

CESAR MONSIEVR.

A PARIS,
Pour IEAN GESSELIN, ruë S. Iacques,
à l'enseigne sainct Martin, & en sa
boutique au Palais, en la gallerie
des prisonniers.

M. D. XCVII.
AVEC PRIVILEGE DV ROY.

Prologues des liures icy contenus.

Les Amours de Theophile.
L'Amour passionnée de Noëmie.
La Delice d'Amour.
La Nouuelle Inconnuë.
Les Ænigmes.
L'Allusion.
Diuerses Stances d'Amour.
Le Fleau feminin.
Diuerses Poësies.
Stances de Bacchus & Caresme-prenant, & cinq Sonnets de mesme subject.
Nouuelle Tragicomique.
Elegies au Roy.
Le Cantique de la vierge Marie, & vne Paraphrase sur celuy des trois saincts enfans, auec quelques Sonnets & Oraisons Chrestiennes.

AV LECTEVR.

Il s'est mis deux couplets en l'Ode du sieur du Plessis Preuost, sur la Noëmie, en la cent quarantiesme page, qui n'en sont pas. Le premier couplet se commence,

Ne croy que i'en face accroire.

Et le second est celuy qui le suyt : lesquels ne sont ne du subject, ne dudict du Plessis.

LASPHRISE
A CESAR
MONSIEVR.

ESAR fils d'vn CESAR en vaillance
   indomptable,
Ie t'offre mon Enfant conceu au champ
   de Mars,
Soubs l'ombre courageux des flottans estendars,
Où ie planté ieunet le Palmier honorable.
Quelque iour tu pourras gonflé d'humeur loüable
   Benir de mes beaux vers les hameçons mignards,
Et plaindre mes douleurs, guerdon de mes hazards,
   N'ayant peu Enfançon m'estre alors fauorable.
Possible tes regrets maugré l'impiteux sort
   Me feront tout par tout viure dedans la mort,
   Solleillé de tes yeux lumieres d'esperance,
Où se iugent desia cent & cent demy-Dieux,
   Renaissant comme en toy IVLE victorieux,
   La targue de l'honneur, & l'appuy de la France.

QVATRIN.

MOn Liure (ains de CESAR à qui ie t'ay donné)
Il ne faut plus tarder, il ne faut plus se taire,
Marche, conte sans peur ton desastre obstiné:
Car estant à CESAR, qui t'oseroit mal faire?

Illustri Principi Cæsari Borbonio Lugdunensi Proregi, &c. in Carmina à Marco Papilione Asfrisio illi dicata, Epigramma.

ILLE tuus Cæsar qui te canit optime vates
   Vultus habet Martis, Palladis ingenium.
Nec melius Musæ poterant agnoscere numen,
   Nomina quàm manibus pingere sacra suis.
Omine sint ergo dulci quæ pauca satelles
   Carmina dat clarus Cæsare digna precor.
Vtq́; tui charites animi voluentibus annis
   Exornent meritis patris vtrumque genus.

                P. P. PLESSEII PREVOTII

SONNET A' CESAR
MONSIEVR.

SI l'on nombre, ô CESAR, les exploits de
   ton pere
  En tant de camps deffaicts, battus, espouuan-
Tant de villes, de forts, forcez, accrauātez, (tez,
Tāt de vainqueurs priuez de gloire & de lumiere
CESAR, croy moy, CESAR, qu'on lairra loin derriere
Tous les Roys du passé que l'on a plus vantez,
Tous les preux Cheualiers tenus pour indomtez,
Mesmes pour les Démons de la tourbe guerriere.
Donc te voüant de l'heur pour toy ie prie aux dieux
  Que tu puisses valoir sous vn Ciel plus heureux
Ton pere en equité, en douceur, en vaillance.
Si cela est, CESAR, auant que de mourir
  L'on verra sur ton front cent Couronnes fleurir,
Et l'vn & l'autre monde obeir à la France.

             LE PLESSIS PREVOST.

LES VERS DV CAPI-
TAINE LASPHRISE
à ſes Amis.

L'Immortel nom de Capitaine
De tout temps chery de l'honneur
Ne doit m'apporter deffaueur
Pour l'inſuffiſance mondaine,
De vertu le Soleil luiſant
Diſsipe tout brouillard nuiſant.
Ce tiltre ornement de Nobleſſe
Mon beau luſtre n'obſcurcira,
Ains plus loüable me rendra
Teſmoignant ma braue ieuneſſe,
Qui fiſt en vn temps ſans mercy
Luire & bruire la Muſe ainſi.
Premier ie n'ay par les allarmes
Faict de la gloire, & n'ay premier
Couronné mon chef de Laurier
Ioignant les Muſes & les armes,
Des deux ne peu l'impreſſion
Bleſſer ma reputation.
Si donc quelque leger me blaſme
Qu'il acheue en ces dignes Ars,
Ce que ie fis au champ de Mars.
Il benira le tiltre & l'ame,
Et m'excuſera ſi i'ay faict
Ce qui ſans luy me ſatisfaict.

In nomen Ducis à Marco Papilione Lasfrisio
assumptum, Carmen.

Militis hic duri fortis dum munera cõplet
   Acceptum Musis condidit illud opus.
Arma suis dudum iuuenilibus vsta lacertis
   Arbitrio famæ grande tulêre decus.
Immittens Marti quæ fecit Apolline dextro
   Vt duce sic ducis hæc auspice nomẽ habent.

        P. P. PLESSEII.

ã iiij

SONNET.

Comme il fut hardy Capitaine
Au iour funebre de meschef
Des neuf Sœurs il fut esleu chef
Au conuiue de l'Hippocrene.
Et comme en la guerriere peine
Il a de Palme orné son chef,
Son chef le reçoit de rechef
Chef de la tourbe Aonienne.
Le tiltre qu'il eust aux hazars
Capitaine des vieux soudars
Sans cesse fera son nom viure,
Mais ce que merite vn beau vers
Ne peut luire de l'Vniuers
Si bien faire voir que son liure.

              LE PLESSIS PREVOST.

SVR LA THEOPHILE
DV SIEVR DE
Lasphrise.

TV n'es pas le premier, ne le croy pas, LAS-
PHRISE,
A qui mesme beauté ait cousté la franchise,
Assez d'autres que toy ou Gregeois, ou Romain,
Ont gemy soubs les yeux d'vne belle Nonain,
Mais ie l'asseure bien, telle qu'elle puisse estre,
Que Vestale iamais ne vescut en vn cloistre,
Qui à nul Amoureux eust d'obligation
Autant que THEOPHILE a ton affection.
Pour sa main qu'il brusla plus Sceuole on admire,
Que pour auoir osé s'auanturer d'occire
Porsenne ce grand Roy, qui passa de mercy
La valeur de Sceuole, & la douleur aussi;
Aussi bien qu'en tes vers tu sois inimitable
Ton Amour l'est bien plus : car il n'a de semblable,
Qui as par tant d'hyuers sans reuoir ton vainqueur
Porté au col ses fers, & sa fleche en ton cœur;
Ie m'estonne comment à si tres-long martyre
Ton ame (ains ton Amour) LASPHRISE a
peu suffire,
Ie m'estonne comment quelque autre passion
N'a soustraict le desir à ton affection,
Il est biē vray qu'Amour fait d'excellens ouurages,
Il abbaisse les cœurs, il hausse les courages,
Il resueille les sens & les meschange aussi,
Et quiconque il attrappe est tousiours en soucy,

á v

Le mortel mal aimé que le malin enferre,
Eust-il au lieu d'vn cœur vn bronze ou vne pierre,
Fust-il comme vn Caucas' enneigé de froideur,
Il bouillonne soudain, il hallette d'ardeur,
Il brusle, il glace, il meurt, & pour changer de place,
Sa mutine Thetys ne trouue de bonace;
Ains quelque part qu'il aille il porte dans le sang
La crainte & l'esperance, & la tristesse au flanc;
Il est comme le Cerf que le tireur affolle,
Qui plus s'en va leger moins son mal se console,
Qui plus change de terre & moins change de mal,
Il est vray que le tien au sien n'est pas egal:
Car il fuyt çà & là pour guerir sa poitrine,
Où si tu fuis tu meurs, pour ne voir ta Cyprine,
Et n'est aucun diptam propre à te soulager
Qu'auec ton homicide en vn lict heberger.
LASPHRISE, cela fait que mon cœur s'esmerueille
Reputant ta constance en longueur nompareille,
Qui as de tant de mers surmonté les dangers,
Qui as de tant de lieux couru les estrangers,
Qui as en tant d'hazars pour seruir la patrie
Veu renaistre des iours, & s'abreger ta vie,
Sans reuoir ces beaux yeux dont l'air n'est disparu,
Depuis tant de saisons que tu en es feru.
La fleche n'estoit pas LASPHRISE enuenimée,
Dont ta poitrine fust par Amour entamée,
L'or estoit bien luisant dont elle estincelloit,
Et pour faire miracle Amour la conseruoit:
Car depuis qu'Ilion par les Grecs assiegée
Succomba sous leurs feux par leurs mains saccagée,
Autre Amour que le tien n'a duré par tant d'ans,
„ Il est bien vray qu'Amour n'est pas sujet au temps:

,, Car l'Amour est vn dieu de loingtaine origine,
,, D'vn dieu ne vient aussi chose moins que diuine,
,, Esleuant les mortels que son traict affola,
,, Par où (fors ses esleus) iamais d'autre n'alla.
Ce fust ce boute-feu par qui pour sa Cassandre
Corebe ne craignit des Grecs vangeurs l'esclandre,
Ce fust ce boute-feu par qui creua son flanc
Pyrame sur Thisbé plus que rouge de sang;
Ce fust ce boute-feu qui fist nageur Leandre,
Qui ainsi t'a voulu à bien aimer apprendre,
Afin que nous veissions en nos ans surmonté
Des plus vieux Palladins l'Amour gros de bonté,
Et encor que tu sois tout disert de nature,
C'est Amour, ie le croy (ne le prens à iniure)
Qui t'a dicté ces vers, dont tu vas rauissant
Les cœurs depuis le soir iusqu'au Soleil naissant;
Que si ton auditeur retient bien ta science
Le siecle produira des Pylades en France,
Et des ames encor, qui pourront par leurs vers
Auec vn grand esclat trauerser l'Vniuers.

LE PLESSIS PREVOST.

Sur les Amours de Monsieur de Lasphrise, Stances.

THEOPHILE te pleut, ta chere Noëmie
Guerdonna ton seruice au gré de tes desirs;
Leurs beautés sans ta Muse auroyent vescu sans vie,
Comme ton ame eust faict vefue de ses plaisirs.
　Et parce qu'vn esprit s'anime d'auantage
A l'object éclatant qui s'estalle à nos yeux,
Heureux en les aimant tu prins cest aduantage
De les loüer en terre, & les grauer aux Cieux.
　Amour qui les connoit à l'abry de ses aisles
Par ta voix feit esclorre vne gloire à leur nom,
Et comme il t'a fallu nous les rendre immortelles
Elles t'ont faict aussi dignes d'vn beau renom.
　Au temps plus fortuné que ton ame Amoureuse
Ne souspiroit qu'vn air tiedement addoulcy,
Combien de fois i'ay veu ceste ame genereuse
Vaincre nos ennemis d'vn courage endurcy!
　Mais toy vaincu d'Amour, vainqueur de la fortu-
Qui braue soubs nos Roys as tousiours combatu, (ne,
Pourrois-tu desirer plus de grace opportune
Que ce lustre arrondy d'vne extreme vertu?
　Ce fidele tesmoin d'vn bel esprit deliure
De tout autre desir fors que d'estre immortel,
Ce Tableau de ton cœur, ce pourtraict, ce beau liure,
Ce Temple, ces flambeaux, ces vœux & cest Autel,
　C'est le siege fameux de ta claire loüange,
Où vaillant & sçauant t'admire l'Vniuers,
Et les flammes d'Amour t'ont faict deuenir Ange,
Pour te guinder au Ciel sur l'aisle de tes vers.

　　　　　　　　　　　　DE SONAN.

Sur les Poësies de Monsieur de Lasphrise.

SI tes VERS iouuenceaux paroissent gracieux
Par leur beau flux doré qu'ores tu nous de-
cœuures,
Hé! que seroit-ce au prix si tu monstrois tes œuures,
En ton grand BIOLOGVE ouurage glorieux?

L'ORMOIS.

SONNET.

Que tardes-tu LASPHRISE? attens-tu l'O-
  liuier,
Pour monstrer aux Frãçois tes armes empourprées,
Tes courses, tes trauaux aux loingtaines contrées,
Qui t'ont plus brauement honoré du Laurier?
Quand tu n'aurois bougé iour & nuict d'estudier,
  (Comme autres) tu aurois de ses branches sacrées;
Mais gros d'vn plus beau sang par valeurs asseu-
  Tu les allois gaigner au bataillon meurtrier. (rées
C'est donc raison qu'en guerre on publie ta gloire,
  Tes Amours y sont nays, & leur doulce victoire,
Puis Mauors n'est pas prest d'appaiser son effort;
Aussi qu'en nostre vie vn los est plus loüable,
  Mets donc au iour tes vers durãt la tienne aimable.
:: Le plaisir peut-il plaire à l'homme qui est mort?

L. S. P.

SONNET.

CE n'est merueille au peintre de pourtraire,
   Au Magistrat de sçauoir maistriser,
   Au Courtisan de faindre & déguiser,
Ni au causeur de ne se pouuoir taire.
Ce n'est merueille au flatteur de complaire,
   Au bon bouffon gayement deuiser,
   Au dédaigneux les humbles mespriser,
Ni à chacun sa vacation faire.
Ce n'est merueille à vn Poëte né,
   Qui s'est tousiours à l'estude addonné,
D'estre inuenteur des sciences infuses:
Mais c'est merueille oyant ce Palladin,
   Le seul LASPHRISE escrire vn chant diuin,
Sans auoir veu le beau palais des Muses.

                              M. P.

Le sieur de Masere Touranjau au Capitaine Lasphrise, & à sa Theophile.

Ayant esté nourris ensemble en nostre enfance,
Et t'ayant veu laisser les liures dés douze ans
Pour aller à la guerre auant ton gay Printemps,
Ie croiroy le taisant te faire quelque offence.
Ie diray donc qu'en toy, en qui l'honneur s'auance,
On a veu solleiller les combats triomphans,
Et diray que tes Vers sont naifs & galands,
Comme sans artifice est ta braue vaillance.
O belle Theophile, heureuse mille fois
D'auoir en si digne ame esmeu si bonne voix,
Qui chante haultement ta gloire precieuse.
Tu luy as faict ce bien (qui est ton bien meilleur)
Mais tu luy deuois faire encor plus de faueur,
Ou bien luy donner moins de peine soucieuse.

EPIGRAMME
à mes Vers.

» Qvi n'est nay que pour soy
» Ne merite pas d'estre,
O vous doncques vous-moy
Mes vers allez paroistre.
Pour plaire à nos Amis
Sortez du Corps-de-garde,
Si un gros d'ennemis
Louchement vous regarde,
Poursuiuez mes mignons,
Cela vous glorifie,
Vous serez compagnons
Des plus grands qu'on enuie.
Ie vous ay faicts aussi
Pour ceux qui vous cherissent,
N'ayons doncques soucy
De ceux qui nous hayssent.

SONNET
à mes Vers.

SI vn tas d'enuieux qui fourmillent en France
Venoyent vous brocarder, mes Enfans bien-aimez,
MES VERS que i'ay d'Amour galamment animez,
Dequoy vous estes doulx non enflez d'arrogance.
Dictes leur mes douillets, que la graue sentence
N'eschauffe les Amours brauement estimez,
Que les propos mignards les ont plus allumez,
Que la doulceur esmeut la doulce iouyssance.
Tesmoing vostre Patron le gracieux Ouide,
Et le coulant Marulle, Anacreon fluide,
Bien que vous n'entonniez riē de leur docte voix.
„ Que facile est l'Amour aimant chose facile,
„ Chacun veult son semblable, il hayt le difficile:
„ Car il est familier aux Bergers comme aux Roys.

A QVELQVES-VNS
DE MES AMIS.

Omme vn bon messager qu'vn long sommeil oppresse,
  Qui songe chose doulce & propre à son besoing,
  S'esueille esmerueillé pensant estre bien loing,
  N'ayant accoustumé d'estre plein de paresse:
Ainsi vous, mes Amis, où tout Amour s'addresse,
  Amour qui est vrayment de nos Amours tesmoing,
  Vous vous estonnerez de moy qui n'ay eu soing
  De toucher d'Apollon la Lyre chanteresse.
Aucuns de vous diront, Comment se faict cecy?
  I'ay tousiours veu LASPHRISE entre les preux gend'armes.
  C'est la vertu d'Amour qui se demonstre icy,
Voulant par moy s'accroistre au milieu des allarmes,
  Bien qu'il n'ait doulcemét ombragé mes Lauriers,
  Si est-il honoré de mes carmes guerriers.

QVATRINS.

„ LA gloire est sans iniure
„ Apres la mort commune:
„ Car la race future
„ Rend le los sans rancune.

„ L'aspre enuie
„ N'est qu'à vie,
„ Et ne mord
„ Dans la mort.

AV LECTEVR.

SI quelque faillette est icy
Vueilles doulcement la reprendre,
Accusant ma ieunesse tendre,
Et le bisarre Amour aussi.

SONNET FAICT EN
GRANDE MALADIE,
sur le despart de mon Liure.

ADieu mon Liure Adieu, mon cher que ie te baise,
  Que cent fois ie t'embrasse à ceste extremité,
Vien accoler ton pere au lict d'infirmité,
  Qui n'aura plus peut estre, vn tel bien qui l'appaise.
Mignotte moy afin que ton despart me plaise,
  Ma benediction est ta felicité;
  Mon fils ie te la donne: or marche en liberté,
Et te resouls d'auoir quelque temps du mal-aise.
Hé! mon cœur pourrois-tu si tost complaire à tous?
  Tel te dira vanteur, l'vn fier, l'autre trop doulx,
  Ne doubte Antidoté, vn tas d'ames Phalanges.
Tu rebanderas bien les insolents brocards;
  Courage, apres ma nuict nous suruiurôs gaillards,
  Et ceux qui nous blâmoyent chanteront nos loüanges.

PRIVILEGE DV ROY.

PAR grace & Priuilege du Roy est permis au Capitaine Lasphrise Gentil-hōme Tourangeau, faire imprimer par tel Imprimeur que bō luy semblera, vendre & distribuer par tout ce Royaume, ses *Oeuures Poëtiques*: sans qu'autres que celuy que ledict Lasphrise aura choisy & esleu, les puissent imprimer ou faire imprimer, & ce pour le tēps & terme de six ans prochains venans, à compter du iour & datte de l'impression dudict liure. Sur peine de cōfiscation desdicts Liures, despens, dommages, & interests de l'Imprimeur ainsi choisy par ledict Lasphrise, & d'amende arbitraire. Donné à Rouen, le dernier iour de Ianuier, 1597. & de son regne le huictiesme.

Par le Roy en son Conseil.

HVILLIER.

NOVS *Capitaine Lasphrise, Gentil-hōme Tourengeau, suyuant la permission à nous donnée par le Roy, & son priuilege donné à Rouen du iour & datte que dessus, auons donné permission à Leger Délas, Imprimeur de la ville de Paris, d'imprimer nos Oeuures Poëtiques, & ce pour & durant le terme porté par lesdictes lettres de permission à nous octroyées par sa Majesté.*

Acheué d'imprimer le 15. Nouembre 1597.

Le Palladin heureux couronnera son chef
De Palmes, de Lauriers, de Myrtes & de Charmes,
Il me suffist qu'ils soyent à l'entour de mes armes,
N'ayant eu pour tous biens qu'honorable méchef.

Mes vers ie voy le faux ialoux
Qui prend plaisir à nous desplaire,
On médira plustost de nous,
Que de pouuoir aussi bien faire.

LES AMOVRS DE THEOPHILE,

Par le Capitaine Lasphrise.

STANCES.

SI mes Vers ne sont tels que vostre hon-
neur merite,
S'ils ne sont à vos yeux aggreablemẽt
doux,
Prenez vous-en (mon TOVT) prenez
vous-en à vous,
Car c'est vostre beauté qui seule les incite.
Alors que ie vous vis ils n'auoient seulement
Ni pensé, ni songé, l'ombre d'vne lumiere,
Et comme enseuelis dans l'obscure poußiere,
Ou comme estans sans estre en leur enfantement,
Ils ioüoyent dedans moy, sans connoistre leur chãce,
Mais voyans ma raison se perdre en toutes pars,
(Par vostre œil rigoureux) lors cõme bons soldars,
Sont apparus hardis, pour ma seule defence:
Comme on void vn Pillote au hazard de la mort,
Vagabondant chetif, par sa route esgarée,
Alors qu'il ne peut plus combatre la marée,
Il suruient vn bon vent qui l'emmeine à bon port.

A

Tout ainsi au besoing ils ont chery ma vie,
  Encores que leur grand soit humblement petit,
  Mais l'eau (tant soit amere) vn beau feu amortit,
  Et l'Amour veult sur tout la doulce Poësie.
Ils ne m'ont dédaigné, absentans vos beaux yeux,
  Car prés, & loing tousiours, ils m'ōt presté l'oreille,
  Ores chauds, ores froids, ore en couleur vermeille,
  Tout ainsi que l'Archer leur estoit gracieux:
Ils n'ont dedans la bouche autrement qu'au courage,
  (Encor qu'ils soient rengez en cruelle prison)
  Et s'ils ont quelquesfois esgaré leur raison,
  Vostre iniuste desdain, obiecte tel outrage.
Ie sçay bien qu'ils ne sont amoureusement beaux,
  Pour vous (chere beauté) cogneuë Theophile,
  Ils n'ont l'humble douceur ny l'audace subtile,
  Mais vous excuserez l'orgueil de mes trauaux.
S'ils se trouuent polis d'vne mauuaise lime,
  S'ils logeoient auec eux quelque fragilité,
  Ou s'ils estoient voisins de l'humble pauureté,
  Ils en ont (mes Amours) excuse legitime:
Car estant tendrelet, sortant de mon berceau,
  Mal sur mal m'est venu, & puis cōme à l'enuie,
  S'entrebattoit chez moy la laide maladie,
  Qui par playes m'a faict cōdamner au Tombeau.
Oncques ie n'ay vescu vne heure en patience,
  Mille bouillans ennuis m'ont tousiours agité,
  Ore aux champs de Thetis loing de ma liberté,
  Ore bas, ore hault, en doubteuse balance.
Iamais ie n'ay suiuy que l'honneur Martial,
  Qui m'enleua (helas!) en ma plus tendre Aurore,
  Me gardant d'adorer Phœbus que tant i'honore,
  Le felon m'a payé d'vn tourment inesgal.
Bien bien s'il a rauy la fleur de ma ieunesse,

(Encore qu'il me soit entre tous rigoureux)
Mais son mal-heur aussi entre tous est heureux,
Qui sera le seul roc de ma blanche vieillesse.
Bien bien s'il a troublé le iour de mon Printemps,
Et s'il chasse du tout mon naturel du liure,
Ie ne laisseray point, immortel, de reuiure:
Car son feu mon courage affrontera les ans.
Le bon maistre à la fin le valet recompence,
L'ayant en toutes parts loyalement seruy,
Et moy qui l'ay de mesme en tous lieux biẽ suiuy,
Il pourra m'assister d'inuincible defence.
Or en l'accompagnant, vostre diuinité
A tant atteinct mes sens de si poignantes armes,
Qu'elle les a esmeus au milieu des allarmes,
D'escrire les doulceurs de vostre grauité.
Excusez donc l'orgueil de ma Muse animée,
D'auoir osé chanter si bas en si hault lieu,
Sa flâmesche à voz yeux plaise cõme vn grãd feu,
Croyant que son ardeur ne consomme en fumée:
Car ma flamme est diuine éprise viuement,
Rendant vostre beauté d'auantage accomplie,
Aussi ne pouuiez-vous iamais estre seruie
D'vn plus braue Escuyer, ni d'vn plus digne A-
mant.
Et si quelque affetté, d'vne humeur impudente,
Vouloit par là souiller le thresor de mon bien,
I'essayrois l'eschanger en ris Sardonien,
Afin qu'il eust aprés la ceruelle plus lente.
Ma Belle, acceptez donc ces Vers humblement doux,
Que ie vous offre icy pour gage de ma flamme;
Les blasme qui voudra, s'ils plaisent à vostre ame,
Car ils ne furent faicts que pour l'Amour de vous:
De vous que i'aime autant que mon cœur estimable,

J'en atteste le Ciel, le Ciel plus rigoureux,
,, Vn homme pour mentir n'est pas plus valeureux.
En tout ce que ie dy ma Muse est veritable.
Allez donc compagnons accoler ceste-là,
 Qu'auez pris pour espouse (ô plaisant mariage)
 Sus allez luy donner vostre doulx pucelage,
 Ie ne veulx rien de vous, mes mignons, que cela.
Vous serez en bon-heur les premiers de la terre,
 Vous irez en vn lieu noble sur tous endroits
 Aimez de tout le monde, & si oyrez la voix
 Des plus sainctes beautés que l'Vniuers enserre.
Mais ie veulx que baisiez ce bel œil chasque iour
 Mille fois, luy contant mes passions austeres,
 Mes peines, mes ennuis, mes fortunes ameres,
 Et la glaceante ardeur de ce bisarre Amour.
Que vous couchiez aussi tousiours prés de m'amie,
 Baisottant ce petit qui m'a tant martelé,
 Et ie veulx que par vous il me soit reuelé
 Celle qui vous fera plus doulce courtoisie.
Ie vous commande aussi mon honneur en tous lieux,
 Si quelqu'vn en mesdit rendez sa vie esgale,
 Et aux siens aduenir, à celle de Tantale,
 Qui dira verité poussez-le iusqu'aux Cieux.
Adieu donc, mes enfans, courriers de ma misere,
 Ce bel œil mon soucy vous aille r'accoisant,
 Vous ne craindrez alors l'orgueil du mesdisant,
 Et viurez bien-heureux auecques vostre pere.

SONNETS.
I.

SI pour vous courtiser ie fay vne folie,
Si ie n'espere rien de ceste grande erreur,
Que tomber temeraire accablé de fureur,
Ie ne laisseray point d'en passer mon enuie.
L'enfant oultrecuidé du Prince de Lycie
Pour estre dans les Cieux superbe entrepreneur,
Ne laissa tresbuchant d'acquerre de l'honneur;
„ L'honorable trespas est vne belle vie.
„ On ne doit iamais craindre à s'auancer bien fort,
„ Bien qu'on sente en montant vne cruelle mort,
„ Quand le braue renom suit la faute commise.
Si ie chay donc, ma Dame, adorant vos beaux yeux,
Ie me rends immortel par ma vaine entreprise,
Et compagnonneray les magnanimes Dieux.

II.

QVi ne trouuera doulx le son de ma Musette,
Accuse la saison du triste temps guerrier,
Qui dés mõ douziesme an m'empescha d'estudier,
Desbauchant ma ieunesse où l'honneur se delecte.
Ma ieunesse aggreable au desastre sujette,
Au desastre sanglant l'ordinaire loyer,
Du plus braue Amoureux d'vn froteau de laurier
Que i'acquiers adorant ta Deité parfaicte.
Aux champs de Mars ie fay, ie chante mes Amours,
Trompettes & canons, les phifres, les tambours
Ce sont les instruments de ma Muse hardie.
Mon Espée est mon liure estant ton humble Amant,
Tesmoing mon PONSONAS, mon BLAIAN,
  mon la FVYE,
Et mille Caualiers qui m'ont veu priuément.

III.

SI ie n'ay des neuf Sœurs la gracieuse audace,
Ni la diuine ardeur dont leur feu est épris,
  Ma FRANCE ie ne doy en receuoir mépris,
  Ton Regne mal-heureux cause telle disgrace.
Or ce vainqueur du môde Amour qui me pourchasse,
  Pour monstrer sa puissance anima mes Esprits,
  Ie veux qu'on voye icy que le sçauoir appris
  N'est plus sçauant (dist-il) que celuy de ma grace.
Lors en se détournant il me iette vn regard,
  Et me disoit tout bas; Viença, noble soldard,
  Ie te veux faire voir toute ma gentillesse,
Et veux que tu renomme' vn ouurage si beau:
  Blaspheme qui voudra ton humble petitesse,
  Si n'iras-tu iamais dedans l'ombreux Tombeau.

IIII.

CE riche entendement, ceste aggreable grace,
Ce ieune teinct serain, de l'Aurore emprunté,
  Ces deux yeux solleillans, flambeaux de chasteté,
  Ce langage doré qui doulcement menace,
Ce poil blond ondoyant, ceste Angelique face,
  Ce graue-doux accueil, ceste humble priuauté,
  Cest honneste maintien, ceste belle beauté,
  Ce grand front yuoirin où tout honneur se place,
Ceste petite bouche entournée d'œillet,
  Ce nez assez traitif, ceste gorge de laict,
  Ces coutaulx emboutis d'vne fraise pourprine,
Ce bras, ce pied, ce corps qui à Pallas ressemble,
  Ce petit mon mignon, que sans voir i'imagine,
  Cela me faict languir, mourir, & viure ensemble.

V.

AVant que d'adorer le Ciel de vos beautés,
D'vn clin d'œil triplemēt i'apperceu d'aduāture
Voſtre viſage (Amour) chef-d'œuure de Nature,
Par qui ie ſouffre (helas!) tant d'aſpres cruautés.
Vous teniez ce Criſtal (miroir des Deités)
Qui me repreſenta voſtre ſaincte figure,
Et ce riche pourtraict, riche de la peinture,
Des braues traicts naïfs de vos diuinités.
Si i'ay donc veu d'vn coup diuerſe voſtre face,
Que peut ore eſperer mō cœur qui vous pourchaſſe?
Ha! ie crains que ce teinct me ſoit Gorgonien.
Mais s'il faut que ma mort procede de ma vcüe,
Vn nouuel Acteon ie me deſire bien:
,, Il n'eſt rien de ſi beau comme vne beauté nue.

VI.

TOn poil, ton œil, ta main, creſpé, aſtré, polie,
Si blond, ſi bluettant, ſi blanche (alme beauté)
Noüe, ard, touche, mes ans, mes ſens, ma liberté,
Les plus chers, les plus prompts, la plus parfaicte
    Amie,
Mais ce neud, mais ce feu, mais ce traict gaſte-vie,
Qui m'englace, m'enflamme, & me naure arreſté,
Eſtreinct, encendre, occiſt, auecques cruauté,
Quel cheueu, quel flābeau, quelle dextre ennemie?
Phœbus, Cypris, l'Aurore (Ange du plaiſant iour)
Ton Poëte, ta Mere, & ta couſine Amour,
Porte-crins, porte-rais, porte-doigts aggreables,
Puiſſes-tu donc beau poil, bel œil, & belle main,
Lier, bruſler, bleſſer, mon cœur, mon corps, mō ſein,
De cordelles, d'ardeurs, de playes amiables.

VII.

J'Ay veu les belles fleurs du Prin-temps desirable,
I'ay veu le Ciel paré de flambeaux lumineux,
I'ay veu calmer la mer, i'ay veu l'or precieux,
I'ay veu du Dieu guerrier l'ordonnãce aggreable,
I'ay veu du Delien le bel œil fauorable,
I'ay veu des grands Palais le front audacieux,
I'ay veu les champs, les bois, les monts delicieux,
I'ay veu gazouiller l'eau d'vn ruisseau delectable,
I'ay veu le bled cresté ondoyamment baisser,
I'ay veu l'humble Venus son Adon caresser,
I'ay veu le bal sacré des huict Sœurs de Thalie,
I'ay veu le bien, l'honneur, la doulceur, la santé,
I'ay veu le plaisant fruict de chere nouueauté,
Mais ie n'ay rien veu beau, comme ma fiere Amie.

VIII.

MAdame fist emprunct sur la diuinité,
Alors qu'elle nasquit en ceste terre basse,
Mars luy bailla son cœur plein d'aggreable audace,
Cyprine la doulceur de sa rare beauté :
Elle eut de Iupiter la graue majesté,
De Diane l'honneur, qui l'honneur mesme efface,
De Minerue l'esprit, le maintien, & la grace,
De l'illustre Iunon la riche authorité :
Ainsi mõ Theophile en elle seule assemble
L'alme felicité des plus grands Dieux ensemble,
Que pense-ie donc faire Icare audacieux ?
Sa valleur, sa beauté, sa superbe apparence,
Sa chasteté, son ame, & sa grande puissance,
Meritent vrayement la Deité des Dieux.

IX.

Pourquoy negliges-tu l'extresme affection,
  Dont ie te veulx seruir, ma gente Theophile?
  Tu m'amenes la Loy, qui est toute mobile,
  Estant subiecte aux Rois diuers d'opinion.
Ie ne trouue au Conuent nulle religion,
,, Sans l'effect apparent la voix est inutile,
  La Royalle Amilly si belle, & si subtile,
  S'abuse comme toy en la deuotion :
,, La vie sans plaisir est vne mort hideuse,
  L'aise que tu reçois d'estre Religieuse,
  C'est châter (quel soulas!) iour & nuict en Latin.
Bien qu'en psalmodiant, ton ame s'esiouïsse,
  Mais ton hõneur mignon, ta bouche, & ton tetin,
  Ont mal-gré les saincts vœux besoing d'autre delice.

X.

SI les pleurs douloureux, si les tristes complaintes,
  Si les mortels sanglots, si les regrets cuisans,
  Si les fieres fiertés, si les ennuis nuisans,
  Si les funestes cris, si les rigueurs non faintes,
Si les maux oultrageux, si les dures attaintes,
  Si les noires fureurs, si les gemissemens,
  Si les souspirs profonds, si les aspres tourmens,
  Si les afflictions, si les ardeurs contraintes,
Si la saincte raison, si la doulce amitié,
  Si l'honneur desireux doit mouuoir à pitié,
  Vous deuez (il est temps) de m'estre fauorable.
Par vous à tous momens ie meurs comme insensé,
  Trois fois maudict Amour, meschãt, qui eust pensé
  Que ta puissance eust peu me rendre miserable?

XI.

HA! ma Brigande Amour, ne voulez-vous pas rendre
  Mon cœur que vous auez traistreusement surpris?
  Mon cœur iamais vaincu, d'aspre douleur épris,
  Pour s'estre sans combatre ainsi laissé surprendre?
Quel bien esperez-vous, que pouuez-vous pretendre
  De ce braue larcin dont vous faites mépris?
  La Iustice aura lieu, si mes funebres cris
  N'émeuuent à pitié vostre ieunesse tendre.
Apres que le Corsaire a long temps escumé,
  S'il ancre audacieux au haure accoustumé,
  Il a de son butin mortelle recompence:
Vous plagiaire Amour, qui arriuez au port,
  Rendez donc ce pillage auec resiouissance,
  Ou vostre bien sera cause de vostre mort.

XII.

IE pense en toute chose, & si ne pense en rien,
  I'ay mille tourbillons, qui tonnent pesle-mesle,
  I'ay le froid, i'ay le chaud, pluye, esclair, neige, gresle,
  I'ay coup sur coup chez moy, & le mal, & le bien.
I'aspire vne Déesse, & si suis terrien,
  (Ce dy-ie quelquesfois lors que l'ardeur me gelle)
  Puis fureur sur fureur, promptement me martelle,
  Disant que malgré tous son honneur sera mien.
A pas longs, & tardifs, quand Phœbus se retire,
  Ie vay audacieux déplorer mon martire,
  A quelque belle Echo ie requiers mes douleurs.
I'entrelasse noz noms, ie fay quelque deuise,
  Ie chante, cisle & ris, desesperé ie meurs,
  D'Amour (ROCHEBARON) mon ame Re-
    leudise.

XIII.

Qviconque n'a conneu le plus infortuné,
　Le plus pauure & chetif & le plus miserable,
Des mal-heureux malheurs, l'orgueil plus pitoyable,
Qui fut, est, & sera, en ce bas monde né:
Qu'il me vienne connoistre, il sera estonné,
　Que ma moindre douleur prōptemēt ne m'accable,
　Que furieux d'Amour par arme secourable
Ie ne me suis cent fois le cœur époinçonné.
Que tout desesperé dépitant la fortune,
　Ie n'ay laissé ma nef sans gouuernail, sans hune,
　A l'abandon des flots, à la mercy des vens,
Sçache encor plus viuant, & toy race future,
　Que la doulceur plus doulce, en l'Auril de mes ans,
N'est rien qu'vn vieil cahos d'vne passion dure.

XIIII.

On peut ayant l'esprit du tout magicien,
　Faire comme accoiser les brouillars furieux,
Il n'est marbre si dur, ni feu audacieux,
Qui en fin ne se caue, & ne s'esteigne bien:
Mais Hommes, Anges, Dieux ni le cours Stygien,
　N'ont pouuoir sur l'ardeur qui cōmāde à mes yeux,
　Encor que ton bel œil (digne flambeau des Cieux)
Ne me vueille esclairer d'vn Soleil Paphien.
On verra l'air pesant, & le terroir leger,
　Parauant que mon cœur se connoisse changer,
　Deusse-ie estre pour toy vn nouuel Ixion:
Car mon Amour, Madame, est comme l'or parfet,
　Qui plus est au fourneau, plus il est pur & net,
Et n'est iamais subiect à la corruption.

XV.

SI pour estre en prison, & toute sa ieunesse
Viuotter sans plaisir en douloureux ennuis,
Estre sans ornement, n'auoir nulle richesse,
Si pour chanter, prier, & de iours, & de nuicts,
Et si pour ne iouyr de l'humaine liesse,
On est bien mieux sauué (ainsi comme tu dis)
Ma foy ie seray donc, ma diuine Maistresse,
Quelque grand Empereur là hault en Paradis.
Tu m'as emprisonné, ma vie est inhumaine,
Ie chante en te priant, i'ay par toy toute peine,
Ie n'ay pas grãds thresors, car tout mon plus grãd bien
Demeure auecques moy (ô bien de mon dommage!)
C'est l'vnique beauté de ta pudique image,
Que souuent i'imagine en mon sens Delien.

XVI.

HA! que voulez vous dire, ô ma Belle inhumaine?
Iamais ne verra-l'on vostre vent addoulcy?
L'Auril de vos beaux ans paroistra-il trancy?
Iamais ne cessera mon orgueilleuse peine?
Les pluyes quelquesfois font troubler la fontaine,
Mais l'argent de son teint est soudain reclaircy,
Et vostre cœur tousiours est vn roc endurcy,
Cognoissant mon Amour en ardeur souueraine:
Voyez, songez, pensez, & contemplez vn peu,
L'Hyuer lent n'est si beau que l'Esté plein de feu,
Ma mort amortira vostre viue estincelle:
Car ma pitié poindra l'Automne de vos iours,
Et tragique-poltronne on te dira tousiours,
Ayant occis (helas!) ton seruiteur fidelle.

XVII.

IE me fasche de voir le gay de mon Prin-temps,
En sort si mal-heureux, attaint de frenesie,
   Qui laide m'amortist de longueur qui m'enuie,
   Abusant mes trauaux du bien que ie pretens.
Làs! faut-il perdre ainsi l'hōneur de mes beaux ans?
   Mon Auril sera donc le Ianuier de ma vie,
   Ie quiers, ie viens, ie vay, ie prie & resuplie,
   Iamais riē que mal-heur ie ne trouue en tout tēps.
Donc ie trauaille en vain courant ceste Déesse,
   Qui deux fois (BASMAISON) empoigner ne
     se laisse,
   Et tousiours las! helas! de moy elle s'enfuit.
Que feray-ie? (ô bons Dieux) hà! ie me desespere
   Par le flateux espoir source de ma misere,
   Qui cillera mes yeux d'vne eternelle nuict.

XVIII.

IE porte habit de blanc en signe d'innocence,
Ie ieusne (ma Déesse) auec sincerité,
   Ie veille, ie supplie, on me void contristé,
   Ie ne chomme iamais, ie fay grand' penitence:
Toutesfois (ô pitié!) ie ne trouue allegence,
   Et ne m'esbahis pas de vostre cruauté,
   Vous pensez estre saincte aimant la Deité,
   Qui punit l'innocent en son obscure offence.
Or puis qu'il est ainsi ie ne feray plus cas
   Du blanc mere-couleur, ie feray deux repas,
   Ie dormiray mon saoul, ie ne pri'ray personne,
Ie fuyray le trauail Peste du Dieu desir,
,, Car i'estime vn grand sot cestuy-là qui se donne
,, De la peine en pouuant receuoir du plaisir.

XIX.

IE m'arreste, ie cours, en repos ie trauaille,
Ie suis ieune, dispos, ie suis vieil, decrepit,
I'embrasse mon plaisir, ie creue de despit,
I'ay beaucoup de richesse, & n'ay chose qui vaille:
I'aime la liberté, la prison ie me baille,
Ie suis sourd, i'entens tout, mõ cœur frãc se desdit,
I'abhorre la misere, & la mets en credit,
Ie tire coup d'estoc, & ie frappe de taille:
Ie guerroye en tout temps, iamais ie ne combas,
Ie desire la vie, & cerche le trespas,
I'aime la patience, & maintenant ie gronde,
Ie renonce les Dieux, & suis en oraison,
Ainsi pour vous (mon TOVT) i'esgare ma raison,
,, Par l'espoir, par la peur, le vray enfer du monde.

XX.

IE me veux rendre Hermite en ce bel Hermitage,
Voisin du beau seiour de m'Amour tout-honneur,
Car là (deuotieux) i'iray sans nulle peur,
Requerir sa beauté qui me tient en seruage.
Ie la connoy vrayment si honneste, & si sage,
Qu'elle me fera lors l'aumosne de bon cœur,
Maugré doncques le sort, en despit du mal-heur,
Ie viuray de l'Amour. qui voudroit d'auantage?
Mais ie crains (BOISDAVLPHIN) qu'approchant ses beaux yeux,
Ie ne change couleur, ou pour te dire mieux,
Que ma deuotion ne deuienne amoureuse:
Car où est le frilleux qui ne s'eschaufferoit,
Estant aupres du feu? Aussi qui n'aimeroit,
En contemplant d'Amour l'image gracieuse?

CHANSON.

I.

E beau du beau c'est l'or plus precieux,
Et Madame est dés sa naissance ornée,
L'oracle sainct de son nom glorieux
Monstre vraymēt que (D'OR EST CHER TROFÉE.)

Puis que le Ciel l'honore grandement
  D'vne beauté qui la plus douice excelle,
Heureux moy donc, ô bien-heureux Amant!
  Si ie luy fay vn seruice fidele.

Mon heur est grand aggreablement cher,
  Et si de luy procede mon martire,
Ne m'estant pas permis d'en approcher,
  Ni de penser seulement à le dire.

Ie suis semblable à vn pauure captif,
  Que le Soleil par vn pertuis saluë,
Il ne peut voir ses beaux rayons au vif,
  Dont il desire encore plus la veuë:

Et comme on void cest Astre radieux
  Souuent couuert d'vne nuée espesse,
Ie pense ainsi, que par quelque enuieux
  Ie suis priué du iour de ma Déesse.

Mais Apollon, dont ie suis cher enfant,
  Surmonte en fin toute nuée ombreuse,
De mesme aussi ie seray triomphant
  Des ennemis de ma vie Amoureuse.

Courage donc, ie doy viure en espoir
  De toucher là où nul ne peut atteindre,
Si ie me trompe, au moins ie feray voir,
  Qu'vn feu diuin ne se sçauroit esteindre.

CHANSON.
II.

C'Est donc par vostre beauté belle,
  Que ie voy l'enfer Amoureux,
Mais sans moy vous ne seriez telle,
  Vostre iour seroit tenebreux.
Ha! vous en faictes trop à croire,
  Par ma grand' liberalité,
Vostre beauté est vostre gloire,
  Vostre gloire est vostre beauté.
I'ay mis sus ceste blanche face
  Vne moisson d'œillets fleuris,
I'ay donné l'esprit & la grace
  A ce beau corps sur tous exquis,
Qui est d'immortelle memoire
  Par ma grand' liberalité,
Vostre beauté est vostre gloire,
  Vostre gloire est vostre beauté.
Puis donc que vostre faueur grande
  Vient de moy vostre seruiteur,
La saincte raison vous commande,
  Que m'aimiez de tout vostre cœur,
Qui triomphe de ma victoire
  Par ma grand' liberalité,
Vostre beauté est vostre gloire,
  Vostre gloire est vostre beauté.
Ie semble à l'Oyseau qui se tuë
  Pour aimer par trop ses petis:
Car mon Amour t'ayant accruë,
  Tu as mes sens assubiectis,
Que tu vas mettre en l'onde noire,
  Et puis ma liberalité

Me fera voir gonfle de gloire,
Et vous d'vne ingrate beauté.

TRISTESSE.

III.

HE' bons Dieux ! qui sera-ce
   Qui voudra escouter
Le rigoureux disgrace
   Qui me fait tourmenter ?
Sera-ce la montaigne,
   Qui à mes pleurs se baigne,
   Ou ce grand bois,
   Qui plaisant accompaigne
Mes douleurs maintesfois ?
Ha ! i'ouuriray la bonde
   Aux antres plus secrets,
Non, ie veulx que le monde
   Apprenne mes regrets;
Entens donc, ie te prie,
   L'ardente frenesie,
   Et l'aspre dueil,
   Qui met ma pauure vie
Dedans l'ombreux cercueil.
Pensant rompre la peine
   De tant & tant d'hazars,
Par l'audace inhumaine
   De Neptune, & de Mars,
En l'Auril de mon âge
   Libre d'vn franc courage,
   I'allay au Mans,
   O mal-heureux voyage,
Seul enfer de mes ans!

Là ie vy vne Dame
　Souueraine en beauté,
　Qui d'vne estrange flame
　Brusla ma liberté :
　Hà! flame trop cruelle,
　En apparence belle,
　Comme la Mer,
　Qui souuent se faict telle,
　Pour nous faire abismer.
Il n'est point tant d'enuie,
　Ni tant de diuers noms,
　Tant d'araine d'Asie,
　Ne de grains de sablons,
　Que i'ay de triste oppresse,
　Pour ma belle Maistresse,
　Mais las! helas!
　Ce qui plus fort me blesse,
　Elle ne le croit pas.
Quand l'Aurore se leue,
　Nous annonçant le iour,
　Ie n'ay point lors de treue
　Auec ce traistre Amour,
　En quelque part que i'aille
　Il me liure bataille,
　Et mon Esprit
　De la peur se trauaille,
　Et d'espoir se nourrist.
Ie marche solitaire,
　A pas longs & legers,
　Ie conte ma misere
　Aux animaux plus fiers,
　Puis l'enfant de Cyprine,
　Plustost de Proserpine,

Change de train,
En d'autre estrange mine
Ie me monstre soudain.
Ie n'estime personne,
 Ni ne saluë aussi,
Dont le peuple s'estonne,
 Et va disant ainsi,
Quel orgueil, quelle audace,
Maintenant le pourchasse,
 Luy qui plus doulx,
 D'vne gentille grace,
Estoit humble entre tous?
O douleur toute extresme,
 Comme en feroy-ie cas,
 Voyant que de moy-mesme,
 Pauure ie n'en fay pas?
 La couleur que ie porte,
 Ma façon peu accorte,
 Mes yeux baissez,
 Ma parolle my-morte,
 Le tesmoignent assez.
Qui veult nommer l'encombre,
 Qui Amoureux me suit,
 Qu'il face plustost nombre
 Des flambeaux de la nuict,
 Des flots de la marée,
 Quand elle est courroucée,
 Des mal-contens
 La grand' trouppe amassée,
 Et des fleurs du Prin-temps.
Quand Phœbus se retire,
 C'est lors lors que ie suis
 Gonfle de fier martire,

Et au comble d'ennuis ;
Estant dedans ma couche,
L'ardent Archer me touche,
Pensant tousiours
Que là on escarmouche
Doulcement les Amours.
I'ay ore vn mauuais songe,
L'estrange vision,
L'Oracle de mensonge,
Et l'apparition,
Mais l'insomne m'oultrage
En si aduerse rage,
Qu'en grand courroux
Ie m'en cours au Bocage
Vray compaignon des Loups.
Si le sommeil m'accable
De durs trauaux pressé,
Adonc ie suis semblable
Au pasle trespassé :
Las ! ma peine est plus dure,
Car vn mort rien n'endure,
Mais quoy ? mon cœur
Se debat, se murmure,
Et me met en sueur.
Mes viandes plus saines,
En ceste affliction,
Ce sont nouuelles peines
De triste passion,
De mes pleurs ie m'abbreuue ;
Mais si au Ciel se treuue
Quelque amitié,
Dieux ! que i'en aye espreuue,
Prenez de moy pitié.

TRISTESSE.
IIII.

Que l'Amour m'a desesperé,
 Las! ie ne sçay que ie feré,
  Il n'est simple, ou parolle,
 Qui puisse donner guerison
 A mon amoureuse poison,
  Sinon toy qui m'affolle.

Ie me console en ma douleur,
 Qu'en peu finira mon mal-heur,
  Fust-ce maugré toy-mesme:
 Car me fuyant ie vay mourir,
 Et m'approchant ie puis guerir,
  Plein de liesse extresme.

Ainsi ta froide affection
 Tient de l'humeur du Scorpion,
  De qui le venin tuë,
 Mais aussi tost qu'il a piqué,
 S'il est sur la playe appliqué,
  L'Antidote est cognuë.

Le Scorpion est fretillard,
 Son chef est riant & gaillard,
  Mais sa queuë est mortelle,
 Tout de mesme au commencement
 Ton œil doulx semble aimer l'*Amant*,
  Et puis il le bourrelle.

TRISTESSE.
V.

Le Reigne, l'An, le Mois, & la Sepmaine,
 Le Iour, l'Heure, & le Poinct,
  Fust mal-heureux quand vous deuintes Royne
  De l'Amour qui me poinct,
   Ceste furie
   Ne m'eust saisie,

Ni ceste rage
Qui tant m'oultrage,
Las! ie ne fusse en si estrange poinct.
Ha! desastrée on connoist ma ieunesse
Grosse de passion,
Mais falloit-il aimer vne Maistresse
Mise en Religion?
Ha! ie commence
A veoir l'offence
Que i'ay tant faicte
A l'Amourette,
Qui n'est subjecte à vne opinion.
Oultrecuidé ores tu verras ores,
Que c'est d'auoir osé
T'emprisonner dans les prisons encores,
Il est bien mal-aisé
Qu'Amour en laisse
Face caresse,
T'aime & te prise,
Te fauorise,
Veu que le libre est souuent abusé.
Ha! impudent n'as-tu point connoissance
De ta legereté?
Ne sçais-tu pas que l'Amoureuse essence
Demande liberté?
Or donc ma vie
Prens autre Amie,
Laisse ta Dame
Chanter sa game,
T'appartient-il d'aimer la Deité?
Glorieux sot que ie suis insensible!
Mais qu'est-ce que de moy?
Veulx-ie tousiours en vn lieu impossible

Me donner de l'esmoy?
La doulce affaire
Ne s'y peut faire,
Sa destinée
Est ainsi née,
,, Contre le sort on ne peut donner loy.
O mal-heureux trois fois pauure Lasphrise,
 Que ie suis hebeté,
D'admirer tant ce qui me tirannise,
 Voilé de saincteté!
,, La chose saincte
,, N'est pas contrainéte,
Et ta guerriere
Est prisonniere,
,, Ni l'honneur sainét n'a point de cruauté.
Mais comme on void Mars pere des allarmes,
 Soubs l'ombre d'vn honneur
 Amadouër vn monde de gensd'armes,
 Qu'il soudoye en douleur,
Ainsi m'appelle
La beauté belle,
L'humeur habile
De Theophile,
 Qui me repaist en tourment, & en pleur.
Ie suis vrayment chetif & miserable
 Le plus qu'il en fut onc,
Ie sers l'orgueil, qui m'est plus dommageable,
 Et le connois au long,
C'est ma sottise,
C'est ma bestise,
Car si moy-mésme
Fol ie ne m'aime,
Doy-ie penser qu'vn autre m'aime donc?

Mais que me sert ceste plainte piteuse
  En ce vers bigarrez?
    e forcer ma fortune Amoureuse?
  Donc Belle vous serez
  Durant ma vie
  Tousiours seruie,
  Soyez cruelle,
  En despit d'elle
  Par elle en elle heureuse suruiurez.
Desborne-toy, non-fay ma triste Muse,
  Que sert ton dueil au vent?
Contente-toy, reçoy la feinte excuse
  Des loix d'vn sainct Conuent,
  Ne t'en allume,
  C'est la coustume,
  Le feu Celeste
  Paroist funeste:
» Heureux celuy qui meurt en bien seruant.

XXI.

Bien que ta bouche annonce le refus,
Bien que pour toy l'Archer vainqueur me blesse,
  Bien que par toy i'aille au mont de tristesse,
  Crois-tu pourtant rendre mes sens deceus?
Aux forts Chasteaux sont maintenant receus
  Les ennemis que poursuiuons sans cesse,
  Et moy ton serf ne viendray-ie au dessus
  Du bien qu'aspire ardamment ma ieunesse?
Vrayment ouy, car le follastre Enfant
  N'est pas tousiours par rigueurs triomphant,
» L'humble doulceur l'honnore d'auantage.
Sois moy donc doulce, ou comme il te plaira:
  Car ton plaisir plaisamment m'aggrera,
» Mais la beauté n'est pas belle en oultrage.

XXII.

Dans tõ enseigne on void l'Ascensiõ pourtraicte,
A cause (mon cher BVS) de ta Dame aux
    yeux vers,
Que plus discretement en volonté tu sers,
Esperant de baiser si luisante Comete.
Grimpe aux Cieux, quant à moy enflé d'ardeur couuerte
Ie ne veux en Amour que descendre aux Enfers,
Ie me pasme y songeant, Compaignon, ie me perds,
Et me sens enrichy d'vne si doulce perte.
Discordans nous marchons aux Amoureux combas,
Tu aspires le hault, ie souhaitte le bas,
Les puissans Dieux aimans sont descẽdus en Terre,
Et prennent mesme aux Cieux le doux inferieur,
En Amour le petit est donc superieur,
Qui vaincre me fera en si plaisante guerre.

XXIII.

IE meure si iamais i'adore autre beauté,
Encore que ie n'aye aucune recompence,
Ie meure si iamais i'endure qu'on offence
La perfection rare où ie suis arresté,
Ie meure si iamais i'eclipse la clairté
Du bel œil qui me tient en doubteuse balance,
Ie meure si iamais tant seulement ie pense
Qu'on esgare vn seul poinct de ton honnesteté,
Ie meure si iamais ie suis vne serée
Sans songer au poignard de ta bouche sucrée,
Ie meure si iamais i'oublie la doulceur
De ce vent tremblotãt (seule ardeur qui m'englace)
Ie meure si iamais i'aspire autre bon-heur,
Que de nager vn iour dans la mer de ta grace.

B

XXIIII.

Doulce conionction, ô paisible Déesse,
Tantost ie puis par toy estre tout esiouy,
Et par toy miserable aux montaignes d'ennuy,
En toy seule est ma vie & ma mortelle oppresse;
Par toy ie baiseray ma pudique Maistresse,
Prononceant ton beau nom, que l'on appelle O V Y,
Par toy desesperé ie seray auiourd'huy,
Si comme on dict (helas!) elle se rend Professe.
Mais auant qu'il aduienne (ô mort borne-trauaux)
Haste-toy pour iamais de soulager mes maux,
Verroy-ie de mes yeux si cruelle infortune?
Qui abuse d'vn fard l'humble simplicité,
,, Puis toute chose veult la mediocrité,
Non, le Ciel ne veult pas qu'ainsi on l'importune.

XXV.

Amour me tient en fiebure continue,
Et ce cruel est sourd à ma raison,
Il me balance en mortelle poison,
Dés que ie suis absent de vostre veuë.
Ie suis semblable à la forte Tortuë,
Quand elle sort le chef hors sa maison,
Elle s'hazarde à l'orde trahison,
Qui detestable aucunesfois la tuë.
Ie veulx la mort, ie ne veulx point fuïr,
Mais las! ie suis tout ainsi que le cuir,
Qui sur l'eau nage & ne se peut enfondre.
I'ay beau voguer, ie ne sçauroy perir,
,, Quiconque a dict que l'Amour fait mourir
,, Il a menty, ie serois ore vne ombre.

XXVI.

Viue viue HENRY, mon Roy victorieux,
   Viue ce grand FRANÇOIS, viue heureuse la
      Royne,
   Viue tousiours Bourbon, viue tousiours Lorraine,
   Viue Neuers, Nemours le fauory des Cieux,
Viue tous les Prelats, viue ieunes & vieux,
   Viue petits & grands, viue la Dame humaine,
   Viue m'Amie aussi (l'Eternel la maintienne)
   Viue le liberal, & l'auaricieux,
Viue le Huguenot, & viue le Papiste,
   Viue le mal-content, & viue le Registe,
   Viue l'enuie encor seule nuict de mes iours,
Viue le Publicain, viue le Politique,
   Viue le Gentil-homme, & le vilain rustique,
   Viue Satan, pourueu que i'aye mes Amours.

XXVII.

ICy VENVS s'adore fierement,
   Icy ORPHÉE est plein de mignardise,
   Icy Mauors fait la braue entreprise,
   Icy PHOEBVS paroist diuinement ;
Icy PITHON ne marche aueuglément,
   Icy SAPHON friande ne s'attise,
   Icy Batille abhorrable on mesprise,
   Icy PHILIE affolle sagement ;
Icy n'est point cest oultrageux TIDIDE,
   Le sainct Benist est icy homicide,
   Icy Opis sa fille ne fait voir,
Icy Laïs ne fut onc arrestée,
   Icy au Mans l'on ne vit en Prothée,
   Icy ie meurs en voulant sans pouuoir.

ELEGIE.

Res ie connoy bien que mō mal-heur s'ap-
preſte,
C'eſt faict, c'eſt faict de moy: mon Amou-
reuſe queſte
Eſt maintenant changée en vn cruel diſcord,
Dont ie n'eſpere rien que l'impiteuſe mort,
Par le flateux babil d'vne ame enuenimée,
Qui vomit contre moy ſa furie enflammée,
Diſant (mais ie ne veulx qu'vn langage ſi faux
Soit veu dedans mes vers compagnons de mes maux)
Ie ſçay que i'ay failly, vrayment ie le confeſſe,
D'auoir oſé aimer ſi diuine Maiſtreſſe,
Ie ſçay que i'ay eſté par trop preſomptueux,
De vouloir courtiſer le meſme Amour des Dieux,
Il en faut accuſer ma ieuneſſe peu caulte,
Que dy-ie? ce n'eſt moy qui ay faict ceſte faute,
Ie meriteroy bien ſouffrir plus de douleur,
Puis qu'ainſi ie me fay de ma miſere autheur,
C'eſt ſeulement Amour que la vertu contemple,
Car la ſepmaine ſaincte entrant dedans vn Temple,
Sage n'ayant encor la tourmente au cerueau,
Me fiſt veoir le Soleil de ſon plus cher flambeau,
Qui diuin regardoit vers l'image Diuine,
Là le feu de Cypris enflamma ma poitrine,
Là de content & gay ie deuins ſoucieux,
Là de franc priſonnier, & là vray Amoureux,
I'eu dés lors dans mō cœur ſa chaſte image empreinte,
Ma bouche mal-gré moy eſtoit d'Amour contraincte
De laſcher quelque mot: mais ô fol que i'eſtois,
D'vn propos menſonger ſoudain me reprenois.

Hé! que penſoy-ie faire? (ô eſtrange infortune!)
" Qui ne ſeme iamais il n'a moiſſon aucune.
L'eſpoir flateur me priſt maugré la froide peur,
Si bien que ſa beauté m'anima tant le cœur,
Que ie fus lors induict ſuyuant ſon docte ſtile,
De faire vn beau ſonnet au nom de Theophile,
Et ſur la fin d'vn veſpre alors qu'il faut ſortir,
D'vne legere main ie le fis deſpartir,
Mais que m'en aduint-il? ô maudite lumiere!
De mon meſme eſperon ie me donné carriere.

Et tout ainſi qu'on void quelque ieune ſoldart,
Qui n'a encor' tenté le peril du hazard,
Aller ſans reconnoiſtre à la chaude eſcarmouche,
S'en reuenir bleſſé à ſa derniere couche;
Ainſi pauure chetif, helas! ie fus ainſi,
N'ayant point eſprouué l'object de mon ſoucy:
Car dés le lendemain comme ſouloit mon ame,
I'allay voir les ſaincts lieux, & œilladant Madame,
Ie reconneu (DV PORT) qu'elle trouuoit mauuais,
Qu'on deuinſt amoureux de ſes chaſtes attraicts;
Mais il n'eſtoit plus temps me le vouloir defendre,
La glace de ſes feux m'auoit ja mis en cendre,
Elle peut bien donner mille & mille treſpas,
Et non point m'empeſcher que ie ne l'aime pas.
Mais toy qui ſur le front as l'honneur du Poëte,
Toy qui n'ignores rien, apprens moy la recepte
Comment ie la pourroy doucement enflammer:
Car las! ſi i'en mouroy on l'en pourroit blaſmer,
Par parolle, & par herbe, ores Phœbus t'anime,
Si bien que comme oracle en tous lieux on t'eſtime,
Si tu la reconnois impiteuſe à mes vœux,
Que voix, que charactere, ou ſimple merueilleux
Ne la puiſſent mouuoir à l'Amoureuſe amorce,

„ (*La pure Deité mal-aisément se force*)
Dy moy ie te supply, toy qui as dans ce Pré
Pour vne autre Déesse ardamment souspiré,
Car en l'imaginant & sans cerimonie
Tu pourras sainement iuger sa fantaisie,
Si i'auray la faueur que ie vay poursuyuant,
Si tu me dis que non, sans voguer plus auant
I'esquiueray l'escueil de l'eglise marine,
En obligeant à toy ma belle ame diuine.

Deux Sonnets en vers Lyriques.
XXVIII.

Vien çà mauuaise,
  Mon esmoy,
Bine moy
  A mon aise:
Qu'il te plaise
  Si ie voy
  Que ma foy
Ne t'appaise:
Qu'en ce lieu
  Vn adieu
  Ie te die:
Car ie veulx
  Amoureux
  Vne Amie.

XXIX.

Deesse qui eust pensé
  Ta beauté estre si dure,
  Mettant dans la sepulture
Ton cœur, mon cœur oppressé?
Ainsi Saturne insensé,

Au contraire de nature,
A desfaict sa geniture,
Qui ne l'auoit offencé.
Mais tu estouppes ta gloire,
M'enuoyant vers la nuict noire,
Toutesfois la Deité
Incontinent ressuscite,
Fay donc, Amour qui m'agite,
Que ie sois ressuscité.

XXX.

C'Estoit vn iour que la guerre du Ciel,
Foudroyement élançoit son audace,
Quand i'apperceu au milieu d'vne place
Ceste beauté qui me nourrist de fiel,
Me contemplant conneut mon naturel,
Et en parlant d'vne assez bonne grace,
Me dist ainsi, le mal-heur te pourchasse,
Va soubs Daphné, craignant ce feu mortel.
„ Tout quiert en tout sa semblance naïfue,
„ Tu es vn feu, vers toy le feu arriue,
Las! ie pensoy sa parolle vn abus.
Dont ie senty (non point vn feu Celeste)
Mais de ses yeux la flamme plus moleste,
Bien qu'elle soit mignonne de Phœbus.

XXXI.

DIeux odieux à l'Amour que ie sers
(Qui toutesfois n'est point chose mortelle)
Tant sa beauté est parfaictement belle,
Prenez pitié du tourment de mes fers.
Dieux, ie sçay bien que l'honneur des enfers
Sentit l'orgueil de son humeur cruelle,
Mais Theophile encores plus rebelle
Va desdaignant vos chastimens diuers.

Dieux monstrez luy, que voz Deités sainctes
    S[ç]auent donner aussi bien des attaintes
    Au plus parfaict comme au plus vicieux:
Faictes plustost que DIANE se tuë,
    Qu'elle ait ma Dame (à qui l'Amour est deuë)
    Ou ie diray que vous n'estes point Dieux.

XXXII.

IE voudroy bien, pour m'oster de misaire,
Baiser ton œil (bel Astre flamboyant)
Ie voudroy bien de ton poil ondoyant
Noüer vn neud qui ne se peust deffaire.

Ie voudroy bien ta bonne grace attraire,
    Pour me iouër vn iour à bon escient,
    Ie voudroy bien manier ce friant
    Aux appetis de mon desir contraire.

Ie voudroy bien faire encore bien plus,
    Defendre nud le beau flux & reflux
    De ta mer doulce où l'Amour est Pilotte.
Ie voudroy bien y estre bien ancré,
    Et puis apres ayant le vent à gré,
    Ie voudroy bien perir en ceste flotte.

XXXIII.

MA Themis, ma Déesse (hõneur que ie contẽple)
De mesme que la femme au bon Deucalion
Ne croyoit bonnement la reparation
Que saincte tu appris pour peupler le mõde ample:

Tout ainsi l'autre iour dedans vn sacré Temple,
    Quand ie te fis deuot la supplication,
    Pour m'enseigner d'esteindre vne aspre passion,
    (Ma passion qui sert aux Amoureux d'exemple)
Ie n'adiousté de foy à ce que tu me dis,
    Que mes douleurs tousiours iroyent de mal en pis,
    Si ie ne m'eslongnoy de l'Ame de mon Ame.

Les

Les illustres Troyens ainsi pour n'auoir creu
 Leur Sybile ont senty l'impitoyable feu,
 Mais il ne fust si fier que l'orgueil de ma flame.

XXXIIII.

SI d'vn somme d'Erain mon œil n'eust esté clos,
 Te voyant i'eusse veu la pitié de ma peine,
 L'an, le temps, la saison, me la monstroit certaine,
 L'année auoit Bissexte hayneuse de repos :
Le temps estoit guerrier (vray pere de tous maux)
 Et la triste saison, la peineuse sepmaine, (maine
 Où CHRIST nostre Sauueur pour toute race hu-
Par son sang nous sauua des gouffres infernaux.
Ce iour là fust obscur, que ie te vis si belle,
 Saturne dominoit alors que i'eu querelle,
 Plus fidele presage à mon aspre tençon,
La nuict deuant Morphée apparut à ma veuë,
 Et aux champs de Palés me monstra vn garçon,
 Qui traistre me tira vne fleche pointuë.

XXXV.

QVand ie vous entretiës tousiours vous me tácez,
 Hé! ie ne sçay pourquoy vous m'estes si farouſ-
Vous auez l'œil baissé, si biē qu'il sēble lonſche, (che,
 Dont voulant me fâcher las! vous vous offencez.
Ainsi les grands guerriers d'ambition poussez,
 Attirent à leur dam, à l'ardente escarmouche
 Quelquesfois l'ennemy, qui fierement les touche,
Et sont de leur mal-heur les autheurs oppressez.
Dont vous contrefaisant, l'œil bas pensant me nuire,
 Vos beautés se desfont & ne paroissent luire,
Ayez pitié de vous, si ne l'auez de moy,
 Regardez donc au vif, mirez vous en ma veuë:
 Car les yeux sont miroirs d'Amour qui vous saluë
Que vous sentiriez doulx au milieu de l'esmoy.

B v

XXXVI.

INcredule ne pense esteindre ma fureur
Par l'aspre dureté de ta glace cuisante,
Car ta froideur m'enflame, & de brusler m'exēpte,
Ainsi la neige eschauffe & empesche l'ardeur:
Bien feray-ie ma fin, dont tu seras autheur,
Car maulgré toy, par toy, ma colere tonnante
Bornera tost mes iours cōme on void l'eau bouillāte,
Qui amortist le feu auec sa chaulde humeur.
Comme Aiax se vainquit, seul sur moy i'auray gloire,
Si tu es mon Vlysse, alors en ma memoire
En ayant surmonté les plus ardents efforts,
Le Larix dompte-feux s'accroistra de ma cendre,
Puis l'Amour te blasmant Deifi'ra mon corps,
Et mille oblations chacun me viendra rendre.

XXXVII.

MOn Amour contre Amour s'animoit en colere,
Amour auoit cueilly du beau Myrthe Amoureux,
Dont il fist vn chappeau pour couurir mes cheueux,
Disant le meriter, par mon vers salutaire:
Theophile despite alleguoit au contraire,
Que i'estoy trop superbe osant aimer ses yeux,
Qu'vn bouquet de Ciprés me cōuiēdroit biē mieux,
Et luy en monstroit vn qu'elle venoit de faire.
Comme ils estoyent ainsi en contestation,
I'arriuay; lors ce dieu, de doulce affection,
Du chappeau glorieux ombra ma blonde teste:
Puis Theophile y mist le funeste Ciprés,
Dont ie suis ja brouillé, de calme & de tempeste,
Quiconque vogue en Cipre y *ioindra S. aprés.

XXXVIII.

NE te plain pas de moy Touraine bien-voulue,
　Si ie ne te renomme eſtant de tes enfans,
　Comme aucuns fortunez ſçauamment triomphäs,
Qui chantent leur païs d'vne grace connuë.
Ceſte chauue Déeſſe ainſi ne me ſaluë,
　Ie t'eſlongnay guerrier, n'ayant que quatorze ans,
　Sans voir le Paradis de tes gracieux champs,
Puis ie ne t'ay depuis que (cöme vn eſclair) veuë.
Ne t'en faſche, ton heur n'en reluira moins grand,
　Par moy ton Paladin, ton Cheualier errant,
　Les doctes Pelerins te feront reuerence,
Et voyant VAVBERAVLT, aggreable valon,
　(S'eſmerueillant beaucoup de ma viue excellence,)
　Ils y prendront quelque herbe, inuoquans Apollon.

XXXIX.

NOuueau venu, & vous qui voyez ma Maiſtreſ-
　Si parfaictemët belle, en ſi doulx en-bö-poinct; (ſe
　Si gaye, ſi affable, Amis, ne dites point
Que ma Muſe plaintiue offence ſa ieuneſſe.
,, La douleur inconneuë eſt de plus grande oppreſſe,
　Et qu'il ne ſoit ainſi, regardez mon pourpoinct,
　Il eſt beau, fort bien faict, delicatement ioinct,
Vous ne pouuez pourtant monſtrer où il me bleſſe.
Ie n'aſpire en paſſant à plus riche butin,
　Qu'à baiſer ſon bel œil, qu'à toucher ſon tetin,
　Et faut (ô mal-heureux) que i'vſe de feintiſe.
Si ie veux emboucher les roſes de ſon teinct,
　D'vne humble reuerence auec vn Adieu fainct,
　Ma Muſe à bon droict donc eſt de douleur eſpriſe.

B vj

CHANSON.
VI.

L'Amant ressemble au pauure marinier,
  Qui est tousiours en doubteuse balance,
  Subject helas! au vent traistrement fier,
  En mer, en femme il n'est nulle asseurance.
Tantost Neptune apparoist gracieux,
  Et tantost plein de mortelle furie,
  La femme ainsi se demonstre à noz yeux,
  C'est vn beau temps soudain mué en pluye.
Quand nous voulons voguer dessus la mer,
  Elle se faict aggreablement calme,
  Et tout ainsi quand nous venons aimer,
  On ne void rien si beau comme la femme.
Lors que la nef est au milieu des flots,
  Quelle pitié! quelle estrange tourmente!
  Lors que l'Amour est ancré dans noz os,
  Est-il, ô Dieux! douleur si violente?
Aussi Venus la mere aux Amoureux
  Vint de ceste eau, & du traistre Saturne:
  Quiconque donc voudra bien viure heureux,
  Ne suiue Amour ne l'impiteux Neptune.

TRISTESSE.
VII.

Que i'ay de triste dueil
  Soubs l'Amoureux orgueil!
  Il n'est si fier oultrage
  En mes maux furieux,
  Ie n'ose ouurir les yeux,
  Ni souspirer ma rage.

Heureux les condamnez,
  O bien-heureux geinez,
  Vous gemissez sans crainte,
  Moy comblé de tourment
  Ie n'ose seulement
  Penser à faire plainte.
Le grand fleuue endormy
  Est le plus ennemy,
  C'est l'eau la plus à craindre,
  Le cœur emmourasché
  Est le plus empesché
  Quand il ne s'ose plaindre.
Comme le laboureur
  A sans cesse terreur
  Voyant le preux gend'arme;
  Ainsi chetif tousiours
  Regardant mes Amours
  Ie suis en froide allarme.
Ainsi que le dolent
  Par son mal violent
  Sent la dure agonie;
  Ainsi passionné
  Trop affectionné
  Ie voy finir ma vie.
Puis d'Amour incité
  Comme resuscité
  Vagabondant ie braue
  Maschant quelque deffy,
  Puis ie chante, ie ry,
  Et mon chiffre i'engraue.
Me metamorphosant
  On croiroit m'aduisant
  Que i'ay toute fortune,

Estrange effect d'Amour,
De nuict ie fay le iour,
Et mon Soleil est Lune.
Mal-heureux ie n'ay rien,
Et me promets du bien,
Desesperant i'espere,
Au ruisseau de mes pleurs
I'allume mes ardeurs
I'adore ma misere:
Bref ie n'ay nul repos,
I'ay un diuers Cahos
Qui pesle-mesle empire,
C'est faict, ie n'en puis plus,
Mon cerueau est confus,
Et mon sang se retire:
En bornant ces regrets
Du funeste Ciprés
I'encouronne ma teste,
Estant prest d'esprouuer
Si la mort fait trouuer
La fin d'une tempeste.

TRISTESSE.

VIII.

Sera-il vray que ie suiue tousiours
Ce qui me fuit, ce qui m'est plus rebours,
Qui me fait tant de maux?
Sera-il vray que i'aime une beauté
Qui n'aime rien que toute cruauté,
Surgeon de mes trauaux?
Helas! ouy, mais au fort mon trespas
Semble prochain. Desia ne void-on pas

Mon beau chef printanier
De triste ennuy tellement accablé,
Estre baissé comme le iaune blé,
Qui est prest à sayer?
Mon pasle teinct, mes yeux noircis de pleurs,
Ma foible voix, mes dolentes fureurs,
Tesmoignent mon mal-heur,
Non mon mal-heur, ains ma felicité,
Mais las! ie crains, qu'en molle infirmité
Ie ne tombe en langueur.
Qui eust pensé son doux regard mortel,
Comme celuy de l'animal cruel,
Qui met au monument?
Mais ie langais sans luy demander rien,
(Quelles rigueurs!) pour loyer de mon bien,
Qu'à mourir promptement.
Ha! desolé ie ressemble Amoureux,
Au criminel laschement mal-heureux,
Qui prie son bourreau
De tost, bien tost, le faire trespasser,
Las! où il faut son meurtrier caresser,
L'Amour n'est gueres beau.

TRISTESSE.
IX.

IE me plains, mes Amours, & vous l'entendez bien,
Et toutesfois helas! vous ne respondez rien,
Ha! vous auez raison: c'est ainsi qu'il faut faire,
,, Les glorieux vainqueurs se doiuent tousiours taire,
O mal-heureux vaincus, c'est à vous de prier,
C'est à vous de gemir, c'est à vous de crier.
,, Bien-heureux qui par pleurs peut destourner l'o-
,, De son fier ennemy qui se plaist à l'outrage, (rage

Mais si tu m'as vaincu, ie n'en perds mon honneur,
C'est faute de fortune & non faute de cœur,
Non, que dy-ie? il n'est temps de publier ta gloire,
C'est chanter le triomphe auant qu'auoir victoire.
Ie me repens, Amour, tu ne m'as surmonté,
Ie suis tousiours en vie, & en ma liberté,
Bien que ie sois blessé, si ay-ie encor les armes
De ce mauuais garçon qui se repaist de larmes;
S'il n'estoit inuincible, il seroit serf par moy,
Qui suis inuiolable en Amour & en foy.

TRISTESSE.
X.

Faut-il, ô bons Dieux!
  Que pour deux beaux yeux,
  Pour vn doux propos,
  Pour vn blanc visage,
  Qui d'œillets s'ombrage,
  Brusler iusqu'aux os?
Non, ie ne veulx pas,
  Plustost le trespas
  Saisisse mon cœur:
,, D'vne ardeur cruelle
,, La mort est plus belle,
,, Que n'est la langueur.
Adieu donc, Amours,
  Mais tout au rebours,
  Adieu mon soucy,
  Mauditte l'année,
  L'heure & la iournée
  Que ie vins icy.
Pensant me guerir,
  Tu me fais mourir,

Semblable au poisson,
  Qui cerchant sa vie,
  La trouue rauie
  D'vn traistre hameçon.
Tu ris de mes pleurs,
  Et de mes douleurs
  Tu te resiouis,
  Comme vn fier corsaire,
  Qui rit du forsaire,
  Tousiours plein d'ennuis.
Donc pour ton plaisir,
  Adieu cher desir,
  Tragique destin!
  Bourreau de moy-mesme,
  Puis que tu ne m'aimé,
  Ie veulx prendre fin.

Chanson Pastorale à danser, en vers extraordi-
   naires, passans la mesure des autres.

XI.

REFRAIN.

Non non, ie la seruiray maugré la ialousie.
A Imant vne Pastorelle ore il faut que ie rie,
    Non non, ie.
En despit du traistre orgueil qui m'oultrage la vie,
  Non non, ie.
Apres auoir remené ma bonne Bergerie,
  Non non, ie.
I'iray gayement danser en l'humble compagnie,
  Non non, ie.
Que l'on void soir & matin en la belle prairie,
  Non non, ie.

I'auray au chef du Laurier qui vient de Theſſalie,
  Non non, ie.
Et ſur mon allaigre corps la blanche Sequenie,
  Non non, ie.
Pour couurir ma tẽdre chair, du feu d'Amour bleſmie,
  Non non, ie.
Et la houlette en la main de ſoye & d'or garnie,
  Non non, ie.
D'orangé & colombin, les couleurs de m'amie,
  Non non, ie.
Fideles auant-coureurs du mal-heur qui m'ennuye,
  Non non, ie.
Apres auoir saluë ceſte trouppe accomplie,
  Non non, ie.
Ie prendray mon flageolet ou bien ma chalemie,
  Non non, ie.
Pour ſonner quelque chanſon de ma belle ennemie,
  Non non, ie.
Chanſon qui l'ame d'Argus pourra rendre endormie,
  Non non, ie.
Tant elle aura de vertus par ſa doulce furie,
  Non non, ie.
I'allumetteray l'Amour ſagement infinie,
  Non non, ie.
A renommer mõ honneur que l'hõneur ſainct publie,
  Non non, ie.
Ou d'auoir vn doulx baiſer de ſa bouche iollie,
  Non non, ie.
En allegeant par pitié ma ieuneſſe aſſeruie,
  Non non, ie.
Qui à l'ombre de ſes yeux ne craint la laide enuie,
  Non non, ie la ſeruiray maulgré la ialouſie.

XL.

HA! donne moy secours, donne secours ma Dame,
 Aye compassion de mon mal irrité,
 La vertu ne doit point vser de cruauté,
,, Rien n'est tant abhorrant qu'vne cruelle femme.
Ie ne te requiers point l'honneur sainct qui t'enflame,
 Mon cœur n'aspire à rien qu'à toute honnesteté,
 Rien qu'à l'humble doulceur, rien qu'à la pieté,
 Naturelles beautés de vostre diuine ame:
Beautés qui ont la grace à leur corps loüangé,
 Secourant l'impuissant, aidant à l'affligé,
 Auecques doulce humeur & amitié sans fainte.
Vsez donc de vous mesme, aidez à mes ennuis,
 Aimez moy de bon cœur, soyez bōne à ma plainte:
,, Laides sont les vertus qui n'vsent de leurs fruicts.

XLI.

QVe ne m'ont faict les Dieux d'inuisible corsage,
 Pour œillader de pres tant de pudicitez,
 Tant de doulces doulceurs, tāt d'humbles cruautez,
 Tant de perfections, qui vous rendent hommage?
Ie vous guerdonneroy du thresor de mon âge,
 D'vn honneur immortel i'orneroy vos beautez,
 Et là s'amortissans mes dures cruautez,
 Vous apprendrois d'Amour la delice & l'ouurage.
Mais que dy-ie? chetif! quoy? suis-ie hors du sens?
 Ia le fourrier d'Amour m'a logé là dedans,
,, Amour ce grand Démon en tous endroits domine.
,, Les gros portaux barrez, les fenestres de fer,
,, Les hommes demy-Dieux, les Anges, ni l'Enfer,
,, Ne sçauroient resister à l'enfant d'Ericine.

XLII.

Bien-heureux le soldat, qui apres longue guerre
S'en retourne gaillard dedans sa garnison,
Qui d'vn sanglant combat peult anoblir son nom,
,, Bié-heureux le mal-heur qui fait la gloire acquer-
Heureux le laboureur qui laboure & qui serre, (re.
Semant ce qui luy plaist, paisible en sa maison,
Heureux le marinier, que l'arriere-saison
Doulcement fauorise estant loing de sa terre:
,, Bien-heureux est le libre, ô bien-heureux celuy,
,, Qui peut viure aisément sans le moyen d'autruy,
,, Qui sain n'a nul procés ni aucunes querelles.
Et bien-heureux qui a au besoing du secours,
Ceux-là sont bien-heureux, mais plus heureuses
    celles,
Qui chatent iour & nuict auecques mes Amours.

XLIII.

N'Oser aimer celuy, doüé de bonne grace,
Qui est à ses amis sans artifice aucun,
Ne parler à personne, eslongner vn chacun,
Fuyr ce que la gloire aimablement pourchasse,
Marcher piteusement auecques triste face,
Auoir le chef couuert d'vn grand voile importun,
Viuotter mal-en-poinct (vsage trop commun)
Et comme vn criminel ne bouger d'vne place,
Renoncer la nature, hà! quelle indignité!
Et embrasser par vœu la laide pauureté,
Qui est asseurément la mere vicieuse,
Chanter en gemissant, rire en Sardonien,
Ne vouloir point d'honneur, ni d'amy, ni de bien,
Appellez-vous cela saincte Religieuse?

XLIIII.

Quelle Religion trouues-tu en ce lieu,
  Dites rare beauté, de la beauté ventée?
En estant mal-heureuse ainsi desheritée,
Sans auoir offencé, ni le monde, ni Dieu?
Quelle Religion, quel desirable vœu,
  De paistre maigrement & tousiours enserrée?
  Quelle Religion, de ne viure honorée,
  D'estimer tout le monde, & de s'estimer peu?
Quelle Religion d'aimer la peine dure,
  De fuyr le plaisir souhaitté de nature,
  De n'oser descouurir des mysteres conuers?
Autheurs de mon mal-heur, & plus de vostre encom-
  I'atteste l'Eternel Pere de l'uniuers, (bre,
  Si de Religion il y a un seul ombre.

XLV.

Mais quelle aueugle loy tellement te maistrise,
  De prendre un voile obscur, esgarant tes beaux
  Des plaisirs, les plaisirs les plus delicieux, (yeux
  Peres de ta beauté, des beautez plus exquise?
Quel CHRIST, quel Sainct, quel Roy, quel An-
  ge, quel Moyse,
  A faict, dict, commandé, porté, presché tels vœux?
  Que si c'estoit un Sainct, il fust lors oublieux
  D'oster pour prier Dieu la diuine franchise.
„ Tous les biens assemblez sans elle ne sont rien,
„ Et par elle les maux semblent s'addoucir bien,
„ La chere liberté a l'honneur de la gloire.
Ne trenche donc le mot de la profession,
  Ou tu es en danger, si tu ne me veulx croire,
  De souffrir sottement double damnation.

XLVI.

VN iour le Ciel estoit superbement esmeu,
   Quand l'odorante Flore estale sa richesse,
   Moy (côme bon Chrestien) m'en allay à la Messe,
Proposant d'amortir l'audace de mon feu:
Mais que m'en aduint-il? pardonne moy, ô Dieu,
   I'ay changé ton image en ma belle Maistresse,
   Et encore, ô mal-heur! si grande estoit la presse,
Qu'on me vid pris d'Amour qui commande en
   tout lieu.
Adoncques i'entendy au milieu de l'Eglise
   Vne sourde rumeur du mal-heureux Lasphrise,
   L'vn le disoit meschant, l'autre plus admisé
Remonstroit qu'on ne peut surmonter l'indomptable,
   Qu'Amour enfant du Ciel veult estre plus prisé,
   Qu'on doit donc l'accuser, non l'Amant miserable.

XLVII.

APres auoir passé ma belle adolescence,
   Et les ans vigoureux de ma ioyeuse Aurore,
   Morne, blesme, pensif, & furieux encore,
Auortant ma raison, pour te mettre en puissance,
Apres auoir encor d'vne braue asseurance,
   Par le fer, par le feu, defié ore & ore
   Quelque ennuyeux ialoux du biē que tāt i'honore,
En receuray-ie point aucune recompence?
„ Le plaisir veult loyer. Las! qu'auray-ie de toy?
   Sera-ce de toucher l'iuoire de ton doy,
   Ou desrober par force vn baiser d'auanture?
Ou toy d'vn maigre ris, d'vn Adieu mensonger,
   Abbaissant l'hōneur sainct, de tes yeux m'estrāger?
   Mourez plustost mes vers qu'endurer telle iniure.

XLVIII.

ON doit de ses amis tousiours estre soigneux,
  Mesme quand on les void auoir quelque
    tristesse:
Car la vraye amitié se connoist à l'oppresse,
  Qui me fait t'aduertir te voyant Amoureux.
Garde toy donc (BLAIAN) de la femme en tous lieux,
  Venus nasquit de l'eau entierement traistresse,
Bien sage est qui fuyt Cypre & Thetis la Déesse,
  Amants, & matelots sont souuent mal-heureux.
Car quãd on vient aimer, l'Amour semble biẽ doulce,
  Quãd on s'embarque aussi la mer ne se courrouce,
Ce n'est qu'vn fainct appas pour mieux nous attra-
Parce que quand on est au milieu de leur voye, (per,
  L'vn desesperé brusle, & puis l'autre se noye.
Rien n'est si dangereux que la femme & la mer.

XLIX.

POur esteindre l'ardeur de mon rude tourment,
  (Qui passe Promethée en mortelle souffrance)
  En estant mal-heureux en douteuse balance,
Dites ouy, ou non, ma Dame seulement.
Si vous dites ouy, ô bien-heureux Amant,
  I'auray de mes desirs l'entiere iouyssance;
  Si vous dites nenny, ie perds ceste esperance,
Ie chercheray ailleurs autre contentement.
Dites donc l'vn des deux, ma Dame, il en est heure,
  Au moins si vous voulez que vostre ie demeure,
Sans vous ombrayer plus de vostre maigre loy.
Ne sçauez vous pas bien si mon cœur vous aggrée?
  Ne vous desolez plus, chassez le triste esmoy:
Vne grande beauté ne doit point estre ombrée.

L.

MA Déesse entre toute a son vray vestement,
Et toutes les couleurs font hommage à la siéne,
Elle a le blanc & noir, c'est fermeté certaine,
Et le fier incarnat courrier de mon tourment.
Ceste viue couleur est sous l'accoustrement,
Qui las! de plus en plus mon mal-heur predestine
,, Car la flamme cachée est l'ardeur plus maline,
,, Et puis l'obscurité n'est belle aucunement.
Rigoureux incarnat, ô couleur mal-heureuse,
Acruelant le cœur d'vne ame gracieuse:
Car souuent par despit tu rougis le beau teinct,
Tu ne te peux celer, ta couleur est trop fiere,
Par toy Mars le felon m'a plusieurs fois atteinct,
Et qui pis est ma Dame est par toy en colere.

LI.

TV ne t'enquiers iamais de moy ton humble frere
Qui languis desolé soubs l'Amoureuse loy,
(SOVRCES) ie fay dōc plus, ie fay dōc plus que toy
Ie sçay que tu es pris d'vne doulce Ioliere.
Tu n'as autre soucy qu'à mener chere entiere,
Ton plaisir te commande, exempt d'aucun esmoy
Tu baises ta Franchon, tout-honneur, toute-foy
Que n'adore-ie, heureux, si belle Cordeliere?
J'aspire vne Déesse où sont mille dédains,
Qui se targue tousiours de Dieu & de ses Sainct
Et ne daigne approcher du doulx feu qu'elle attise
On gaigneroit plustost le fort des ennemis,
Qu'Amour peut resueiller ses beaux sens endormis
,, Soubs l'ombre d'vn hōneur qui n'est qu'vne sottise

Oncque

LII.

Oncques Pilotte enfant Neptunien,
Loing de son port, retraicte du nauire,
Battu d'Æole & du Corsaire Pyre,
N'enuia tant d'ancrer dessus le sien:
Oncques la Dame au fugitif Troyen
N'aspira tant son Amour, son martire,
Ni Perseüs Amoureux du moyen
Ne desira tant l'or que l'on desire:
Que ie souhaitte, ô l'ame de mon ame,
Baiser le iour de ta iumelle flame,
(Flambeaux diuins astres de ma clairté.)
Ha! si ma nef voguoit sus ta belle onde,
Ni pour les flots de ma calamité,
Ie me diroy le plus heureux du monde.

LIII.

Que ne suis-ie eschangé en precieuse pluye?
J'assoupiroy Æole en ta prison soufflant,
Que ne suis-ie changé en Aigle hault-volant,
Pour te faire compaigne à la grande Asterie?
Que ne suis-ie eschangé en babillarde Pie,
Pour t'aller saluër ores en gaudissant?
Que ne suis-ie eschangé en Taureau blanchissant,
Pour paistre, bien-heureux, en ta belle PRERIE?
Mais que n'ay-ie le charme au valeureux Iason,
Pour gaigner, glorieux, ta plus riche toison?
Car tu es l'ornement du troupeau mieux voulu.
I'en croy les saincts Bergers, le Prophete Anagrame
Dit encor que toy seule (ORNE CE PRÉ ELLEV)
Que (L'OR LEVE EN CE PRÉ) pour l'Amour
  de ma Dame.

LIIII.

I'Escoutois voz doulceurs, digne fille d'Orphée,
Quand Vulcain & Nothus se choquoient furieux,
Mais par ton chāt serein mignō des mesmes Dieux,
Leur audace en l'instant apparut estouffée.
Mon ame fust alors d'Amour toute comblée,
Voyant vous obeir l'Eau, la Terre, & les Cieux,
Vente (me dist Amour) cest œuure glorieux,
Et son docte discours miroir de Theoclée.
Prens vistement la plume, escris ce que tu vois,
Que le doulx-graue accord de sa diuine voix
Viue dedans la mort par ton vers salutaire.
Ie suis prest d'obeir à son commandement,
Mais ma Dame il faut estre aimé premierement.
,, Rien sans l'affection ne se sçauroit bien faire.

L V.

HA beaux tourmens! hà paisibles fureurs!
Hà doulx trauail! hà faulte souhaitable!
Hà fierté humble! hà langueur amiable!
Hà belle guerre! hà bien-heureux mal-heurs!
Hà chers ennuis! hà gentilles douleurs!
Hà durté molle! hà refus aggreable!
Hà mal salubre! hà desdain pitoyable!
Hà viue mort! hà suaues aigreurs!
Hà gay soucy! hà sauoureux martire!
Hà fers benings! hà larmes qui font rire!
Hà dueil ioyeux! hà desplaisir plaisant!
Hà gente erreur! hà prison doulcereuse!
Hà viue flame! hà fiebure gracieuse!
Voyez l'orgueil que ie desire tant.

LVI.

M'Amour tu as dans la bouche vn serment,
  Courrier du dueil, dont tristement ie pleure,
A tous propos tu vas disant, Ie meure,
Bien doulx iurer, au deuis seulement.
Helas! il est bien cruel autrement,
  Car par luy seul, Maistresse, tu m'asseure
  Plustost la mort, que de m'estre meilleure,
Dieux! suis-ie pas vn miserable Amant?
Comment feray-ie? hé! vrayment ie desire
  Perir plustost d'vn funeste martire,
  Que tu endure' vn seul poinct de douleur:
Ie meure aussi, par ton serment ie iure,
  (Estrange effect d'aimer sa peine dure)
  Si ie ne suis tousiours ton seruiteur.

LVII.

I'Aime tant ce parler begayement mignard,
  Qui sent encor le laict d'vne voix enfantine,
Toutesfois bien souuent il donne du poignard,
Qui m'objecte soudain à faire maigre mine:
Mais tout ainsi qu'il faut que le braue soldard,
  Doubte moins l'ennemy que son bon Capitaine,
Ainsi, ma chere Amour, ie crains vostre regard,
Plus que de mes hayneux la presence inhumaine.
I'ay peur en vous aimant que vous soyez faschée,
  Mais si vous courroucez de vous voir recherchée,
  N'ayez plus de rigueur, fuyez l'ombre commun,
(O sotte inuention!) ou bien deuenez laide,
  Alors ie ne seray nullement importun,
  Qui veult guerir d'Amour en voyla le remede.

C ij

LVIII.

ON me dira semblable au trouppeau affetté,
    Qui s'ose accomparer à ce diuin College,
On dira que ie fay autant de sacrilege,
Chantant humainement vostre alme Deité:
On me renommera temeraire hebetté,
    De venter vn Amour qui mon Amour n'allege,
Toy qui des iustes Dieux tiens le glorieux siege,
On me dira pareil à Marcye esuenté.
Ie confesse vrayment ma folle oultrecuidance,
    Mais qui peut contre vn Dieu s'opposer en defence?
    Qui pourroit dire aussi l'honneur de mõ pourchas?
Impossible vertu, quand ce seroit HOMERE,
Il ne sçauroit chanter ta grace singuliere:
Car elle est ineffable. Ainsi ie n'erre pas.

LIX.

VN matin renaissant d'vn gracieux sommeil,
    I'admiroy ma Maistresse en son plaisant seiour,
Et ie l'accomparoy au grand flambeau du iour,
Qui n'a (tant est parfaict) en beauté son pareil.
Connoy ma verité, ma FRANCE ouure ton œil,
    Va-t'en voir mon soucy qui vergongne la Cour,
Chef-d'œuure de Nature, & miracle d'Amour,
Qui sert de iour au monde ainsi que le Soleil.
I'ay tort, ma Dame est plus: car Phœbus se recule,
    Et l'esclair de ses yeux tousiours luit, tousiours brus-
    Sa grace rend honteux l'honneur Cytherien, (le,
Ce n'est rien du Prin-temps la richesse odorante,
Ce n'est riẽ des haults Cieux l'ardeur estincellante,
Ni n'est rien aupres d'elle vn thresor Indien.

LX.

Ni ta Religion, contraire à Cytherée,
 Ni ta nef trop pesante à voguer à mon Port,
 Ni ton chant enchanteur, ni ton langage accort,
 Ni ta belle lumiere en tout temps esclairée,
Ni vostre parenté qui vous a enferrée,
 Ni les rigueurs du temps (seul object de ma mort)
 Ni le fer, ni le feu, le monde, ni le sort,
 Ne vous sçauroiét garder d'estre Amäte admirée.
Dieux, Diables, Elemens, tout cela, tout cecy,
 Ne m'en empescheront, & qu'il ne soit ainsi,
 Tu as tousiours chez toy vne bonté extresme,
La graue Majesté, Sapience, & Sçauoir,
,, Bonté attire Amour, Majesté le debuoir,
,, Sapience la Foy, le Sçauoir l'honneur mesme.

LXI.

Vous dites vostre habit seruir souuent d'object,
 Mesme aux plus beaux diseurs c'est pauure pas-
  se-temps,
 Encor que ie ne sois des diserts Eloquens,
 Si est-ce toutesfois que i'ay autre subject.
Vostre rare beauté m'argumente vn regret,
 Voyant viue mourir la fleur de si beaux ans,
 Et mille & mille abus qui aueuglent nos sens,
 Où nous sommes surpris comme poissons au ret:
Mais si me vouliez croire, & m'escouter, ma Dame,
 Vous conoistriez l'Amour & du corps & de l'ame,
 C'est beaucoup vers les Dieux d'auoir ce beau
  moyen.
Certes vous feriez lors ainsi que la nuict More,
 Chassant l'obscurité, faisant place à l'Aurore,
 Ameine plus d'honneur, de plaisir, & de bien.

Dialogue auec l'AMOVR.
LXII.

SOubs mesme signe, & soubs mesme Planete,
En l'an, au mois, au iour, à l'heure, au poinct
Que ie nasquis vint ma Dame parfaicte;
Amour, pourquoy ne m'aime-elle point ?
AM. Si tu ne sens l'or blond de ma sagette,
Qui est au vif dedans son cœur conioinct,
Et si mon dard encores ne l'a poinct,
Ne rends pourtant ma verité suspecte.
Vous n'estes naiz soubs vn aspect malin,
Mais ma doulceur semble aux femmes venin,
Auant qu'auoir gousté ma friandise,
Il ne faut donc si tost desesperer,
,, Mars & Venus aucunement ne prise
,, Cil qui paruient sans beaucoup endurer.

LXIII.

IE me suis veu cent fois sur les impiteux flots,
En cent diuers hazards prest à perdre la vie,
Ie me suis veu cent fois au roc de la furie,
Du feu consomme-tout ennemy du repos,
Ie me suis veu cent fois contre les Huguenots,
(Que l'honneur comme nous brauement glorifie)
Au front de mes soldats superbe compagnie,
Nous donner mille coups voisinans le depos:
Ie me suis veu cent fois en poursuitte oultrageuse,
En douleur, en disgrace, en querelle hazardeuse,
En pauureté chetiue, en dure affliction, (me
Mais Thetis, Vulcain, Mars, le soing, la rigueur bles
Le mal-heur, le debat, la faim, l'ennuy extresme
Ne m'ont point tant que toy donné de passion.

LXIIII.

Vniques sœurs, semence Titanine,
 Secourez moy (moy vostre cher enfant)
 Si vostre appuy viste ne me defent,
 C'est faict, ie voy ma mortelle ruine.
Le traistre Amour allume ma poictrine
 En vn lieu sainct où l'on n'entre souuent,
 Où rien que Dieu ne se met en auant,
 Et m'a bruslé par vne ardeur Diuine.
Dames, voyez l'orgueil de ma poison,
 Mon corps est libre, & mon cœur en prison
 D'vne beauté, qui est mesme captiue.
Sus, tencez donc l'Amour qui vous fait tort:
 Car m'offenccant il vous oultrage fort,
 En desgradant vostre amorce naiue.

CHANSON.
XII.

Qvand le Pere du iour d'vne façon constante
Disparoist esloignant sa lumiere luisante,
 Le temps tout-maistrisant
 Ne se monstre plaisant;
Lors que i'absente ainsi les yeux de ma Déesse,
 Le iour plus gracieux
 Me semble pluuieux,
„ Vn Amant doit tousiours estre pres sa Maistresse.
Le valleureux guerrier, que la gloire espoinçonne,
 Suyt son chef dans le Camp, où il ne l'abandonne,
 Pour faire voir son cœur
 Plein d'vn beau sang vainqueur:
Ie suyuray donc ton œil Amoureux Capitaine,
 Pour qu'il voye inesgal
 Mon seruice loyal,
„ Heureux qui peut monstrer sa glorieuse peine.

Mais comme vn douloureux a plus d'esiouyssance,
Quand on a de son mal certaine connoissance,
D'autant qu'on plainct l'orgueil
De son douteux cercueil,
Ie veulx qu'on sçache ainsi mon Amour infinie,
Si ie meurs t'adorant,
On m'ira desplorant,
„ *Vne honorable mort, est vne belle vie.*
Apprens doncques viuant, & toy race future,
Que ie sers la beauté, chef-d'œuure de Nature,
Telle la maintiendray,
Et si rien ne craindray,
Puis que le mesme honneur sagement me seconde,
Vienne donc qui voudra,
Amour me defendra,
„ *Qui a vn Dieu pour luy ne doit craindre le mõde.*

CHANSON.
XIII.

Qvi pourroit lire à mon visage
Le mal que ie souffre en mon cœur,
Il donneroit vray tesmoignage
De ma violente douleur.
I'eusse plustost creu que l'abisme
  Eust baisé l'Olympe orgueilleux,
  Et que de l'abhorrable crime
  Fust venu l'honneur desireux;
Que i'eusse pensé que ma Dame
  N'eust ouy ma calamité,
  Estant au chemin de la flame,
  Qui procede de sa beauté.
Elle se hayt donc elle mesme,
  Ne voulant rien ouyr de soy,

DE THEOPHILE.

Hé! bons Dieux! puis qu'elle ne s'aime,
Peut-elle faire cas de moy?
Las! la pauurette se mesconte,
„ *Car l'honneur n'est point sans plaisir,*
„ *Et iamais ne faut auoir honte*
„ *D'aspirer l'aimable desir.*

CHANSON.
XIIII.

TV as donc ietté le sort
    De ma mort,
Ma nuict t'est donc desirable,
Ma temeraire vertu
    (Ce dis-tu)
Rend mon ardeur incurable.
  Tu te trompes en cecy,
    Mon soucy,
I'auray du gain de ma perte,
Mon Myrthe triomphera,
    Et aura
A iamais la fueille verte:
  Tel qu'vn Icare nouueau,
    Mon Tombeau
Me fera tousiours connoistre,
Puis que i'ose, audacieux,
    Dans les Cieux
De vos beautés apparoistre.
  Le soldat tué bien hault
    A l'assault,
Anoblist sa renommée,
Et l'agile marinier,
    Braue & fier,
Mourant sur la hune armée.

I'ay donc vn heureux mal-heur,
  Mais i'ay peur
Que vostre belle ieunesse,
Soubs l'ombre d'vn ombre sot
  Et bignot
Ne viue sans allegresse.
  Ie preuoy que n'auray pas
  Le soulas
Du doulx combat amiable;
Lors vous plaindrez (mais trop tart)
  Le despart
De mon Amour seruiable.
  Tandis donc que mes beaux ans
  Sont luisans,
Fuyez ce mauuais ombrage,
Aimez moy d'vn cœur ouuert,
„ Rien ne sert
„ D'auoir du bien sans l'vsage.
  Les beaux Champs non frequentez
  Sont gastez,
La terre en friche est vilaine,
Le iardin qui n'est paré,
  Deuient pré,
Et nulle saueur n'ameine.
  Si le Soleil de ton teinct
  Est esteinct,
Sans ceste Amoureuse guerre,
De rien ne te seruira,
  Ce sera
Comme vn beau thresor en terre.
  Tous nos Nepueux s'en riront,
  Et diront,
Que ta beauté fust pareille

Au serpent couuert de fleurs,
   Et doulceurs
De l'esguillonnante Abeille.

CHANSON.
XV.

Ores que nul ne me defent,
   Et que tout nud ie fuis fans arme,
Vn Dieu (mais vn diable d'enfant)
Me fait vn eſtrange vacarme;
Ie femble au mal-heureux gend'arme
En vne Bicoque affiegé,
Qui à toute heure eſt en allarme,
Sans efpoir d'eſtre foulagé.
Comme on void l'Automne fruictier
   Oſter la verdeur Printanniere,
   Et le Pere alme nourriſſier
   Eſlongner fa belle lumiere;
   Ainfi ta vertu falutaire
   Rend mon Auril moins gracieux;
   Et telle qui me fouloit plaire
   Semble eſtre fantofme à mes yeux.
Ie fuis chetif la nuict toufiours
   Pafle eſtendu deſſus la couche,
   Nommant mes pudiques Amours
   A toute heure en ma trifte bouche:
   Helas! ce fouuenir me touche
   D'vn fi poignant traict d'amitié,
   Que la cruauté plus farouche
   Auroit mefme de moy pitié.
Mais alors que ce grand flambeau
   Ne nous monſtre plus fon vifage,
   Ie fuis comme vn Roland nouueau,

C vj

Courant par bois, monts & riuage;
Non, non, ie suis bien d'auantage,
Aussi mon desir n'est pas tel:
Car Angelique fust volage,
Et mon Amour est immortel.
Iustes Dieux, iugez mon mal-heur,
Et vous (mon TOVT) Phœnix de France,
Qui en estes la seule ardeur,
Et en bouchez la connoissance,
Ie suis en doubteuse balance,
Allumé d'vn feu agitant,
Vn monde d'oppresses m'offence,
Et me faut feindre estre content.

LXV.

Cependant que tu cours la fortune guerriere,
Ie la poursuis au MANS (plaisante garnison)
Où ie suis douloureux detenu en prison
D'vne sage beauté qui mesme est prisonniere.
Plus que les mal-contens (SOVRCES) elle est meur-
De leurs coups violens i'ay receu guerison, (triere,
Mais l'ennuyeux Martel esgare ma raison,
Et ne fay que languir en extremité fiere.
Ie brusle incessamment, & me faut, mal-heureux,
Déguiser ce supplice entre tous rigoureux,
C'est vn supplice tel qu'vne flame enragée.
Et rien que son Amour n'a pouuoir sur mon feu,
Ha! frere mon plus cher, ie te dy donc Adieu,
Madame estant plus qu'autre en cela ombragée.

LXVI.

LE Gouuerneur reçoit le beau commandement,
Le laboureur reçoit le bled du labourage,
Le marinier reçoit le butin du pillage,
Le mal-faicteur reçoit la gesne & le tourment,

Le grand Prince reçoit les honneurs seulement,
  Le pelerin reçoit pour faire son voyage,
  Le seruiteur reçoit le gain de son seruage,
  Et le braue soldat le bon appoinctement:
Chacun a son loyer par la saincte Iustice,
  Baille donc le guerdon de mon loyal seruice,
  Toy qui te targues tant de l'alme Saincteté.
Ou bien me fais mourir sans m'estre si cruelle,
  Mais non, ie t'aime trop, ma foy tu es trop belle,
  On mesdiroit par tout de ceste cruauté.

LXVII.

COmme quand s'apparoist le flambant Delien,
  Nous nous resiouissons benissans sa venuë,
  Mais si nous amusons à contempler sa veuë,
  La fiebure nous empoigne, ayant mal de son bien:
Ainsi quand ie voy l'œil & l'honneste maintien
  De ma belle Maistresse, où l'honneur s'éuertue,
  Ie suis de ioye épris, & si ie continue,
  I'endure grand douleur par son chaste entretien.
Ie ne puis approcher de beauté si parfaicte,
  Que ie ne sente alors vne flame secrette
  M'oster la contenance & le doulx sentiment.
Ie ne m'estonne point de leur ardeur maline,
  Apollon est diuin, ma Maistresse est diuine,
,, Par la Diuinité l'homme a le chastiment.

LXVIII.

DY moy que m'as-tu faict, beauté que ie souspire?
  De quel sort, de quel charme, hé! de quelle poison
  As-tu touché mon ame & surpris ma raison,
  Aimant comme ie fay ton cœur qui me martire?
On ne void tant de flots sur mer porte-nauire,
  Tant d'herbes, tant de fleurs, en la prime-saison,

Que i'endure de maux, n'esperant guerison
Que par mort,ou d'Amour,qui se plaist à me nui-
Mais que te sert,dy moy,me faire tant souffrir? (re:
Tu t'abuse',fierté;car deusse-ie mourir,
Ma reputation ne sera moins notoire.
La mortelle blessure honore le guerrier,
Ainsi par ta rigueur s'accroistra mon Laurier,
,, Le mal s'eschange en bien mourant auec la gloire.

LXIX.

Toy qui mesprise' Amour par vn vouloir testu,
(Toy dy-ie où mon desir en esperance tombe)
Encor que tu sois simple autant que la Colombe,
Et le sacré refuge à la blanche vertu,
Mais ie te pry', dy moy, quel heur en auras-tu?
Car alors qu'Atropos la grand' beauté succombe,
Ce chef-d'œuure accöply va soubs l'ombreuse Tom-
Au lieu d'estre tousiours de gloire reuestu. (be,
Tu sçais que ie dy vray mesme de ton lignage,
Tant de braues guerriers,& autre doulceur sage,
Non plus que de personne on ne parle plus d'eux.
,, Tout se perd en la nuict, au fonds de sepulture,
,, Fors le viuant Amour, par la docte escriture,
Aimez moy donc à fin que i'en escriue mieux.

LXX.

IE sceu mes maux soudain te voyant si iolie,
Par trois certains Courriers,le premier fust tō nom,
(Si benist renommé) & ta Religion,
Puis ton sur-nom Latin qui belle signifie.
Voyant si beau nom ioinct à l'alme seigneurie,
Et ta demeure encor dans la laide prison,
Pourquoy ne m'en alloy-ie, ô pauure de raison?
La nature & le lieu m'en deuoient faire ennie.

Qui pourroy-ie accuser de ce retardement?
 L'amadoueux espoir sorcier de mon tourment:
 Mais ores que ie suis desesperément blesme
Que ne m'en vay-ie donc? Ha! Dieux ie ne sçaurois!
 Amour fait tout cecy, & me tient soubs ses loix,
 Pour faire voir en moy sa fermeté extresme.

STANCES.

IE ne veulx plus celer le martir de mō ame,
 Ie ne veulx plus couurir vne cruelle flame,
 Ie veulx ore éuanter mes trauaux rigou-
  reux,
 Aussi ne puis-ie plus endurer ceste peine,
 Que i'ay pour rechercher vne Dame haultaine,
» Miserable est celuy qui en est Amoureux.
Ia le mouuant toreau monstroit sa dure corne,
 Ayant laissé le iour plus furieux que morne,
 Que ie fus de l'Amour extrememént frappé,
 Qui du commencement paroissoit sans malice,
 Ce n'estoit que doulceurs, ce n'estoit que seruice,
» A la belle esperance on est souuent trompé.
I'accompare ma Dame en ces doulceurs atroces
 A l'auaricieux qui conuie à ses nopces
 Quelqu'vn de ses parens, dont il est heritier,
 Il fait de beaux semblans, sa chere paroist bonne,
 Puis en riant soubs main, le meschant l'empoisonne,
» En l'auare, en la femme il ne se faut fier.
Mais deuoy-ie ignorer qu'vne beauté supresme
 Peust donner les trauaux d'vne douleur extresme?
 Son regard seulement nous l'a faict receuoir,
 Ainsi le beau Soleil, où elle prend exemple,
 Donne l'ardente fiebure à cil qui le contemple,
» Toute grande beauté est dangereuse à voir.

Adieu doncques, Adieu, ma Déesse mortelle,
Ie ne vous ose voir: car vous estes trop belle,
Faictes la resoluë en superbe rigueur,
Si vous vouliez pourtant ne paroistre esgarée,
Vous seriez bien plus aise & bien plus honorée,
,, La grand' felicité c'est l'Amour & l'honneur.
Vsez de mon conseil, digne Maistresse esleuë,
Puis que le mal d'Amour procede de la veuë,
Ie ne vous verray point craignant ce mal testu,
Mais s'il vous plaist la nuict ie pourray vous esbatre,
Ainsi le grand guerrier va brauement combatre,
,, Qui vaincq sans reconoistre acquiert plus de vertu.

CHANSON.
XVI.

Pleurez, pleurez, mes yeux, sus payez vostre faute,
Par vous ie suis entré au labirint d'Amours,
Noyez, noyez moy donc dans vostre humeur peu caulte,
Vault-il pas mieux mourir que de languir tousiours?
C'est trop, c'est trop aimer sans auoir recompence,
C'est trop, c'est trop seruy sans estre guerdonné,
Le forçat miserable a bien quelque esperance,
Voire le criminel iustement condamné:
Et moy (ô mal-heureux!) dont fortune se iouë,
Las! ie ne pretens rien que le tragique sort,
Compagnon d'Ixion, ie suis dessus la rouë,
C'est grand cas que l'Amour soit cause de la mort!
Ie ne sçauroy penser, quoy que ie puisse faire,
Comme ie pareray les coups d'vn tel tourment,
I'ay beau me despiter de bouillante colaire,
I'ay beau faire le sage, & parler humblement:

I'ay beau pour addoulcir ces cruelles attainctes,
 L'honorer par mes vers animez de ses traicts,
 Tant que les maistres Dieux s'estonnent de mes plainctes,
 Mais elle est tousiours sourde à mes tristes regrets.
I'ay beau escrire absent, afin qu'elle me mande
 Pour mes honnestetez quelque humble mot d'escrit,
 Mais ie m'abuse fort, nostre Dame la grande
 Presumeroit pecher contre le sainct Esprit.
Rien ne me sert d'offrir mon fidele seruice:
 Car ma Dame ressemble à vn cruel vainqueur,
 Ma rençon ne luy plaist, rien, rien, que mõ supplice,
 Miserable guerdon de l'Amant plein d'honneur.
La saincte chasteté, dont elle est si ialouse,
 Ne fait sentir au corps vn doulx chatouillement,
 Vn plaisir souuerain, qui parfaict nous espouse,
 Qui nous donne la vie, & le contentement.
Elle ne baille point d'Amoureuse liesse,
 Et viure sans cela c'est comme n'estant pas;
 De dire que l'honneur consiste en la tristesse,
 C'est vn abus bigot meritant le trespas. (chose,
,, Car l'honneur & l'Amour n'est qu'vne mesme
Pouuons-nous pas donner vn baiser Paphien,
 Ayans la chasteté dans nostre cœur enclose,
 Sans soubs vn ombre sainct denigrer ce grãd bien?
En ceste simple humeur ma superbe est rengée,
 Voire tant qu'elle croit, pour mespriser l'Amour,
 Que la terre luy est grandement obligée,
 Et que le Ciel diuin luy en doit de retour.
Auancez donc mes yeux, le cristal de vos larmes,
 Pour embraser l'ardeur qui m'incite à l'aimer,
 Comme le forgeron met de l'eau dans les flames,
 Alors qu'il veult son feu d'auantage allumer.

Et vous mes grands souspirs faictes flamber encore,
Comme estás les soufflets de l'Amoureux fourneau,
Ie me desferay donc par l'Amour que i'adore,
Faisant de mon cercueil renaistre mon berceau.
Ie suis accomparable à l'oiseau d'Arabie,
Qui ne pouuant fuyr sa mortelle douleur,
Luy mesme fait le feu dont il brusle sa vie,
Et comme il est vnique, aussi suis-ie en mal-heur.

TRISTESSE.
XVII.

Pvis que ie suis tousiours si miserable,
Puis que mon dueil vous est tant aggreable,
Puis que l'Amour n'attainct vostre ieunesse,
Ie veulx mourir, ma fatale Déesse.
Puis que voulez tousiours estre inhumaine,
Puis que payez le labeur de ma peine
En pleurs, en cris, & en larme piteuse,
Adieu ma vie, Adieu mon ame heureuse.
Mais las! où est ceste humble contenance,
Ce doulx accueil remply d'obeissance,
Où est (ô Dieux!) ce gracieux langage,
Que vous auiez quand i'entray en seruage?
Tout sembloit mien, c'estoit toute delice,
Vous estiez preste à me faire seruice,
Discours menteur, ô parolle ordinaire!
Car vn plaisir ne m'auez voulu faire.
Vn iour ou deux vous ne fustes farousche,
L'honnesteté vous croissoit dans la bouche,
L'oiseau mignon auecque son chant traistre
Fait prendre ainsi son semblable à son maistre.
Mais ce qui fait plus esgayer ma vie,
C'est qu'asseurez estre ma bonne Amie,

Ie n'en croy rien, ha! vous estes pariure,
,, La vraye Amour n'a point de couuerture.
Vous ressemblez à l'homme sans courage,
  Qui pour ne faire aucun plaisir s'ombrage
  De la Iustice, ou de quelque autre encombre,
,, Mais le plaisir ne doit point auoir d'ombre.

LXXI.

L'Agile marinier pensant voir la mer calme,
Est bien souuent surpris des vents seditieux,
Le General d'vn ost au cœur victorieux
Fait florir l'Oliuier, cuidant croistre la Palme.
Et moy pauure affligé presque nouueau Pirame,
  Esperant de monter au beau ciel Amoureux,
  Ie descends miserable au vallon tenebreux,
Adieu doncques ma vie, Adieu vous dy mon ame.
Mais mon cher Apollon voz rayons sont si doulx,
  Qu'ils peuuent Eclipser les faulx Astres ialoux,
,, L'aduentureux honneur ne craint point d'entrepre-
Ne doutez donc (mō TOVT) le sinistre corbeau, (dre.
  Aduienne qui voudra, ie verray mon flambeau,
  Et deusse-ie courir la fortune à Leandre.

LXXII.

LE grand guerrier en paix aucunesfois repose,
(Il n'est rien soubs les Cieux qui n'aye sa saison)
Le sainct Prestre n'est pas tousiours en oraison,
L'Aduocat en tout temps ne plaide point la Cause.
Le vulgaire au trauail tousiours ne se dispose,
  Il se retire au soir dans sa pauure maison,
  Mesme souuent l'esclaue allege sa prison,
Et la nuict toute beste a la paupiere close:
Il n'est rien icy bas fors que moy indispos,
  Qui ne trouue par fois l'aggreable repos,   (re,
  L'Amour enflame-cœurs me trauaille à toute heu-

Ie ne dors ni ne boy, ie vy sans aliment,
Ayez doncques, ô Dieux, pitié de mon tourment,
Ou permettez au moins que promptemét ie meure.

LXXIII.

NE te fasche (BLAIAN) delaisse, ie te prie,
Vn tas d'opinions qui te font douloureux,
Ce Dieu porte-trident n'est tousiours rigoureux,
Espere le beau temps apres la laide pluye.
Las! ie semble à celuy atteinct de maladie,
Qui console chetif vn autre langoureux,
Estant, comme tu es, miserable Amoureux:
Car l'Amour blesse-cœurs veult ennuiter ma vie.
I'aime & ne suis aimé (mal-heur plus importun)
Mais il faut esperer le doux temps opportun,
Tandis que la douleur iamais ne te surmonte.
Ne faisons rire, Amy, noz ennemis ialoux,
Resiouissons nous donc attendans le vent doulx,
Qui nous dédaignera, n'en faisons point de conte.

Sonnet de coupes feminines.
LXXIIII.

HElas! Déesse, helas! donne moy patience,
Ayes pitié de moy, espans sur moy ta grace,
Quelque lieu où ie sois, quelque part où ie passe,
Ie pers par mes douleurs entiere contenence.
Pour Dieu regarde moy de ton œil de clemence,
Et de ton bras puissant repoulse loing l'audace
Du rigoureux Amour qui me brusle en sa glace,
Sans que i'aye enuers luy commis aucune offence.
Ie sçay certainement, si ta Majesté haulte
Me punissoit selon le dessert de ma faulte,
Que ie serois tousiours en douleur criminelle,

Pour auoir aspiré la Deité non fainéte;
Le propre toutesfois d'vne Déesse saincte
C'est d'estre gracieuse, hé! monstre toy donc telle.

LXXV.

QVe tu ments Martial, à l'endroit de ma Belle,
Disant que d'autãt plus vn beau corps feminin
Est mis estroictement, & plus il est enclin
Au plaisir Amoureux qui tous plaisirs excelle.
La vertu à ma Dame est compaigne fidelle,
Qui veult que chacun ait le merite benin,
Doncques par sa prison en ce Conuent diuin
l'embrasseroy heureux l'honneur qui me martelle.
Ton dire est pour l'humeur qui retient du mondain,
Mais ceste Deité qui n'a rien de l'humain,
Auec l'humanité ne veult nulle accointance.
Pleust aux Dieux (Martial) que sans exception
Ta parole fust vraye, alors sans passion
Comme digne d'Amour, i'en auroy iouissance.

LXXVI.

QVelle aueugle fureur domine mon courage?
Que doy-ie faire, helas! pour m'oster de ses
Si ie vay à l'escart mes esprits sõt cõtraincts (mains?
De Saturnaliser à mon desaduantage.
Si ie hante le monde, adonc ie fay le sage,
Taciturne & pensif iamais ie ne me plains,
Si iettay-ie souuent quelques souspirs non fainéts,
Du feu d'Amour (LA FVIE) euidẽt tesmoignage.
Mais baste, si ie puis ie r'entreray chez moy,
Souffrant patiemment l'ardeur de mon esmoy,
I'entens mesme auiourd'huy en bonne compagnie,
Qu'aucuns par mes pitiés éuantent des regrets,
Quel plus excellent heur de voir louër sa vie?
Par ma mort comme Adon, on me plaindra apres.

LXXVII.

Cupidon m'esclaua dans vn PRÉ verdoyant,
Aux beaux chãps bocageux du bõ païs du Mai-
Mettant mes armes bas me dist en soufriant, (ne,
Vien-çà, que t'a seruy ton Mauors qui te meine?
Ie te veulx faire voir ma puissance haultaine,
Tu changeras d'estat, tu m'iras suppliant,
Ton franc cheual sera vn espoir variant,
Et ton corps de cuirasse vne Amoureuse peine.
Ton ennemy toy-mesme, & pour feu porteras
Deux beaux yeux dans le cœur, que sans cesse à-
Ie veulx que tõ canon se mue en escritoire, (meras,
Ton esclatante pouldre en vn grondant desdain,
Tes balles en papier, l'amorce en ris serain,
Ton coutelas en plume, & ton mal-heur en gloire.

Sur vn liure de prieres des Lamentations de Iob.
LXXVIII.

CEs prieres vous sont les premieres offertes,
Que ma belle ame voüe à vos deuotions,
Vous y verrez l'honneur des Lamentations,
Et l'aspirable gain des regrettables pertes.
C'est beaucoup, mais c'est peu, aupres de vos dessertes,
(Dignes de receuoir plus doulces passions)
Et le fidele roc de mes affections,
Que ce Dieu brusle-cœurs ne vous a découuertes.
En vous seule il se rend craignant l'alme beauté,
Sans la permission de vostre Deité,
Au Ciel de vos vertus il ne veult entreprendre.
Acceptez donc ses vœux, oyez son oraison,
Qu'il ne Phaëtonnise en si braue horison,
Encores qu'vn beau feu solleillast de sa cendre.

Sonnet en vers Heroïques & communs.
LXXIX.

HA! que ie treuue doulx ce mal contagieux,
Qui a bleſſé mes yeux à l'impourueuë,
Si c'eſt vn rhume offenceant voſtre veuë,
Touſiours ie beniray le rhume pluuieux.
Aſpre douleur par vous m'eſt vn bien gracieux,
Et ceſte-cy ne vous eſt inconnuë,
Là n'irez vous comme ma flame émeuë?
Certes vous ne ſçauriez, teſmoins mes triſtes yeux.
Ie pourray donc me vanter à ceſte heure,
(Comme l'on void) que pour vous voir ie pleure,
En ce tiede criſtal ie ſouhaitte finir,
Las! ie ne puis, c'eſt vne humeur feconde:
Car l'humide & le ſec font tout par tout venir,
Et i'ay par vous ores la flame & l'onde.

LXXX.

NOuueau Pæon, ſi iamais ta poictrine
Bruſla d'Amour, qui me vient de ſéſir,
Ie te ſupply' de me faire vn pleſir,
Pour arreſter ma mort qui s'achemine.
N'ordonne point drogues, ni medecine
A Theophile honneur de mon deſir,
Que i'ay voulue entre toutes choiſir,
Comme ayant l'ame altierement diuine.
La froide humeur qui roulle de ſes yeux,
Pourra bleſſant les miens ja pluuieux,
Eſteindre vn iour ma flame furieuſe.
Miracle! ò Dieux, ma gueriſon ſera,
D'vne douleur qui eſt contagieuſe,
Ou par ma mort ma Dame ſuruiura.

LXXXI.

Tout estonné d'vne heureuse venuë,
 Comme l'on void, apres vn long sommeil,
 En regardant la clarté du Soleil,
 Qu'on n'ose ouurir apertement la veuë :
Ainsi voyant l'honneur qui m'esuertue,
 Tout esblouy ie craignoy d'ouurir l'œil,
 Mais son beau lustre auec son bel accueil,
 Eust peu remettre vne vie esperdue.
Elle estoit là parmy vn sainct troupeau,
 Et comme on void au doulx Prin-temps nouueau
 Des belles fleurs en vn pré delectable,
Dont l'vne aggrée entre toute à nos yeux,
 Ainsi (DECHOVRCE) en ton Pré gracieux
 Ma Dame luist extremement aimable.

LXXXII.

Il s'anuitoit lors que demy-certain
 Voulu baiser l'honneur sainct que ie chante,
 Mais de sa bouche vne voix arrogante
 Incontinent fist changer mon dessain.
Ie m'en couru de grandes fureurs plain,
 En protestant de laisser mon Amante,
„ La foy d'Amour est comme vn vent qui vente,
 Ie l'allay voir dés l'aube au lendemain.
Pourquoy, luy dy-ie, estes vous si cruelle ?
 Comme vn chagrin vous me dédaignez, Belle,
 Et ie ne suis desaggreable ainsi.
Le vingtiesme an mon beau chef ne surmonte,
 Mille cinq cens soixante & quinze on compte,
 L'an de ma mort & de ma vie aussi.

LXXXIII.

Seigneur Dieu clair-voyant as-tu perdu la veuë,
Affligeant (d'vn tēps vain) par les rais de ton œil,
Vne illustre beauté dont l'aggreable accueil
Vergongne Cytherée Amour qui m'éuertuë?
Regarde comme elle est au lict pasle estendue,
Qu'Æole au pied leger vienne emporter ce dueil,
Puis l'humide Nothus appaisera l'orgueil,
En pleurant doulcement l'affliction conneue.
Dieu mon Dieu tē te pry' ne dédaigne cecy,
Amour ce Maistre Dieu la fist venir icy,
Comme le seul miroir de sa graue faconde.
Que si tu m'esconduis, tu sentiras ses traicts,
Il est vindicatif, tu as beu de son onde,
Et si ne seray plus ton seruiteur apres.

LXXXIIII.

Sus sus mon cœur cessez, & vous flame esgarée,
Sus sus resueillez vous, estes vous pleins d'erreur?
Les Dieux n'enuoyent pas icy bas du mal-heur,
Que ce ne soit en fin pour chose bien-heurée.
Ils donnent l'equité, le mal ne leur aggrée,
Si vostre Dame donc souffre quelque douleur,
Croyez, mes cōpagnōs, que c'est quelque bon-heur,
Apres l'obscure nuict vient la clairté dorée.
Vn accez enrhumé vous l'a faict desnuer,
Esmouuant l'œil aux pleurs, & le corps à suer,
Elle mouche, elle saigne, elle crache, elle tousse,
Humidant l'alentour de son pudique lict,
Or tout n'est que du sel (qui grād biē vous predict)
Car n'estant si salée elle sera plus doulce.

D

LXXXV.

Cauteleux Medecin, pour Dieu retirez-vous,
Ne motez pas là hault, ma Dame est endormie,
Aussi ne sçauez vous sa grande maladie:
Car vous ordonneriez medicaments plus doulx.
Que vous sert luy taster à toute heure le poux,
Contemplez seulement la physionomie,
Ceste pasle couleur tacitement supplie
La delice d'Amour naturelle enuers tous.
Et bien qu'elle l'abhorre en m'estant fiere & dure,
Si ne peut-elle pas maistriser la Nature,
Qui n'est subjecte aux vœux Amoureux du soucy,
Qui la corrompt s'auance en la barque fatale,
M'Amour s'amortist donc, & tu la tue' aussi,
En luy ostant le sang, qui est l'humeur vitale.

LXXXVI.

Ce n'est point sans raison que tu m'appelles fier,
Car nous sympatisons de nostre naturel,
Tu es bon compaignon, chacun m'estime tel,
Tu aime à banqueter, i'aime à faire grand' chere.
Tu es plein de mal-heur, ie suis plein de misere,
Par Mauors qui t'est fier, par luy qui m'est cruel,
Ton esprit est diuin, le mien est immortel,
Tu courtises fort peu, ie ne courtise guere.
Sans lire comme moy tu quiers le Delien,
Tu gausses galamment, ie me mocque assez bien,
Tu cheris la vertu, ie mesprise le vice.
L'espoir te donne vie, & luy seul m'entretient,

Anagramme de sa Maistresse

Saincte Amour m'a surpris, SAINCTE AMOUR
TE DESTIENT,
Qui connoist donc LASPHRISE, il connoist
sainct MAVRICE.

LXXXVII.

J'Aime mieux vn regard de l'Amour que j'adore,
Que cent mille baisers gayement Amoureux
De quelque autre doulceur plaisante aux mesmes Dieux,
Passast-elle en beauté la parfaicte Pandore.
Elle a son teinct, sa main, de la flairante Aurore,
Son esprit de Pallas, de Cyprine les yeux,
Tout son TOVT (mon LAPLACE) est veu si gracieux,
Que la Grecque pres d'elle eust semblé toute More.
Reconnoissant aussi ses grand's perfections,
Ie luy voüe l'honneur de mes affections,
Qui ne doubte l'effort du temps, ni de l'ennie.
J'aimeroy mieux mourir que luy manquer de foy,
Encor que sa vertu me donne vn triste esmoy,
Mais son infinité eternise ma vie.

LXXXVIII.

QVi cause, mes Amours, ce deluge de pleurs,
Ce vêt de voz souspirs gonflez de triste plainte?
Qui cause, mes Amours, ceste cruelle attainéte,
Qui cause dictes moy, les blaffardes douleurs?
Ie ne sçauroy penser l'object de voz clameurs,
Si ie vous ay mesfaict ma vie en soit esteincte;
Mais vous qui estes vous si diuinement saincte?
Vous deuriez vous fâcher des coustumiers mal-heurs.
Ha! mon Démon m'apprend l'object de vostre peine,
Le faulx bruit Paphien d'vne belle Germaine
Vous fait doncques ainsi gemir piteusement.
Qui croit sans apparence en la prompte courriere,
Semble aux poltrõs campez dans la terre guerriere,
Qui sans voir l'ennemy fuyent honteusement.

LXXXIX.

HElas ! tu ne sçais plus comme vit ton Puisné,
Il n'est plus si blessé, son coup ne se r'entame,
Il n'a plus mal au corps mais il a mal dans l'ame,
Dont il est miserable ores passionné.
Car vn feu sur vn feu ores s'est addonné,
  Qui l'allume bien plus d'vne poignante flame,
  Pour l'amour des beaux yeux d'vne getille Dame,
  Qui trop cruellement le tient emprisonné.
DE SOVRCES il n'est plus à la mode ancienne,
S'il rid, c'est d'vne humeur toute Sardonienne,
S'il chante quelquesfois, ses pensers sont ailleurs,
Quand il veult sommeiller il se met en furie,
  Sa Maistresse tousiours luy esueille l'ouye,
  Songeant incessamment à ses fieres rigueurs.

XC.

REgardez en pitié vostre humble seruiteur,
  Laissez l'aueugle aduis qu'vne Dame bien-née
  Ne doiue quelquesfois estre affectionnée,
Iouyssant sagement de l'Amoureuse ardeur.
Que n'obeissez vous au Dieu des Dieux vainqueur ?
  Par luy vous estes belle, & de moy desirée,
  Est-ce pas la raison que chacun luy aggrée ?
  Laissez docques le fard, & m'embrassez, mō Cœur.
Ce Dieu Desir ne veult que l'on face la fine,
Regardez Philomelle, aduisez Proserpine,
La fiere beauté semble au precieux Aneau,
Qui enserre vne paille, vne glace, vn nuage,
  Or cela l'enlaidist, encore qu'il soit beau,
  Voz rigoureux desdains ainsi vous font oultrage.

XCI.

JE ne puis me garder d'aimer ma toute Belle,
La merueille d'Amour, le souuerain des Dieux,
Ie me voy si rauy regardant ses beaux yeux,
Qui vergongnent Titan par leur viue estincelle.
En l'approchant ie sens vne ardeur qui me gelle,
Mes esprits sont espars, ores sont furieux,
Apres comme esperdu ie marche en diuers lieux,
Et comme vn criminel (BASMAISON) ie chancelle.
En vn moment ie suis en glace plein de feu,
Qui me fait vn tonnerre. Adonc ie suis esmeu
De bruire en approchant ma Déesse Pandore.
Mais ie suis different au tonnerre d'vn poinct,
Sans raison l'on me brusle, & ie n'enflame point,
Ce qui mesme me tuë alors que ie l'honore.

XCII.

COmme vn sçauant Pilotte habilement accort,
Qui pour ne dérouter les bornes de sa queste,
Astrolabize, & puis d'vne iuste arbaleste
Tire ordinairement à la Dame du Nort:
Ainsi pour n'esgarer la rade de mon port,
Ie vay voir mon Soleil qui constamment s'appreste,
Apres ie viseray (le Ciel m'en admonneste)
A ceste saincte Estoille où i'aspire vn support.
Les brouillars ni les vents, à qui l'honneur commāde,
N'empeschēt de voguer on faict de bande, en ban-
On cale en euitant le mal-heur perilleux,   (de,
Sus donc au gouuernail Estribort à la vie,
MASAIRE qu'ay-ie dict? ie suis gros de furie,
Ie vay demain combattre en vn lieu hazardeux.

XCIII.

MOn la fuie, à ce coup Mars, Vulcain, Tisiphonne,
Cruel, bruslant, sanglante, apparoist à mes yeux,
Qui du fer, qui du feu, qui au sang furieux
Poindra, ardra, noy'ra, ceste race felonne.
Le coup, l'ardeur, l'humeur, blesse, enflame, bouillonne,
Le cœur, le corps, & ja le foye bilieux
Amort, encendre, inonde, au cercueil oublieux
Des guerriers boute-feux, empourprisant Bellonne:
Mais ie veulx des premiers donner sur le secours
Quelque grãd coup d'espée en l'honneur des Amours,
Et s'il faut que ie meure en si braue entreprise,
Fay bastir mon tombeau aux champs plus découuerts,
Fais-y peindre ma Dame auecque ce beau vers,
POVR CESTE BELLE IMAGE EST MORT
LE PREVX LASPHRISE.

XCIIII.

O LASPHRISE où vas-tu? Ie m'en retourne
au Meine.
Que faire? y voir l'Amour, borne de mon destin,
Dont les rais solleillans de son bel œil benin,
Me rendent furieux triomphant de ma peine.
Puis qu'elle tient l'honneur de ta gloire certaine,
Pourquoy la sers-tu tant? I'ay cela du diuin:
Car i'vse de bonté à ce qui m'est malin,
L'esperant conuertir par ma foy souueraine.
Si l'espoir te deçoit? I'ay vn los merité,
Ayant souffert pour elle, immortelle beauté,
,, La beauté sans pitié ne peut estre infinie.
,, Le propre aux Deitez c'est la doulce doulceur,
,, Sa rigueur est donc fainte, ainsi i'auray mon Cœur:
Car il ne fust iamais beauté plus accomplie.

XCV.

GRãd Dieu de l'vniuers, Dieu pere Dieu tonnãt,
 Dieu de ce petit Dieu que par tout on renomme,
 Enten l'humble oraison de ce miserable homme,
Qu'vn monde de pitiés va sans cesse estonnant.
Destourne cest Enfant dont ie suis languissant,
 Que dy-ie? Enfant, i'ay tort, Cault Vieillard ie le nomme,
 M'ayant traistre seduict, & m'ayãt rendu comme
La brebis à l'escart prés du Loup rauissant.
Le volleur m'enleua de l'honneur de Bellonne,
 Et le meurtrier ialoux maintenant m'emprisonne,
 Où l'on ne va ne vient qu'auec mille flambeaux.
Oste moy donc, Seigneur, de si fascheuse oppresse,
 Mais non, ie suis content d'endurer tant de maux,
 Pourueu que ie trespasse auprés de ma Déesse.

XCVI.

QVand le grand voile obscur de la voulte des Cieux
 Commence à s'apparoistre, adonc ie delibere
 De bien-heurer mes sens, d'oublier toute affaire,
D'assommer mes esprits d'vn repos gracieux.
Mais quoy? incontinent que ie ferme les yeux,
 D'vne ardente fureur ie tressauts de colaire,
 Conspirant d'amortir ma plaisante Aduersaire,
 Par mes vers qui soudain se font Religieux.
Ils font tout au rebours que ie n'auoy enuie:
 Car la vertu d'Amour pleinement me manie,
 Si souffray-ie (ALBINY) d'estrange passion;
Dont quelquesfois chetif ie ne puis me remettre,
 Faute d'vn mot doré de sa fluante lettre,
 Qui m'obligeroit plus à son affection.

XCVII.

CErtes vous auez tort, donnez moy patience,
Suis-ie pas voſtre Amy, ains voſtre Seruiteur,
Ce n'eſt point à vn Prince aucunemét d'honneur
D'affliger le vaſſal qui ne commet offence.
Que voulez-vous, ma Dame, auez-vous connoiſſanc
Que i'aye eſté vers vous trop braue entrepreneur,
Vrayment ſi i'ay failly ie ſouffriray l'erreur;
Mais que dy-ie? i'ay faict aſſez de penitence.
Ie diray à la fin qu'en ta Religion
Il y a de l'abus : car ton opinion
Erre fort, ſe monſtrant enuers moy ſi eſtrange.
Comme vn bon ſoldat eſt par ſa playe annobly,
Tant plus il a de maux, moins il eſt en oubly,
Plus tu m'en feras donc m'apportera loüange.

XCVIII.

COmme vn Nocher ſauué de la tourmente,
Ayant vaincu les flots iniurieux,
Lors qu'il voiſine vn terroir gracieux,
Se reſiöuiſt pour ſon heureuſe attente:
Reuenant ſain de la guerre ſanglante,
Ie veulx donc eſtre à ceſte heure ioyeux,
Voyant de pres le lieu deuotieux,
Où mon eſpoir inſtamment ſe preſente.
Mais comme on void les Matelots expers
Ne craindre tant la tourmente des mers,
Que l'approcher de la terre eſtimée,
Car il ne faut qu'vn peu frayer le banc,
Pour ſubmerger : ainſi Amoureux franc
I'ay peur, l'Anglois touchant ma Dame aimée

ELEGIE.

E tout ce que les Dieux icy bas ont donné,
Pour rendre de tout poinct l'homme bien fortuné,
Pour le faire admirable à fin qu'on le renomme,
Ainsi que s'ils vouloyent pour compaignō vn homme,
C'est d'auoir vn esprit galand & Amoureux,
C'est là, ma Dame, là le bon-heur plus heureux,
Chassant l'ombre mal-sain de l'aspre humeur farou-
Autrement nous serions cōme vne vieille souche: (che,
C'est à la seule Amour qu'il nous faut paruenir,
Qui doulce ne se peut par la mort diffinir,
Depuis qu'elle est chez nous d'vne ardeur volontaire,
On connoist l'impossible en la voulant distraire,
,, Car c'est vne vnion de mesme volonté,
,, Qui se doit preferer à toute humanité,
,, Aussi qu'il n'y a rien si duisable à Nature,
,, Soit en prosperité, ou affliction dure.
Or aimez donc celuy qui vous veult estimer,
Et d'vne vraye Amour incessamment aimer,
Vostre volonté soit conuenable à la mienne,
Comme ie suis humain demonstrez vous humaine,
Mais voyez, ie vous pry', voyez tous animaux,
Qui bruslent de l'Amour, & mesme au fond des eaux
Le poisson phlegmatique en a son ame attainete,
Vous par iuste raison si parfaicte & si saincte.
En deuez auoir plus (ou vostre sainteté
N'est rien qu'vn fard pippeur enflé d'impieté.)
Or si vous estes saincte, hé! monstrez-le ma Dame,
Les Saincts veirent iadis l'Amour de corps & d'ame,
Que vous sert tant de bien si n'en voulez donner?
(Opiniastre humeur qui vous fait condamner.)

D v

„ *Car le peché commis auecques l'ignorance*
„ *Se pardonne plustost qu'ayant la connoissance*,
Si estes tousiours telle, il vous vauldroit bien mieux
Que n'eussiez eu l'esprit si fort ingenieux,
Meditez mes discours, escoutez ma parolle,
Ne croyez que ie sois des conteurs de friuolle,
Ni de ces merueilleux qui faignent tant d'aimer,
Ie iure vos beaux yeux qui me font enflamer,
Voire ce maistre Dieu de tous les Dieux le maistre,
(Qui aura l'ame claire il le pourra connoistre)
Que rien que verité ma plume n'escrira,
Rien qu'Alithie icy mon vers ne chantera.
Ie croy que ne doubtez de la bouillante flame,
Ni d'vn mal intestin qui sans cesse m'entame,
Que ie souffre pour vous qu'on me void adorer,
Ie ne fay que gemir, que tristement pleurer,
Ie m'en vay, ie reuiens, i'ay foy, i'ay défiance,
Ie ne sçay que ie dy, ie ne sçay que ie pense,
Ie pers par vous tousiours & repas, & repos,
Vn cruel feu glacé m'oultrage iusqu'à l'os,
Vn Cahos de pensers dedans moy s'amoncelle,
Desesperant i'espere, & qui plus me martelle,
C'est vne froide peur qui me vient assaillir,
(O mauldicte nouuelle!) Amour il faut faillir,
Vagabondant plustost, plustost mourir perduë,
Qu'acceptiez le bandeau de Professe renduë.
Ie crains que le preniez, non, ne le prenez pas,
C'est en viuant sentir mille horribles trespas,
Ouystes-vous iamais parler de la cautelle
D'Inon & d'Athamée enuers la sage d'Helle,
Qui sans espreuue fust vn Amoureux flambeau?
On vous trahist ainsi; & comme on void l'oiseau,
Que l'on tient sur le rhet en voletant sans cesse,

DE THEOPHILE.

Et ne sçait pas qu'il sert d'une amorce traistresse,
Son maistre quelquesfois luy lasche le filet,
Qui le fait sembler libre, & le pippeur sifflet
Avec les doulx appas & contrefaict ramage,
Fait que son compaignon vient comme luy en cage:
On vous attrappe ainsi, & par telle raison,
Que ce grand Iupiter commença la toison,
Qui ne peut sauuer d'Helle (ô la fortune ingrate!)
N'approchant sur le bort vne simple fregatte, (chez,
„ Mais comme les Dieux sont vrays vengeurs des pe-
„ Qu'ōn ne peut enuers eux tenir clos ni cachez,
Ces deux traistres meschans sentirent leur offence,
Et conneurent l'orgueil de leur mesconnoissance,
Qui causa ce mal-heur l'enuie d'vn grand bien;
„ (Maudit qui par la mort veult acquerir moyen)
Comme on le veid icy : car Iunon l'infinie
Ne voulut point laisser ceste erreur impunie,
De pieds aisleronnez elle va vers Charon,
Ayant soudain passé l'eau trouble d'Acheron,
Appella les trois Sœurs tousiours grosses de rage,
Allez (dit-elle) allez punir l'infame oultrage
Qu'a commis Athamée & l'infidelle Inon,
Qui trop oultrecuidez ont mesconneu mon nom.
En l'instant obeit l'orgueilleuse sanglante,
Venant auec serpens, son pleur, sa torche ardente,
Sa peur, sa puanteur, son breuuage empesté,
Son courroux, son venin, son foing, sa cruauté,
Leur ietta tout cela d'vne grande furie,
Dont perdirent le sens, puis la forcenerie.
Les saisit tellement, qu'en la profonde mer
On les veid (mal-heureux) eux-mesmes abismer,
Si est-ce toutesfois que la belle Princesse,
La fille au Roy Thebeis mourut de leur oppresse,

D vj

Et du mesme subject qu'on la fist exiler,
Ma Dame l'on vous fait du monde reculer,
Vsez de mon conseil, & vous serez plus sage,
Ne laissez perdre ainsi le Prin-temps de vostre âge,
Venez en terre ferme, & laissez l'ombre sainct
A l'esprit ignorant de la sottise attainct :
Car y estant ainsi ce n'est pas estre au monde,
Certes vous ressemblez aux mariniers sur l'onde,
Qui des morts ni des vifs ne tiennent point les rangs,
Ils sont vifs entre morts, morts entre les vivans.
On ne fait cas de vous, pour morte on vous reclame,
Monstrez à vos parens que vous avez de l'ame,
Que vous reconnoissez & le bien & le mal.
On fait de vous ainsi comme d'vn beau cheval,
Qui n'est predestiné que pour vne bataille,
Il ne bouge d'vn lieu iusques à temps qu'il aille
Au rude choc guerrier, dont le tragique effort
Le meine miserable à l'impiteuse mort :
Ainsi, ma Dame, ainsi on vous faict prisonniere,
Iusqu'à temps qu'Atropos vous cille la paupiere.
Hors donc, qui se fait beste il est mangé des Loups,
,, Et trop tard quelquesfois nous rabattons les coups,
Tout ce que ie vous dy est sans hypocrisie,
,, Iamais la bonne Amour n'vse de tromperie,
,, Et l'on doit en tout temps de l'Amy avoir soing,
,, Mais la vraye amitié se connoist au besoing,
Qui me fait vous escrire, ayant sceu qu'estes preste
De faire à vostre dam ceste mortelle feste.
Lisez bien, ie vous prie, auant que d'espouser
Ce fard Religieux qui vous fait abuser,
Vrayment si vous trouuez en la saincte Escriture
Qu'on doiue viure ainsi en vne prison dure,
Ie me condamneray, mais Dieu veult autrement,

Et veult estre prié d'un chacun librement.
Qui vous retient donc là ? vn but de grand' richesse,
Aspirez vous l'honneur de Madame l'Abesse?
Ce vous seroit vrayment folle legereté,
,, Mal-heureux est celuy qui vend sa liberté.
Que nous seruent les biens, dictes, ie vous supplie,
Si ce n'est pour passer ioyeusement la vie ?
Dieu les a ordonnez à ceste intention,
Et si beaucoup auoyent vostre Religion,
Pour neant nous aurions tant de biens en ce monde,
Or doncques desormais nagez sur vne autre onde,
Ou bien si vous voulez demeurer en prison,
Ie vous supplie au moins d'accepter ma raison,
Et de recompenser mon fidele seruice,
(Qui ne sera iamais à d'autre que ie puisse)
Il vous est dedié, autre n'y a pouuoir,
Auant se seicheroit vn fleuue pour pleuuoir,
Plustost le feu sera plus que l'eau phlegmatique,
Et plustost cessera toute auare practique;
Monstrez donc vostre œil doulx, qui promet la pitié,
,, Le propre d'vne femme est d'vser d'amitié.
Vous me rendez cruel, horrible, à face blesme,
Et de vous aimer trop ie veux mal à moy-mesme:
Car vous estes mon Cœur, comble de tous ennuis,
Et si mon cœur ne m'aime, aimer ie ne me puis,
Mais si ie connoissoy que fussiez bien m'Amie,
Que vous caressassiez mon Amoureuse vie,
Ie passeroy la borne, & nostre Amour gaillard
Nous feroit immortels loüer en toute part:
,, Car Venus en tous lieux le bel honneur appelle,
Qui sans iouïr n'est point honorablement belle,
,, Elle paroist courtoise au front doulx & riant,
,, Hardie au doux secret, tacitement priant,

» *Vouloir le mesme vueil de sa moitié aimable,*
» *Ne varier iamais par fortune muable,*
» *La laide fiction iamais son cœur ne poingt;*
» *Car la parfaicte Amour ne se déguise point,*
» *Son naturel serain sans aucune malice*
» *C'est la mort du desdain, la mere de delice,*
» *Le tige de bon-heur, l'essence des bien-faicts,*
» *D'Amour la laide guerre est vne belle paix,*
» *D'Amour auons la vie infiniment meilleure,*
» *Sans luy nous ne pouuons auoir vne bonne heure:*
» *Car où l'Amour n'est point c'est l'image de mort,*
» *Nul plaisir n'y peut estre, en tout il faut accord.*
Vn Tambour n'est pas bon s'il ne bat l'ordonnance,
Il faut qu'vn beau danseur retombe à la cadance:
Hors luy tous biens ensemble apparoissent sans bien,
Les Monarques puissans sans luy ne peuuent rien,
Il renge soubs ses loix autant le Prince addextre,
Comme vn pauure artisan ou vn chetif champestre;
Bref il est fils du Ciel vainqueur de l'vniuers,
Qui ne le reconnoist se peut dire peruers,
Il ne craint point l'orgueil d'vne langue poignante,
Ni le coup furieux d'vne lame trenchante,
Il n'est aueugle Enfant, c'est luy qui nous fait voir;
Ni vn enfant encor d'engendrer n'a pouuoir:
Or puis qu'il est vainqueur de la Machine ronde,
Qu'il donne le plaisir, & la Iustice au monde,
La raison veult vrayment, malgré le fard menteur
Du sexe feminin (ce bel ombre d'honneur)
Qu'on luy rende tousiours vne humble obeissance.
Chassez doncques(mõ Cœur) toute mesconnoissance;
Auriez-vous point despit, dictes ie vous supply',
Si voz subjects ainsi vous mettoyent en oubly?
Vrayment ie sçay qu'ouy; mais voyez, nostre ter

Pour s'estre mesconneuë est bouillante de guerre:
,, Car chacun doit auoir son honneur merité,
,, Heureux & plus heureux qui ensuyt l'equité.
Mirez vous là dessus sans tant vous mesconnoistre,
,, L'esprit sage iamais ne se prend à son maistre.
Croyez moy (THEOPHILE) & n'ayez point de peur,
Hommagez l'Amour grand du grand monde vain-
,, On ne trouue tousiours les odorantes roses, (queur;
,, Le temps ameine tout & mine toutes choses.
Tandis que la saison est belle à les cueillir,
Mandez moy que i'y aille, & i'iray sans faillir.
,, Celuy qui est craintif en l'Amoureux office,
,, Par plus forte raison l'est en autre exercice,
,, Et toute ame couarde est vilaine en tous lieux,
,, Et indigne de voir le Soleil radieux.
Voudriez vous bien tousiours demeurer inhumaine?
Vous sçauez biē mes maux, vous n'ignorez ma peine,
Mon seruice fidele estimé entre tous,
,, Vn plaisir requiert l'autre, hé! qu'auray-ie de vous?
La mort sera guerdon de ma flame Amoureuse,
Appellez vous cela humeur deuotieuse?
Vraymēt vous acquerriez la honte au lieu d'hōneur,
Mais dictes moy (mō TOUT) ne mētez point (mō Cœur,)
Si l'on vous venoit dire, hé! ma Dame, LASPHRISE,
Ce braue qui sur tous vous aimoit sans faintise,
Qui s'estoit dedié pour vous seule seruir,
Qui en songeant en vous cent fois s'est veu rauir,
Luy qui par l'vniuers vous a faict voir habile,
Qui a eternisé la belle THEOPHILE,
Est mort pour l'aimer trop (ô bisarre destin!)
De l'espoir de sa vie il a receu sa fin:
Certes ie croy que lors vous seriez oppressée,
Mais on ne peut plus voir la nuict qui est passée.

Ne me dédaignez donc, ie vous baille le choix,
Et ne m'amenez point le rocher de vos loix,
Il est sur du sablon, puis l'ardeur naturelle
Est de nostre costé qui toutes loix excelle ;
Pouuez vous recuser vn si iuste argument ?
L'ombre d'vne raison vous n'auez seulement.
Que ie sois vostre donc, & ne soyez plus telle,
Ne vous monstrez iamais aussi fiere que belle,
" Ne faictes point la braue. Vn chacū pour l'Amour
" Fait l'insensé Roland, & Didon à son tour ;
Mirez vous là dessus, faictes comme Pomonne
(Déesse de renom) enuers l'heureux Vertomne.
" Bien sage est cestuy-là qui se void par autruy,
Non pas se déguiser comme on faict auiourd'huy.
Estant donc renenu de l'ardente escarmouche,
Que ie cueille l'œillet de vostre belle bouche,
Qui me feroit entrer au paradis d'Amour,
(Car tousiours par la bouche on met le pain au four)
Que vostre saincteté ne me soit plus tragique,
Ie te coniure instinct par ma hieroglifique
D'addoulcir ta rigueur, de m'ancrer à ton port,
Nous repentons trop tard quelquesfois d'auoir tort,
Voyez comme il en prist à vne beauté fiere.
L'Amy luy dist ainsi : ô ma belle meurtriere,
Vous vous repentirez de vostre triste orgueil,
Qui maintenant me poulse au tenebreux cercueil,
Alors desesperé il se tua soy-mesme,
(Miserable guerdon de l'Amant qui bien aime)
La superbe le sceut : car apres le trespas
La pitié quant & quant luy talonna les pas ;
Vn trop tard repentir la rendit allumée,
Mais on ne peut aider à la nef abismée :
Tout ainsi sa douleur s'éneruoit en vain,

DE THEOPHILE.

Puis en marbre elle fust eschangée soudain:
Car les Dieux en Amour vengent la Tragedie,
Et pour-ce aimez moy donc, craignant telle infamie.

STANCES.

Amour n'est point Amour, c'est vn fier ad-
 Aux hommes & aux Dieux il est tousiours (uersaire,
  contraire,
Il prouocque l'audace, il est plein de fureurs,
Ore' il est mesdisant, ore' il flatte, ore' il prise
La laide ingratitude, il est plein de faintise,
Il ressemble à l'Aspic couuert de belles fleurs.

Il n'a point de raison, iamais il ne s'applique
Qu'à quelque humeur bisarre, il est tout fantasti-
Il est yurongne, bougre, infame, iniurieux, (que,
Il picque cestuy-là qui point ne l'esperonne,
Il n'a aucune loy, ni soucy de personne,
Il est donc ennemy des hommes & des Dieux.

C'est vn ladre enflamé, qui ne se sent soy-mesme,
Il cherist qui le hait, & qui le tue il aime,
C'est vn sot merueilleux plein d'infidelité:
A vn mauuais larron vn Amoureux ressemble,
Ores il est gaillard, ore' il brusle, ore' il tremble,
Amoureux ni brigans ne disent verité.

Ie connoy le galand (penible connoissance!)
I'en ay trop à mon dam appris l'experience,
I'ay trop senty son dard, qui cruellement poingt,
C'est, pour le faire court, l'instrument d'iniustice,
L'œil de damnation, le subject de malice,
Heureux & plus qu'heureux qui ne le connoist

Il m'a ensorcelé, & puis me fait la guerre, (point.
Il a borné mes iours en prison sombre-terre,
(Terre que ie ne puis qu'honnestement nommer)

Elle est grande par moy, vrayment ie le confesse,
Mais ie ne sçauroy pas, ni n'ay la hardiesse
De m'y faire Amoureux doulcement enflamer.
Il me dist l'autre iour qu'il honoroit mon ame
La voüant aux beaux yeux d'vne celeste Dame,
Mais quoy? cest impudent appelle-il honneur
D'estre en rage eternelle, & de ne l'oser dire,
Ni ouurir l'œil pour voir si le Soleil veult luire?
,, L'honneur est mal-heureux en cachãt le mal-heur.
Appelle-il honneur d'estre plein de furie,
Entrer mortellement au feu de ialousie,
N'auoir aucun repos, ni de iours ni de nuicts?
Appelle-il honneur quand vn Amant extresme
N'est plainct aucunement de la beauté qu'il aime?
,, Aimer sans estre aimé c'est le comble d'ennuis.
Las! où est cest honneur? Il est donc inuisible,
Mais si pour endurer vne fureur terrible
On acquiert à la fin la reputation,
Mon Dieu que i'en auray à donner & à vendre!
Car des tourmẽs diuers on m'englace, on m'encẽdre,
Et ne sens rien dans moy que toute passion.
Mais non, desdain, refus, pour venger sa malice,
(Et vous ingratitude, abominable vice) (rir,
C'est vous haineux d'Amour qu'il me plaist de che-
Par vous ie n'auray l'ame horriblement esmeuë,
Par vous ie trouueray ma liberté perduë,
Par vous desesperé ie ne voudray mourir.
Ennemis mes Amis soyez doncques sans cesse
Auec la faincte Amour vostre aggreable hostesse,
Si vous y voulez viure, engardez d'approcher,
Quand ie seray pres d'elle (orgueilleuse presence)
Pitié, doulceur, bonté, l'humble reconnoissance,
Qui onc en ma faueur ne la sceurent toucher.

Alte là, si voulez estre en gloire infinie,
Et obliger à vous mon honorable vie,
Voire cent mille Amäs, qui n'ont leur beau vouloir,
Mais nō, ie vous trahis, gardez qu'ō ne vous voye:
Car en ce sainct Conuent on punist qui foruoye,
Laissez donc là ma Dame, & puis ie l'iray voir.

XCIX.

EStrange Amour donne moy patience,
Ne veulx-tu point iamais me secourir?
Veulx-tu tousiours me faire tant souffrir,
Et m'abuser d'vne vaine esperance?
Tu sçais combien i'aspire ta presence,
Honores moy d'vn humble souuenir,
Mais ie me trompe, helas! il faut finir,
Portant l'erreur dont ie n'ay faict l'offence.
Les iustes Dieux vengeront mon cercueil:
Car tu diras vn iour la larme à l'œil,
Te repentant du desdain qui t'enflame,
VN CHEVALIER, QVI M'AYMOIT PLVS
    QVE LVY,
DE QVI I'ESTOIS LE COEVR, L'E-
    SPRIT ET L'AME,
EST MORT PAR MOY, MISERABLE
    AVIOVRD'HVY.

C.

SI tu n'accepte', Amour, ma doulce affection,
L'Antiphile bien tost m'en fera la vengeance,
Non, non, i'en aimeray quelque autre d'excellence,
Et l'Amour contre Amour fera punition.
Bien que tu n'aye' en moy nulle dilection,
Mon change toutesfois t'apportera souffrance,
Ialouse sans m'aimer, blasmant mon inconstance,
Despite tu auras extresme affliction:

Et pour plus te fascher i'en aimeray quelqu'vne
De tes diuines sœurs, qui courent ta fortune,
Que familierement tu hantes chaque iour,
Ie seruiray Bray-hault la belle POISSONNIERE,
Ou DANIAY *l'aggreable, ou* VESINS *singuliere*
En me vengeant ainsi de l'Amour par l'Amour.

CI.

LE *seruiteur nouuellement venu,*
Qui ne sçait point le naturel du maistre,
Endure vn peu pour quelquesfois paroistre,
Iusques à temps qu'il l'ait bien reconnu.
De ce penser ie m'estoy reuestu,
Dont on me void vagabondant champestre,
,, *La Deité ne se peut reconnoistre*
,, *Qu'auec la foy singuliere & vertu.*
Mais que me sert d'auoir vraye fiance,
Puis que ie n'ay aucune iouïssance,
Et que mon mal s'augmente sur la fin ?
M'en esbahis-ie ? hé ! ce n'est pas miracle :
On dict GYAY, *qu'au bout gist le venin.*
,, *Le vieil prouerbe est vrayment vn oracle.*

CII.

TV *n'as occasion d'entrer en ialousie,*
Frenetique fureur de ce Dieu damoiseau,
Pour me voir discourir œilladant son flambeau,
*Qui t'honore (*VESINS*) d'vne Amour infinie*
Ie deuroy bien sentir ceste aspre maladie
Plus que ton chaste cœur amiablement beau,
Tu as l'humble faueur de cest Amour nouueau,
De luy faire en sa couche honneste compaignie.
Hé ! que ne suis-ie donc ialoux de ton bon-heur ?
,, *La ieunesse est trop sage où l'Amoureuse ardeur*
,, *Ne brusle de soupçon y voyant l'apparence.*

suis donc trop discret, mais ma discretion
Est follastre au combat de dame Affection,
Ma foy ie voudroy biē qu'en eußiez connoissance.

CIII.

AMour voyant fascher mon Amour son mignon,
Luy tira droict au cœur vne fleche emplombée,
Et à moy vne d'or qui n'est depuis tombée,
Voila (dit-il) pour toy qui fais du compaignon.
Voy le fils de Pelée, & Roy Agamemnon,
Voy ce braue Roland, voy la trouppe indomptée,
Qui par moy (maistre Dieu) fust soudain surmōtée,
Mesmes ce clair-voyant honneur de ton renom.
Il vouloit comme toy vaincre vne chaste amie,
Glorieux du combat vers le mortel Pithye,
Dont sa Dame en Laurier parust muée aprés
Toy qui n'approches point de sa diuine Altesse,
Tu souffriras l'orgueil, & non pas ta Maistresse,
Ton Mirthe heureux sera vn funeste Ciprés.

CIIII.

CVpidon courroucé de ma Dame en colere,
Luy fist venir l'amas d'vne extresme beauté,
Puis appella desdain, refus & cruauté,
Impiteuse rigueur & superbité fiere.
Il les logea chez elle à fin de me desplaire,
Luy fist venir encor l'ombre de saincteté,
La coulante eloquence auec la grauité,
Et la grace & le ris pour tout le monde attraire.
Demeurez toufiours là pour brauer l'Amoureux,
Afin que son mal-heur luy soit plus mal-heureux,
Esperant quelquesfois brusler de doulce flame.
Touſiours diuers martel sera dedans son cœur,
Il glacera en feu, il ardra en froideur,
Et ses vers par sa mort feront viure sa Dame.

CV.

IRrité contre Amour de son oultrecuidance,
Baignant ma vie en pleurs ie regardoy le Ciel,
　Ayant la face triste ainsi qu'vn criminel,
　Qui attend, desolé, sa mortelle sentence.
Ie luy dis ces propos, quel peché, quelle offence
　Ay-ie commis vers toy que tu m'es si cruel,
　Mostant le beau guerdon de l'honneur immortel,
　Et rauissant l'espoir de ma seule defence?
Oste moy donc la vie, ô meschant suborneur,
,, La mort est doulce à ceux qui emportent l'honeur,
　M'a-on conneu poltron en tant & tant d'allarmes,
Soit sur mer, soit sur terre, où ie me suis trouué?
Non, non, Amour, non, non, l'on m'a trop esprouué,
Addoulcy donc m'Amie, & puis me rends mes armes.

CVI.

SI la Déesse vierge en vertus inesgale
Cherit Orimada cause de son pur bien,
　Parce qu'il vestist tout, & qu'il n'engendre rien,
　Voire qu'au fond des mers dans l'Olympe il s'exhale,
Pourquoy donc maintenãt (saincte Nymphe Vestale)
　N'acceptes-tu mon feu? d'où viẽt ton los Chrestien?
　Il chasse l'infamie, & ne fait Paphien
　Qu'vne excellente humeur qui iusqu'aux Cieux s'estale.
Tesmoin sa flame icy mignonne de Phœbus,
　Ne l'estains comme l'Hydre au subtil Canopus,
　Diane est Proserpine auec l'ame trop chaste.
Trop de sucre est mortel: car il altaire à coup,
　Non ton ardeur Celeste esprise en moy beaucoup,
　Osant desesperé, m'encendrer Zoroaste.

CVII.

IE ne me deuls du desastre irrité,
Qui par Circé afflige ma ieunesse,
Ie ne me deuls du mal-heur qui me blesse,
Ie ne me deuls du dueil que i'ay porté,
Ie ne me deuls de tant de cruauté
  Que ie reçoy seruant vne Déesse,
Ie ne me deuls d'vn Cahos de destresse,
Ni de l'amas de mon aduersité:
Mais ie me deuls (ô iuste doleance!)
  De ceste loy qui permet à l'enfance
D'aller au lieu que ta voix me defent.
Si l'on reforme ains difforme vos ames,
  Hà! sainct Benoist, cruel Tyran des femmes,
Ne sçais-tu pas qu'Amour est vn Enfant?

CVIII.

SI le iour que ie vy l'horrible Tisiphonne
Ie n'eusse leu la lettre à la docte Pallas,
  Qui rauit mes beaux sens, pour calmer nos debats,
I'eusse approché chetif la fureur Acheronne.
Déesse au triple front, braue, sçauante, bonne,
  Qui luy as commandé pour l'auare Athamas,
Fay, l'honneur t'en supply', qu'elle aille au païs bas.
  La laideur ne doit estre où la vertu sejourne.
Sa venimeuse enuie, œil du mortel courroux,
Son gros teint ebenin, son courage ialoux,
Sa rage, son orgueil, son effroyable mine,
N'est que pour chastier les traistres mal-heureux,
  Qu'elle coure donc viste au vallon tenebreux,
  Ou qu'elle esloigne au moins ma Déesse Angeuine.

CIX.

C'Est vn plaisir d'aller en Prin-temps porte-fleur
Dans les prez verdoyans entournez d'vne eau
    viue ;
C'est vn plaisir d'aller lors que le Cancre arriue,
Au bocage fueillu ombrage des chaleurs ;
C'est vn plaisir de voir la Cour mere aux faueurs,
(Où la doulce Cypris ne se monstre retiue ;)
Mais c'est trop plus d'ouyr la sage ardeur plaintiue
Des Amans eslongnez pleins de sainctes fureurs.
C'est pourquoy, mon desir, ie suis ioyeux de lire
Les doulx-graues discours qu'Amour t'a faict es-
    (Encore que i'y voye oster ma liberté.)   (crire,
Ta Bouche d'or fluant a la grace si bonne
Que moy moy plus qu'humain tout rauy ie m'esto
Que le Ciel n'est ialoux de ta diuinité.

CX.

IE pensoy demy-seur en obeissant bien
A ma Dame m'Amour aggreablement belle,
A ma Religieuse, en qui l'honneur excelle,
Porter le cher fronteau du Mirthe Paphien ;
Ie pensoy pres ou loing me nommer tousiours sien,
La seruant d'vne ardeur discrettement fidele,
Miserables pensers de ma pensée isnele :
Car mon Mirthe vrayment est Troësemien.
O Tragique loyer du follastre Garçon !
Le corps de ma deuise est ores vn poisson,
Mais comme vn innocent, qui a souffert la gesne
Espere en peu de temps que libre il sortira :
Ainsi ie croy VIEFVY que mon Saule mourra,
Car ie preuoy chez moy l'Oliuier ioint au Chesne.
                                                Plus

CXI.

Plus un arbre est branchu moins de beau fruict
  apporte,
Plus ma Muse est à l'ombre & moins son fruict est
  grand,
Lors que i'absente, Amour, le sucre de ton chant,
Et ta gentille humeur discrettement accorte:
Mais si par-aduenture à l'arbre se transporte
  Le soigneux iardinier auec le fer trenchant,
  Il y monte soudain, & le va esbranchant,
  Rendant du vil fretun l'essence toute morte:
Ainsi, ma Dame, ainsi si la faueur des Cieux
  Me declipse les rais du Soleil de vos yeux,
  Et que ie puisse auoir vn rayon fauorable;
A l'heure mes trauaux se verront alleger,
Et la nuict de mes vers en beau iour se changer,
  Qui rendra nostre Amour viuement perdurable.

CXII.

Quoy? voulez-vous tousiours me faire maigre
  mine?
Amour, craignez vous point qu'Amour nostre sei-
Aduisant ma pitié ne blesse vostre cœur, (gneur
Ainsi qu'il fait là bas ceste beauté diuine?
Ne sçauez vous pas bien (dictes belle Angenine)
  Qu'vne fust emmarbrée ayant trop de rigueur?
  Le desdain luy desplaist, il chasse son honneur,
  Ne le mesprisez donc qu'il ne vous extermine.
Moy son serf & le vostre en sortant de ce lieu
Pour vous dire un bon-iour auec vn triste Adieu,
  Ie ne demande rien qu'vn baiser desirable.
Donnez m'en doncques vn, sinon i'en prendray deux,
  L'Amant doit entreprendre en vn lieu honorable,
  Ie te vay donc baiser & la bouche & les yeux.

E

CHANSON.
XVIII.

Non, ie ne porte point d'enuie
   A la musique d'vn Roy,
Quand i'entens la voix de m'Amie,
   Que ie cheris plus que moy.
Ie n'ay point veu chose si belle
Que la doulceur de ma cruelle.

O Muses trois fois bien-heureuses,
   Lors qu'elles chantent voz vers,
Par qui les flames Amoureuses
   S'honorent par l'vniuers.
Ie n'ay point veu chose si belle
Que la doulceur de ma cruelle.

Elle chante Amour qui m'esclaue,
   Et dédaigne ses effaicts,
Ainsi que le poltron qui braue
   Encor qu'il vueille la paix.
Ie n'ay point veu chose si belle
Que la doulceur de ma cruelle.

Qu'ay-ie dict ? m'Amour n'est poltronne,
   Puis qu'elle a vaincu mon cœur,
Mais bien plus sa mauuaistié bonne
   Dompte l'indompté vainqueur.
Ie n'ay point veu chose si belle
Que la doulceur de ma cruelle.

Fy, fy, de la femme volage,
   Qui parle amoureusement,
La rigueur d'vn si beau langage
   Affectionne l'Amant.
Ie n'ay point veu chose si belle
Que la doulceur de ma cruelle.

Sa parolle est tant amiable,
 Qu'alors qu'elle contredict,
 Ie meurs rauy d'aise aggreable,
 Sentant mon sens interdict.
 Ie n'ay point veu chose si belle
 Que la doulceur de ma cruelle.
Par l'attraict de sa voix diuine
 I'ay perdu ma liberté,
 Chere perte qui m'achemine
 Au mont de felicité.
 Car il n'est point chose si belle
 Que la doulceur de ma cruelle.

CXIII.

Puissant Amour diuin, tu deuois (Theophile)
 Auant que m'inspirer en mes iours Printenniers
 A t'escrire des vers tes glorieux courriers,
 Faire cesser l'horreur de la guerre ciuile;
I'eusse estudié six ans, dont d'humeur plus habile
 I'auroy dispostement deuancé les premiers,
 Et par l'alme vertu de mes carmes altiers
 Leurs liures brusleroyent de mon ardeur subtile.
Ie paroistroy sans pair vn nouuel Apollon,
 Bien qu'il ne soit ainsi, par Mauors le felon
 Phebus opere en moy d'vn naturel si riche,
Que l'œuure difficile à ma Muse est aisé,
 Puis, miracle Amoureux! dormant i'ay composé
 Rencontrant d'aduenture vn gentil Acrostiche.

CXIIII.

Pauy d'vne beauté, ores ie veux ma Lyre
En mille & mille endroits fredonner de beaux vers,
Non que ie vueille auoir renom par l'vniuers,
En de si grands honneurs ma ieunesse n'aspire;

Et si veux-ie pourtant mon Amour faire luire,
L'an, le iour, la saison que ie vy ses yeux verds,
Estant la seule ardeur de mes trauaux diuers,
Par qui ie suis, Chetif, encomblé de martire.

Or ie vay t'accorder pour sonner bassement,
Vne pitié tousiours se doit dire humblement,
L'Amour veult les doulceurs, bien qu'elle soit cruelle

Courage donc ma Lyre, encommence tes coups,
Renomme ma Maistresse en vn ton aigre-doulx,
Et la dis hardiment oultrageusement belle.

Double Acrostiche.

CXV.

Madame quãd Amour Regarde vos beaux yeux,
Aise de sa fortune Entierement aimable,
Rien ne luy fait terreur, Non la mort redoutable:
Car l'Amour brusle-cœurs Est tousiours valleureux.
De grace aimez-le donc, Estimez-le Amoureux,
Et vous fiez en luy, L'acceptant honorable,
Par luy vous paroistrez Extresmement loüable,
Ainsi qu'vne beauté Plaisante aux mesmes Dieux.
Princesse de son cœur, Olympe de son ame,
Il vous offre ses vers, Vrays tesmoings de sa flame,
L'Vranie en leur chant Luira d'vn sainct renom,
L'humble discours est Celebrant Theophile, hault
On ne le peut blasmer Reclamant si beau Nom,
Ne le dédaignez donc En vous seruant vtile.

CXVI.

Ton voile noir te fait approuuer sainɛte,
Il te déguise en cachant tes beaux yeux,
Et si conuient à ton vœu soucieux,
Qui est couuert de Religion sainɛte.
,, Certainement toute chose contrainɛte
,, Est haïssable aux hommes & aux Dieux,
Par force on entre au Conuent odieux,
Qui rend la vie estroittement estrainɛte.
Tu me diras, I'y ay deuotion;
Quelle follie aimer l'affliɛtion!
,, Vne bonté est souuent dangereuse.
Ainsi plusieurs se gastent du bon vin,
,, En bonne terre est le mauuais chemin;
Dont ta vertu se dira vicieuse.

CHANSON.
XIX.

L'Amphrisien se timbre de Laurier,
Venus de Mirthe, Hercule de Peuplier,
De Charme Theophile,
Mais le Laurier, Mirthe & Peuple sera
Tant que ma Dame ainsi le cherira
Moins que le Charme vtile.
Dont la vertu a gangné le sçauoir,
L'ardeur, la gloire, ayant en son pouuoir
Science, Amour, & Arme.
O l'ombre sainɛt! Arbre cent fois diuin,
Heureux vrayment, heureux le Palladin
Charmé d'vn si beau Charme.

CXVII.

Eut-estre que quelqu'vn pourroit trouuer estrãge
De voir icy ma Muse adjourner son Prin-temps,
Veu qu'il y a, ma Dame, ores plus de vingt ans
Qu'elle aime ta beauté, qui n'est sujette au chãge.
,, Il faut que la victoire où la vertu se renge
,, Soit reconnuë, afin qu'on l'honore en tout temps,
La tienne n'estoit rien, sans mes Amis sçauans
Qui m'ont poussé au iour de sa saincte loüange.
,, Le trop tard est prou tost publiant le mépris,
,, Le bien bien conserué est bien de plus grand prix,
Mes vers sont diamans qui n'estoyët mis en œuure.
Et quand on les y voit ils sont plus estimez:
Dont ores que chacun aisément les decœuure,
Ils seront plus cheris qu'ils n'estoyent enfermez.

CXVIII.

MA FRANCE, dont l'honneur l'honneur mesme encouronne,
Ne t'esbahis Déesse abondante en doulceurs,
Si tu n'as veu plustost les beaux fruicts de mes fleurs
Engëdrez en Prin-temps & cucillis en Automne.
L'excellent Arbre ainsi en son Auril fleuronne,
Ses fruictages de garde entre tous les meilleurs
Ne sont qu'en son Octobre à perfection meurs,
Et quand l'Esté decline à l'heure l'on moissonne.
Le vin sang de la terre hors de comparaison
N'est de mesme entonné qu'en l'arriere-saison:
Et d'auanture ainsi ma bonne Muse est venuë,
D'vn presage certain qu'elle durera plus,
Encor' sans mes Amis qui au iour l'ont émeuë
Ses vers ingenieux n'eussent esté connus.

E iiij

CXX.

IE ne suis point venu du double masle fort,
Creature qui fust promptement mi-partie,
Race encore habitante en la chaude Italie,
Voire (execrable gent) en quelques coins du Nort.
D'Hermes ie suis sorty d'auecq vous mon support,
Qui me fait rechercher vostre humble compagnie:
„ Car il faut r'assembler sa moitié desunie,
C'est pourquoy ie vo⁹ veux ioindre d'vn bel accort.
„ Les plus excellens biens du bon-heur plus extresme
„ C'est d'estre en son entier, de r'entrer en soy-mesme,
„ Le diuisé ne sent les doulx presens humains.
Sus recouplons nous donc, approchez vous, ma Belle,
Ne donnez à penser, comme plusieurs Nonnains,
Que vous estes du sang de l'horrible femelle.

CXXI.

IE suis comme vn vallon subject à toutes eaux,
Qui n'a pas si tost eu l'ardente seicheresse,
Pour addoulcir l'orgueil d'hyuer plein de rudesse,
Qu'il s'apparoist soudain vn monde de ruisseaux.
Bons Dieux! ie suis bien plus: car comblé de trauaux,
N'ayant peu enflamer le froid de ma Maistresse,
Il me faut (car l'honneur commãde à ma ieunesse)
M'en aller çà & là renouuellant mes maux.
Messieurs les Mal-contents, qui courez par la France,
Vous estes les autheurs de telle oultrecuidance,
Si ne sçauriez vous pas par ce tourment diuers,
Qui le plus courageux quelquesfois extermine,
Par l'absence esloigner la beauté que ie sers:
Car mon Amour est tout de celeste origine.

CXXII.

PVis que le fort destin, Maistre des maistres Dieux,
Veult que i'eslongne, Amour, vostre chere preséce,
Il faut que ie m'en aille, hà! rigoureuse absence,
Qui me rend miserable à moy-mesme odieux.
Mais cependant mon Tout, si quelque iniurieux
Me blasmoit, effronté, m'accusant d'inconstance,
Appellez-le menteur & bouffy d'ignorance,
Comme on void par ces vers mes enfans glorieux.
» IAMAIS POVR LE DESPART L'AMOVR NE SE SEPARE,
» IL A BEAV VOYAGER, IAMAIS IL NE S'ESGARE,
» COMME PERE DV MONDE IL EST TOVT IMMORTEL.
» AVTREMENT FINIROIT CESTE GRANDE MACHINE,
» CELVY QVI MESDIT DONC DE SON AMOVR DIVINE
» MERITE D'ENDVRER VN SVPPLICE ETERNEL.

CHANSON.

XX.

A Dieu, Opiniastre, Adieu,
I'endure vn trop cruel martire,
Vostre glace m'a mis en feu,
Et si vous n'en faictes que rire.
Que m'a seruy vous honorer
  Comme l'honneur que l'on honore,
Que m'a seruy vous adorer
  Comme les Dieux que l'on adore?

De rien que de honte en tous lieux,
   (Honte est le fruict de mon seruage)
Auec vn mal malicieux,
Non pas vn mal, mais vne rage.
Chacun me monstre auec le doy,
   Disant, Voyla le miserable,
Qui dessoubs l'Amoureuse loy
Fust à luy-mesme dommageable.
Faudra-il chetif que ie sois
   Tousiours auec si foible force,
Et que i'aye planté le bois
Pour ne iouyr que de l'escorce?
Or baste, aimez qui vous voudrez,
   Tousiours ie vous seray fidelle,
Mais en fin vous repentirez
De m'auoir esté si cruelle.

CXXIII.

D'Où vient qu'en absentant la beauté que i'hommage,
Bien que ie sois hardy ie semble estre paoureux?
   D'où viēt qu'en œilladāt l'Astre de ses beaux yeux,
   Ie ne sens aucun mal bien que i'aye vne rage?
Ainsi celuy qui est dessus la mer volage,
   Craint plus (VILLEGOMBLAIN) le calme gra-
      cieux,
   Quand le Pilote n'est au nauire moiteux,
   Qu'il ne fait l'aduisant au danger du naufrage
Ainsi le douloureux aupres du Medecin,
   Encores que son mal soit beaucoup plus malin,
   Se pense soulagé; & ainsi les gensd'armes
Voyans leur Capitaine, ont moins de froide peur:
„ Voyla cōment l'Amour, la mer, les maux, les armes
„ Doiuent auoir pres d'eux leur bon superieur.

CXXIIII.

VItry, ie ressembloy au piafant soldart,
　Qui lointain des assaux fend le feu d'apparēce,
　Sa bouche tout-tuant ne chante que vaillance,
　Et prochain des combats monstre le dos fuyart:
Car estant eslongné de l'Amoureux despart,
　I'auois du Dieu-Desir la braue contenance,
　Ma langue estoit dorée & superbe en defence,
　Mais pres l'Adieu ie fus taciturne & songeart.
Chose estrange à penser, & plus estrange à croire!
L'honneur Lasphrisien est maintenant sans gloire,
Et veuf du sainct Moly sa Muse est au tombeau.
Non ie suis immortel: car ma Dame immortelle
Rauit lors mes beaux sens pour les loger chez elle,
Craignant par mon absence esgarer son flambeau.

CXXV.

AMour auoit conclud d'abandonner le monde,
　Lors qu'il vint hault-volant se nicher dans les
　De ma belle Déesse au maintien gracieux, (yeux
　Où toute honnesteté & toute grace abonde;
Il tenoit dans ses mains vne pomme d'or ronde,
　Qu'il luy bailla, disant, ma Pouponne, ie veux
　Que ce riche present sur tous biens precieux,
　Soit pour iamais chez vous, où mō hōneur se fonde.
Il eust dict, & soudain Cyprine la voyant,
　Despite vers son fils s'en alla larmoyant,
　Et le baisant trois fois vsa de ce langage:
Adieu, mon cher enfant, qui m'estes trop cruel,
La saincte THEOPHILE, vn chef-d'œuure im-
Fera dedans vn pré admirer ton seruage. (mortel,

E vj

CXXVI.

LE iour que i'esloigné ma divine conqueste
I'estois si hors de moy de ce triste meschef,
Me voyant (mon VYARD) sans espoir de relief,
Que ja du mort Ciprés i'encouronnois ma teste.
Ce grand Dieu lance-esclairs entendit ma requeste,
Seigneur (disoy-ie alors) fay pleuuoir sur mõ chef,
Sans tarder ie te prie vn encombre plus grief,
Pour borner les douleurs de ma fiere tempeste.
Lors le fouldre du Ciel commence à s'esclatter,
Quand ce vainqueur des Dieux fist cesser Iupiter,
Hé! que fais-tu (dit-il) tout mon beau tout abonde.
Chez sa Dame son cœur, qui promptement mourroit,
Et moy par consequent mourir il me faudroit,
Et si ie finissois aussi feroit le monde.

CXXVII.

COmme vn guerrier, que la gloire époinçonne,
Qui a receu mille douloureux maux,
Et mille coups aux tragiques assaux,
Ne laisse pas de rechercher Bellonne:
Ainsi l'Amant, que Venus esperonne,
Bien qu'il ait eu vn monde de trauaux,
(Trauaux qui sont en douleur inesgaux)
Pour le despart du tout ne l'abandonne.
Donc t'absentant ie ne te laisseray,
Et en mon dueil ie me resiouyray;
Ainsi Socrate en ses rigueurs terribles
Trouuoit plus sage vn doulx allegement;
L'esclaue ainsi dessus les flots horribles
Se monstre gay au fort de son tourment.

CXXVIII.

MAuors m'auoit logé en vn beau presbytaire,
Et i'auoy (de bon-heur) vn hoste assez sçauãt,
D'vn Latin merueilleux il m'alloit abbreuuant,
Et Iudas Machabée estoit mon ordinaire.
Puis m'aduisant conneut mon Amoureux vlcere,
S'offrant me le guerir en caracterisant,
,, Me disant que le sort par sort est maistrisant,
Mais me mocquant de luy ie ne voulu rien faire.
Làs ! que m'en aduint-il ? dés le troisiesme iour
En l'attente doubteuse alla mon triste Amour,
Non, c'est l'horrible enfer: car la plus grãde oppresse
Que l'ombre criminelle endure en ce bas lieu,
C'est de ne voir (DV PORT) la lumiere de Dieu,
Et moy ie suis priué des yeux de ma Déesse.

CXXIX.

IE iure, ie promets, i'asseure aux puissans Dieux
D'aimer, de n'aimer point, & de haïr encore
Cest œil verd, cest œil noir, cest œil roux qui desplore
Incessamment, iamais, & tousiours, en tous lieux.
Comme Amour, comme Amy, comme flot impiteux,
Souhaitable, parfaict, que tout le monde abhorre,
Pour sa doulceur, son fard, son inconstance, & ore
Pour son bien, son orgueil, son vice conuoiteux.
Qui est beau, qui est laid, & qui ne se doit faire
Par tout en mon endroict, mesme au pauure vul-
  gaire,
On le sçait, on le dict, on le void à tous coups.
Bien loing, icy & là (choses trop manifestes)
Ie iure, ie promets, i'asseure aux Dieux celestes
D'aimer, n'aimer, haïr, l'œil verd, l'œil noir, l'œil
  roux.

CXXX.

NE t'eſtonne (SARET) de mon viſage paſle,
 Ni des brouillars confus dans mō ſage cerueau:
Car m'Amour ſemble à celle eſchangée en rouſeau,
Ou bien à ceſte-là du Laurier en Theſſale.
Promethée & Siziphe en doulceur ne m'eſgale,
 Ixion eſt heureux au prix de mon fardeau,
Voire ceſt Alteré qui meurt aupres de l'eau,
Et tous les criminels de la chambre infernale.
Ils oſent bien gemir, ils oſent bien prier,
 Ils oſent bien leur plaindre, ils oſent bien crier,
Et moy paſſe-damné, ie n'ay la hardieſſe
De regarder l'honneur qui pres de moy reluit,
 (Eſtrange effect d'Amour!) ie cerche qui me fuit,
Comme ma Dame: auſſi ie hay qui me careſſe.

CXXXI.

MON SEGVIER ie reſſemble au pauure la-
 boureur,
Qui ſoigneux ſeme vn champ, ayāt bōne eſperance
De s'enrichir en fin du gain de ſa ſemence,
Et ne cueille qu'iuroye abuſant ſon labeur.
Ainſi i'ay courtiſé, pour acquerir faueur,
 Penſant auoir d'Amour l'heureuſe recompence,
Ie n'ay receu craintif que triſte doleance,
Que deſolé deſaſtre & mal deſſus mal-heur.
Tu diras que i'ay bien merité ceſte flame,
 De n'aimer en lieu libre, Amour cōtrainct mō ame,
Il me rend comparable au guerrier mal appris,
Qui veult d'vn mauuais bourg faire vne forteresse,
 Et cependant il eſt cruellement ſurpris,
N'eſtant plainct de perſonne en ſa fiere deſtreſſe.

CXXXII.

VIcques tu t'esbahis comment i'ay le pouuoir
De chanter les beautez de ma Dame absentée,
Que i'ay (ô fier destin!) peu souuent frequentée,
Pour les frequës mal-heurs que Mars me fait auoir.
Ne pense pour cela que i'erre à mon deuoir,
On ne boit toute l'eau de la marine enflée,
Pour connoistre s'elle est entierement salée,
En vne seule goutte on le peut bien sçauoir.
De mesme en peu de têps l'Amant peut bien apprédre
Les grand's perfections d'vne ieunesse tendre,
Mais d'autant que ma Dame est l'œuure indu-
De ce grand Promethée (ô diuinité rare) (strieux
Esbahis-toy comment i'en ose estre Amoureux,
Et m'appelle hardiment nouueau frere d'Icare.

CXXXIII.

SI l'œuure par la fin se couronne tousiours,
(Comme on dict en prouerbe) au lieu de ma naif-
Et si en chose escrite y a plus d'asseurance, (sance,
Ie doy donc esperer quelque bon-heur d'Amours.
Car ma Dame en sa lettre acheuant ses discours,
Où l'on void le subtil de la sage eloquence,
Supplie extremement Dieu le Dieu de prudence,
La borne du sainct but de mon iuste recours:
Qu'il me vueille donner ce que mon cœur desire,
(Beaux mots escrits en l'air, si faciles à dire)
Elle est à mon seruice, elle baise ma main,
L'asseurant par fermesse, & auecq l'octogone,
Riē & cela n'est qu'vn: car ma Dame n'est bonne
Qu'en desmentant sa lettre, à m'vser de desdain.

CXXXIIII.

Compaignō Chappelet, sur tous biēs biē-heureux,
D'auoir touché les flancs de ma belle Maistresse,
Tu m'es donné afin que ma prompte ieunesse
Supplie au lieu d'Amour le maistre Dieu des Dieux.
O dessein esgaré, i'en suis plus Amoureux:
Car estant à genoux retiré à la Messe,
Souspirant ie te baise & mignotte sans cesse,
Arrosant ton cristal du cristal de mes yeux.
Puis regardant le Ciel, bassement ie profere,
Qu'à ma deuotion i'eusse ainsi ma guerriere,
Ie l'accolleroy mieux pour n'estre estimé sot.
I'en oy qui en passant vont prisant ma bonne amie,
Ce ieune Gentil-homme est (disent-ils) deuot:
Mais ils ne sçauent pas quel Sainct c'est qui m'enflame.

CXXXV.

CE Chappelet me plaist, il sert de contenance,
Et si à vn besoing ce sacré Chappelet,
Dame, pourroit seruir d'vn iolly brasselet,
Qui d'ancienneté promet toute fiance.
Mais ces Heures, ce Liure où gist ton esperance,
Ne plaisent pas beaucoup au garçon Dieutelet,
Amour n'est point Amour s'il n'est vn peu folet,
Et ne se fait iamais auecque la prudence.
Las! comment l'aimeroy-ie ennemy des Amours?
Les liures plus plaisans me desplaisent tousiours,
N'aimant (comme tu sçais) nullement la lecture.
Puis nul ne m'est duisant, ni mesme à ta beauté,
Liure vient de liber, comme ayant liberté,
Et tu retiens mon cœur estant en prison dure.

CXXXVI.

Mon PLESSIS Courcinal ie ne suis Paracel',
Qui trouua le grand œuure honneur de l'excel-
Ni Oronce qui fist vne horologe en France (lence,
Ayant le mouuement conneu perpetuel.
Ie n'imagine point le beau feu eternel,
Dont les Romains, les Grecs, surjons de la science,
Honoroyent leurs desirs par vine souuenance,
Mettant la lampe en l'vrne à l'Amour mutuel.
Ie n'ay ce don du Ciel, depuis eux l'alme ouurage,
L'heure mouuant tousiours, le feu vif n'eust vsage,
Et bien que l'on me tienne & prompt, & aduisé,
Si ne comprens-je point ces bessons characteres,
Ou bien ie ne veulx pas, craignant d'estre abusé,
Entendre ce beau chiffre où sont deux doubles RR.

CXXXVII.

R, En vn de ses noms est vrayment destinée,
L'autre pour l'apparence, ou pour lustre ordonné,
Charles mettoit ainsi vn Kappa couronné
Au lieu de C, qui seul n'a grace enuironnée:
Le Roy & l'Amoureux d'ame affectionnée
Se permet (cher PLESSIS) quelque œuure inopiné,
Mais las! que sçay-ie moy si c'est quelque RENÉ,
Par ma piteuse mort ainsi qu'elle est RENÉE?
ROMVLVS, ROTH, REAT, RENAVLT,
RICHARD, ROLAND,
RODOLPHE, REMONDIN, ROVL,
RIVAL, RIGOLANT,
ROCH, RODOMONT, ROGER, vien-
nent-ils pour me nuire?

Non R, Rien s'entend, mais de RIEN *on Rid,*
   Puis Rien se prend pour TOVT *; car de Rien tout se fit,*
   Ie ne voudroy pour Rien, c'est pour le TOVT *à dire,*
Heureux, trop heureux moy qui accepte son Rien!
Rien ne peut m'empescher, puis que TOVT *se presente,*
Maugré d'autre R, Rude, & fust-ce RADA-MANTHE,
   Ou biē Robert le Diable, Amour est docques mien.

CXXXVIII.

P*Ourquoy fais-tu mourir la sinistre Corneille,*
   Et son funeste oiseau courrier de nouueauté?
   Leurs prophettes chansons n'ont ton cœur irrité:
   Car au ruisseau tary on ne puise la ceille.
Il t'est bon de fuir ceux qui flattent l'oreille:
   Car la saincte Iustice aspire l'equité,
   Que bonne on ne depeinct sans l'alme verité,
   Qui se fait voir en fin doulcement nompareille.
„ *La flatterie occulte aucunesfois seduit,*
„ *Mais la blanche innocence auec le temps reluit,*
   C'est abus de penser qu'on eclipse sa veuë.
De mesme que l'on void le Soleil radieux
   Rompre l'empeschement d'vne noirastre nuë,
   Elle surmonte ainsi l'effort des enuieux.

CXXXIX.

S*I cest œil me fait perdre aux deserts qui m'ont plainct,*
   Hastant le gay Prin-temps de ma ieunesse aimable,
   C'est comme le Soleil qui gaste le beau tainct,
   S'il n'est tousiours couuert de quelque ombre duisa-ble.

Mais ie n'aime pas l'ombre, aussi ne suis-ie fainct,
Ni l'Amour fabuleux ne m'est pas conuenable,
Ma naïfue Eraton ne l'a gueres despeinct,
Aux fables mon desir n'est point accomparable.
Si donq (VILLEGOMBLAIN) en ce que ie compose,
On void peu de beautez d'vne Metamorphose,
La coustumiere humeur des Poëtes depeincte;
Il n'en faut s'esbahir: car mon affection
Ne se veult déguiser par vne fiction,
I'aime encor mieux souffrir qu'ô la presume fainctc.

CXL.

SI ce Grec, ce Latin, ce Thuscan, ce François
Eust veu comme moy l'œil, le poil, le teinct, la grace
De la fiere doulceur, qui m'enflame en sa glace,
Et qui depuis dix ans m'esclaue soubs ses loix,
L'vn seroit le Soleil, lumiere en tous endroicts,
L'autre l'or precieux, qu'ores chacun pourchasse,
Cestuy-cy le Prin-temps, qui les roses amasse,
Cestuy-là le maintien de la Nymphe des Bois.
Cyprine au doulx attraict eust rendu le beau gage,
Toutes diuinitez luy eussent faict hommage,
Comme en beautez passant la deité d'vn Dieu.
Que ces grāds n'ont doncq veu l'Amour qui m'impor-
Son illustre vertu a manqué de fortune; (tune,
Mais les Dieux l'ont voulu pour conseruer leur lieu.

CXLI.

IE voudroy que le Roy, pour me recompenser
Des tragiques trauaux que i'ay à son seruice,
Me donnast pres ma Dame vn riche benefice,
Encor qu'il m'ait promis de me plus auancer.

Là s'iroy tous les iours sagement annoncer
    L'allegresse Amoureuse, excellente delice,
    Et deuot i'offriroy mon corps en sacrifice,
    Dont peut estre qu'en fin mon dueil pourroit cesser.
Mais si son humeur fiere enflamoit continuë,
    Ie ne laisseroy pas de viure de sa veuë,
    Ainsi que nous viuons du lustre du Soleil.
Et si preuoy qu'vn iour forcé du temps qui mine,
    D'elle comme vn Phenix ie serois nompareil:
    Car desia de ma mort naist vne ardeur Diuine.

CXLII.

VEnus, vous auez tort d'affliger ma ieunesse,
    Qui vous est de tout temps fille d'affection,
    Et qui sert vostre enfant d'alme deuotion,
    Qui nasquit au moment où vous estes Princesse.
Hà! si i'auoy choisi quelque laide Maistresse,
    Ie plaindroy bellement ma dure affliction:
    Mais la reconnoissant toute perfection,
    Ie dy (pardonnez moy) que vous errez Déesse.
,, Ce n'est chose seante à la Diuinité
,, D'vser enuers les siens d'infame cruauté,
    L'honeste Gentil-homme acquiert plus de loüange
Exemptant ses subjects des soldats furieux;
    Gueris doncques ma rage horriblant en tous lieux,
    Tu auras plus d'honneur faisant d'vn diable vn
    Ange.

CXLIII.

QVe sert (mon MALESY) tant & tant de
    reditte?
Il n'est iour, il n'est nuict que nous ne discourions
De nos belles Amours, & que ne resoudions
De les aller seruir selon leur beau merite:

Mais y faillant ie crains que fortune despite
 Ne surplante autre part nos benedictions,
 Ou qu'y allans trop tard honteux ne reueniens,
 Comme chetifs soldats poltronnement en fuite.
Tu me retiens tousiours, mais cependant le sort
 Pourroit troubler le regne & m'eslongner plus fort
 De ce Temple sacré où mon ame se vouë.
Manques-tu point d'espoir en ton feu glorieux?
 Ton attente, Maistresse, aggrée aux mesmes Dieux,
 Ie veulx côme vn Martyr seulemêt qu'on me louë.

CXLIIII.

MA Dame en t'escriuant ie semble à l'escolier,
 Qui presente le thesme à son eloquêt maistre,
 Si ie ne suis congru, ie m'asseure de l'estre,
 Mais qu'en ton sainct College on me voye estudier.
Le Ciel au sein doré me le veult desnier,
 M'eslongnant de tes yeux flambeaux d'Amour mon maistre,
 Muant mon courtisan au langage champestre
 Du bossu Daulphiné, refuge au Dieu meurtrier.
Princesse d'Helicon, ma Pallas singuliere,
 Pardonne donc aux vers de ma Muse guerriere,
 Et accuse mon sort diuersement malin.
Mais comme le fiebureux changeant d'air se dispose,
 Ainsi quand ie seray pres ta bouche de rose,
 Ie rebeuray Prophete au ruisseau Cabalin.

CXLV.

IE plains le bon soldat pour n'estre souldoyé,
 Le braue cheualier pour n'auoir recompence;
 Ie plains l'Eglise aussi allant en decadance,
 Et le marchand sur mer du pillart costoyé:

Ie plains le païsant destruict & guerroyé,
  Le ieune homme accasant sa gaye adolescence;
  Ie plains le voyageur qui n'a point de finance,
  Et me plains (moy chetif) de l'Amour fouldroyé.
Mais ie plains les beautez mises aux monastaires,
  Qu'on nomme sottement les prisons voiontaires:
  Car là le doulx plaisir rarement est trouué.
Et qui n'en ioüist point c'est cõme vn corps sans ame,
  Bref ie plains les Nõnains, mesmes ma belle Dame,
  Et l'alme de IOVY, l'honneur de PELLEVÉ.

CXLVI.

VN merueilleux Normant deuisant de l'Amour
  Iugeoit sa bonne Amie en beauté la plus belle,
  Tout-beau (ce dy-ie alors) ma Maistresse en appelle:
  C'est tout vn (ce dist-il) ma Dame est à la Cour.
Pauure mal-aduisé, tu te declare lour,
  La beauté courtisanne est artificielle,
  Et celle de ma Dame est vrayment naturelle,
  C'est comparer la Lune au grãd flambeau du iour.
La tienne est comme vn feu, qui par friande amorce
  S'allume incontinent en peu durable force,
  Et la mienne est semblable à l'illustre Soleil,
Qui est tousiours parfaict sans aucun artifice;
  Elle est iustement doulce, & n'a point de malice,
  Ni las! d'ardeur en soy non plus que ce grand Oeil.

CHANSON.
XXI.

O Venimeuse enuie
  Que ie te doy haïr,
Par toy ma belle vie,
Chestiue tragedie,
Est contraincte à finir.

La guerre est redoutable,
　La mer, la pauureté,
　La peste abominable,
　La faim plus miserable,
　Et le feu agité:
Mais non tant que la rage
　Laide enuie à l'œil roux,
　Qui vn chacun oultrage
　De ton vilain langage,
　Par ton faulx cœur ialoux.
Vieille hideusement salle,
　Tu ris de nostre dueil,
　Si la faueur fatalle
　Nous paroist liberalle,
　Lors tu creues d'orgueil.
Va, va, que ta nourrice
　Puisse sentir vn iour
　Le feu de ton supplice
　Vers la doulce delice
　Du paradis d'Amour.

Sonnet en vers Lyriques.

CXLVII.

LA gentille Bergerette
　Gardant le bestant troupeau,
　Pirouettant son fuseau
　Dit la gaye Chansonnette.
Le Pelerin se delecte
　Peinant en son vœu nouueau,
　Le forsaire rid sur l'eau
　Attainct de douleur subjecte.

Le Capitaine resouls
S'esiouist souffrant des coups,
Et moy de mesme le frere
Du Cocher ambitieux,
Au comble de ma misere
Ie chante à ceste heure mieux.

CXLVIII.

DEserts & vous rochers qui voisinez la nuë,
Torrës Acherontins, terreur des puissans Dieux,
Tressauuage païs, tres-effroyables lieux,
Amour moy-mesme' Amour furieux vous saluë.
Gonflé de triste humeur d'vn fier dédain conceuë,
Ie vous suis venu voir terroir mal-encontreux,
Vous vous qui cöuenez aux Amäts mal-heureux,
Dont fascheux vous plaisez à l'ennuy qui me tuë.
I'euente haultement dans voz champs escartez
Mes secrets, mes regrets, mes grand's calamitez,
Sur voz monts Cotasins i'engraue mes seruices.
Pres l'orgueil de voz eaux ie sommeille vn petit,
Et contemplant l'enfer de voz vieux precipices,
I'esgare espouuanté mon desastre maudict.

CXLIX.

BOISSONNADE i'ay mal à la teste & au cœur,
Et si n'ose nommer ma fureur rigoureuse,
On me diroit frappé de la peste odieuse,
Desirant de dormir & vomir quelque humeur.
Ce sont signes certains de l'ardente douleur,
Qui en ce camp vainqueur est si contagieuse;
Mais quoy? ma maladie est plus pernicieuse:
Car sans espoir ie brusle en l'Amoureuse ardeur.
Il est vray que mon mal sur tous maux detestable
Ne se peut prendre ainsi que la peste abhorrable,
Ie ne le voudroy pas bien qu'il soit mon tombeau.

Aimant

Aimāt trop mieux lāguir qu'vn autre eust ma détres-
Quelque grād pretēdroit de seruir ma Maistresse; (se,
Ainsi ie suis ialoux de mon mesme bourreau.

CL.

MEßieurs les Medecins, dont le docte sçauoir
Vous fait viure admirez, respondez, ie vous
Vous dites que du corps la plus noble partie (prie,
C'est le cœur qui sans mort ne peut coup receuoir.
Cela n'est pas croyable, en moy on le peut voir:
 Car mon cœur est bruslé d'vne ardeur infinie;
 Mais non, ie suis sans cœur, n'est-il pas chez m'A-
A qui ie l'ay donné par vn iuste debuoir? (mie,
Voz simples en Amour n'ont aucune puissance,
 Son mal ne se guerist par salubre ordonnance:
 Car ses plus grands excés appaisent ses douleurs.
Les vies qu'il occist sont heureusement nées,
 Ma verité dit plus: car ce Dieu brusle-cœurs
 Peut (tesmoing ma fureur) faire teste aux années.

CLI.

TRiste, desesperé de tant de diableries,
 I'ay voulu de m'Amour voir le sort limité,
 I'eus l'horoscope alors de sa natiuité,
Fabriquant sa maison en toutes ses parties.
Ie reconnus l'assiette, & despouillé d'enuies
 Ie pris garde aux aspects en leur triplicité,
 Lors ie vey (souspirant) sa grand' captiuité,
Le sang meurtrist son sang par richesses rauies.
Ie vey que comme honneur PHILASSER l'aimeroit,
 La mutualité quelque peu s'embaroit:
 Car la Lune par Mars esgaroit la cinquiesme.
Ie vey Titan en fin Saturne surmonter,
 Et dessoubs la Balance attendant Iupiter,
 Ie la vey renommer comme Deité mesme.

F

CLII.

Quand Iupin lance-esclairs, quand le tortu Ne-(ptune,
Quand l'effroyable Roy du vallon tenebreux,
Et de la terre mere aux hommes genereux,
Ioincts en triple-vnité enuiroyent ma fortune,
Pour m'empescher d'aimer l'hôneur qui m'importune,
Amour moy-mesme Amour, iour du iour desireux,
Son feu, son eau, son mal sur tous maux rigoureux,
Glacera, seichera, ne fera rage aucune:
Sur moy, moy, dy-ie Amour Amoureux de l'honneur,
Qui l'oultrepasse en flame, en onde, & en douleur,
Son tonnerre est mauuais, ma colere est bien pire.
Mes pleurs passent ses flots, mes angoisses ses fers,
Amour ne craint l'ardeur, ni torrens, ni Enfers,
Courage donc (LASPHRISE) on ne te sçauroit nuire.

CLIII.

Quelle vertu a de l'egalité
  Vers ce bel Arbre honoré de m'Amie,
  Que i'ay conioinct au cher de Thessalie,
  Pour obeyr à son alme beauté?
Nul autre n'a ceste diuinité
  Qu'apres la fin qui borne toute vie,
  Estant couppé en saison reuerdie
  D'auoir sans art senteur de la santé.
N'est-ce un grand cas que la mort pourrissante,
  Qui sur tous corps est empunaisissante,
  Donne à sa fueille vne si doulce odeur?
Chesne, Laurier, Palme, Peuplier, & Myrthe,
  Vous n'approchez le glorieux merite
  Du Charme vnique ornement de l'honneur.

CLIIII.

Vant que l'ennemy triomphe de ma vie,
Ie m'enfanglanteray de l'œuure de ma main,
Ie sçay bien qu'on dira que l'acte est inhumain,
,, Belle Amour, belle mort font la gloire infinie.
Au front de mes soldats, plus braue compagnie,
Hardy ie paroistray suyuant mon beau dessain,
Tu en feras de mesme, & d'vn courage haultain,
Ie m'asseure sur toy compagnon LABATYE.
Nous courons grand fortune en ceste aspre saison,
L'ennemy nous attend pres de la garnison,
Dans les champs englacez aux plaines de Bayane.
Baste, il nous faut passer ou mourir en chemin,
,, Qui finist combatant meurt d'vn trespas diuin,
Ie mourray ou seray gouuerneur de Marsane.

CLV.

Doulce vengeance où es-tu ie te prie?
Que ne viens-tu viste me secourir?
,, L'homme d'honneur ne doit craindre à mourir
,, Quand ta vertu luy a faict compagnie.
Ie sçay vrayment que ta digne furie
Surpasse mesme vn Amoureux plaisir:
Car ton ardeur grosse d'vn sainct desir
Se sent par tout doulcement infinie.
Aussi les Dieux t'aimans vniquement
T'ont reseruée en leurs bras seulement,
Te connoissant parfaictement diuine:
Mais puis qu'Amour m'a rendu immortel,
Tu peux donc bien venir à mon Autel:
Viens donc Déesse afin de voir Alcine.

F ij

CLVI.

Las! en quel poinct le sort m'a-il reduict
D'aimer absent vne Déesse esleuë?
Ie resouds prou d'en auoir tost la veuë,
Mais par mal-heurs mon dessein est destruict.
Vingt fois Titan a faict son circuit
Durant que i'ay ceste ardeur continuë,
Et (ô bons Dieux!) ie ne l'ay pas reueuë
Depuis le temps qu'Amour m'eust introduict.
Las! helas! donc de qui me doy-ie plaindre
D'elle ou du sort ou de moy qu'on oyt geindre?
Pour ne faillir ce sera de tous trois.
De moy, qui Mars plus que l'Amour prefere;
Du triste sort, qui coup sur coup m'vlcere;
D'elle, craintiue en m'ayant veu deux mois.

CLVII.

Saincte Vesta, si ta faueur diuine
A le pouuoir qu'elle a eu autresfois,
Ie te supply par l'accent de ta voix
Fay que vers toy mon ame s'achemine.
Tu peux d'vn mot guerir l'ardeur maline,
Qui me retient au païs Dosinois,
TVCIE a faict soubs tes pudiques loix
Plus grand miracle apportant l'eau Tybrine.
Ta fille Claude, ainsi maugré le bruit,
Qui de sa fleur vouloit blasmer le fruict,
Par toy fist bien approcher le Nauire,
Qu'hommes ni bœufs n'auoyent sceu amener:
Fay donc Déesse ores Mars destourner,
Ou que soudain vers toy ie me retire.

STANCES.

TV t'enquiers, mes Amours, par la dure ab-
   sence ores
  (Qui longue sembleroit t'auoir faict oublier)
Comment ie suis venu & deuenu encores,
Tu le pourras apprendre en lisant ce papier.
Auant mon gay Prin-temps i'ay couru la fortune,
  Souldadin tendrelet aux païs estrangers,
  Maintenant trauersant le perilleux Neptune,
Et maintenant en France entre mille dangers.
En Auril, en Esté, sans trefue l'ay suyuie,
  Bref ie luy ay donné le plus cher de mes ans,
  Et Mars m'ayant causé la pasle maladie,
Ie me suis retiré au ranc des Mal-contents.
Luy qui me fust ingrat (non pas luy, ie l'offence)
  Car par mon sang versé il m'a faict de l'honneur,
  Mais ses fils opulents pleins de méconnoissance,
Qui solleillent du fruict de mon digne labeur.
A la guerre souuent, voire à la Cour pompeuse
  I'ay faict voir ma valleur & mon gentil esprit,
  Et pour rendre ma gloire encores plus fameuse,
I'ay seul sans estudier aux champs de Mars escrit.
I'ay donc seul honoré Amour, science, & armes,
  Et puis que Dieu m'a faict vn Palladin nouueau,
  Combatant, composant au milieu des allarmes,
Ie suis sans compagnon dessur le Mont iumeau.
On n'en a veu espris de l'ardeur qui m'allume
  Ainsi naïfuement sans liures composer,
  Nul que moy n'a encor osé tailler sa plume
Entre les bataillons, & là poëtiser.

Tous ont tousiours escrit aux forests solitaires,
  Aux beaux vallons secrets, au doulx murmur des
  Et moy bō Capitaine au frōt des aduersaires (eaux,
  Au dur retrenchement, pres les aspres assaulx.
En despit des mal-heurs i'ay donc bonne aduenture,
  Pour estre le premier en France reconnu,
  Qui parmy les hazards, où l'on ensepulture,
  S'est galand faict reuiure en los entretenu.
Resious-toy Tourene, ô ma chere Nourrice,
  Tes champs circonuoisins n'auront du tien vanté,
  Si Phebus les aima tu seras sa delice,
  Par moy qui seul sans art en guerre l'exalté.
Toy, les miens, nos amis, viuront donc par ma vie,
  Benissans, bien-heureux, ma reputation,
  Et si Amour & Mars & Pallas l'infinie,
  M'auront (maulgré l'orgueil) de l'obligation.
Comme ie suis vnique, ô Dame qui m'esclaue,
  D'âge en âge par moy luirez vniquement,
  Car onc nulle beauté n'eust seruiteur si braue,
  Et pour ce comme seul aimez moy seulement.

CLVIII.

IE suis si ennuyé que ie suis ennuyeux,
  Mon Auril Herculin ne s'enflame D'IOLE,
  Et d'autant que le vieil le plus ieune console,
  Ie te prie ayde moy en mon feu furieux.
A ton despart ie suis deuenu Amoureux,
  D'vne Amour qui occist d'vne sage parole,
  Non comme ta DIDON, qui doulcement t'affole,
  Et qui belle te rend en ton desastre heureux:
Soit elle Catholique, ou soit elle Huguenote,
  Baste (mon BOISMAILLARD) puis qu'elle n'est
    pas sote,
  Ie ne veulx entacher ma Dame de ce poinct;

(Car elle est trop habile en son humeur pudique)
Ie ne me souci'roy qu'elle fust heretique,
Pourueu qu'elle m'aimast d'vn beau desir côjoinct.

CLIX.

SI vous pouuiez, Poulets, voler iusques au MANS,
Ie vous pri'roy, mignons, de porter des nouuelles
A ma Dame m'Amour belle sur toutes belles,
A qui vous conteriez mes tristes accidens.
Mais quoy ? plus que la mort ie crains les mesdisans,
Qui pourroyēt vous trouuās desempēner vos aisles,
Et blasonner l'honneur des plus chastes pucelles,
Qu'enflé de passion ie sers depuis dix ans.
Ma verité se void : car craignant vostre perte
La mienne sans vous seuls ne sera recouuerte,
Sans vous volans au pré d'vn air libremēt doulx,
Vous pourriez asseurer ma Dame apprehensible,
Vous l'asserēneriez en despit des ialoux,
Dont ie meurs connoissant le voyage impossible.

CLX.

I'Ay presque dict bon-iour & Adieu tout ensemble,
C'est toy qui en es cause, impitoyable Mars,
Engageant mon honneur dessoubs tes estendars,
Pour ne perdre celuy qui de l'effroy ne tremble.
Mais si mon cœur vainqueur à ton courage semble,
Et si tu me cheris, ne perds tes preux soldars,
Voy que le dompte-Dieux m'a ietté mille dards,
Et qu'il faut que la guerre auec Amour s'assemble.
Si ie n'ay mon congé, sçais-tu que ie feray ?
Afin de me sauuer ie me licenci'ray,
Et n'auras plus de moy d'aggreable seruice,
Puis pri'ray Cupidon qui te vueilles encor
Oultrepercer le cœur non de sa fleche d'or,
Mais de celle de plomb, afin qu'il te punisse.

F iiij

POVLETS D'AMOVR.

EN forme de Poulet Amour s'est deguisé,
Afin que sans soupçon il peust voir ta belle
   ame;
Reçoy-le doncques bien: car s'il est mesprisé
Tu sentiras l'orgueil de sa bruslante flame.

Autre.

VOlez Enfant Oiseau dans le sein de m'Amie,
Dites luy, mon Mignon, qu'elle prenne pitié
De moy son cœur, son tout, son ame, sa moitié,
Qui l'aimeray tousiours d'vne ardeur accomplie.

Autre.

VOy ce Pioleur sec,
  Qui dira sans mentir
La douleur qui m'affole,
Puis ferme luy le bec,
Ou bien le fais rostir,
De peur qu'il ne s'en-volle.

Autre.

SI vous n'estiez point plus belle
Que vous estes accostable,
Le desir qui me martelle
Ne me rendroit miserable.

Autre.

PEtit babouin d'Archer,
Tu fainctz vne borgne veuë,
Afin de mieux décocher
Sur nous ta fleche poinctuë;
Mais garde que ton beau fard
Par ma pitié ne t'abuse:
Car l'artisan par son art
Se peut tromper en sa ruse.

Autre.

Ioly Poulet
Mignardelet,
Va-t'en, volette
Vers ma tendrette,
Dy luy, belon,
Mon mal felon,
Si la Bellotte
Ne te mignotte,
Sors vistement
Furtiuement,

Pour que tu bines
Ses sœurs poupines,
Tu peux du clin
Voir si le moulle
De Lethé roulle,
Où Riualin;
Puis reuolette
En ma chambrette,
Où despité
Suis escarté.

CLXI.

SI l'Amour ne paroist à mes desirs constant,
„ Il n'en faut s'estonner. Le monde est variable,
„ Toute chose icy bas est mouuante & muable,
„ Tout se change & rechäge en vn mesmes instant.
Il n'est rien qui ne soit gouuerné par le vent,
   Le seul vent nous dispose, & au lict nous accable,
   Du vent nous receuons le beau temps desirable,
Et la fascheuse pluye encores plus souuent:
Si doncques le vent prompt nous regist à toute heure,
   Si l'on a tousiours l'œil sur sa fresle demeure,
   Comme ayant biens & maux par sa legereté,
(Qui ne vient aux humains comme elle est demädée)
   C'est donc folie, Amis, d'esperer fermeté,
   Puis que nostre esperance est sur vn vent fondée.

F v

CLXII.

VOus ô vous qui auez le beau commandement
Sur la saincte beauté, maistresse de mon ame,
Vous que ie seruiray d'vne prudente flame,
Vous qui par voz bontez m'estimez dignement;
Vous Abesse admirable, honneur de l'ornement
Du vœu de sainct Benoist (que si bō l'on reclame)
De grace ie vous pry' commandez à ma Dame,
Qu'elle aye à me traicter vn peu plus doulcement.
Il n'est pas que le Ciel, dont vostre ame diuine
Prist si subtilement sa parfaicte origine,
N'esmouue voz beautez à la doulce pitié.
De HOVRGES rendez donc ma Dame pitoyable,
Dieu (que vous châtez tant) enjoinct l'hūble ami-
Il n'est rien de si sainct que paroistre amiable. (tié.

CLXIII.

SI ma soye orangée, & blanche, & colombine
Me fait ore à la Cour monstrer auec le doy,
Ie n'en ay pas soulcy, i'ay Dieu mercy dequoy
En auoir d'autre éclat s'il plaisoit à Cyprine.
Tant que sa saincte ardeur bruslera ma poictrine,
Ces gentilles couleurs seront tousiours sur moy,
Elles monstrent mon bien, & mon bisarre esmoy;
Car c'est desespoir ferme, & la doulceur diuine.
Iaune doré est fier, le colombin est doulx,
Le blanc asseure ainsi patience, & courroux,
Dōt l'enuieux picquāt n'en peut blasmer m'Amie,
Qui comme vn Prince tient son seruiteur suspens,
Desesperant i'espere, amadouant ma vie,
Ces couleurs duisent mieux aux Amours & aux
grands.

CLXIIII.

Vi pourroit mieux m'aider d'vne prudente voix
Que toy mon patriot cher compagnon d'eschole,
Qui conseilles autruy sans vendre ta parole,
Faisant luire au parquet vn Ciceron François,
Qui vis auant que moy la fléche & le carquois
Du Tyran brusle-cœurs qui fierement m'affole?
Que feray-ie, dy moy? souffriray-ie qu'on vole
Tousiours ma liberté en violant les loix?
Il n'est pas PELLETIER qu'au liure d'Ordonnances
Il n'y ait quelque article à punir les offences,
Condamne donc l'Amour qui me fait enflamer.
DECOVRS & PEQVINEAY & MANDAT honorable
Seront de cest aduis le connoissant coulpable,
Mais non, pour toute peine enjoins luy de m'aimer.

CLXV.

SI apres les esclairs, le brouillart, le tonnerre,
Le fouldre, les frimats, les tourbillons, les vens,
L'eau, la glace, la neige, il suruient vn doulx temps,
Qui gayement serain nous embellist la terre:
Ainsi apres l'orgueil de ceste longue guerre,
Apres tant de trauaux qui me sont si cuisans,
Mon plus cher DES MOVLINS ie pourray voir le MANS,
Où le Dieu brusle-cœurs cruellement m'enserre.
Les armes font la paix, la nuict pousse le iour,
Et puis que tout honneur commande à mō Amour,
Elle en m'estimant plus ne sera si cruelle.
Là ie t'honoreray comme Amant plus heureux,
Là i'admireray, là ton Soleil Amoureux,
Et là tu me diras toute vraye nouuelle.

CLXVI.

THEOPHILE, quelqu'un qu'Amour ne tyrannise,
 Dira si ie vous eusse aimée extremément,
 Que i'auroy quitté Mars, & son commandement,
 Afin d'aller seruir vostre beauté exquise.
Il dira que l'Archer toute chose maistrise,
 Mais ceste verité s'entend diuersement,
 C'est alors que l'Amour sert mutuellement,
 Ou bien gonflé d'espoir, non quand on le mesprise.
Icy ie comprens bien, & là ie perds mes sens,
 Adorant sans subject voz yeux estincellans,
 Voyla les tours d'Amour embrouillant ma ceruelle.
I'aime, ie n'aime pas, ie ne sçay que ie suis,
 Si vn autre venoit ie luy fermeroy l'huis,
 Mais pour remettre tout contentez moy ma belle.

CLXVII.

TV te peux bien vanter que tu es adorée,
 Depuis cinq ans doublez & redoublez on vid
 Ta deité chez moy suppliée en esprit,
 A qui i'obeiray d'eternelle durée.
Mais vne sourde Echo promptement esgarée
 Pousse que vers Palés Medor cherche credit,
 Ie ne sçay pas qui c'est, si le Ciel l'auoit dict
 Ie l'en dementiroy en fiance asseurée.
Le sens est recouuert mesme au nouueau Roland,
 Moy iuste vengeur moy ie fendroy violent
 Non bergers, rochers, bois, mais le Muguet timide.
Tel tel seroit en pouldre au bruit de mon humeur,
 On passeroit les mers craignant mon bras d'Alcide,
 Encor pensant en moy finiroit-il de peur.

CLXVIII.

VOstre commandement m'est vne gloire exquise,
  Si ne croira-on pas que i'aye tant aimé
Sans estre par pitié doulcement enflamé,
Dōt vostre sainct Benoist vous trōpe en sa feintise.
Mais si par passe-temps à la Cour ie deuise,
  Ayez ma confiance, autre ne m'a charmé,
  Nulle que vous Amour, qui m'auez desarmé,
N'a pouuoir d'esclauer ma plaisante franchise.
N'adioustez doncque foy à ces beaux surueillans,
  A ces mignons musquez, plus braues que vaillans,
  Qui trembleront tousiours s'ils songent en mō ombre.
Encor que ie ne sois de ces fiers Rodomons,
  Ie suis hūble aux courtois, ie suis meilleur aux bons,
  Mais qui me blesse vn peu il sent mortel encombre.

CLXIX.

AFin que nostre Amour suruiue plus notoire,
  Et qu'on oye de loing ses fouldres esclatans,
  I'ay faict des vers pour vous entre les combatans
D'vne plume de fer, & d'vne pouldre noire
Trempée de mes pleurs dans vn cornet d'iuoire,
  Dont l'esclair trāsparant luist treluist en tout tēps,
  Ceste pouldre est tonnante en ses coups estonnans,
Sa plus subtile force acquiert premiere gloire.
Et le bruit de mes maux, que par vous i'ay soufferts,
  Fait esbahir le monde admirant mes beaux vers,
  Ie suis le soulfre chaud, vous le froid sal'epaistre,
Le vinaigre efforceant, le charbon, la couleur,
  C'est mon cœur vigoureux, qui bruslé de l'honneur
  Vous donne renommée afin de mieux paroistre.

CLXX.

LE Capitaine preux qui signale sa vie
D'une playe empourprée au glorieux combat,
Ayant long tēps suyuy quelque grād Prince ingrat,
Changeant party luy fait vne guerre ennemie:
Tout de mesme en t'ayant si longuement seruie,
Endurant honorable en l'Amoureux debat
Sans loyer de mes maux, dont tu ne fais estat,
Ie me licence Amour pour faire vne autre Amie.
Mais d'vn poinct ie differe à ce braue guerrier,
Ie ne veulx me vengeant paroistre ton meurtrier,
Ains ta grandeur Celeste aura tousiours mō ame.
Et ma doulce, mon cœur, qu'elle seule vaincra:
Ainsi mon beau souspir ensemble allumera
Vne diuine ardeur & vne humaine flame.

CLXXI.

ON dict, Ce n'est aimer de n'aimer que des yeux,
Et n'est pas bien aimer n'aimer que de parolle,
Comment aime-ie donc moy que l'Amour affolle,
Aimant sans voir ma Dame ouurage glorieux?
Vous mesdisans, & vous messieurs les Amoureux,
Aduisans le subject qui en dueil vous console,
N'estimez pour cela mon amitié friuole,
Accusez mon mal-heur entre tous mal-heureux.
Comme vn digne guerrier ialoux de la bataille,
Estant pris & blessé parauant qu'il y aille,
Ne laisse d'acquerir loüange de ses coups,
Et plus plainct qu'vn nauré au milieu de l'allarme,
Ainsi en mon desastre eslongné de ma Dame,
On me doit croire Amant regrettable sur tous.

CLXXII.

L'Aduisé marinier calle pour la tourmente,
 Si elle continue en s'accroiſſant touſiours,
 Se voyant affligé pour ſon dernier recours
 Il demaſte ſa Nef, & du peril s'exempte:
Ainſi en vos rigueurs humble ie me preſente,
 Mais les voyant durer augmentans ſans ſecours,
 Pour ſauuer de la mort l'Auril de mes beaux iours,
 Ie me deſcharge donc de ſi ſuperbe Amante.
Encor ne-veulx-ie pas ingrate vous nommer,
 En mes maux i'ay receu du bien pour vous aimer:
 Car voſtre rare eſprit qui Saphon renouuelle,
M'inſpira, m'eſueilla, me fit voir Apollon,
 Dont ma Muſe, la voſtre, honore voſtre nom,
 Et vous rendra (ma Dame) eternellement belle.

CLXXIII.

A Dieu, Adieu eſperance, & fortune,
 Adieu mon TOVT, Adieu cheres Amours,
 Adieu bel œil, Adieu ſages diſcours,
 La ſeule ardeur de ma flame importune.
Ma nef ne peut plus combatre Neptune,
 C'eſt faict de moy, ie n'attens plus ſecours,
 Biſarre Ciel, fay au moins que mes iours
 Soyent remarquez comme eſtrange infortune.
Qu'apres mil ans on entende ces vers,
 TOVSIOVRS LASPHRISE EVST DES
  MAL-HEVRS DIVERS,
 MAIS LAS! ESTANT DE LA ROYALE
  ARMÉE.

EN GARNISON DANS LA VILLE DV MANS,
MOVRVT AV PRE' (NON DE MARS NI DES ANS)
AINS DE L'ORGVEIL DE SA DAME ESTIME'E.

CLXXIIII.

PLustost le monde aimera qu'on le blasme,
Plustost l'Aurore aura le teinct du soir,
Plustost le feu par feu pourra deschoir,
Plustost sans iour sera ceste grande ame,
Plustost l'honneur apportera diffame,
Plustost l'aueugle aisément pourra voir,
Plustost l'estang seichera pour pleuuoir,
Que vos beautez perdent leur viue flame.
Mes iustes vers acquerront la vertu
D'auoir la mort par Amour combatu,
Eux seuls par vous feront teste aux années.
Par vous l'Anjou se benira de tous,
Tousiours le PRE' fleuronnera par vous,
Ayant braué les dures destinées.

Fin des Amours de Theophile.

SVR LA NOEMIE DV SIEVR DE LASPHRISE.

Vspendez vn peu Déesses
Les ouurages glorieux,
Par qui du tort vangeresses,
Aux bons vous donnez les Cieux,
Et puis retournez à dire
Comment beaucoup indompté
Nostre Roy a surmonté
Le trouble de son Empire.

 Toufiours n'a le dieu de Thrace
Sur le dos le corselet,
Et quelquesfois sa cuirace
L'infante Pallas desuet,
Toufiours le Dieu vostre frere,
Muses, ne tient l'arc tendu,
Maintesfois s'est-il rendu
Commensal du populaire.

 L'honneur des petites choses
N'est sans plaisir rauissant,
Ne void-l'on croistre les roses
Sur le buisson peu croissant?
Mais où ie suis vostre prestre
Ie ne vous conuiray pas
De deualler icy bas
Sur vn lieu plus que champestre.

 Par tout où l'on vous appelle
Hautaines diuinitez,
Vostre brigade immortelle
Ne void des champs bien plantez:
Mais trouuans des lieux funebres,
Sans bon ordre & sans compas,

Vos beaux yeux ne laissent pas
De luire sur leurs tenebres.
   La naïfue gentillesse,
Que vous trouuerez icy,
Doit peu de chose à la Grece,
Et peu doit à Rome aussi:
C'est vne beauté d'eslitte,
Qui n'a qu'assez merité,
Que nostre posterité
Soubs vos seaux la voye escritte.
   La Bellotte Noëmie,
Que LASPHRISE vous append,
Est telle qu'vne prairie
Sur qui le Prin-temps s'espend,
L'œil s'esblouyt de lecture,
Le nez s'embasme d'odeur,
Et tout ce plaisant labeur
Est d'Amour & de Nature.
   Le serain brillant d'estoilles
N'a tant de viues clartez,
La grand' mer n'a tant de voilles,
Qu'icy ie voy de beautez:
Mais qui sera la premiere
Qui r'emportera l'honneur?
Chacune a part au bon-heur,
Chacune est toute lumiere.
   Non, non, ce n'est point LASPHRISE,
Qui fust pere de cecy,
C'est le beau pasteur d'Amphrise,
Qui chante vn nouueau soucy;
Ou c'est ce petit follastre,
Qui quelque part accroché
Nous veult monstrer la Psyché,
Dont fol il est Idolatre.

Plus ie la voy ie l'admire,
La structure & la valeur,
L'or, l'yuoire, le porphire
Est veincu de son labeur:
Et le labeur estimable
N'est ni imité ne feinct,
Ains est vn chef-d'œuure sainct
D'vne Nature adorable.

Car pour vous dire LASPHRISE,
Muses, n'a pas sommeillé,
Ou vostre Plejade apprise
A l'vniuers resueillé:
Mais ce graue-doux Poëte
Sans leçon des bons papiers,
Parmy les exploits guerriers
S'est rendu vostre interprete.

Ou la belle Noëmie
L'auoit si tresbien charmé,
Ou de vostre grand genie
Il fust si tresbien aimé,
Qu'il fait honte à la memoire
De ceux qui derriere sont,
Et que ceux qui reuiendront,
Ne fouleront point sa gloire.

Ainsi doncq, chere Neufuaine,
Deuez vous sur tous cherir
Ce genereux Capitaine,
Que la mort ne fait mourir;
Et sans chercher la science
Sans estude, il a trouué
L'art de vous tant approuué,
Pour combatre l'oubliance.

Ne croy que i'en face accroire,
Voyant (Lecteur) qu'en ses vers
Vne Poëtique histoire
Y flue en accens disers ;
Sa memoire de nature
L'honore ainsi triomphant,
Retenant quelque lecture
Qu'il apprist petit enfant.
„ Puis la frequentation
„ Auec diuers monde habile,
„ Dispose le sens agile
„ Où gist son affection ;
Dont sa Muse est si bien veuë
Sans autre estude haultement,
Et si merueilleusement
Qu'au doulx sommeil le saluë.
 Et comme parmy les armes
De courage chaud & vif
LASPHRISE apprist des gensd'armes
Au meilleur à n'estre oisif :
Il a recherché ce tiltre,
Où la vertu prend du rang,
Ayant le beau zele au flanc,
Qui me rend vostre ministre.
 Sus donc Muses qu'on luy donne
Pour loyer de ses beaux vers
La moins commune couronne
De vos myrtes les plus vers,
Et grauant en vostre temple
Iusqu'aux marges ses Amours,
Faictes qu'ils seruent tousiours
Aux parfaicts Amans d'exemple.

LE PLESSIS PREVOST.

A MONSIEVR DE LASPHRISE, SVR SES VERS EN SA NOEMIE.

Qvi n'a veu l'vnité de deux gentilles ames,
Et le bien le plus doulx du bien delicieux,
Qu'aye iamais receu vn Amant gracieux,
Et vne belle Amante honneur des belles femmes;
Qui n'a veu les fureurs des plus ialouses flames,
Les aspres passions, le soucy rigoureux
D'vn vaillant Capitaine ardemment Amoureux,
Qui (sans pair) a souffert au seruice des Dames;
Qu'il voye icy LASPHRISE, en vn instant en luy
Il verra l'aise gaye, & le fascheux ennuy,
Comme l'on void en Mars le beau têps & la pluye.
Et verra sans qu'on puisse accuser de forfaict,
» L'extresme Amour naïfue & son extresme effaict,
» Dont l'entrée est diuine, & la fin infinie.

LE PRE', Poicteuin.

L'Auteur à son liure.

MEs vers, ie voy le faulx ialoux,
Qui prend plaisir à nous déplaire,
On mesdira plustost de nous
Que de pouuoir aussi bien faire.

MARS *irrité de voir mes honneurs méconnus,*
Voulant recompencer mes peines hazardeuses,
Me rendit seruiteur d'vne illustre Vénus,
Ioignant les Mirthes saincts aux Palmes glorieuses.

L'AMOVR
PASSIONNEE
DE NOEMIE,

Par le Capitaine Lasphrise.

SONNETS.

I.

E chante vne beauté doulcemēt homicide,
 Qui du cōmēcemēt n'auoit le cœur humain,
 Mais cōme vn fier Æole abonnist le temps vain,
Disposant les mortels par son attraict humide:
Ainsi me fust l'aigreur de son Amour timide
 Auant que m'adjourner l'ardeur d'vn feu serain,
 Et comme il n'est pas bon au Prince souuerain
D'auoir trop de clemence & priuauté fluide:
Ainsi trop de beautez, trop de doulces doulceurs
 M'ont causé mille morts, mille aueugles fureurs,
 Cent mille passions bourrelles de ma vie.
Ie n'accuse m'Amour, ains moy trop Amoureux,
 Mais lisant ma delice en mes vers doulcereux,
 DAMES, sans vous sonder ne blasmez Noëmie.

G

II.

LA honte à l'œil baissé ne me fera point taire,
Ie ne craindray l'orgueil du causeur affeté,
Ie ne me cacheray pour n'estre frequenté,
Laissant là saincte Amour qui ne me veult com-
Ie connoy maintenant mõ honneur temeraire, (plaire.
,, C'est trop pour vn mortel qu'vne Diuinité,
I'aimeray (comme humain) la doulce humanité,
Dont l'inuincible mort ne me sçauroit distraire.
I'ay adoré long temps, gonflé de belle ardeur,
THEOPHILE aux beaux yeux, Déesse de l'honêur,
Qui a d'vn chaste vœu repeu ma triste vie.
Adieu donc feu m'Amour, miracle glorieux,
Ie suis trop peu pour vous digne des mesmes Dieux,
Ie vay voir les doulceurs de l'humble NOEMIE.

III.

FRanchise Dieu te gard, hé! que tu es iolie,
Tu as l'œil aggreable, & le maintien ioyeux,
Tout rid par où tu passe', on t'aspire en tous lieux:
Car sans toy l'on ne peut iouyr de bonne vie.
O belle liberté, doulce plus doulce Amie,
Ie te saluë icy où ie suis Amoureux,
Te iurãt par l'honneur qui me rend biẽ-heureux,
Que ie te cheriray d'vne ardeur infinie.
Celuy certainement esgare sa raison
Qui loge son Amour dans la laide prison,
Dont sage maintenant i'obey volontaire.
Roy de ma volonté ie sers parfaictement: (faict
,, Car l'on fait beaucoup mieux cela que l'on veult
,, Quand le seruice est libre, & mesmes en aimant.

IIII.

PLESSIS, ie ne crains plus les vieilles du Conuent,
(Flambeaux ialoux du biẽ de la doulce Cythere)
Vn portier renfrongné, sourdault à ma priere,
Ni d'estre renfermé, comme l'on est souuent.
Si mon beau cœur vainqueur est pris d'oresnauant,
Ce sera par les mains d'vne belle Ioliere,
D'vne Dame d'hõneur, qui n'est point prisonniere,
Qui par gaye visite ira le conseruant.
,, Car il faut que l'Amour doucement accomplie
,, Aye ordinairement la belle sympathie,
,, Et la commodité de ioindre sa moitié.
,, Sans ceste liaison l'Amour semble vne peste,
,, De n'aimer qu'en esprit c'est pour l'Amour celeste,
,, De parole & des yeux, n'est qu'ombre d'amitié.

V.

IE chante liberté, & i'ay l'ame asseruie,
I'ay beau faire le braue il faut m'humilier,
Ie me voy de nouueau detenu prisonnier,
Par les charmeurs appasts de l'Amour NOEMIE.
Qui se pourroit garder de sa doulce furie,
Des attraicts gracieux de son bel œil meurtrier,
De ses discours dorez, entretien singulier,
De sa toute beauté clairement infinie ?
Qui se pourroit garder parmy tant de doulceurs
D'assubjectir son cœur au vainqueur des vain-
O belle seruitude, ô seruice aggreable! (queurs?
Heureux cent fois heureux si ie m'y puis tenir!
Mais ie preuoy qu'vn mal me fera tost finir,
Ialoux de sa beauté qui paroist trop aimable.

G ij

VI.

IE pensois amortir l'Amoureuse poison,
Que ce follastre Enfant me faisoit souuent boire,
Absentant le sejour du beau païs de Loire,
Et comme vn douloureux esperoy guerison.
O penser eslongné de la doulce raison !
Car voyant ton bel œil lumiere de victoire,
Et ton chaste entretien compaignon de la gloire,
Ie suis plus que iamais en fascheuse prison.
Ma Maistresse, mon cœur, seul honneur que i'honore,
Prends pitié du tourment qui cruel me deuore,
Et qui nouueau Roland me fait voir en tous lieux.
Ie ne veulx qu'vn seul traict de ton œil fauorable,
Attendant que le sort me soit plus gracieux.
,, Toute Dame d'honneur doit estre pitoyable.

VII.

IE ne desire pas estre Empereur ne Roy,
Ni de ces grands seigneurs qui ont tant de richesse,
Ie ne desire pas d'augmenter ma Noblesse,
Pour estre courtisan ainsi comme i'en voy.
Ie desire sans plus d'inuiolable foy
Iouyr mignonnement de ma seule Maistresse,
C'est le bien, c'est l'honneur qu'aspire ma ieunesse,
Aussi n'y a-il rien si beau, comme ie croy.
,, La plus doulce doulceur de la beauté plus belle
,, C'est la perfection d'vne Amante fidelle,
Il est bien plus de Roys, & bien plus de Seigneurs
Qu'il n'est de ces beautez compaignes de m'Amie.
Si mon affection estoit donc accomplie,
Serois-ie pas premier en despit des mal-heurs ?

VIII.

Quand le Pasteur preuoid l'orage d'eau,
Il ne va pas champaistre dans la pleine,
Mais à l'abry soigneux il se promeine,
Craignant tousiours de perdre son troupeau.
Ie ne veulx donc voyant ce mal nouueau,
Qui me menace en tourmente prochaine,
Fuyr ton œil d'Amour le Capitaine :
Car ie crains trop d'eclipser mon flambeau.
Non que ie doubte Atropos la felonne,
La pasle peur dedans moy ne glaçonne :
Car nous brauons l'espouuantable effroy.
Mais las ! ie sçay qu'allant dans l'onde noire,
Nul (tant soit grand) n'honore assez ta gloire,
Et ne te peut seruir ainsi que moy.

IX.

Que ne sçais-tu la fiere cruauté
Que ie reçoy soubs l'Amoureuse Empire ?
Hà ! ie voudroy tout aussi bien la dire,
Comme i'en ay l'entiere volonté.
Ie seroy seul par le monde vanté,
Comme ie suis vnique en mon martire,
Ni le Tuscan, ni tel que l'on admire
N'approcheroit mon immortalité.
Il ne fust oncq' (les grands Dieux i'en atteste)
Si grande ardeur en Amour si moleste ;
Tout autre Amant soulage ses trauaux,
Soit par l'espoir, ou soit par le doulx somme :
Mais moy ialoux, cent fois miserable homme,
Ie n'ay iamais relasche de mes maux.

X.

IE vous ay pris vn gan, asseurance de foy,
Que ie garde mignon, que ie baise à toute heure,
Si ie l'auoy en don ma fortune meilleure
Se promettroit icy de viure sans esmoy.
Larronnesse d'honneur, vous auez plus à moy,
 Tenant mon cœur vainqueur, sur qui l'Amour s'asseure,
 Le Ciel au sein doré veult qu'il face demeure
Dedans vous seulement soubs l'Amoureuse loy.
Cherissez-le donc bien, qu'Amour ne vous punisse,
 Si vous l'auiez perdu qui vous feroit seruice?
 Quelque riche vieillard accompagné d'enfans.
O l'aduantage heureux pour les doulces pucelles!
 Tout petit que ie suis, auecques telles gens
 Ie paroy comme l'Aigle entre les Colombelles.

XI.

HA! que ie crains ceste cruelle humeur,
Qui vous fera estimer plus indigne,
Encor qu'ayez vne grace benigne,
Et vn esprit enflé de viue ardeur.
Mais vous prenez à vostre Roy vainqueur,
 Sçauez-vous pas comme il traicte la fine?
 En chose estrange il mue, il extermine,
„ Il ne faut point se prendre à son seigneur.
Il empierra vne beauté rebelle,
 La grand' beauté nuisit à Philomelle:
„ Car pour vser le bien est introduict.
Rien ne nous sert la bonne terre en friche,
 Ne soyez donc de vostre doulceur chiche,
„ L'arbre est maudict qui porte fleurs sans fruict.

XII.

VOus dictes ne sçauoir ce que ie fay icy,
 Ces vers VILLEPION l'apprendrot sans faintise,
 Ie pourchasse l'honneur d'une braue entreprise,
Ore humble, ore superbe, ore chaud, & trancy.
Ie desieune d'ennuis, ie disne de soucy,
 Ie gouste de colere, ardeur qui me maistrise,
 Ie souppe de chagrin, de rigueurs ie deuise,
Et gonflé de brouillars ie dors en l'air aussi.
La fortune à ce coup m'est ennemie extresme,
 Si bien que ie ne fay aucun cas de moy-mesme,
 Me voyant mal-heureux sans espoir de secours.
Le plus grand bien que i'aye, helas! c'est que ie pense
 Que vous mon cœur vainqueur plaindrez ma do-
  leance,
Ne mesdictes pourtant de mes belles Amours.

XIII.

AMour ce Tri-tiran des hommes demy-Dieux,
 Pour esprouuer le roc de ma foy non mortelle,
 Fist voguer dans sa mer ma petite nasselle,
Et au commencement se monstra gracieux.
Puis apres MONTATAIRE il s'enfla furieux,
 Me donnant coup sur coup tant de peine cruelle,
 Que ie guindé ma voile, & comme vn plagielle
Ie me sauué des flots venant plus glorieux.
Ia desia i'abordoy la grand' rade changeante,
 Quand l'honneste troupeau de la Déesse Amante
 De par son puissant fils m'vsa de ce propos:
Suy ta route premiere, Amour te le commande;
,, On ne peut resister à la Deité grande,
 Tu auras à la fin l'aggreable repos.

CHANSON.
I.

SI tu départs de ceste place
Sans contenter ton bon Amy,
Garde ie te supply' de grace,
Que tu n'en face' vn ennemy.
Ce n'est pas tout d'estre bien belle,
Il faut fuyr la cruauté,
Cherissant l'Amoureux fidelle,
Ainsi qu'il a bien merité.
Sus donc, sus donc, belle Maistresse,
Ayes pitié de luy ton cœur,
Afin que l'Archer ne te blesse
Perdant vn si bon seruiteur.

Sonnet en vers Lyriques.
XIIII.

Comme celuy qui nage
Auisant vn bateau
Prend haleine sur l'eau,
Et au mal se soulage:
Ainsi sentant la rage
Par vn Amour nouueau,
Regardant ton œil beau
Bruslant ie prens courage.
Mais si le fresle esquif
N'ayde au pauure chetif
Il sent mortelle attaincte:
Ainsi, ô ma moictié,
Si n'as de moy pitié,
Ma flâme est toute esteincte.

XV.

Quel secours desormais doy-ie attĕdre en ma vie?
Quel mal plus mal-heureux s'esgale à mõ tour-
Le Ciel dõne aux mortels pour aigre chastimĕt, (mĕt?
La guerre, la famine, & l'aspre maladie,
L'eau & le feu encor redoutable furie,
  Mais las! ces maux ne sont pres des miẽs que du vẽt:
  Car ils ont quelque trefue & quelque allegemĕt,
  Et moy ie suis chetif en douleur infinie.
Mars se peut appaiser, & la famine aussi,
  Et toute autre douleur s'addoulcist tout ainsi,
L'eau se peut destourner, le feu se peut esteindre,
Mais le fascheux Amour qui triste m'a seduict,
  Et qui lasche & coüard ma ieunesse destruict,
  Mon (LABAVLME) ne peut sans la mort se re-
(fraindre.

ELEGIE

Tousiours en vous voyant ie suis passionné,
  Et puis l'on m'apperçoit tristement forcené,
  Rien n'aggrée à mes yeux, pour vous trouuer
      trop belle;
Gardez que ne soyez compagne à Philomelle.
Vn iour mais las! trop tard, vous vous repentirez
Puis mõ mal-heur estrange aigremĕt vous plaindrez,
Recognoissez vous donc tandis que la lumiere
Illumine noz cœurs d'vne ardeur Printemniere.
» Tout le bien, mes Amours, que nous auõs des Dieux
» C'est afin d'en iouyr doulcement en tous lieux.
Dequoy vous seruira ceste grace accomplie?
L'on vous dira vrayment de vous mesme ennemie,
Si laissez perdre ainsi l'honneur de voz beaux ans,
Sans cesse nous n'auons les doulceurs du Prin-temps

G v.

Venez donc à ce coup soubs l'enseigne Amoureuse,
Enflamez ceste glace, helas! trop froidureuse,
En vostre opinion vous n'auez nul plaisir,
Cessez donc, ie vous pry', cest aueugle desir,
Et me faictes ce bien, qui vous est necessaire,
D'accepter mon seruise aggreable à Cythere.

TRISTESSE.

II.

Qve doy-ie faire ainsi comme ie suis,
  Tousiours chetif en doubteuse balance,
Me repaissant d'vne vaine esperance,
Espoir menteur object de mes ennuis?
Pauure affligé bons Dieux! par quel moyen
  Doy-ie amortir la douleur qui me tuë?
  Hà desolé! ma fiebure est continuë,
  Et (qui pis est) ie n'ose en dire rien.
Le mal d'esprit est plus pernicieux,
  Le mien ne peut par force se refraindre,
  Sans l'eau d'Amour son feu ne peut s'esteindre,
  Feu qui s'engendre au iour de deux beaux yeux.
Las! mes Amis consolez ma raison,
  Nulle douleur n'est pareille à la mienne,
  Ma Maistresse est traistrement inhumaine,
  Et de son cœur dépend ma guerison.
Porte-brandon, Dieu des Dieux souuerain,
  Ie te pry' donc appaise ma furie,
  Fay que m'Amour (mais ma fiere ennemie)
  Aye le cœur plus doulcement humain.

XVI.

Elle eust pitié de l'ardente poison,
Qui menaçoit ma ieunesse guerriere,
Pour estre absent du iour de ma lumiere,
Et pour souffrir en dure garnison.
Grosse d'ennuis de mon affliction,
Dont se mocquoit m'Amour sa fille fiere,
Pour affranchir mon ame prisonniere,
Elle enuoya vne contagion.
Va, dist Venus, peste desesperée,
Endommager ceste belle contrée,
(Fors le beau lieu où commande mon fils)
Fay, ie le veulx, que sa Dame cruelle
S'aille sauuer soubs l'ombre de son aisle;
Ainsi d'enfer viendra son paradis.

ELEGIE.

Madame, quand ie voy vostre face Angelique,
Vostre aggreable accueil, vostre entretien pu-
Vostre sous-ris doulcet, vostre langage amy, (dique,
Qui peut mesme en rigueur contenter l'ennemy,
Voz attraicts gracieux, voz gentilles audaces,
Voz gestes si posez, voz si diuines graces,
Vostre maintien mignon meslé de grauité,
Bref la perfection qui suyt vostre beauté,
Ie m'esmerueille alors, & dy dedans mon ame,
Les Dieux n'auroyent-ils point enuoyé ceste Dame
Pour venger les fureurs du traistre Cupidon?
Puis r'assemblant mes sens ie recognoy que non,
Ie mords alors ma léure, & tout bas ie m'accuse:
Car si grande beauté ne peut trouuer d'excuse.

G vj

Las ! c'est bien au contraire, auant qu'il soit vn mois
Hymen vous rengera soubs ses penibles loix,
Mais auant ie vous prie honorez ma ieunesse
Du bien que i'ay acquis soubs si digne Maistresse.
Ie ne croy qu'en ce ioug vous vouliez abuser,
Ni ainsi sottement vostre doulceur vser,
Bien que vous le disiez, si ay-ie autre pensée,
L'hyuer de vostre espoux ia me l'a annoncée;
Encor qu'il soit sçauant, là le sçauoir est vain,
Ie croy bien que l'anneau qu'il mist en vostre main
Ce soit pour l'asseurer de plus ferme constance,
Le pauuret est perdu, il sent sa deffiance.
Ie cognoy bien que l'or est le plus precieux,
Qui ne craint l'eau, le feu, la terre, ni les Cieux,
C'est pourquoy vn chacun soigneusement l'honore:
Ie sçay bien que par luy l'Amour s'enflame encore,
Qui veult auec cela autre perfection,
Il veult estre serui d'ardente affection.
L'or est si excellent que les Démons le gardent,
Et peut estre qu'aussi soigneux ils vous regardent.
Helas ! que sçay-ie moy si le futur espoux
En a vn dans l'anneau, qu'il fust desia ialoux,
Il a dessus son front vn Cigne inuulnerable,
(Peu duisable present pour la Dame honorable)
Ie veulx biē qu'il soit beau, & tousiours blanchissant,
Et que brauant la mort il s'aille esiouyssant,
Afin que voz fiertez n'entarguent leur victoire,
Ie vous veulx raconter ceste tragique histoire,
Vous cognoistrez par là peut estre vostre ennuy,
,, (Heureux & plus heureux qui se void par autruy.)
Ouystes vous iamais parler d'vne Thebaine,
La fleur de son païs en beauté souueraine ?

DE NOEMIE. 157

Dont beaucoup galamment essayerent iouyr,
Mais sa fiere rigueur ne les voulut ouyr,
A qui il mesaduinst d'auoir esté si dure?
Elle fust eschangée en virile nature,
„ Elle endura bien plus (mal-heureuse beauté
„ Qui veult contre l'Amour vser de cruauté)
On viola la Belle, elle fust mastinée,
Voyez que c'est, voyez d'estre tant obstinée.
De fille elle fust femme en perdant son honneur,
Puis elle deuint homme encruellant son cœur,
Qui tousiours reuoulant faire trop de l'habille,
Fust assommé, honteux, de l'indomptable Achille,
Rien rien ne luy seruit son bel enchantement,
„ Iamais la cruauté ne meurt impunément:
Puis son ame en oiseau de son nom fust muée
Par le Dieu qui l'auoit de gloire dénuée.
Voyla comment mon cœur la belle Ceneïs
De son oultrecuidance alla de mal en pis.
Laissez doncques ce Cigne, ostez-le ie vous prie,
Puis qu'il est ennemy du bien de nostre vie,
Encore qu'il soit blanc si sent-il la rigueur:
„ Car nous tenons tousiours de la premiere humeur.
Si vous portez encor ceste mauuaise enseigne,
Ie crains que par despit l'Amour ne vous dédaigne,
Certes quand vous seriez parfaicte entierement,
Par ce Cigne funebre on croira autrement,
„ Ce n'est pas tout d'auoir la conscience bonne,
„ Il faut clorre la bouche à celuy qui souspçonne,
Ie sçay bien toutesfois qu'on ne vous peut blasmer,
Mais que vous me vouliez mignonnement aimer.

L'AMOVR PASSIONNEE

ELEGIE.

Cousine, il semble à voir que l'Amour boute-feux
Me vueille maintenant estre plus rigoureux,
Ie voy bien, ie sçay bien que ma perte est prochaine,
Et vous diray pourquoy ie connoy ceste peine.
,, On ne doit iamais rien celer à ses amis,
,, Ni declarer aussi à ses fiers ennemis.
I'vseray enuers vous comme vn seruant fidelle,
Qui estant oppressé d'vne douleur cruelle,
Ne pouuant requerir luy-mesme son Seigneur,
Supplie quelque amy qu'il parle à sa grandeur:
De mesme connoissant mon mal ineuitable,
Cousine, ie vous pry' de m'estre fauorable,
Et de parler pour moy tristement affligé,
A vostre humble parente, où mon cœur est rengé,
Humble à tous, fors à moy qui trespasse pour elle,
Maintenāt (ô bōs Dieux!) qu'vn départ me bourrelle,
Qu'a faict ce traistre Amour pour me perdre estonné,
Comme Diable cruel il a tost suborné
Vn grand de mes Amis, en luy donnant entendre,
Que ie perdoy la fleur de ma ieunesse tendre,
Que ie n'apprenoy rien en ce triste seiour,
Et qu'il me vaudroit mieux que i'allasse à la Cour.
Le traistre n'a failly à sa caulte entreprise,
I'en ay receu la lettre, ô maudite faintise!
Hé! quoy? ne sçait-on pas que ie suis à mon dam
Depuis trois mois en çà deuenu Courtisan?
Voy-ie pas tous les iours le Roy qui me commande,
Ie le sers humblement, ie supp'y, ie demande,
I'aimeroy mieux mourir qu'oultrepasser sa loy,
Ie me suis obligé de luy garder la foy,

DE NOEMIE.

(Ceste obligation est toute volontaire)
Car de mon beau labeur ie ne reçoy salaire;
Mais ce trauail m'est doulx, & me plaist beaucoup
Que l'air Parisien sur tous delicieux.   (mieux,
Ie suis comme vn forçat estant sur les gallées,
Qui ne veult point bouger des campagnes salées,
C'est abus de crier la doulce liberté,
On ne sçauroit muer son vouloir arresté:
Mais comme vn clair Soleil enuironné de nuës
Rompt les empeschemens des Chimeres cornuës;
Ainsi, certes, ainsi malgré l'aueugle Enfant
(Qui de mon beau trauail va tousiours triomphant)
Voire en despit encor de la ialouse enuie,
Et d'vn tas de Medors qui redoutent ma vie,
Ie seray plus constant; ainsi que le Soleil
Ie veulx estre nommé, L'AMOVREVX NOM-
   PAREIL.
Que ta Cousine soit comme vn Tygre inhumaine,
Que d'vne fiere ardeur elle soit tousiours plaine,
Qu'elle ait ioye en mes maux, riant de mon soucy,
Que son cœur soit de roc durement endurcy,
Qu'elle parle à cheual, oultrément arrogante,
Baste, pour tout cela i'auray l'ame constante,
Sa rigueur me fera mesme glorifier:
Car comme les Oignons qui sont pres du Rosier
Causent que la senteur de la Rose est meilleure:
Tout ainsi la vertu, où mon espoir s'asseure,
Plus elle a de trauaux, plus elle a de douleur,
Et plus tant plus on void sa gentille valleur.
Ainsi donc plus i'auray de rigoureuse attainte,
Et plus on connoistra mon amitié non fainte,
Mais las! secourez moy en ce despart (Bourreau)
De quel pas marcheray-ie approchant mō flambeau

Quelle bouche osera, quelle diserte langue
Prononcera l'Adieu? (ô funebre harangue!)
De quel œil la verray-ie? ô miserable alors!
Mais ie le suis desia, ja, ja mon triste corps
Est mornement trancy, & ja mon œil desplore
Vn larmoyant Cristal voyant s'approcher ore
Le funeste despart, qu'on ne peut retarder,
En cest eslongnement ie vous pry' me garder
La pure affection que vous m'auez iurée,
Et estre de la mienne ardamment asseurée.
,, La femme vers la femme en vn mot fera plus
,, Que cent mille discours des Amants resolus,
,, C'est vn rocher certain que sa seule parolle,
,, L'autre (fust-elle saincte) est comme vne friuolle.
Incitez donc (ma Dame) en m'obligeant à vous
D'accepter mon seruice Amoureusement doulx,
Et vous iure ses yeux, comme chose plus belle,
Dé l'adorer tousiours, bien qu'elle fust cruelle:
Car comme l'Oliuier, qui ne vient aisément,
Et qui ne finist pas aussi facilement,
Cest Amour, mon Amour de long temps enflamée
Ne pourra s'encendrer, ni aller en fumée.

XVII.

Courage, le desastre est aucunesfois bon, (dace
Vn mal auantcourt l'autre, vn flux esteinct l'au-
D'vne fiebure prochaine où la mort nous menace,
,, La blesseure enrichist le guerrier de renom.
Ie ne suis donc marry de ma presomption,
Offençant tes beautez que loyal ie pourchasse,
Pour que ie puisse auoir la mercy de ta grace,
Couppant chemin aux coups de ta punition.

Pardonne donc, Maiſtreſſe, en beauté ſouueraine.
,, Le propre à la grandeur c'eſt de paroiſtre humaine.
Dont ie penſe deſia eſtre libre & abſouls.
Eſperant d'appaiſer mes paſſions cruelles,
Ie ne demande point de voz richeſſes belles,
Ie ne veulx qu'vn baiſer Amoureuſement doulx.

XVIII.

O Belle Noëmie approche, embraſſe moy,
Et ne m'allegue plus ma ſainĉte ardeur eſpriſe,
Diſant que ie m'en aille à Theophile exquiſe,
A qui i'offris mes vœux premierement qu'à toy.
Ie me faſche vrayment de ce double renuoy,
Qui fraude les loyers de ma braue entrepriſe,
Le grand Prince vſe ainſi d'vne ſainĉte remiſe,
Pour égarer l'effeĉt de ſa doubteuſe foy.
Ie crains que tu ne ſois en ceſte humeur encline.
,, Sans ceſſe l'on retient de ſa prime origine.
On a beau tranſplanter le Roſier odorant,
Le tailler, le lier, pour addoulcir ſes roſes,
Touſiours il picque vn peu, auſſi fait ton cœur grãd,
Bien que ton ſang illuſtre ait des metamorphoſes.

XIX.

LA defunĉte grandeur, l'alme grandeur offence,
La mort ne l'amortiſt teſmoing tes cris piteux,
Tu n'es point ſeule, Amour, voy la maiſõ de Dreux,
Qui anciennement vinſt de celle de France.
,, On tient (malgré l'orgueil) touſiours de ſon eſſence.
On a beau esbrãcher le grand Arbre ombrageux,
Il paroiſt aggreable en terroir plantureux,
(Fuſt-il couppé) pluſieurs en prèdroiẽt accroiſſance.
,, L'on ne peut dementir ſon eſtre originel,
,, D'âge en âge on ſe ſent du ſurjon naturel,
Il eſt vray qu'en ayant les faueurs du ſolage,

Tout fleurist beaucoup mieux, c'est la perfection.
Mais s'il ne plaist au Ciel, veux-tu, comme Ixion,
Forcer la Deité, souffrant mortelle rage?

XX.

Comme vn bon bled par l'yuroye est gasté,
Ainsi se perd vne belle ieunesse,
Quand l'aspre orgueil la surmonte sans cesse.
,, *Rien n'est si beau que l'humble priuauté.*
L'oultrecuidance esmeut la cruauté,
,, *Auec l'Amour le desdain ne s'addresse:*
Car par luy vient le discord, la tristesse,
,, *Bref la vertu aime l'honnesteté.*
Or chassez donc la rigueur ie vous prie,
Quelle gloire est-ce acquerir infamie?
,, *Miserable est qui n'vse de pitié.*
Il vaudroit mieux que n'eußiez esté née,
,, *C'est mauuais bruit d'estre sans amitié,*
Aimez moy donc pour estre bien famée.

CHANSON.
III.

Pour seruir l'Amour accomplie
Ie souffre vne estrange douleur,
Ie suis tousiours en agonie
Sans que l'on plaigne mon mal-heur.
Maugré l'orgueil de la laide rancune
Ie suis heureux en ma triste infortune.
Vn chacun me dit miserable,
Riant des Amoureux appas,
Bref tantost ie seray la fable,
Iusques au populaire bas,
Maugré.

Bien que i'aye osé entreprendre
  D'aimer le mesme Amour des Dieux,
  Ie ne laisse point de me rendre
  Par ma faute plus glorieux.
    Maugré.
„ Car qui tombe en haulte entreprise,
„ Ni pour la grand' temerité,
„ Maugré le temps il s'eternise
„ D'vne honorable eternité.
    Maugré.
Ainsi la folle oultrecuidance
  Du braue fils Dedalien
  Honora sa superbe enfance
  Mourant pres du Roy Delphien.
    Maugré.
Ainsi le valeureux gend'arme,
  Pris d'vn cœur trop ambitieux
  Tombe mort en la chaude allarme,
  Qui le rend compagnon des Dieux.
    Maugré.
Tant plus donc vous serez despite,
  Et tant mieux ce sera pour moy,
  Bien que ie n'aye le merite
  De mon inuiolable foy.
    Ainsi maugré la meschante rancune
    Ie suis heureux en ma triste infortune.

XXI.

SVr ses aisles Amour d'vn vol piein de vistesse
Sans donner à mon ame vn moment de repos,
Plus viste qu'vn Dauphin qui trauerse les flots,
Me trãsporte hault-volant vers ma chaste Déesse.

Iamais de tel randon des Aquilons la presse,
 Franchissant à l'enuy d'Anfridite les saulx,
 Si roide n'eslança par le glacis des eaux
Le vaisseau desarmé vuide de toute addresse,
Comme sur les cerueaux de cent mille desirs
 Le vent impetueux de mes aislez souspirs
 Me trajette à grands bonds au phare de sa venë:
Flambes d'Amour & vous souspirs enfans de l'air,
 Passez moy sans danger ceste Amoureuse mer,
 Et puis à mon retour que vostre feu me tuë.

XXII.

LE languissant malade aspire la santé,
Le pauure souffreteux l'aggreable richesse,
 L'ambitieux guerrier les allarmes sans cesse,
 Le triste prisonnier la doulce liberté:
De mesme l'Amoureux de flames agité
 Desire incessamment iouyr de sa Maistresse,
 Quãd auray-ie la miëne, où tout hõneur s'addresse,
Qui vergongne Cyprine en plaisante beauté?
Son esprit est parfaict, ses graces sont parfaictes,
 Le Soleil de ses yeux, mes fatales Cometes,
 Font reluire vn clair iour dedans l'obscure nuict;
En sa bouche tousiours l'eloquence s'expose,
 Son teinct est sursemé d'œillets, de lis, de rose,
 Quoy de ces belles fleurs n'aura-elle aucun fruict?

XXIII.

IE disoy à m'Amour, lumiere de ma vie,
Quel bien souhaittez vous à vostre seruiteur?
 Elle me respondit grosse de gaye humeur,
 Cestuy-là (mon Mignon) que sans cesse il enuie.

Alors enflé de ioye, hardy, ie la supplie
  Que i'eusse vn doulx baiser de sa bouche mõ cœur,
  Ia desia ie pensoy en estre possesseur,
  Mais ie n'eu que dédain de ma fiere ennemie.
En la belle apparence il ne se faut fier,
  D'ASSEZ ma Dame semble à vn rusé guerrier,
  Qui foible estant sommé faint de se vouloir rẽdre.
Cependant il rempare & deuient plus mutin.
» L'Amant & le soldat en esperant butin
» Ont bien souuët la mort qui tout le mõde encendre.

XXIIII.

I'Ay esté soubs Amour soldat auantureux,
  Seulet harquebusier reconnoistre la place,
  Si ie ne la trouuoy forte & de bonne grace,
  Ie ne tiroy qu'vn coup loingtenement poureux.
Mais estant honorable & pleine d'enuieux,
  Ie m'y escarmouchoy d'vne si belle audace,
  Que ie gangnoy les flancs perceant toute Cuirace
  (Fust-elle à froid battue) en dix ou douze lieux.
Onc ie n'y combaty (ne faut que ie m'en pleigne)
  Que ie n'aye, vaillant, apporté quelque enseigne,
  Qui me faisoit, PLESSIS, des Amours honorer.
Mais ores ceste ardeur est en glace changée,
  Le cristal de ma roche est vne onde enfangée,
  Voulant (sot que ie suis) iusqu'aux Dieux aspirer.

XXV.

C'Est grand cas que le sort plus souuent fauorise
  Vn rustre mal-habile, vn muguet, vn iasard,
  Quelque galland musqué, compagnon du Renard,
  Qu'vne ame valeureuse entierement exquise.

Non, ce n'est point le sort, mais c'est nostre sottise,
  Nous laissons devenoir la raison à un fard,
  Aueuglans nostre esprit par un espoir bastard:
„ Car qui se rend esclaue à peine est en franchise.
(RAMEFORT) ie le sçay, i'ay tenté les hazars,
„ L'vsage & le sçauoir sont les maistres des arts,
  Dont sage desormais ie feray comme en guerre,
Où deuant qu'assaillir on va tousiours sommer,
  Ainsi plustost qu'entrer en l'Amoureuse terre,
  Les Dames me pri'ront tres-humblement d'aimer.

XXVI.

SI l'escumiere fille ardeur de voz beautez
Aime tant comme on dict ce fier Dieu magnifique,
  Maistresse, voz yeux sont lampes d'obscuritez,
  D'auoir enuers les siens l'ame si heretique.
Qui eust pensé de vous, image Cytherique,
  Ces iniustes dédains, ces rudes cruautez?
  Ha! i'eusse plustost creu les Cieux sans Deïtez,
„ Mais souuent soubs les fleurs est le serpēt tragique:
Serpent qui à la fin gaste son hostelier.
  Ne logeons point chez nous l'abhorrable meurtrier,
  Chassez donc voz rigueurs qui soubs main vous
    trahissent.
D'elles vous ne pouuez auoir que mauuais bruit,
  Vous n'auez nul plaisir d'orgueil qui vous seduit,
„ Iamais par les doulceurs les beautez ne perissent.

XXVII.

BOurreau d'honneur, Monarque de ma vie,
Sans toy ie fusse en richesse auancé,
  Bourreau d'honneur, qui m'as si fort blessé,
  Que ie preuoy le beau temps & la pluye;

Bourreau d'honneur qui m'aime & qui m'ennuye,
Contente toy de m'auoir offensé,
Sans animer par ton sens insensé
Le noble sang de ma Dame accomplie.
Le beau guerdon qu'on reçoit de tes yeux,
C'est le tombeau, le trespas glorieux;
Mais cela n'est de si doulce allegresse
Comme la mort de l'Amoureuse ardeur,
Ie te pry' donc, ô grand Bourreau d'honneur,
Fay moy mourir embrassant ma Maistresse.

XXVIII.

I'Accompare ma Dame à quelque grande mer
Attainte incessamment du Dieu de la iournée:
Car comme elle est tousiours au Soleil addonnée,
Qui peut par ses rayons toute chose enflamer;
Toutesfois ceste humeur ne se peut allumer,
On ne la void iamais tant soit peu consommée:
Ma Dame aucunement n'est ainsi enflâmée,
Apollon ne sçauroit en rien la faire aimer.
On ne peut esgaler les richesses marines,
On ne peut comparer ses beautez plus diuines,
G Y A Y elle differe à la mer de ce poinct;
C'est que la mer reçoit vn chacun qui s'embarque,
Et ma Dame au grád cœur aucun ne reçoit point,
Non pas quand ce seroit vn glorieux Monarque.

XXIX.

GEntille fleur, courriere du Prin-temps,
Dont le beau nom est duisable à m'Amie,
Quand ie te voy sur toute autre iollie,
Ie te baisotte en l'honneur des Amans.

Ie suis si aise alors que ie te sens
  Que ie beny ma douloureuse vie,
  Par toy, Mignonne, est mon ame rauie,
  Songeant à l'œil qui or' te void aux champs.
Sur toutes fleurs tu parois la premiere,
  Quelle Cyprine esgale ma meurtriere?
  S'on ne te cueille, on te void tost flestrir.
Si sa beauté de mesme n'est cueillie,
  En peu de temps elle sera fanie.
  Donc par Amour ie la veulx secourir.

XXX.

IE l'œilladoy my-nue, eschevelée,
Par vn pertuis desrobé finement,
  Mon cœur battoit d'vn tel debatement,
  Qu'on m'eust iugé comme en peur desreiglée.
Or' i'estoy plein d'vne ardeur enflamée,
  Ore de glace en ce frissonnement
  Ie fus rauy d'vn doulx contentement,
  Tant que ma vie en fust toute pasmée.
Là follastroit le beau Soleil ioyeux,
  Auec vn vent (Zephyre gracieux)
Parmy l'or blond de sa tresse ondoyante,
Qui hault volante ombrageoit ses genoux.
  Que de beautez! mais le destin ialoux
  Ne me permist de voir ma chere attente.

XXXI.

PAr les cons-vits tout ce beau monde est faict,
  Voyla pourquoy m'Amour ie vous conuie,
  Pour cependant que nous sommes en vie,
  Nous repaissions en si digne banquet.

Nous ne pouuons y allant à souhet,
Que ne facions quelque ouurage accomplie,
On void Cyprine en vous voyant m'Amie,
Et ie ne suis ni difforme ni laid,
Bien que ie sois d'vne petite taille:
Mais la beauté d'Amour qui me bataille
En ce poinct là ne gist aucunement,
C'est à la grace, à l'esprit, au visage,
Au cœur, à l'œil, au doux-coulant langage,
Le seul object que ie vous aime tant.

XXXII.

O Fortuné, qui trauerse les flots
Sans estre attaint de l'oultrageux corsaire!
O fortuné qui suyt l'art militaire,
Sans quelque coup qui le mette en dépos!
O fortuné qui vit bien à repos
Dans sa maison d'vne humeur volontaire!
O fortuné qui n'a iamais affaire
Au monde ingrat tousiours double en propos!
Mais plus heureux qui a pour sa Maistresse
Quelque beauté qui son Amant caresse,
Qui ne void rien, ne pense, ni ne dict
Que par ses yeux, sa creance, sa bouche,
(SOVRCES mon frere) ô l'heur digne d'escript,
Plus que l'aigreur d'vne Dame farouche.

CHANSON.
IIII.

LE traistre Amour, bourreau de mes desirs
Se plaisoit tant à tourmenter mon ame,
Que ne pouuant supporter ses plaisirs,
Ie m'esloigné de l'orgueil de sa flame.

H

Bien que le iour que ie vey ses beaux yeux
(Beaux yeux qui sont de trompeuse lumiere)
Il me iura de m'estre gracieux,
Et de m'aimer d'vne Amour singuliere.
Le Capitaine Amoureux des combats
Attire ainsi faisant sa compagnie
Les plus vaillans, les plus fermes soldats,
Et puis apres leur fait perdre la vie.
Mais ie differe à ces braues guerriers:
Car en mourant l'honneur qui tout surmonte,
Les enrichist du fronteau de Lauriers,
Et moy chetif ma gloire c'est ma honte.
Mon mal quasi m'esgale à cestuy-là
Qui pour aimer vne beauté pariure
Pris de fureur luy-mesme s'estrangla,
Dont sa Maistresse en deuint pierre dure.
Puisses-tu donc, ô impiteuse, vn iour
Estre semblable, ou d'vne ardeur fidelle
Cherir celuy qui t'offre son Amour
Doüé d'vne ame aggreablement belle.

XXXIII.

Vous me faictes, ma Dame, vn extresme tourmẽt,
Hé! quoy? pretendez-vous de ma tristesse, ioye?
Qui dedans vn bon champ a semé de l'iuroye
Ne doit pas esperer d'y cueillir du fourment.
Dont vous repentirez sur la fin mesmement,
Quãd vous aurez passé les ans de l'humeur gaye,
De n'auoir point guery ceste mortelle playe,
Par qui mon cœur blessé souspire incessamment.
Au moins vous aurez bruit par le dueil de ma peine
D'auoir esté chagrine & cruelle inhumaine,
(Renom propre aux Lyõs nõ aux hommes ioyeux.)

DE NOEMIE.

Non, n'en abusez plus, & me rendez allaigre,
Craignant qu'un desespoir ne me fist oultrageux:
Car le vin doulx aigry est le plus fort vinaigre.

XXXIIII.

IL n'est douleur si viuement cuisante
Que ceste-là qu'on n'ose deceler,
Comme on void l'eau qui ne peut ruisseler,
Estre la plus dangereuse & nuisante.
Iugez par là mon extresme tourmente,
D'ASSES mon cœur ie ne sçauroy parler
A la beauté qui me fait affoller,
Cruelle autant que ma premiere Amante.
Que doy-ie faire? où s'enfuyt ma raison?
I'estoy resouds d'annoncer ma prison
A ce beau Dieu qui tousiours m'importune,
Qui met ma nef à la mercy des mers,
Voguons, voguons, dépitons la fortune,
Et fais apprendre en ma faueur ces vers:
LASPHRISE PALADIN, QVE LA VERTV RENOMME,
APRES AVOIR ACQVIS LA PALME ET LE LAVRIER,
VOVLVT PRENDRE LE MYRTHE ET LE IOINDRE AV PEVPLIER,
DONT IL ERRE BRVSLANT D'VN FEV QVI LE CONSOMME.

XXXV.

TV as raison, m'Amour, de faire la mauuaise,
La fortune est pour toy, tu l'as dedans la main,
Qui quitte ceste-là du iour au lendemain,
Il la va rechercher pour se mettre à son aise.

H ij

Mais quoy? ie ne veulx rien sinon que ie te plaise,
Que ton beau cœur me soit ioyeusement humain,
Que si tu m'vse encor de paresseux dédain,
Ie ne reuiendray plus, l'excuse ne m'appaise.
Et si vous me perdez touchez là mon soucy,
Ma foy vostre fortune obscurcira aussi:
Car elle vient de moy qui vous ay aggrandie.
Non non, ingrate, non, tu me rendras pareil
A qui nourrist les siens de son pur sang vermeil,
Et puis estans bien drus ils luy ostent la vie.

XXXVI.

CE Cigne que ie porte est vn signe certain
Que ie m'esiouïray sur la fin de ma vie,
Mais si l'ay-ie receu messageant la furie
De ceste alme beauté fleur du monde Thebain.
Si c'est là ton orgueil ie le tiens dans ma main,
Dieux, que ie suis content, ie meurs desia d'enuie!
Mais i'ay peur que ce soit ce Roy de Lombardie,
Despité de me voir en vn vol si hautain.
Si ie meurs t'adorant (ô gracieuse faute)
» Bien-heureux qui finist soubs l'entreprise haute,
Son frere oultrecuidé, superbe, audacieux
Ne fust pas sans honneur pour n'auoir sceu conduire
Ces cheuaux soufle-feux: tout ainsi ie puis dire
Que ma mort en t'aimant me rendroit glorieux.

XXXVII.

VOyant que ma douleur estoit continuelle,
Que ie depandoy tout paroissant mal-heureux,
Que preferiez la crainte au debuoir Amoureux,
(Chose indigne d'Amant si braue & si fidelle)

J'ay iuré de quitter ceste amitié mortelle,
  Ie pars viste en colere, indigné, furieux,
  Ie fu cinq ou six mois absent de vos beaux yeux
Sans dire mes tourmens brouillans en ma ceruelle.
Mes Amis s'en doutans, pour me donner secours,
  Connoissans bië qu'vn loup, chasse l'autre tousiours,
  Me firent caresser vne Déesse grande.
J'auoy le vent en pouppe asseuré d'vn beau port,
  Mais en despit d'Æole vn inuincible sort
Me fist r'ancrer au haure où ta beauté cômande.

XXXVIII.

IE ne suis point cest affectionné,
  Qui faux ialoux de ta beauté plus belle
  Perça ton cœur d'vne fléche mortelle,
  Qui le brusla en rage forcené.
Ie suis vrayment ce braue deux fois né,
  Qui te sauua de la beste cruelle,
  Et qui maugré la force fraternelle
  Fust iustement de gloire couronné.
Par ma valleur ie t'ay gardé la vie,
  Par mon Amour elle te fust rauie,
  Par ma vertu icy bas reuola.
Dont tu es ore' vne Déesse grande,
  (Déesse, honneur qui aux graces commande)
  Aussi es-tu de ceste maison là.

XXXIX.

COmme vn corps feminin que la mere Nature
  N'a point fauorisé de presens gracieux,
  S'efforce vainement d'vn art industrieux
  A vouloir déguiser sa premiere figure:

H iij

Ainſi l'illuſtre honneur, par qui ma vie endure,
Sans eſtre attainct du dard du premier-nay des
   Dieux,
S'ombre inutilement pour complaire à mes yeux:
,, *Car la bonne amitié n'a point de couuerture.*
Ie ſçay bien d'auantage, hà! taiſez vous mes vers,
  Ne découurez l'ardeur qui vous rend ſi diuers,
  Si faictes, pourſuiuez, n'ayez aucune doute.
,, *Il eſt permis de plaindre aux pauures affligez,*
,, *De meſme aux Amoureux traiſtrement licencez,*
Mais non, ne dites rien, ma Dame nous eſcoute.

XL.

SI vous ne voulez pas que i'adore vos yeux,
Ie iure leur Soleil, qui viuement eſclaire,
  Que ie ſuis tout content de ce pas m'en diſtraire:
  Car ce que vous voulez, ma Dame, ie le veux.
Mais ſongez ie vous pry' que l'homme genereux,
  Bien qu'il n'aye en ſon teinct les beaux traicts de
   Cythere,
L'eloquence au langage (honneur qui te reuere)
Ne laiſſe pourtant d'eſtre aux Amours vertueux.
Mars ne fuſt beau Muguet, ni vn cauſeur affable,
  Et ſi fuſt le mignon de la Déeſſe aimable,
  (O l'ombre du Noyer ſoubs qui vous endormez.)
Mais baſte, il me ſuffiſt que ie ſuis du tout voſtre,
  Et que vous n'en ſçauriez iamais aimer vn autre,
  Qui égale mes ſens aux Amours enflamez.

XLI.

CEs beaux yeux dont l'Amour me r'englace & r'enflame,
  Me font tant iour & nuict endurer indiſpos,
  Que ie n'ay mal-heureux vn moment de repos,
Non plus que le forçat trauaillant à la rame.

Voisin de leur clarté ie sens soudain, ma Dame,
Vne bouillante ardeur me brusler iusqu'à l'os,
Et lors que ie l'esloigne aduisant Atropos,
Ie suis comme abbatu dessoubs la froide lame.
Ainsi pres, ainsi loing, par voz astres diuers
Ie connoy à mon dam les fouldres, les éclairs,
Dōt du chaud & du froid se font cōme vn tōnerre.
Qui n'est tant que voz yeux mal-faisant & rebours,
Par bruit il se détourne & ne tombe tousiours,
Et l'on ne peut garder leur ordinaire guerre.

Lettre à Noëmie.

Pourquoy n'excusez-vous vn Amant miserable,
Retiré, loing d'Amour à la guerre effroyable,
S'il se plaint de se voir cruellement traitté,
N'a-il pas grand subject de paroistre irrité?
Et si croit que si Dieu son dessein veult permettre,
Qu'il sera là plustost que ceste triste lettre,
Quand il deuroit courir mille impiteux hazards,
Puis apres t'auoir veuë il reuerra son Mars.
Est-ce faillir cela? que vous nommez ma faute;
Amour qui m'a poussé enflé d'erreur peu caulte
D'escrire mes regrets que fiers on void rougir,
Seroit doncq le pecheur que vous dictes regir.
Puis que luy commandez, s'il y a de l'offence
Il s'en faut prendre à vous, non à mon innocence,
Puis ie ne pense errer disant ma passion,
Aussi que i'ignoroy de vostre intention,
Que sage i'apprendré d'humeur plus continue:
Car t'escriuant icy nouuelle m'est venue
Que mon Prince est mandé pour aller à la Cour,
Et moy par consequent pour te faire l'Amour,

H iiij

En attendant cest heur, ô doulx feu de ma flame,
Le cristal de mes yeux, le souspir de mon ame,
Esprit de ma raison, plaisir de mes plaisirs,
Penser de mes pensers, souhait de mes desirs,
Ie vous prie & reprie, & par vous vous coniure,
D'aimer Lasphrise ainsi que vostre creature;
Ie prie encor le Ciel brillant d'almes clartez,
Qu'il vous vueille enuoyer toutes vos volontez,
Et vous baise cent fois en humble obeyssance
La bouche, l'œil, la main, vous donnant asseurance
Que ie fus, que ie suis & seray de bon cœur
Vostre à iamais, tout vostre intime seruiteur.

ODE.
V.

Amour & Noëmie
Deuisoyent l'autre iour,
Il la veult pour s'Amie,
Elle refuse Amour,
Disant que sa beauté
Tient de l'infinité.
Amour en dit de mesme,
La nommant pur honneur
Digne qu'vn Dieu supresme
Soit son beau possesseur,
Qu'il la veult doncq auoir
Comme ayant le pouuoir.
Si Pure ie m'appelle,
Et si tel est mon nom,
Tu peux bien (ce dit-elle)
T'en aller Cupidon:
Car tu es trop commun,
Ie ne veux qu'estre à vn.

Ne fay pas de la fine
  Mon feu commun à tous
  (Dist l'enfant d'Erycine)
  A chacun n'est pas doulx,
  Et pour ce accepte moy
  Craignant mon triste esmoy.

CHANSON.
VI.

Non, ie ne me desespere
  Quoy que tu me puisses faire,
  Ni pour ta fiere rigueur,
  Ie ne sçay quel bon genie
  Promet à ma triste vie
  Esperance d'vn bon-heur.
Ie ne doubte point, ma Dame,
  Que plusieurs d'ardente flame
  Ne te desirent seruir;
  Mais aussi ie ne fay doubte
  Que l'Amour que tu escoute
  Ne te puisse vn iour rauir.
Car ainsi que sur les riues
  Des riuieres les plus viues
  On void vn rang d'arbrisseaux,
  Où chacun à l'enuy monte,
  Mais à la fin l'vn surmonte
  Maistre-ombrage des ruisseaux.
Ainsi entre tant de graues
  Qui pourroyent vous estre esclaues
  Maulgré tels entrepreneurs,
  I'auray sur tous apparence,
  Seul i'auray seul iouyssance
  Roy de mes compediteurs.

Sonnet de monoſyllabes.

XLII.

SI ie n'y ſuis lors mon tout eſt vn rien,
Mon œil plein d'eau de maux me fond en pleur,
Et ſi c'eſt là le beau but de mon heur,
Que ie tiens cher: car c'eſt mon plus grand bien.
Long temps y a que ie me dy fort ſien,
Et ie n'en ay que fers, que feu au cœur,
Mais las! ie crains, par ma foy i'en ay peur,
Que ſon ſens vif ne ſoit onc ioinct au mien.
Or ſoit ou non, ie te veulx, ie te prens,
Ton teinct ſans fard plaiſt au iour de mes ans,
Et ton beau corps ſi coint, ſi gay, ſi doulx.
Dont ie te quiers, ni pour mon fiel, mon dueil,
S'on me faict tort, vn clin de ton bel œil
Met toſt à bas le plus dur de mes coups.

Dialogue de l'eſprit, de l'ame, du cœur, & du corps.

XLIII.

L'eſprit. IE me dueulx d'auoir faict tant de beaux
    vers pour elle,
Qui la mettent au front de l'alme Eternité,
Puis qu'elle taiſt l'honneur de mon bruit merité,
Et qu'elle ne m'eſcrit quelque doulce nouuelle.
L'ame. I'ay faict en ces douleurs penitéce aſſez belle,
I'ay donné, pardonné à ſon infirmité,
I'ay prié toute ſobre en ſon aduerſité,
Sans en auoir receu vn charitable zelle.
Le cœur. A coups d'eſpée i'ay ſon hayneux vergogné,
(Soubs vn ombre guerrier) & ie ſuis dédaigné,

Le corps. Moy dolent ie me plains d'vne aspre mala-
Pour plaire à sa beauté ingrate à ma douleur, (die,
   O esprit, ô mon ame, ô mon corps, ô mon cœur,
   Il faut tousiours pourtant luy faire compagnie.

ELEGIE.

IE me deliberoy de courre la fortune,
Non point soubs l'estendart de Venus importune,
Mais comme auparauant au milieu des hazards,
Suyure le Dieu guerrier le pere des soldards.
» Qui l'honneur immortel veult brauemēt acquerre,
» Il se doit hazarder au fouldre de la guerre.
I'accomply mon vouloir, on le sçait Dieu mercy,
On m'a veu obeyr & commander aussi,
Mais Mars ayant passé sa colere sanglante,
Ainsi qu'vn bon Pilotte attainct de la tourmente,
Craint d'approcher la terre. Ainsi ie redoubtoys
L'air doulx Parisien, frequent sejour des Roys,
Rien ne sert quelquesfois de caler toutes voiles,
D'estudier le Soleil, d'espier les estoilles,
D'ancrer hastiuement ou s'eslongner d'vn port,
» Nous ne pouuons fuyr nostre incertaine mort:
Ainsi pour destourner mon humeur Cyprienne,
Craignant de retomber en l'ardeur primerene,
Ie prié quelque Amy de m'apprendre vn sejour,
Desert voire ennuyeux separé de la Cour.
» Car ie sçay vrayement que nostre nourriture
» Surmonte le desir de la mere Nature.
Ie fus lors conseillé pour vomir ma poison
D'aller couller le temps en vne garnison,
Que l'on ne verroit là que corcelets, que picques,
Et que là n'estoyent point de beautez magnifiques.

Pauure mal-aduisé! ie me confeſſe lour,
Ie m'enquis de la ville, & non pas d'alentour,
Deuoy-ie pas ſonger qu'au plus pres des eſpines
Naiſſent les belles fleurs & les roſes pourprines?
Deuoy-ie pas ſonger qu'Amour eſt deſarmé,
Et qu'il ne s'aime point en vn lieu enfermé?
Deuoy-ie pas ſonger qu'vn beau champ eſt aimable,
Et qu'ordinairement chacun veult ſon ſemblable?
Auſſi pres ceſte place aggreable vrayment
On void pluſieurs beautez belles parfaictement,
Dont le luſtre m'a mis ſoubs l'Amoureux ſeruage,
Teſmoings ces dignes vers courriers de mon dommage:
Si ie n'euſſe dormy d'vn fort ſomme mal-ſain,
I'euſſe aiſément connu mon deſaſtre prochain,
N'auoy-ie pas preſage, auant-coureur fidelle,
Du mal-heureux mal-heur qui touſiours me bourrel-
Le matin que i'entré aux flames de ſes fers,   (le?
Vn de mes gens me miſt ma chemiſe à l'enuers.
Ce que ie vy premier ceſte ombreuſe iournée,
Ce fuſt vne Choüette (ô veuë infortunée)
Puis la nuict me ſembla que i'eſtoy eſchangé
En petit ver à ſoye en mon ploton rengé.
Qui pourroit trouuer plus d'apparence certaine
D'vne douleur future ardemment inhumaine?
Ie raconté mon ſonge à mes plus familiers,
Qui iugerent mes maux prochainement meurtriers,
Me prians pour le moins de changer de patrie.
,, Mais quoy? la verité eſt touſiours ennemie.
Pauure qui ne ſçait pas que l'on void de tout temps
Pluſieurs ſignes certains, courriers des accidens,
Rien ne nous vient des Cieux qui paroiſſe inutile,
Mais las! ie me declare homme fort mal-habile,
Ie ſemble au Medecin qui ne ſe peut guerir,

Et qui fot veult garder les autres de mourir.
Où auoy-ie les yeux ? où eſtois-tu mon ame,
Que (oultre le conſeil) tu ne iugeois ta flame ?
Ma chemiſe à l'enuers eſtoit ſigne euident
Que ceſt Amour ſera comme le precedent:
La ſiniſtre Choüette, eſtoit-ce pas encore
Vn meſſager certain d'vn mal-heur qu'on deplore ?
Mon ſonge Aurorien qui m'eſchangeoit en ver,
Enſeigne ma priſon du tout à deſcouuer.
Car ainſi que le ver ſoy-meſme s'empriſonne,
Ainſi (ô mal-heureux!) i'enferme ma perſonne,
Ce lieu n'eſt enfermé comme le Pré Manceau
(Où eſt le ſainct Amour honorablement beau)
Mais il ne laiſſe pas de reſclauer ma vie,
THEOPHILE eſtoit là, icy eſt NOEMIE,
Qui ne m'eſt pas plus doulce, encores que le ſort
Ne l'aye captiuée en ſi cruel effort,
S'elle eſt auſſi retifue en l'Amoureux office,
D'vn Adieu reuerend ie luy feray ſeruice,
Ie ne veux pour neant me reuoir enflamé.
» C'eſt le propre d'vn ſot d'aimer ſans eſtre aimé.

ELEGIE.

MA Dame, ie ne ſuis de ſi ſotte nature,
Ie n'ay eu Dieu mercy ſi laide nourriture,
L'enfant porte-bandeau n'a tant bandé mes yeux,
(Encores qu'il ſe plaiſe en mon mal ſoucieux)
La mer de mon eſprit n'eſt tellement eſmeuë,
Ie ne porte en mon corps vn ame ſi tortuë,
Mes ſens ſubtils ne ſont ſi hors de leur ſaiſon,
En fin ie ne ſuis pas ſi pauure de raiſon,
Que ie n'entende bien, & que ie ne preuoye
Mon deſaſtre prochain ennemy de ma ioye,

Ie sçay bien que souuent on faict choses au jeu
Que l'on ne voudroit pas commettre en autre lieu.
,, Communément l'Aspic est caché soubs les roses,
Ie sçay bien qu'en riant on dict beaucoup de choses
Que l'on ne voudroit pas autrement prononcer,
Ie sçay bien qu'on ne doit iamais se courroucer
De cela que l'on faict, de ce qu'on dict encore
En riant ou iouant: mais aussi ie n'ignore
Que d'vn masque hypocrite on se couure souuent,
Voulant semer sur l'eau & bastir sur le vent.
Vous couurez voz brocards sur ma iuste colere,
Ie iure l'Eternel, le grand Dieu salutaire,
Si iamais ie pensé si folastres discours.
Ie médiroy de moy blasonnant mes Amours,
Ie seroy mal-appris, & chetif comparable
Au meschant heretique entre tous miserable,
Qui voulant perdre vn monde il se damne premier,
Et ie seroy ainsi, qu'vn pauure marinier,
Qui veult passer la route au marchand ordinaire,
Et cependant est pris de l'oultrageux corsaire.
Sans occasion donc ie souffriray du mal,
Non, vous me connoistrez comme vn noble cheual,
Qui va sans esperon & franchit la carriere,
Saultant le creux fossé sans demeurer derriere.
Ainsi en m'en allant ie paroistray dispos:
Car ie reconnoy bien que ces petits propos,
Querelles d'Allemand, ne sont pour autre ruse,
Il n'est point de besoing que vous forgiez d'excuse,
Toutesfois ie ne sçay si vous faictes cecy
Pour plus m'encourager à l'Amoureux mercy,
(Le Ciel doré le vueille) on void de mesme faire
Le subtil coustelier pour le marchand attraire,
Il prend la dure queux qui faict iaillir le feu,

A fil, à contre-fil, rudement, peu à peu,
Son cousteau eraflé tellement il aiguise,
Qu'il en couppe bien mieux, que chacun mieux l'en
Mais il ne faut d'amorce en si grande beauté, (prise,
Puis, ie n'ay en Amour que trop d'habileté,
En attendant cest heur que ie vous pry' connoistre,
Calmez vn peu la mer d'Amour nostre grãd maistre,
Donnez moy vn signal de la doulce pitié,
Ne me prenez si triste ainsi qu'vn oublié,
Mes sens ne sont chez moy, faut que ie les r'appelle,
Ie ne veulx qu'vn rayon de ta viue estincelle:
Car si sans y penser vous me contentiez tant,
D'aise (peut estre espris) ie mourroy en l'instant.

STANCES.

Pour tirer la raison de ta fiere arrogance
Ie ne voudroy auoir au lict ta iouyssance:
  Car tu aurois la mienne hors de triste danger,
  Auec l'extremité des plus doulces liesses.
  Mon Dieu que de soulas! que de delicatesses!
„ Rendre bien pour le mal ce n'est pas se venger.
Comme si vn forçat tenu à la catene,
  Qui souffre iour & nuict l'iniurieuse peine,
  Par le vueil du corsaire vn Tartare flotant
  D'auanture sortoit de la prison horrible,
  Et qu'il cherist apres son Algousin terrible,
„ Il ne faut caresser le tragique inconstant.
Ie ne voudroy aussi par vne main meurtriere
  Vn nouueau Coracton, t'abbatre dans la biere,
„ Vers l'inuincible Amour i'abhorre cruauté,
  Et si voudroy auoir vengeance plus actiue,
  Bien qu'on dist mon humeur toute vindicatiue,
„ Qui n'est vindicatif n'a magnanimité.

L'AMOVR PASSIONNEE

Le petit quelquesfois espris d'vn hault courage
  Peut faire ressentir l'illustre personnage,
  Soit d'vn beau desespoir ou monopolisant,
  Ou braue se rendant au party aduersaire.
,, Il sied bien au petit d'estre bien temeraire
,, Lors qu'il est oultragé d'vn Sylla méfaisant.
Ie te voudroy, ma Dame, incessamment en vie,
  Me portant à bon droict l'ardente ialousie
  Que ie fusse mué du souhait de mon cœur,
  Non en Dieu ne Déesse haultainement supresme,
  Mais en vn animal, qui les surpasse mesme.
,, Souuent la creature excelle vn Createur.
Ainsi aucunesfois la fortune prospere
  Auance tant le fils qu'il commande à son pere,
  Ainsi par le soldat le Chef est deuancé,
  Ainsi le matelot est plus seur qu'vn Pilote,
  Et le simple escholier plus que son Regent docte,
  Vn arbre par sa grefe est ainsi surpassé.
C'est en Lynx clair-voyant que ie voudroy m'eslire:
  Car hors de ta maison, où l'honneur se retire,
  En despit du Soleil qui m'aueuglant me deult,
,, Vne lueur plus grande oste l'autre lumiere,
  Maulgré la Lune aussi tenebreuse courriere,
,, Ie verroy, ô quel heur! de voir ce que l'on veult.
Tantost ie te verroy palle, froide, esperdue,
  Sur ta pucelle couche en extase estendue,
  Les yeux baignez de pleurs, pour m'auoir dédai-
  Tantost ie te verroy plaintiue souspirante, (gné,
  T'enquerir bassement à ta bonne seruante.
,, Souuent le seruiteur a le maistre enseigné.
Tantost ie te verroy rabroüer ces Icares,
  Qui pres de mes doulceurs apparoissent barbares,
  (Bon-heur qui me seroit plaisant sur tout plaisir)

DE NOEMIE. 185

Et puis t'ayant long temps repentante ainsi veuë,
Ie me voudroy reuoir en ma forme connuë.
,, Il n'est rien de si beau que d'auoir son desir.
Apres ie t'escriroy ton action diuerse,
   Te voyant (ieune Lynx) dont le bon œil trauerse
Trente toises aux Cieux, & autant dans les murs,
Phœbus pere du iour pres luy se deshonore,
Il ne void qu'en la veuë & ne transperce encore,
        Anagramme.
(LE LINX PIPE APOLON auecques ses
   yeux purs.
Il void ce que l'on cache en la chambre enfermée,
Sa chandelle est tousiours ardemment allumée,
Rien ne sert de barrer les huis de son costé,
De chasser tout craignant, la bouche mesdisante,
Puis qu'il trompe Licie en lueur penetrante.
,, Le plus grand heur du monde est la viue clairté.
Toy qui esclaire aux Cieux, en la terre, & en l'onde,
Tu deuois aduiser quãd LINX nasquit au mõde,
Qu'il ne veid pour le moins tes Amours quelques-
Car si docte Pasteur encor tu te déguise, (fois:
Il te descouurira baisant ta Dame esprise
Au trauers des halliers du solitaire bois.
Ha! ie fay tort à Lynx: car son regard celeste
Peut aussi bien là hault connoistre vn diuin geste,
Comme en ce beau vallon où solleillent ses yeux,
Qui contemplent d'vn clin le secret des supresmes,
C'est estre plus cela que les grandeurs extresmes,
Ainsi Lynx mon enuie est vnique en tous lieux.
O chef-d'œuure accomply, gros de clarté ioyeuse,
Plus diuin que le dieu de flame lumineuse,
Ie te saluë icy d'amiable salut,
Desirãt estre en toy, & qu'en moy tu vueille' estre,

Afin qu'en me vengeât d'Amour mō cruel maistre,
Ie te puisse nommer l'honneur de mon beau but.

CHANSON.
VII.

N'Est-ce pas trop aimer sans auoir iouyssance,
Trop seruy sans seruir? c'est trop estre constant,
Non, non, ie ne veux plus te rendre obeyssance:
Adieu doncques Adieu ma superbe Déesse,
Adieu vous dy bel œil qui me martelez tant,
Adieu riche parler, Adieu voix tromperesse.
Adieu mes vains pensers, mon aspre ialousie,
Mes regards dérobez, & mes souspirs bruslans,
Adieu flateux espoir le meurtrier de ma vie,
Adieu iouet du vent, l'enfant de forge-vice,
Adieu la pluye encor de mes yeux ruisselans,
Reuiens-t'en liberté ma plus chere nourrice.
Mais que dy-ie chetif? que i'ay l'humeur peu caulte,
Amour m'a asseruy, qui me resclaueroit
En vn lieu plus cruel pour mieux punir ma faute,
Ie retourneray donc à ma premiere flame;
Quand ie m'y brusleroy mon mal-heur finiroit,
En vn plus beau mal-heur on ne peut rēdre l'ame.

XLIIII.

IE donne à ma Déesse, ouurage de Pandore.
Mon esprit que l'honneur daigne bien honorer,
La liberale aussi pour me remunerer
M'offre sa grand' beauté qu'vniquement i'adore.
Fauorable destin, ce present me decore,
Me faisant comme Amour clairement desirer,
Le mien plus hault-volant l'a faict tant admirer,
Que comme vn fier ialoux Apollon m'enuie ore.

Benist soit doncques l'an, le mois, l'heure, le iour,
Que ie vy les doulceurs du fauorable Amour,
Benist soit le pays de sa belle naissance.
Et tout ce qui aggrée à l'astre de ses yeux,
Voire ce beau vallon, sejour delicieux,
Où elle me promist la doulce iouyssance.

XLV.

AMour me promettant la doulce guerison,
M'vsa de ces propos d'vne voix doux-fluante:
Ie ne suis point Medée, & tu n'es point Iason,
Ie ne trompe personne, & ton ame est constante.
Tu es bien destiné pour gaigner ma Toison,
(Helas! mon cher Amy, tu n'en perds que l'attente)
Tu es enfant de Mars, Venus en est l'Amante,
Ainsi nous serons deux en vne liaison.
Puis que le sort diuin a faict telle ordonnance,
Nul tant soit grand ne peut luy faire resistance,
Rien que la seule mort ne nous peut separer.
Que dy-ie? nostre ardeur est vrayment immortelle,
Tu es sur tous vaillant, & moy sur toutes belle.
» La guerre ni l'Amour ne se peut enterrer.

XLVI.

HA! mon TOVT, ie me meurs, pour Dieu secourez
Si ce n'est l'amitié, la pitié vous conuie, (moy,
O l'ame de mon ame, hé! n'as-tu point d'enuie
De secourir celuy qui trespasse pour toy?
Pourquoy m'es-tu cruelle? hé! ie ne sçay pourquoy,
Si i'ay failly en rien dy-le ie te supplie,
Mais haste-toy m'Amour, mais haste toy m'Amie:
Car ja desia la mort me talonne chez soy.
Vrayment ce te sera vne pauure victoire
D'esteindre le flambeau qui fait luire ta gloire,
Tu perdrois ton honeur, approche donc mõ TOVT.

Et me baisotte vn peu de ta bouche mignonne,
Frayant mignardement langue, bout contre bout,
" Vien, l'Amour en bon lieu ne redoute personne.

XLVII.

IE n'estime point tant ce poil d'or, ce visage
Entremeslé d'œillets, de roses & de lis,
Ie n'estime point tant ce bel œil qui m'a mis
En vn si beau subject soubs l'Amoureux seruage.
Ie n'estime point tant son illustre lignage,
Ceste petite bouche, & ces deux monts petis,
Qui d'vne fraise sont ioliment emboutis,
Qu'vn fleuue d'or coulant qui sort de son langage.
O grands Dieux immortels, ie ne sçauroy penser
Que quelques vns de vous pour me recompenser
Ne logiez là dedans : car d'vne voix mortelle
Vn si riche parler ne vient aucunement,
Ou bien c'est que ialoux d'vne chose si belle,
Vous vouliez m'attirer au feu de mon tourment.

XLVIII.

IAmais ne me verray-ie apres tant de regrets
Nager à mon plaisir dedans l'Amoureuse onde,
Pignottant, frisottant ta cheuelure blonde,
Pressottant, succottant ta bouchette d'œillets:
Mignottant, langottant, amorcillant l'accez,
Mordillant ce teton (petite pomme ronde)
Baisottant ce bel œil (digne Soleil du monde)
Follastrant dans ces draps delicatement nets?
Ne sentiray-ie point auec mille caresses
Le doulx chatouillement des plus doulces liesses?
Ne seray-ie Amoureux mignonnement aimé,
Receuant le guerdon de mes loyaux seruices,
Remuant, estreignant, mignardant les delices,
Haletant d'aise, espris, vaincu, perdu, pasmé?

XLIX.

L'Année est finie, ore' il faut chercher party,
Vous reconnoissez prou l'honneur de mon seruice,
Vous n'ignorez mes mœurs sans mauuais artifice,
C'est trop, i'ay trop par vous cruellement paty.
On dict qui fait vn mal, ou qui l'a consenty,
Ne void le bout de l'an que Dieu ne le punisse,
I'en iuge à vostre teinct quelque apparent indice,
Reparez donc auant que ie sois repenty.
Baisons ou délogeons, timide ou temeraire
Ie ne veux vagabond demeurer sans rien faire,
Ie me veux accueillir à la feste sainct Ian.
On y faict feu de ioye, on louë à ce beau terme,
On y hausse le linge, & si ie ne suis ferme
Ie pli'ray mon pacquet, t'ayant seruy vn an.

Chanson à danser.

VIII.

Icy belle Cythere,
Deçà mon cher desir,
Fuyons l'ombre vulgaire,
,, L'honneur veult le plaisir.
Nvlle gloire aimable,
Nul bien, nul secours
N'est accomparable
Au doulx fruict d'Amours.
   Icy belle.
Durant la ieunesse
  Prenons nos esbats,
La lente vieillesse
  Nous suyt pas à pas.
   Icy belle.

L'œillet ni la rose
 Tousiours ne fleurist,
 Leur beauté desclose
 Aussi tost flestrist.
  Icy belle.
Quelle ame parfaicte,
 Mais quelle grandeur
 N'aime l'Amourette,
 Sinon toy mon cœur?
  Icy belle.
C'est abus ma Dame,
 Amour duist à tous,
,, Nature l'enflâme
,, Mesme maugré nous.
  Icy belle.
C'est doncques sottise
 De perdre le bien
 D'Amour plus exquise
 Soubs l'ombre d'vn rien.
  Icy belle.

CHANSON.
IX.

Svs baisottez moy m'Amie,
Approchez vous ma doulceur,
 Ce gay Prin-temps nous conuie,
 Embrassez moy donc, mon cœur.
Frayez la langue en ma bouche,
 Succottez moy, serrez moy,
 Et d'vne belle escarmouche
 Donnons congé à l'esmoy.
Voyez la gaye Arondelle,
 Voyez l'ardent Passereau,

Voy la chaste Tourterelle,
Voy le simple Colombeau.
Voyez, toute chose en somme
Iouyssent du doux plaisir,
Fors que moy miserable homme,
Et vous sans aucun desir.
Allons nous seoir à l'ombrage,
Pres des gazouillans ruisseaux,
Venus aime le riuage:
Car elle nasquist des eaux.
Non, ne bougez d'où vous estes,
Les Abeilles vont aux fleurs,
De mesmes mes Amourettes
Se desirent aux verdeurs.
Quoy ? tu ne fais point responce,
Ton cœur n'est donc resiouy?
Mais la femme ne prononce
Au premier baiser ouy.

L.

LEs Celestes poissons faisoyent leur froide veuë
Lors qu'Amour veid Amour habillé simplement,
Qui connilloit mouillé pres d'elle vistement,
Et ja d'vn pied dispos auoit franchy la ruë.
Quand Cypre n'estant plus d'aspre colere esmeuë,
D'vne mignonne voix l'appella haultement,
Luy surpris, esbahy de cest euenement,
Ignoroit son deuoir plein d'humeur éperduë.
En balançant ainsi, égarant son chemin,
Venus le vinst querir, blasmant le faux destin,
Et le mena chez elle aupres d'vne grand' flâme.
Luy reprenant ses sens luy dist : ô cœur plus cher,
Ce n'est icy le feu que desire mon ame,
Et puis mes chauds souspirs me feroyët prou seicher.

Dialogue auec Echo.

Echo la desolée escoute ma parolle,
Et respós sans faintise à l'ardeur qui m'affolle,
Toy qui vois & entens les ruisseaux de mes pleurs,
Et l'éclat de pitié que poussent mes douleurs,
S'il te plaist d'éclaircir ma doubteuse lumiere,
Reconnoissant ce bien ie te maintiendray chere,
I'iray deuotieux te cercher maintesfois,
Honorant tes beaux monts, tes ruisseaux, & tes bois,
Et si i'enlaidiray ta beauté dédaigneuse
De l'orgueilleux Mignon, qui te rend douloureuse:
Dy moy, suyuray-ie encor l'Amour que ie poursuy?
   ECHO. Suy.
Mon cœur en sera-il quelquesfois resiouy?
   ECHO. Ouy.
Qui recompensera mon seruice fidelle?
   ECHO. Elle.
Que deuiendera donc sa cruauté rebelle?
   ECHO. Belle.
Qu'auray-ie incessamment du seigneur Cupidon?
   ECHO. Don.
Ie ne laisseray donc l'honneur de son renom?
   ECHO. Non.
Ayde moy donc Phœbus à fin que ma Maistresse,
Qui change sa rigueur en plaisante allegresse,
Viue eternellement: car l'Amoureux object
(Trop fertile argument, & trop fecond subject)
M'a faict mettre long temps soubs ton obeyssance.
,, Et tousiours vn bien-faict merite recompense.

CHANSON.
X.

Comme vn grand Roy, couronné de Laurier,
Heureux vainqueur d'vn illustre guerrier,
 En signe d'aise enuoye
 Faire les feux de ioye,
En rendant grace au Roy des Roys humains,
 Sçachant bien que la gloire,
 L'honneur & la victoire
Vient seulement de l'œuure de ses mains:
Ainsi ie veux, puis que i'ay ce bon-heur
D'auoir vaincu ta cruelle rigueur,
 Que ma Muse infinie
 Chante en doulce harmonie,
Signifiant nostre Amoureux baiser,
 Remerciant Cyprine,
 Dont la grace diuine
Me fait ce bien de me fauoriser.

CHANSON.
XI.

MA Maistresse mon soucy
Ayant son vent addoulcy
M'appelloit vn iour son ame,
Son cœur, son tout, & sa flâme.
Ie luy dis soudain alors,
Approchant de son beau corps,
Embrasse moy ma chere ame,
Mon cœur, mon tout, & ma flâme.
Pis d'vn doulx commencement,
Et plus doulx acheuement
Ie perdis adonc mon ame,
Mon cœur, mon tout, & ma flâme.

LI.

M'Amour tu as trahy ma ieuneſſe peu caulte,
Ie bruſle t'œilladant, certes ie n'en puis plus,
Voy ma couleur chāgeante, & voy mes ſens eſmeus,
Ie ſuis pres du peril de l'aggreable faute.
Ie ne quiers ſi tu es Papiſte ou Huguenotte,
,, Amour n'a point de loy. Mal-heureux ſont tenus
,, Ceux qui ne ſont ſubjects de la belle Venus,
,, Qui fuyt l'ombre d'honneur cōme vne choſe ſotte.
Quel bon-heur, quelle ioye eſt-ce qu'on en reçoit?
C'eſt vn abus commun qui les femmes deçoit,
Où l'Amour eſt vn bien qui reſiouiſt noſtre ame.
C'eſt trop dict, ie me perds, ha mon Dieu! ie me meurs,
Ie ſens vne liqueur qui doulcement me paſme.
,, Bien-heureux qui finiſt entre tant de faueurs.

LII.

C'Eſt à ce coup mon TOVT, que tu verras cōment
Amour ce grand Démon domine noſtre vie,
Tu mourras en viuant au milieu de l'enuie,
Et tu t'eſiouyras au plus fort du tourment.
Tu verras qu'vn beau feu épris bien ardemment,
S'eſchange incontinent en vne doulce pluye,
O merueille! ô miracle! ô m'Amour, ie te prie
De gloſer quelque peu en ſi braue argument.
Tu as hanté la Cour, où l'Amour prend naiſſance,
Tu l'as veu mille fois tomber à la cadance;
Mais ce n'eſt rien que l'œil pour connoiſtre ſon bien.
Il faut ſçauoir par cœur ſa gracieuſe force,
Donne luy maintenant vne mouuante amorce,
On ne ſçauroit trop faire en ſi doux entretien.

LIII.

Quoy? qu'est-ce que cecy, ma Mignõne, es-tu folle?
Ne te mocques-tu point ? penses-tu appaiser
L'audace de mon feu par vn simple baiser,
D'vn gracieux regard, d'vne doulce parolle?
Ni pour la compagnie, il faut qu'Amour t'accolle,
Ne crains qu'on le descouure, on ne peut l'aduiser,
Selon qu'il me plaist ore auec toy deuiser
Assis sur ceste chaire aggreablement molle.
Puis chacun parle à part s'entretenant tout bas,
Faisons ainsi afin qu'on ne s'en doubte pas,
Prenons l'occasion qui doulce nous saluë.
Là feignant d'admirer ton bel entendement,
Te serrant pres de moy i'hausseray vistement
Ton linge delié par ta iuppe fenduë.

LIIII.

S'Esbahit-on de ma gentille humeur,
Humeur qui est maintenant à la dance,
Dance où l'on void la gaye esiouyssance,
Esiouyssance où se baigne mon cœur?
Cœur admiré de ma Dame aime-honneur,
Honneur que i'ay par ma braue defence,
Defence esclair de la belle vaillance,
Vaillance object, que Mars receut faueur
Faueur de Cypre, aggreable Déesse,
Déesse Amour support de ma ieunesse,
Ieunesse aimée en despit des ialoux.
Ialoux maudicts ayez doncques la rage,
La rage habite en vostre sot mesnage,
Mesnage tel que Brebis entre Loups.

I ij

LV.

IE me sens bien-heureux en mon triste mal-heur,
Quand ie voy ton seiour & lors que i'y arriue,
Si ie prens vn baiser de ta beauté naïfue,
Vn baiser desrobé qui est beaucoup meilleur.
Vne espingle me semble vne grande faueur,
Ayant tout à l'entour de la doulce saliue, (ue,
Que ie mords, que ie succe, espris d'vne Amour vi-
Que i'attache sur moy au plus pres de mon cœur.
Non point pour me seruir d'vn souuenir notoire,
(Les Dieux en soyent loüez) i'ay l'heureuse me-
Et certes ie ne suis que trop ingenieux. (moire,
Ie voudroy bien souuent n'auoir tant de ceruelle,
Ie ne comprendroy point ma fortune cruelle,
Ni l'estat desreiglé du regne vicieux.

LVI.

QV'en dites vous, mon Cœur? Ie vous pry' de le dire.
Quoy? vous resuez, ce semble, ô quelle estrãge humeur!
Mais ce beau teinct changeant m'auantcourt vn bon-heur,
Et ce vent tremblotant qui doulcement souspire.
Las! ce bel œil baissé, dont le iour se retire,
Pourroit bien messager quelque estrange douleur,
Non, ce sousris benin presage vne doulceur,
Pour donner à ce coup trefue entre mon martire.
Parlez donc, mon soucy, quoy? vous ne dictes rien.
„ Qui se taist il consent, vous le voulez donc bien.
Approche toy m'Amour, baise moy ma chere ame.
Ie me veux enyurer de la doulce poison,
Qui tant & tant de fois suborna ma raison,
Seigneur Dieu ie me meurs, ie me perds, ie me pasme.

LVII.

IE puis, ie ne veux plus aucunement mesdire
De la Déesse, mere au follastre Garçon,
  Ie baise maintenant vn yuoire besson,
  Vne bouche poupine où l'humble Amour souspire.
Tantost ie meurs rauy quand la Belle m'admire,
  Tantost nous discourons d'vne braue façon,
  Et tantost nous parlons en langage enfançon,
  Qui sert d'vn doulx appas en Amour qu'on desire.
Tantost en folliant (D ASSEZ) nous nous baillons
  Mille beaux petits traicts, mille gestes mignons,
  Mille ioyeux brocards, mille œillades exquises.
Tantost nous disons hault des propos inconnus,
  Si ce n'est à nous deux chers enfans de Venus,
  Puis tantost nous venons ioyeusement aux prises.

LVIII.

HE' mé mé bine moy, bine moy ma pouponne,
Cependant que Papa s'en est allé aux champs,
  Il ne le soxa pas, il a mené ses gens,
  Bine mé donc ma Mamā puis qu'il n'y a passonne.
Ayant frayé l'œillet de ta leue bessonne,
  Ie me veulx regadé en tes beaux yeux luisans:
  Car ce sont les misoirs des Amouseux enfans,
  Apres ie modesay ta goge ma menonne.
Soudain ie laichesay ton ioliet tetin,
  Puis ie chatouillesay ton beau petit tounin,
  Maintenant de ma pine, ores de ma menotte.
Si tu n'accode à moy le folâte Gaçon,
  Guesissant mon bobo agadé tu es sotte:
  Car l'Amour se faict mieux en lāgage enfançon.

LIX.

J'Aime bien le sçauoir, bien que ie n'aime à lire,
J'aime beaucoup la guerre & la doulce santé,
J'aime les bons cheuaux, qui ont de la beauté,
J'aime le doulx repos, i'aime à chanter, & rire.
J'aime bien à mocquer, vn petit à mesdire,
(Ne disant toutesfois que toute verité)
J'aime l'honneste habit, i'aime la propreté,
J'aime bien à voguer dessus vn fort Nauire.
J'aime les lieux desers, les habitez aussi,
J'aime le ieu, la dance, ennemis du soucy,
J'aime l'eau, la salade & la bonne viande.
J'aime bien aux repas le vin delicieux,
J'aime bien tout cela: mais (SARET) i'aime mieux
Iouyr de la beauté qui doulce me commande.

LX.

AV Ciel de voz beautez l'Amour me deifie,
Presse-moy, serre-moy, tiens-moy, ioincts-moy,
mon cœur:
Car ja desia ie sens vne doulce liqueur,
Qui donne ensemblement & la mort & la vie.
Sois plus prompte au combat, ie trespasse d'enuie,
Ie ne veulx amortir ta prochaine chaleur,
Là donc, d'vn bonds mignon incite ton ardeur,
Et d'vn bransle poupin plein de doulce furie.
Tousiours ie temporise en vn si beau desir,
Pour rendre plus parfaict vn si plaisant plaisir,
Et pour le faire aussi de plus longue durée.
Mais l'aise toutesfois me transporte beaucoup,
Ie n'en puis plus, follastre, hò! ie meurs à ce coup,
Vous l'auez trouué bon, ma petite sucrée.

LXI.

ALors que i'ay du mal on void ma maladie,
 Alors que i'ay du chaud on cõnoist ma chaleur,
 Alors que i'ay du bien on apperçoit mon heur,
(Comme icy où ie chante vne Amour addoulcie.)
Telle est au naturel l'image de ma vie,
 Quiconque jette l'œil sur mon exterieur,
 Il reconnoist sçauant tout mon interieur:
 Car ie ne loge point la laide hypocrisie.
Non, non, ie ne sçauroy (ni pour le beau respect)
 D'vn geste, d'vn discours, d'vn teinct, ou d'vn aspect,
 Déguiser autrement que ie n'ay dedans l'ame.
Mais qui dissimule ore est discret surnommé,
 C'est mal parlé (GLANDAGE) il est digne de blas-
,, Le libre comme nous doit plus estre estimé. (me.

LXII.

MA follastre vne nuict auoit si grande enuie
 D'eschapper les faueurs de ce mauuais Garçon,
 Qu'elle le vint trouuer pour payer sa rançon,
 Hazardant son renom que l'honneur glorifie.
Hà mes yeux! hà mon cœur! hà mon Tout! hà ma vie!
 Hé mõ bien! hé mõ fils! hé m'Amour, mõ Mignon!
 Làs mõ Tout! làs moy-mesme! helas! cher cõpagnon,
 Faisons à corps perdu l'aggreable follie.
Ce disant le baisa, & puis mena tout doulx
 Le petit Capitaine au ioly rendez-vous,
 Qui fier d'vn triple coup fist vn nouueau deluge.
Quel heureux paradis! d'allegresse luisant
 Puissay-ie donc tousiours en vn si beau refuge
 Trespasser au trauail d'vn plaisir si plaisant.

I iiij

LXIII.

C'Est beaucoup vers les Dieux de doulceur fauora-
D'estre belle, opulente, & gaye honnestemẽt, (ble
Graciuesement graue, affable priuément,
De sortir d'vn beau sang noblement honorable.
C'est beaucoup vers les Dieux de paroistre aggreable,
Dire bien à propos, d'escrire sçauamment,
Luire en discretion, d'vn braue entendement,
Et mignonne & mignarde estre toute amiable.
C'est beaucoup, mais c'est plus à la Dame d'honneur,
D'auoir vn Paladin, fidele seruiteur,
Qui donne abondamment les delices friandes.
(Doulce vertu qui rend les plus parfaicts ialoux)
Mesmes les Deitez: donc en vous vantez vous
Que vous auez vn bien enuié des plus grandes.

LXIIII.

EN bonne-foy, m'Amour, ie vous trouue si belle,
Que toute autre beauté me semble vne laideur,
En bonne-foy, m'Amour, si doulce est ta doulceur,
Que la plus gracieuse est pres de toy cruelle.
En bonne-foy, m'Amour, tu parois si fidelle,
Que la fermeté mesme habite dans ton cœur,
En bõne-foy, m'Amour, tu acquiers tant d'hõneur,
Que sur ton beau renom Venus regne immortelle.
En bonne-foy, m'Amour, tu as tant de sçauoir,
Que Python en ton dire aisément se peut voir,
En bonne-foy, m'Amour, tu es si aggreable,
Qu'vn Monarque, qu'vn Sainct brusleroit de tes
  yeux,
En bonne-foy, m'Amour, ie m'en sens si heureux,
Que ie ne pense auoir au monde mon semblable.

LXV.

HA Dieu! que i'ay de bien alors que ie baisotte
Ma ieune folion dedans vn riche lict.
Hà Dieu! que i'ay de bien en ce plaisant conflict,
Perdant mon plus beau sang par vne doulce flotte.
Hà Dieu! que i'ay de bien lors que ie la mignotte,
Lors que ie la chatouille, & lors qu'elle me rid.
Hà Dieu! que i'ay de biē, quād i'entens qu'elle dict
D'vne soufflante voix, mon Mignon ie suis morte.
Et quand ie n'en puis plus, hà Dieu! que i'ay de bien
De faire la mocquette en m'esbatant pour rien.
Hà Dieu! que i'ay de bien de pinçotter sa cuisse,
De lecher son beau sein, de mordre son Tetault.
Hà Dieu! que i'ay de bien en ce doulx exercice,
Maniant l'honneur blond de son petit Tonnault.

LXVI.

I'Ay mille & mille fois baisé & rebaisé
Le beau petit connin de ma gente Maistresse,
Ie l'ay tant caressé de si doulce caresse,
Que mon feu violent s'est vn peu appaisé.
Mais si ie suis vn iour de son iour diuisé,
Ie brusle à petit feu ayant triste liesse:
Car ie pers maugré moy la feconde richesse,
Ce doulx flux qui d'Amour a son nom déguisé.
Ie ne fay, ie ne dy, ie ne pense, & ne songe
Qu'en elle toute en moy, qui toute en moy se plonge,
Sans elle les plaisirs desplaisent à mes yeux.
Sans elle ie ne suis, ie ne suis point sans elle,
Ie suis comme en extase en vn goulfre orgueilleux,
Il me faut donc pour estre, accompagner ma Belle.

I v

LXVII.

Faictes moy Chevalier, accolez moy, ma Belle,
Ie l'ay bien merité en ce combat dernier,
Qui s'est esprouué braue en duel singulier,
Est digne de damer la simple Damoiselle:
Mon sçauoir naturel, mon Amour naturelle,
Ma gentille valeur redoutable au guerrier,
Demande l'accolade, & le noble collier
Non d'vn Roy mais d'Amour, qui tous les Roys excelle;
Aussi qu'en ce bon-heur n'est fondé mon souhait,
Quelque affamé d'hôneur, qui n'a iamais riē faict,
Riche pourra l'auoir par faueur éblouye.
Ie veulx seul ce beau grade, honorable tousiours,
Sus, accolez moy donc, afin que ie me die
L'vnique Chevalier de la Royne d'Amours.

LXVIII.

Vn Laurier empourpré de mon sang glorieux
Me seruoit de rudache au iour de la furie,
Quand Mavors irrité de la supercherie,
Me conduisit au lieu qu'il aime sur tous lieux.
Là comblé de bon-heur ie contemple Amoureux
Le chef-d'œuure du Ciel, qui plaisant me conuie,
Et là ie voy (chetif) l'ardente maladie,
Qui me met en balance au tombeau tenebreux.
L'vn me baise la main d'vne façon honneste,
L'autre en se refrongnant me foule sur la teste,
Tellement qu'en langueur il me faudra souffrir,
Si vous n'addoulcissez vostre rude ordonnance.
Làs! si ie ne le faicts, permettez que i'y pense,
PENA faictes moy viure, ou faictes moy mourir.

LXIX.

HE´! que n'estoy-ie aueugle & plein de surdité,
Quand ie veis ces beaux yeux estincellans d'en-
De iouyr des doulceurs lumiere de la vie, (uie,
Et quand i'ouy ce mot, que i'ay tant souhaité:
En peu de temps i'eusse eu l'aggreable santé,
Ie ne serois épris d'ardente ialousie,
Qui me fait (BELLEVILLE) entrer en frenaisie,
Mesmes estant au lict sanglamment aresté.
Voulant me contenter elle attriple mes peines:
Car mon esprit est gros de fureurs inhumaines,
Quel extresme tourment est comparable au mien?
Ie pense au moindre bruit que l'on baise ma Dame.
Viue le desespoir, quand ie n'esperoy rien
Ie n'auoy tant de mal, ni au corps ni à l'ame.

LXX.

IE voudroy bien que le mal que i'endure
Me fust venu en temps moins dangereux,
Ie voudroy bien que l'honneur hazardeux
Ne m'eust attainct d'vne douleur si dure.
Ie voudroy bien pour guerir ma blessure,
Qu'on m'ordonnast le baiser Amoureux,
I'en prendroy vn, i'en prendroy plustost deux,
Que l'on ne fist vne excellente cure.
Ie voudroy bien n'auoir point d'ennemis,
Ie voudroy bien n'auoir point tant d'amis,
(Ou que chacun me fust si charitable.)
Ie voudroy bien (POYET) ie ne sçay quoy,
Mais ie voudroy que nul autre que moy
Ne trouuast point ma Maistresse aggreable.

LXXI.

IE vous pry', mes Amis, ne venez plus icy,
Vous faictes d'auantage augmenter ma tristesse,
  Ie ne vous diray point l'object de mon soucy,
  De grace allez vous en: car le sommeil m'oppresse.
C'est abus d'esperer entendre ma destresse,
  Amour domte-Amitié me le defend aussi;
  On ne doit empescher vne belle ieunesse,
  Qui s'appreste à voguer sur le flot addoulcy.
Adieu donc, mes Amis, i'ay peur que mon Neptune
Se sentant irrité de la presse importune,
  N'eschouë mon vaisseau ja desia pres du bort,
Et si ie crains bien plus (car la mer est volage)
  Que ne pouuant blessé faire encores Naufrage,
  Quelque autre matelot n'arriue à mon beau port.

LXXII.

IL fasche bien d'auoir la fiebure ardente,
Et de n'oser boire vne goutte d'eau,
  Il fasche bien au plaisant renouueau
  D'estre arresté dans la ville puante.
Il fasche bien de perdre son attente,
  Lors que l'on a le commencement beau,
  Il fasche bien de porter le fardeau,
  Ayant (VYTRY) l'ame toute innocente.
Il fasche bien d'estre loing du païs,
Pauure inconnu, indispos, sans Amis,
  Mais ce n'est rien, cela n'est qu'allegresse,
Au prix du dueil qu'a l'Amant accepté,
  Qui par l'enuie oste-commodité
  N'ose parler à sa doulce Maistresse.

LXXIII.

ALors que NOEMIE honoroit la douleur
De son Dedale Amour par ses larmes piteuses,
Par l'or blond de son chef, trois deitez soigneuses
Offrirent à ses yeux leur puissante faueur.
Bellonne au sang altier luy enuoya son cœur,
Pour venger la fierté des playes mal-heureuses,
Et l'illustre Iunon ses beautez precieuses,
Pour qu'elle eust mieux de quoy addoulcir son mal-heur.
Diane au beau talon logea dans sa bonne ame,
Pour conseruer l'honneur de sa pudique flame,
(Flame qui reluira au front d'eternité)
C'est donc abus, PERAY, d'aspirer ma Maistresse:
Car puis qu'on ne peut vaincre vne diuinité,
Hé! qui pourroit iouyr d'vne triple Déesse?

LXXIIII.

HEureux mal-heur que ie te dois benir,
Par toy ie suis honoré d'auantage,
Ayant braué despitant l'auantage,
Des enuieux que l'on m'a veu punir.
Heureux mal-heur ie veux me souuenir
Incessamment de ta sanglante rage,
Par toy Amour, admirant mon courage,
Me daigne bien souuent entretenir:
Heureux mal-heur par toy ma vie est gaye,
Dont chaque iour ie baise chaque playe,
Remerciant l'Eternel mon support.
Heureux mal-heur gros d'audace guerriere,
Vy mon mignon, car sans toy i'estois mort,
Ainsi la nuict nous pousse la lumiere.

LXXV.

Procés cruel, ialousie Amoureuse,
Debat sanglant, catharreuse douleur,
Tous pesle-mesle en doublans leur fureur,
Ont attaqué mon ame auantureuse.
Desia trois mois la fortune impiteuse
Dedans vn lict me comble de mal-heur,
Perdant l'espoir ie ne pers point le cœur:
Car i'ay l'humeur brauement genereuse.
Mais comme on void apres vn long temps vain,
Temps noir, temps sec, estouffant & mal sain,
Venir vn vent suyuy de doulce pluye,
Qui fait les biens & les gens plus dispos:
Peut-estre ainsi que ma penible vie
Aura TALCY, l'aggreable repos.

LXXVI.

Quand le iour est leué ie desire la nuict,
Pour ne voir point l'orgueil d'vne trouppe importune,
Et quand il est couché l'argent vif de la Lune,
(Chandelle aux espions) trop clairement reluit:
Ainsi, VILLEGOMBLAIN, toute chose me nuit,
Si bien que le bon-heur me semble vne infortune,
Ne pouuant pas suyuy de l'ardente rancune,
Iouyr des biés qu'Amour m'a doulcement produict.
Que maudite soit donc ceste race ialouse,
Que la peste, la rage, & la lepre l'espouse,
L'amour uide, le tac, la laide pauureté,
Que l'espoir, que la peur, l'auarice, l'enuie,
La tenaille tousiours d'vne immortelle vie,
Sans qu'elle puisse auoir vn moment de santé.

LXXVII.

IE veulx pour ne voir point ce troupeau charitable,
(Mais plustost enuieux de mon desir gaillard)
Loger loing de la Cour en vn bois à l'escart,
Ou feindre estre guery de mon mal honorable.
Là ma douleur sera beaucoup plus supportable,
 Bien que ie n'entreuoye Amour m'aimāt sans fard,
 Peinds moy donc (DV MOVTIER) tout ioyeux & songeard,
Tenant vne grenade estant en champ de sable.
Puis pour representer mes estranges destins,
 Peinds le chef de Gorgonne auecques deux Daulphins,
 Qui seront pres de moy sans mes libertez franches,
Endurans accablé tant de bisarres coups,
 Et tout le monde encor est de mon bien ialoux :
» Car quand l'arbre est à bas vn chacun court aux branches.

LXXVIII.

DEquoy sert vn Centaure à costé de ton coche,
Et ces laquets bouffans d'éclatante couleur,
Alors que tu viens voir ma sanglante douleur,
Qui me menace au lict d'vne infortune proche.
» Miserable est l'Amant à qui l'Archer descoche
» Vne fleche dorée auecque tant d'honneur.
» O mal-heureux qui sert vne Dame au grād cœur,
» Marchant en equippage object que l'on l'approche.
» Fortuné mille fois qui loge son desir
» Vers la simple pucelle aggreable au plaisir,
» Elle va doulcement, on ne la void reluire,
» Soubs vn honneste fard l'on n'offre ses Amours,
» On ne la baise point, on ne la va conduire.
» On dict que l'abandon fait le larron tousiours.

LXXIX.

IE voleroy au Ciel sans que (nouuel Icare)
Ie crains de trebuscher dans le profond de l'eau,
Ce qui estoit ma vie est ores mon tombeau,
L'on m'est prodigue alors qu'on me deust estre aua-
Mais doy-ie mépriser vne chose si rare?   (re.
Verray-ie la mer calme en mon Prin-tẽps nouueau,
Sans (soubs l'ombre d'vn mal) voguer sur mõ vais-
Pourroit-il biẽ perir ayãt vn si beau Phare? (seau?
La fortune tousiours ne me salu'ra pas,
Quoy? doy-ie l'empongner voisinant le trespas?
(SARET) ie tiens le Loup par l'oreille à ceste heure.
Demeureray-ie? non: mon bon-heur est trop grand,
Mais la sanglante fiebure au double me reprend,
Puis Amour ne veult plus, qui ia desia me pleure.

LXXX.

GRand Dieu viuifiant, Seigneur ie te saluë,
Ie rends graces (deuot) à ta saincte bonté,
Qui m'a leué du lict où i'estoy aresté,
Sans penser recouurer ma santé disparuë.
Ie sembloy à celuy que la marine esmeuë
Oultrage incessamment deçà delà porté,
Qui plus vogue, plus est des ondes agité,
Sans espoir d'aborder à la rade connuë.
Et en vn tourne-main il void calmer les flots:
Ainsi tu m'as donné l'aggreable repos,
Auec la guerison de la mortelle playe,
Quand i'esperoy le moins le doulx soulagement.
,, Ne faut donc perdre cœur au comble du tourment,
,, Nature par miracle à l'heure nous égaye.

LXXXI.

PErfection diuerse en Amour est requise,
  Il faut ioindre l'honneur auec l'honnesteté,
  Vers la gentille Amante ayant fidelité,
  Et mille attraits friands bouffis de mignotise.
Il faut prendre plaisir à perdre sa franchise,
  (Fust-ce enuers la Bergere où est l'humilité)
  Il faut vser souuent de liberalité.
» Rien ne doit estre cher en chose si exquise.
» L'Amant ne doit iamais son Amante offencer,
» Il faut qu'il soit son corps, son cœur, & son penser,
» Ne voir que par ses yeux, parler que par sa bouche,
» S'estudier à complaire à son affection,
» Que sage il soit tousiours plein de discretion,
» Et follastre en tout temps en la secrette couche.

LXXXII.

ÇA, ie veulx fourniller en ton ioly fourneau:
  Car i'ay de quoy esteindre & allumer la flame,
  Ie vous veulx chatouiller iusqu'au profond de l'a-
  Et vous faire mourir auec vn bon morceau. (me,
Ma Petonne inuentons vn passe-temps nouueau,
  Le chantre ne vault rien qui ne dit qu'vne game,
  Faictes donc le seigneur & ie feray la dame,
  Serrez, poussez, entrez, & retirez tout beau.
Ie remu'ray à bonds d'vne vistesse ardente,
  Nos pieds entrelacez, nostre bouche baisante,
  La langue fretillarde ira s'entremouillant,
Iouïons assis, debout, à costé, par derriere,
  (Non à l'Italienne) & tousiours babillant.
  Ceste diuersité est plaisante à Cythere.

CHANSON.
XII.

Omme l'hazardeux marinier
Blessé du naufrage meurtrier,
Iure quitter la mer émeuë,
Tant de beaux presens que Thetis
Luy a largement départis,
Sont lors fantosmes à sa veuë.
Mais apres quelque doulx repos,
Il rid voyant calmer les flots,
Son sens le conuie à Neptune,
Il vogue en despit des mal-heurs:
Ainsi n'auray du Brusle-cœurs,
Qui enuenimoit ma fortune.
Ie iuroy de l'abandonner,
Et iamais n'affectionner
Tant de rares beautez parfaictes,
La plus aggreable doulceur
Me sembloit l'horrible laideur,
Ie faisoy fumier d'Amourettes.
Mais t'ayant veuë en mon sejour,
Ma bouche ne chante qu'Amour,
Mon Démon à Venus m'incite,
Et me dit maugré la fierté,
Anagramme.
VA SVY L'HABILE DEITÉ,
Il n'est point de plus digne suitte.
Ie seruiray donc voz beautez,
Refuge des diuinitez,
Où le mortel n'ose pretendre,
Si i'estoy en ce Ciel luisant
Superbe Phaëtonnisant,
Mon feu reluiroit de ma cendre.

LXXXIII.

O Qu'il est doulx le plaisant jeu d'aimer!
Qui eust pensé vne telle delice?
Si c'est cela que l'on appelle vice,
Le vice ainsi ioye se peut nommer.
Il falloit donc le faire plus amer,
   Chagrin, pleurant, mauuais, plein d'artifice,
   Non gay, riant, naturel, sans malice,
   Comme est l'Amour qui me fait enflamer.
Si le vice est d'auoir doulce allegresse,
   La vertu donc est pleine de tristesse,
» Chaque chose a sa contrarieté.
Si vertu pleure, & que le vice rie,
   Le Philosophe est gonflé de follie:
» Car rire duit à nostre humanité.

LXXXIIII.

IE ne mentiray point, ie ne receu iamais
Tant de doulce doulceur, tant d'aggreable enuie,
Ie ne mentiray point, ie n'eus onc en ma vie
Tant de delicatesse aux Amoureux attrais.
Mais ie ne puis nommer ces gracieux effaicts:
   Car en te baisottant mon ame estoit rauie,
   T'approchant ie me meurs, & si ie suis en vie,
   I'ay en vn mesme coup & la guerre & la paix.
Quand ie ne te voy point, alors ie suis sans estre,
   Ie me suis mal trouué pour trop me mécognoistre,
   N'ayāt tousiours en moy l'Amour qui tout surmōte.
» Car quand nous iouyssons de nos biens desirez,
» Certainement c'est lors qu'en faisons peu de conte,
» Et moins nous les auons, plus ils sont aspirez.

LXXXV.

Vous auez beau mētir, vo⁹ n'esteindrez ma gloire,
Huguenotte gaillarde, on ne vous croira pas,
Ie suis prou reconnu, i'ay suyuy les combats,
Tesmoings mes coups mortels, d'immortelle memoire,
Hà! vrayment vous irez demain au consistoire,
Ie prouueray comment vous prenez vos esbats
Auecques vn Mißier, qui purge vostre bas,
Et dictes blasphemant qu' Amour est Purgatoire.
Pourquoy me blasmez vous moy preud'homme feal?
Ie rends, comme l'on sçait, le bien au lieu du mal.
N'eussay-ie si m'eust pleu logé ma compagnie
Au Bourg de ton mignon que tu vas caressant?
Encor suis-ie si bon, que quand il est absent
Ie donne du plaisir à sa femme iolie.

CHANSON.

XIII.

O Que c'est chose belle
D'estre bien Amoureux,
En iouyssant de celle
Dont on est desireux;
C'est la doulceur naïfue
Et la superlatiue.
Mais las! quel plaisir est-ce
D'approcher au matin
Sa gentille Maistresse
Mordillant son tetin,
Puis donner sur la couche
La iolie escarmouche?

Et sur l'apres-disnée
  La mener dans le bois,
  Puis l'ayant proumenée
  L'embrasser quelquesfois ;
  Quand la Dame est vestue
  L'Amour s'en éuertue.
Lors que l'on la desrobe
  Vestue richement
  Le fricfric de sa robe
  Eguillonne l'Amant,
  Entendant les ramages
  De mille oiseaux sauuages.
Là là l'on se baisotte
  Bien mieux que sus vn lict,
  On void l'Amour qui flotte,
  L'on babille, l'on rid,
  On se mire en la veuë
  Donnant à l'impourueuë.

Poulets courriers d'Amour.

PArce qu'Amour a des ailes,
  Et qu'en Cour ne faut voler,
  (Cela s'entend deceler
  Ses doulces fureurs iumelles)
  Il nomme vn POVLET tousiours
  Sa bresue lettre ajournante:
  Car il ne vole & ne chante,
  Et se musse aux fins détours:
  Aussi que pour peu de chose
  L'Amour se metamorphose.

Autre.

DE prolonger tu t'abuse,
Le plustost est le meilleur,
,, Le temps s'en va qui tout use,
,, Et si fait changer d'humeur.

Autre.

VOycy le bien couué
Que ie t'enuoye éclos,
Qu'il aye le bec clos,
Quand tu l'auras trouué
Ce mignon t'apprendra
Le lieu du sacrifice,
Et si te depeindra
L'Amoureuse delice.

Autre.

VOle mignard pour payer
Tant & tant d'Amoureuses debtes,
Ou bien me fay viste enuoyer
De bons respondans d'Amourettes;
Ce sont Poulets tels que vous estes,
Empennez des plumes d'Amour,
Chantans en de riches tablettes,
Ou papier doré tout autour.

Autre.

ALors que viendrez l'approcher,
Suson, gardez bien qu'il ne crie,
Feignez de vouloir attacher
La manche richement garnie,
Puis fourrez le Poulet soudain,
Estreignant le lis de sa main.

Autre.

IE croy qu'on a couppé l'aile
Au courrier de mon desir,
Puis que ie n'ay pas nouuelle
De mon aimable plaisir,
Mande le moy, ma mauuaise,
Si tu veux que ie m'appaise.

Autre.

CE Poulet plus heureux que moy
S'en va où ie n'ose paroistre,
Par luy verrez le triste esmoy
Qu'a vostre seruiteur son maistre:
Prenez le temps fauorisé
Pour venir à la mascarade,
Vous m'y pourrez voir déguisé,
Et y guerir mon cœur malade.

LXXXVI.

LA bonté gist en l'ame interieure,
On ne sçauroit bien iuger d'vn beau corps
De ce qu'on void seulement au dehors,
La seureté est au dedans plus seure.
Donc ta beauté des beautez la meilleure
(Qui est emprainte en mes esprits accords)
Ne doit m'orner d'exterieurs thresors,
Puis qu'aux pensers ie te baise à toute heure.
Non, ma Mignonne, il n'estoit pas besoing
(Bien qu'ô mal-heur! ie sois de toy si loing)
De m'enrichir de ta Monstre sonnante
Pour m'éueiller à ton doulx souuenir.
» L'heure en Amour est trop longue à venir,
» A tous moments l'Amant songe en l'Amante.

LXXXVII.

Qvand ie me plains à vous de vostre negligence,
Mesprisant resolu l'irresolution,
Vous m'accusez tousiours d'vne indiscretion,
Et ne considerez ma cruelle souffrance.
Vous dictes que le temps donnera l'allegeance,
Que ie modere vn peu ma grande passion,
Que ie ne dois doubter de vostre affection,
Et que ie m'entretienne en heureuse esperance.
C'est bien parler cela; mais moy ie diray mieux,
Il faut que vous faciez d'vn art ingenieux
Approcher ce beau temps que vostre foy m'asseure.
Comme vn bon Medecin pour plus estre estimé,
Auance la santé du malade enflamé
Par de subtils moyens qui aydent à Nature.

LXXXVIII.

Ma nature en Amour est tellement entiere,
Qu'ayāt donné mō cœur à ce que i'aime mieux,
L'effort de mille morts me seroit plus ioyeux,
Qu'endurer vn Riual courtiser ma Cythere.
Et si auparauant mon Amour singuliere,
Vn Roland, vn Medor, auoit baisé ses yeux,
Par cent & cent aguets i'essai'roy furieux,
De le faire tomber dedans l'ombreuse biere.
,, L'ardente ialousie est le fidele iour
,, De la parfaicte ardeur d'vne excellente Amour,
Et m'estōne commēt l'hōneur des Grecs gend'armes
(Car vn grand Cheualier n'aime point à demy)
N'occist Agamemnon & r'empongna les armes.
,, Vne Amante se doit preferer à l'Amy.

LXXXIX.

I'Ay telle paſsion, telle ardente furie,
(Ialoux de ces beautez que ie poſsede heureux)
Que ſi quelque Monarque en eſtoit Amoureux,
I'eſſai'roy brauement de luy oſter la vie.
Sceuole entrepriſt bien cheriſſant la patrie,
D'occire vn puiſſant Roy dont il eſt glorieux,
Et moy pour ma Moitié, pour mõ ame, & mes yeux,
Deuroy-ie pas mieux donc iouër la tragedie?
,, Vn deſeſpoir ouuert ce n'eſt point trahiſon,
,, Ne pouuant vers les grands tirer autre raiſon,
Defaiſons nous pluſtoſt que d'eſtre leur trophée.
Que ſi m'Amour l'eſtoit (me ſuruiuant) ie croy
(Si iuſte occaſion rend la mort animée)
Que ie reſſuſcit'rois pour venger ceſt eſmoy.

XC.

N'Auoir vn ſeul moment de repos deſireux,
Ni l'ombre d'vn plaiſir qu'au poinct de la pre-
Eſtre ordinairement en doubteuſe balance, (ſence,
Feindre vn mal en ſon biẽ, flatter ſon dueil piteux:
Vouloir ſans volonté, deuenir furieux,
Se desfier de tous bien qu'on aye aſſeurance,
Mettre au fier deſeſpoir la meilleure eſperance,
Paroiſtre pour aimer à ſoy-meſme odieux:
Souhaitter ſon treſpas & celuy de ſa Dame,
Bien qu'elle l'aime plus que ſon cœur & ſon ame,
Prendre ſa maladie en deſpit qu'elle en ait,
Cauſer impatient la dure faſcherie,
Couurir touſiours ſon feu, viure par fantaiſie,
Voyla (SAINCTFERRIOL) comme l'Amour
me fait.

XCI.

IE suis en vous seruant si fort passionné,
   Que i'égare mes sens, mesmes mon beau courage,
   Hé! d'ou me vient (bons Dieux!) ceste aueuglante rage,
Veu que i'ay vostre cœur que vous m'auez donné?
Faut-il pour bien aimer estre ainsi forcené,
   Ayant iouy heureux d'une beauté si sage?
   Hà! ie sçay bien que c'est, c'est vn vray sorcelage,
Dont l'Amour ensucré m'a tout empoisonné.
I'ay tant trouué de goust en si gaye delice,
   Ie suis tant mort glouton en ce doulx sacrifice,
   Qu'il faut par consequent que i'en sois consommé.
„ Le Baulme souuerain pris en trop d'abondance
„ Est vn venin mortel, trop de resiouyssance
„ Ameine apres l'ennuy d'vn regret allumé.

XCII.

„ CE qui est violent n'est pas beaucoup durable,
„   Ce qui viet en peu d'heure, en peu d'heure s'en (va,
   (Ce disiez vous alors que l'Amour arriua)
Pour vous faire seruice humblement aggreable.
Ceste sentence en moy n'apparoist veritable,
   Le Ciel, Amour, & vous tesmoignez de cela,
   Dés que mon prompt desir deuers vous s'en-vola,
Il a plus vehement esté plus inmuable.
Bien que i'aye essayé par plusieurs fins détours
   A l'en faire esgarer, ore par beaux Amours,
   Maintenant par l'absence en vn plaisant voyage.
Mais comme vn bon cheual dans le sablon mouuant,
   Plus se veult retirer, & plus il entre auant,
   Ainsi en mes froideurs mon feu croist d'auantage.

XCIII.

SI i'ay quelque heure franche en l'accés violent,
 (Aueugle passion compagne de ma vie)
 Ie r'appelle mes sens, & iuge que m'Amie
 (Riche d'vn bon conseil) a l'esprit excellent.
S'elle accordoit (LA BAVLME) à mon feu bluettant,
 Que prudente elle n'eust la froide modestie,
 Nostre jeu descouuert luy seroit infamie,
 (Sotte coustume) on blasme Amour qu'ō aime tant.
Bien qu'elle sçache bien que gros d'humeur discrette
 Ie ne dy pas vn mot de nostre Amour parfaicte,
 Et que de mille morts i'aimeroy mieux mourir:
Elle craind toutesfois qu'vne gaye apparence
 (Que l'on ne sçauroit feindre apres la iouyssance)
 Ne donnast aux ialoux subject de discourir.

XCIIII.

SI i'auoy le pouuoir comme la volonté,
 I'appaiseroy bien tost l'orgueil de mon martyre,
 Estrange passion que l'on ne sçauroit dire,
 Comme incomprehensible en fiere extremité.
Vous seriez chaque nuict couchée à mon costé,
 Nous cueillerions le fruict que nostre cœur desire,
 Le iour nous ne ferions que danser & que rire,
 Que chanter, que causer de quelque nouueauté,
Que iouër diuers ieux auecque mignotise,
 Cela mettroit le bois au feu de friandise,
 Vous n'auriez point soucy d'vn train tout-consom-
Ni de baiser vn sot, vostre plus grande affaire (mant,
 Ma Dame, ce seroit seulement de vous plaire,
 La mienne ce seroit vous plaire seulement.

XCV.

IE me garde, ie crains le courroux d'vne mere,
Et le fascheux souspçon d'vn Vulcain irrité,
De plusieurs espions, qui m'ont tant aguetté,
D'vn importun cousin, d'vn mal-plaisant beau fre-
Ie me garde, ie crains d'vn voisin aduersaire, (re.
Et de mille jaloux de ma felicité,
Voire de tout le monde admirant sa beauté,
Qui meurt par moy son cœur, par le destin côtraire.
Ie me garde, ie crains d'escrire, de parler,
De la voir, d'enuoyer, de passager, d'aller,
Et sagement discret, l'aimant plus que moy-mesme,
Ie me garde, ie crains de blesser son beau nom,
Dont depuis quatre mois ie suis comme en prison;
Iugez dōc (PETREMOL) si ma peine est extresme.

XCVI.

EN mon affliction mon ame est resiouye,
Au sejour de mon cœur où ie vay finement:
Car là l'occasion me fait voir vistement
Ce beau petit mignon cher honneur de m'Amie.
Ie le baise soudain, soudain ie le manie,
Ie fay ainsi des yeux & des mains humblement,
Apres d'aise rauy ie m'en vay bellement
Par chemins détournez, craignāt que l'on m'espie.
Quand ie suis retiré d'vn si plaisant sejour,
Ie rumine les biens que i'ay eu de m'Amour,
A qui le destin veult que tousiours i'obeysse;
Puis i'inuente Amoureux cent mille inuentions,
Afin de la reuoir sans souspçonneux indice,
Et afin de garder noz belles passions.

XCVII.

NE pensez S. Thomas, ne pesez sainct Sauueur,
   Que i'aille quelquesfois en vostre saincte Eglise,
   Pour ainsi que beaucoup vous prier sans faintise,
De prier Dieu pour moy miserable pecheur.
Ie ne mentiray point, i'y vay pour voir mon Cœur,
   Où la blanche vertu est dignement éprise:
   Car le destin ialoux ore me tyrannise,
Si bien qu'en autre lieu ie n'ay ceste faueur.
Et l'vn des fiers bourreaux de l'ennuy qui me tuë,
   C'est que ie n'ose encor ouurir du tout la venë,
   Parce qu'en l'œilladant (tesmoing d'affection)
Le sang me môte au teinct, & i'ay peur qu'on le voye,
   Aimant trop mieux mourir (tant i'honore sa ioye)
   Que l'on faschast ma Dame à mon occasion.

XCVIII.

L'Vn court parmy les feux de l'orgueilleux Mauors,
   Afin que par sa peine il acquiere vne gloire,
   L'autre dessoubs Phebus recerche la victoire,
Qu'il gaigne non tondu par ses charmeurs accords.
Ie connoy du felon les furieux effors,
   I'ay par mon sang versé euité l'onde noire,
   Et sçay le bal sacré des filles de Memoire,
Dont ie ne crains l'horreur des plus horribles morts.
Toutesfois (grand PENA) les deitez supresmes
   Sont subjectes aux coups des afflictions blesmes,
   Et apprehendent bien le rigoureux mal-heur.
C'est pourquoy non mortel pris d'vne ardeur diuine,
   Ie te pry', cher Amy, m'ordonner medecine,
   Qui m'égaye Amoureux chaßât ma triste humeur.

XCIX.

LEs coustumes souuent n'ont aucune raison,
Comme de pere en fils on oit chanter & rire,
A Noel temps fascheux, des fascheux temps le pire,
Où le moins casanier crouppist sur le tison.
Lors le loüager pauure est mené en prison,
Le beau Soleil ioyeux peu fort peu veult reluire,
Ainsi le mien (DV PORT) que l'honneur mesme admire,
S'esloigne de mes yeux en ceste aspre saison.
Si c'est pour reuerer de IESVS la naissance,
Que l'on doiue ce iour prendre resiouyssance,
Pourquoy ne suis-ie donc maintenant resiouy?
Desolé que ie suis ie ne le sçauroy estre:
Car ma Dame a mon cœur gonflé de triste ennuy.
Las! qui pourroit sans cœur ioyeusement paroistre?

C.

QVi pourroit exprimer la rage que i'endure,
Seroit, mon cher VIART, vn disert Orateur,
La triste affliction m'oultrage tant le cœur,
Qu'on ne sçauroit comprendre vne telle blesseure.
I'enrage incessamment, ie despite, ie iure,
Pour n'oser voir mõ Tout, tout-Amour, tout-hon-
Ma Dame, en qui le ciel me fait voir son bõ-heur, (neur,
Attainte comme moy d'vne passion dure.
Ie souffre pour mon dueil, ie souffre pour le sien,
Fust-il iamais (bõs Dieux!) vn mal pareil au mien,
Qui fait desesperer l'honneur des belles Dames?
Pour vouloir ne pouuoir m'embrasser à plaisir,
A cause des ialoux de l'Amoureux desir,
Qui éclaire tousiours ma Maistresse & ses femmes.

CI.

Mignonne ie me meurs quand ie te voy si belle,
Et qu'il ne m'est permis par tes parens ialoux
De baisotter ton teinct aggreablement doulx,
De me mirer au iour de ta gaye prunelle.
Mignonne, ie me meurs alors que l'estincelle
Du rayon de tes yeux me conuie aux bons coups;
Mais ie me meurs sur tout quand pris d'vn beau
   courroux,
Ie combas auec toy ma partie immortelle.
Mignonne, ie me meurs apres ces coups friands,
De nos ioyeux regards, de nos propos rians,
De tant d'esbas sucrez, de tant de follatrie.
Mignonne, ie me meurs y songeant seulement,
Et si ma foy (mon cœur) c'est là ma seule vie.
,, La belle mort d'Amour est le contentement.

CII.

Ov' sont les beaux discours de ce beau souuenir?
Auez-vous oublié la delice passée?
Vous estes paresseuse: hà! vous serez fessée,
Vrayment vous en aurez si ie vous puis tenir.
Par lettre Amour absent se veult entretenir,
Ie connoy bien que c'est, vous estes courroucée
De me voir loing de vous, mon vnique pensée,
Au trauail de la guerre où il faut paruenir:
Ie m'en doy plaindre à vous, qui comme bien nourrie
Me deuez consoler par quelque lettre amie,
Disant que mon honneur vous fera honorer.
,, Qu'il faut prendre courage auecque patience,
,, Qu'on n'acquiert les Lauriers sans beaucoup endu-
,, Que meilleure est apres la bonne iouyssance. (rer,

CIII.

Lasche, couard, ennemy de noblesse,
Faulx imposteur, riche auaricieux,
Vieil édenté, par toy chien ennuyeux,
Ie suis priué de ma belle Maistresse.
Si ay-ie espoir que la chauue Déesse
Dans peu de temps sera doulce à mes yeux,
Onc tu ne fus en banquet si ioyeux,
Traistre inhumain, enfant d'vne Tygresse.
Bien tost, tantost vous sentirez mon bras,
Fay donc vilain du pis que tu pourras,
Gros Limosin digne d'vne potence,
Non, ie ne veulx te faire tant d'honneur:
Car ce sera mon mauuais seruiteur
Embastonné pour punir ton offence.

CIIII.

Ie suis défiguré d'vn desastre inhumain,
Dont l'on me mesconnoist là où ie soulois estre,
Ne faisant qu'entreuoir le lieu d'Amour mõ maistre,
Quand i'y suis (SAINCTVINCENT) ie m'en
reuiens soudain.
Encor n'y puis-ie aller sans vn signe certain,
Ore vn vase d'argent dessus vne fenestre,
Ore vn chassis haussé, & craignant de paroistre
Il me faut déguiser du iour au lendemain.
Ie m'habille à ceste heure en homme mechanique,
Tantost en Procureur qui poursuyt sa practique,
Et Dieu sçait seulement ma dure passion.
Que de fois, estourdy, ie trauerse, ie tourne,
Que de fois, renfrongné çà & là ie sejourne,
Attendant le signal de chauue Occasion!

DE NOEMIE.

CV.

Que fay-ie, où suis-ie, ô Dieux! Dieux que me faut-il faire?
Voyant l'éclat nouueau rengreger mon tourment,
Il ne m'est pas permis d'œillader seulement
La maison de ma Dame en vn lieu solitaire.
Si i'y vay ie seray follement temeraire,
Ie blesseray l'honneur honoré dignement,
D'escrire il ne plaist pas à son commandement,
Puis ma Dame est auec vne trouppe aduersaire.
I'ay la geisne, ie brusle, hé! qu'est-ce que cecy?
Quel moyen d'addoulcir l'orgueil de mon soucy?
Miserable Amoureux il faut donc que tu meures.
Tout mon bien, en mon mal, c'est qu'elle m'a prié
De penser fort en elle, & mesmes à neuf heures,
Iurant qu'Amour son cœur ne sera oublié.

CVI.

Maintenant que ie suis par vn Vulcan ialoux
Absent de voz beautez, adorable Maistresse,
I'ay la fiebure en l'esprit, i'ay au corps telle oppresse,
Mais vostre seule Idée alentira mon poux.
Ie ne treuue tel bien que quand ie pense en vous,
Aux plaisirs souuerains de la gente caresse,
Aux diuerses façons de nostre doulce presse,
Aux baisers babillars que faisions à tous coups,
Aux signes, aux regards, aux mots hieroglyfiques,
Aux endroits consacrez, aux lettres heroïques,
En ce profond penser ie me suis resiouy;
Si bien qu'il me sembloit succer ta belle bouche,
Dont pasmé i'ay souillé l'albastre de ma couche:
Ainsi (vertu d'Amour) i'esgare mon ennuy.

CVII.

MAlade extremément ie deuins Amoureux
D'vne hôneste Maistresse, ame de ma belle ame,
Plus d'vn an i'appaisé les bouillons de ma flame,
Voyant sa Deité qui me rend furieux.
Mais l'inuincible sort de mon bien ennuyeux
M'esloigna (MONTOYSON) des beaux yeux
de ma Dame:
Car i'aimoy mieux mourir, qu'vne si digne femme
Eust par moy son seruant vn renom odieux.
Aussi ne suis-ie plus ; non, ie n'ay plus de vie:
Car ma vitale humeur est par mes yeux tarie,
Ie ne fay nul repas, ie ne dors point aussi.
Cinq iours sont ja passez, & n'ose, miserable,
Deceler ma douleur, que l'on pense incurable.
» Comme on vient en Amour on s'en retourne ainsi.

CVIII.

ENtre tous mes trauaux mon plus cruel tourment
C'est qu'il ne m'est permis de nômer ma Maistres-
Ie n'ose descouurir la douleur qui me blesse, (se,
Ni l'incroyable ardeur de mon dueil vehement.
Ie croy bien qu'on sçait bien que i'adore ardemment,
Mais on ne sçait pas où, ni qui est la Déesse
Déguisée en mes vers, craignant qu'on la connesse:
Car ie veux obeyr à son commandement.
Ceste discretion, ferme-bouche à l'enuie,
Ne me poind sans raison, interessant ma vie,
Et qui n'est sceuë encor que du cœur de mon cœur.
O qu'Amour monstre bien sa grandeur admirable!
En quelque lieu qu'il s'antre, il est grâd, immuable,
Et (GORDES) côme vn Dieu il pardonne à l'erreur.

CIX.

SI quelque ame affettée, ardemment estourdie,
Nous venoit attaquer par mots iniurieux,
De quoy ie te déguise en mes vers glorieux,
Disant que pour bon œuure on ne masque sa vie.
Respondons aux causeurs, qu'ils sont pleins d'heresie,
Qu'ils parlent effrontez côtre les maistres Dieux,
Qui pour le doulx Amour vinret en ces bas lieux,
En se dissimulans, mesme en forme abestie.
Qu'en mystere secret Dieu prise les effaicts,
Comme aux Religions, où l'on n'entre iamais,
Les penitens ainsi cachent leur face tendre.
Tant d'imitables grands couurirent leur plaisir,
Hippolyte en fait foy, l'Oliue, & la Cassandre,
Si moins graue ie suis, moindre n'est mon desir.

CX.

SONAN, i'oy caquetter vne trouppe confuse,
De ce que i'ay descris le doulx rauissement,
Que ie deuoy au moins l'adjourner grauement,
Imitant mes Majeurs, fauorits de la Muse.
Mon beau Soleil fait voir mon naturel sans ruse:
Car du bien ou du mal ie dy naifuement,
Est-ce raison qu'vn heur ne soit veu seulement
Que d'vn docte Poëte? En cela l'on s'abuse.
Ie veux que tout le monde apprenne mes regrets,
Qu'vn Berger côme vn Roy iouspire mes attraicts,
» On ne peut diffamer l'hûblê Amour qui ne châge.
Iusqu'icy les Amants ombrent la doulce ardeur,
Petrarque ne l'aduoüe, & on le croid menteur,
Dont ma verité claire aura prime loüange.

CXI.

QVoy que l'on die, Amour, ie vous aime si fort,
Que vous estes mon cœur, ma Toute, ma fillette,
Mon ame, mon esmoy, ma belle, ma douillette,
Ma mignarde, mon œil, mon espoir, mon support.
I'aimeroy mieux mourir de la plus fiere mort,
   Que d'auoir desiré de faire autre Amourette,
I'aimeroy mieux aussi qu'Atropos t'eust defaicte,
   Que tu eusses pensé à me faire aucun tort.
Mais que dy-ie? au respect de mon loyal seruice
   C'est trop peu que la mort, vn immortel supplice
   Ne seroit suffisant pour venger ce forfaict,
Qui ne fust onc commis d'vne si sage Dame.
   Certes si i'en auoy quelque ombre dans mon ame,
   Par l'œuure de mes mains Amour seroit defaict.

CXII.

SI vous ne connoissiez l'Amitié qui m'enflame,
Et l'immuable roc de ma fidelité,
   Si vous ne iugiez bien ma franche integrité,
   Et ce que i'ay de beau pour l'hôneur d'vne Dame:
Si la longueur du temps que i'asseruis mon ame,
   Ne tesmoignoit assez ma blanche fermeté,
   Si le discret Amour que ie vous ay porté
Vous eust faict seulemēt l'ombre d'vn petit blasme:
Si vous ne sçauiez bien quel ie fus, quel ie suis,
   Et si vous ignoriez mes pleurables ennuis,
   Aux chemins destournez de ma rage Amoureuse:
Si vous n'imaginiez ces obligations,
   Ie vous excuseroy, petite paresseuse,
   Et prendroy patience en mes afflictions.

CXIII.

IE n'ay pas craind de perdre ma fortune,
Abandonnant la Cour de mon Seigneur,
Ie n'ay pas craind d'égarer mon honneur,
Chery de Mars, de Minerue, & Neptune:
Ie n'ay pas craind l'impiteuse rancune,
Ni d'approcher la mortelle douleur,
En t'embrassant de gayeté de cœur,
Ialoux, gonflé d'vne rage importune:
Ie n'ay pas craind de laisser mon païs,
D'oublier Dieu, mes parens, mes amis,
Despendant tout, au peril de ma vie;
Bref ie n'ay craind ce qu'on doit redoubter,
Pour te seruir & pour te mignotter,
Pour t'obliger à demeurer m'Amie.

CXIIII.

HA! qu'y pourroy-ie faire? il n'est plus de moyen
De viure plus long temps en si chetiue vie,
Accourez donc à moy, fillandiere m'Amie,
Bornez, bornez le cours du pauure SPHRISIEN.
Qui pour estre fidele & trop homme de bien,
Est gonflé de misere en l'Amoureuse enuie,
Approche desespoir, auance toy furie,
Pour le guider tantost au fleuue Stygien.
De l'œuure de ses mains sa maudite fortune
Perira fierement: çà çà mort opportune,
C'est à ce coup, il faut te faire voir à luy.
Luy-moy disant cela la main sur mon espée,
Qui nue estincellant m'estoit des mains tombée,
Ie cheus en la prenant pasmé, éuanouy.

CXV.

Mon extresme bon-heur c'est de songer en vous,
  Dont seul ie vay pensif fuyant le populaire,
  Encores qu'vn beau peuple aye bien sceu me plaire,
D'vn plaisir qui rendroit les mesmes Dieux ialoux.
Mon extresme mal-heur, qui m'afflige à tous coups,
  C'est quand i'oy mal parler d'vne doulce Cythere,
  Ie me hausse soudain, & hardy ie fay taire
Vn tas de blasonneurs qui parlent comme fouls.
Plustost mesdiroyent d'eux que de ne point mesdire,
  Ne voyans, aueuglez, que c'est d'eux qu'on doit rire;
  Bref ie soustiens mon mal sans cesse constamment,
Soit auecque l'espée, ou soit auec la plume,
  Songeant en ton honneur qui iustement m'allume,
  Et qui oblige à soy l'honneste Dame aimant.

CXVI.

La plus doulce doulceur que i'ay receu d'aimer
  Me semble plus fascheuse, & cent fois plus cruelle
  Par l'opposition de ma fortune belle,
Que le cruel Amour qui ne veult s'enflamer.
Que de maux, que d'ennuis, qui les voudroit nommer
  Conteroit mieux les fleurs de la saison nouuelle,
  Les herbes, les moissons de Cerés l'immortelle,
Toutes les gouttes d'eau de l'oultrageuse mer.
Combien de mes Amis estonnez de ma vie,
  De ma morte façon, de ma melancolie,
  S'enquierent du subiect de mon mal languissant?
Où est-ce, disent-ils, sa belle humeur qu'on aime?
  D'où vient ce poil grison en l'âge florissant?
  Ainsi pour trop t'aimer ie ne suis plus moy-mesme.

CXVII.

HE´! combien làs! combien ay-i'eu de fiers debas
D'vn autre ombre ombragé pour l'honneur de
  Cythere?
Hé! combien làs! combien accablé de misere
Ay-ie aspiré l'orgueil d'vn rigoureux trespas?
Hé! combien làs! combien ay-ie baisé les pas
  D'Amour enflame-cœurs, qui alloit voir sa mere?
Hé! combien làs! combien pris d'ardente colere
Ay-ie maudict le iour de mes premiers esbats?
Hé! combien làs! combien ay-ie beu de trauerses,
  De despenses, d'ennuis, d'afflictions diuerses?
Hé! combien làs! combien a-l'on veu me douloir
Sans dire le subject de mon dueil qui pullule?
  Hé! combien làs! combien i'ay voulu sans pouuoir
Sortir des laqs d'Amour qui m'englassãt me brusle?

CXVIII.

IE sçay bien ie croy bien qu'il n'est rien de si beau
Que ta grace apparente humblement recherchée,
Ie sçay bien ie croy bien que ta beauté cachée
Est la doulce delice au Dieu porte-bandeau.
Sçachez croyez aussi, mon vnique flambeau,
  Qu'il n'est Dame d'honneur tant soit-elle biẽ née,
  Heureuse plus que vous, ma Dame fortunée
  Estant la chere Amour d'vn Paladin nouueau.
Qui pourroit souhaitter vne chose plus belle
  Qu'vn honorable Amy discretement fidele,
  Qui toing est en s'Ame & ne veult que son vueil,
Souhaittant son desir, esperant son attente,
  Qui parle par sa bouche, & qui void par son œil,
  Qui ayme mieux mourir qu'elle se mescontente?

CXIX.

IL est vray, ie le veulx, vous estes bien jolie,
Vous joüez bien du Luth, vous châtez doulcement,
Vous dites mots nouueaux, vous dansez grauement,
Vostre riche beauté paroist toute accomplie.
Mais vostre plus grand bien c'est d'estre bié m'Amie,
Inuiolable Amour que ie sers brauement,
Heur que vous n'esperiez dés le commencement,
Sçachant que l'amitié d'vn digne homme s'ennuie.
Gardez moy donc ainsi que l'habile guerrier,
Qui gaignant au combat quelque bon prisonnier,
Sans l'oultrager, soigneux, le nourrist amiable.
Si ie n'égale, Amour, l'opulente grandeur,
Si ne le quitteray-ie en foy ni en honneur,
Aux plus braues pompeux de la terre habitable.

CXX.

I'Ay beaucoup pris de peine à couurir noz desirs,
Souspçonnez des ialoux faschez de nostre enuie,
I'ay beaucoup pris de peine à déguiser ma vie
Toute en vous, aspirant mes Amoureux plaisirs.
I'ay beaucoup pris de peine à ombrer mes souspirs,
Soit estant gros d'Amour ou de melancolie,
I'ay beaucoup pris de peine, enflé de jalousie,
A changer mes fureurs en communs desplaisirs.
I'ay beaucoup pris de peine, au iour de vostre veüe,
A vous faire paroistre vne ardeur continue,
A dorer vos discours, à limer vostre esprit.
Bref à faire cela qui l'Amour mesme oblige:
Mais ie n'en ay tant pris comme en vn mot d'escrit,
Qui faute de vraye encre ardentement m'afflige.

CXXI.

Lors que vous souuiendrez des trauaux rigoureux
Que i'ay depuis sept ans soufferts soubs vostre empire,
Lors que vous souuiendrez du dueil que ie souspire,
Pour estre trop fidele & trop braue Amoureux.
Lors que vous souuiendrez que ie fus langoureux
Pour ne pouuoir iouyr du bien que ie desire,
Et qu'apres vous voyant dans vn lict de martyre
Ie deuins vous baisant de mesmes douloureux.
Lors que vous souuiendrez du respect, de la crainte,
De l'honeur, de l'Amour, que ie vous fay sans fainte,
Des combats, des trauaux, que par vous ie reçoy.
Certes quand vous voudriez estre des inconstantes,
Ces vrayes passions sont assez suffisantes
Pour vous faire m'aimer d'inuiolable foy.

CXXII.

M'Amour quãd vous seriez la Royne vniuerselle,
On ne vous seruiroit de plus d'affection,
De plus humble respect, de bonne intention,
De plus braue desir ni d'ardeur plus fidelle.
Vous ay-ie oncques parlé, dictes, Madamoiselle,
Qu'en toute reuerence & supplication ?
Ay-ie oncques faict vn pas sans la permission
Durant le temps serain de nostre Amour nouuelle?
Apres, qu'ay-ie entrepris qui vous aye despleu?
Ay-ie pensé, songé, ay-ie dict, ay-ie veu
Chose indigne de vous aggreablement pure?
Combien combien de fois ay-ie escript, arresté,
Pour apprendre l'honneur de vostre volonté,
A cause de plusieurs suruenans d'auanture?

CXXIII.

Las ! pour vous aimer trop ie souffre vn tel tourment,
Soit loing soit pres de vous qu'on me peut mettre au nombre
De l'ame criminelle estant soubs la nuict sombre.
Dieux ! ô Dieux ! fust-il onc desir si vehement ?
I'esgare oultré d'Amour mon bel entendement,
Si ie ne joints mon cœur, le bien m'est vn encombre,
Estant ialoux de tout, mesmes de ma triste ombre,
Ie pense que chacun vueille estre vostre Amant.
Qui veult-parler à moy, fust-ce en pays estrange,
Il m'est aduis qu'il veult loüer vostre loüange,
Qui rid il rid en vous, son vueil est mon vouloir,
Qui pense pense en vous, qui se plaint vous souspire,
Qui escrit vous escrit, qui s'en va vous va voir,
Bref, ie rapporte tout au feu de mon martyre.

CXXIIII.

Falloit-il que le Ciel me rendist Amoureux,
Amoureux iouyssant d'vne beauté craintiue,
Craintiue à receuoir la doulceur excessiue,
Excessiue aux plaisirs qui font l'Amour heureux ?
Heureux si nous auions quelques commodes lieux,
Lieux où asseurément l'Amy fidele arriue,
Arriue sans souspçon de quelqu'ame attentiue,
Attentiue à veiller l'action de nous deux.
Deux beaux Amans vnis qui en meurent d'enuie,
D'enuie leur Amour sera tantost finie,
Finie est la doulceur que l'on ne peut plus voir.
Voir, entendre, sentir, parler, toucher, encore,
Encore croy-ie bien que ie ne suis plus ore,
Ore que ma moitié est loing de mon pouuoir.

CXXV.

IE ne sçay qu'il me faut quand i'ay ce que ie veux,
Ie ne laisse (ALBINI) de gemir & de plaindre,
Ie suis tellement gros d'vn Amour qu'il faut crain-
Qu'on ne peut assouuir mon desir Amoureux. (dre,
Ia sept ans sont passez que ie vy furieux,
Iouyssant du plus beau que l'on puisse dépeindre,
Et si de plus en plus ie sens l'ardeur empreindre
Au profond de mon cœur vainqueur des glorieux.
Cecy n'est pas commun, & si n'est pas estrange.
,, L'Amour sympathisant accroist, & ne se change:
,, Car il vient du desir, comme vn pere bien né
Souhaitte des enfans quand il entre en mesnage,
Et alors qu'il en a les aime d'auantage.
Donc ayant mon desir i'en suis passionné.

CXXVI.

TOYRE, si ie pouuoy aimer ainsi que vous,
Sans m'affectionner d'vn ardeur si extresme,
Prédre Amour côme il vient, & luy faire de mesme,
Sans s'opiniastrer, ioüer le ieu tout doux,
Faire le sourd, l'aueugle, & consentir resous
A la prosopopée, aimant comme l'on aime,
Tirer commodité du grain qu'vn autre seme,
S'accommoder au temps, bié qu'il ne soit pour nous,
Ie n'auroy le martel qui brouille ma ceruelle,
La ialouse fureur, la passion bourrelle,
(Flames du feu d'Amour beaucoup enraciné,)
Aussi ne seruiroy-ie vne Nymphe accomplie,
Qui n'aime par humeurs, par l'or, par tyrannie,
Mais son vnique Amant d'vn cœur passionné.

CXXVII.

LE merueilleux Démon le plus puissant de tous
C'est c'est Amour qui rend les choses difficiles
En vn instant (MASAIRE) entierement faciles,
Et fait trouuer l'amer aggreablement doulx.
Par luy les plus cowards sont vaillamment resouds,
  Il s'esgaye, il se plaist aux besongnes penibles,
  Il fait les idiots diuinement habiles,
  Les habiles aussi miserablement fous.
Chymon fut imbecille, & l'Amoureuse rage
  Le rendit galand homme épris d'vn beau courage,
  Salomon le plus sage en perdit la raison.
Et moy i'en desespere égarant connoissance.
,, Voyla coment l'Amour, pour monstrer sa puissance,
,, Fait d'vn Oisō vn Aigle, & d'vn Aigle vn Oison.

CXXVIII.

PONSONAS, nous allons au bataillon tragique,
  Et parce que tu m'es Amy entierement,
  Tu es l'executeur de ce mien testament,
S'il plaist à Dieu me prendre en sa Cour magnifi-
Tu conduiras mon corps en Eglise publique, (que.
  Où tu feras bastir quelque beau monument,
  Mes Armes, mon Enseigne en seront l'ornement,
  Auec ces quatre mots, CY GIST L'AMANT
    VNIQVE.
Ie donne tout mon bien à ma Maistresse Amour,
  Sa figure sur moy t'apprendra son sejour,
  Puis porte luy mon cœur auecque ceste image.
Tu luy diras ainsi, pleurant gros de douleur,
NOEMIE HONOREZ LE DERNIER
    TESMOIGNAGE
DE LA FIDELITÉ DE VOSTRE
    SERVITEVR.

CXXIX.

MEs petits oisillons resiouyssez ma Dame,
Tandis que ie seray absent de ses beaux yeux,
Chantez chantez, mignons, vn chant melodieux,
Qui la puisse emouuoir à desirer ma flame.
Ie vous laisse auec elle, où habite mon ame,
Pour l'induire à penser en moy son Amoureux,
Si elle n'en fait cas, chantez vn chant piteux,
Comme faschez de voir si oubliante femme.
Mais espiez sur tout si i'ay des compagnons,
Et cóme própts courriers, que par vous ie l'entende,
Si vous me seruez bien, ie vous promets, mignons,
Que ie vous nourriray de bonne Coriande,
Voire pour guerdonner vostre fidelité,
Vous aurez, s'il vous plaist, l'entiere liberté.

CXXX.

TV es vn fat, VVLCAN, de penser m'empescher
De courtiser Cyprine, ains m'Amie aggreable,
Ni pour les yeux d'Argus à l'Amant redoutable,
Nous ne laissons discrets de nous emmouracher.
Nos tours sont inconnus quand ie la veulx toucher,
I'approche ceux qui sont pres sa beauté aimable,
Ores i'estreincts sa main, & ore assis à table
Ie marche sur son pied qui m'a tant faict marcher.
Sans nous enuisager en passant ie la pousse,
D'vn frayement de leure, & d'vne œillade doulce
Nous entremignotons, & follastrant ainsi
I'inuente quelque conte où se despeint nostre aise,
(Qu'autre ne cóprëd point) châtant de mesme aussi,
Puis on ioüe à des ieux où chacun s'entrebaise.

CXXXI.

CE n'est icy que ie veulx faire entendre
Les doulx accens de ma diuine voix,
Dansant en rond, redoublant chaque fois
Les beaux refrains qu'Amour m'a faict apprendre.
Loing de mon cœur ma flame est toute en cendre,
I'aime mieux ore ouyr le triste abois,
L'horreur, l'effroy, les diables par les bois,
Que les chansons d'vne Maistresse tendre.
L'enterrement me semble gracieux,
Le gay festin espouuante mes yeux ;
Bref le plaisir me desplaist à ceste heure.
Cà mes pensers, venez m'entretenir,
Et vous beautez de Nancy où ie pleure,
Ne prenez pas la peine de venir.

TRISTESSE.

XIIII.

QVand on eslongne son plaisir,
Le regret de la iouyssance
Est plus cruel que l'arrogance
D'vne impiteuse sans desir.
  Ainsi ie suis tres-mal-heureux
  Pour estre fidele Amoureux.
Sans estre vif ie suis en vie,
Endurant vn mal nompareil,
Et si n'ay point de maladie,
Mais i'absente mon beau Soleil.
  Ainsi ie suis.

DE NOEMIE.

Las! mes yeux n'ont plus d'humeur claire,
 Icy leur iour n'est pas luisant,
 Aussi ce qui me souloit plaire
 M'est à ceste heure déplaisant.
  Ainsi ie suis.
Il semble que chaque riuiere
 Par son murmur plaigne mon mal,
 Et que le vent d'humeur legere
 Souspire mon dueil inesgal.
  Ainsi ie suis.
I'aime les deserts solitaires,
 Et les plus effroyables lieux,
 Et mes plus amis volontaires
 Semblent fantosmes à mes yeux.
  Ainsi ie suis.
Hà! mes amis comment pourroy-ie
 Vous cherir & vous estimer?
 Hé Dieux! comment vous aimeroy-ie,
 Puis que ie ne me puis aimer?
  Ainsi ie suis.
Ie n'aime que ma Souueraine,
 Dont l'immortel m'amortira,
 Pour l'aimer auec trop de peine,
 Que ma chanson tesmoignera.
  Ainsi ie suis.
Les sanglots, les souspirs, les plaintes,
 Les larmes, les gemissemens,
 Les diuerses douleurs empraintes,
 Sont mes plus beaux nourrissemens.
  Ainsi ie suis tres-mal-heureux
  Pour estre fidele Amoureux.

TRISTESSE.

XV.

Las! ie pensoy vous esloignant ma Dame,
N'estre si douloureux,
Mais plus s'accroist le tourment qui m'enflame,
Destin trop mal-heureux.
Que doy-ie faire?
Tout m'est contraire,
Pres vostre veüe
L'Amour me tue,
Et loing ie suis aux enfers Amoureux.
Comme le Cerf qui blessé se retire,
Esperant de guerir,
Pour esloigner le lieu de son martyre,
Mais son viste courir
Plus fort le foule,
Son sang s'escoule,
Son humeur prompt
Plustost le dompte,
Qui le contraint en peu de temps mourir.
O iuste Ciel exaucez ma priere,
Et vous ma Dame aussi,
Qui m'estes plus que la guerre guerriere,
Destournez mon soucy,
Aimez ma vie,
Qui vous supplie,
Ou dés ceste heure
Fay que ie meure,
Donnez la mort ou l'Amoureux mercy.

CXXXII.

CE fust le iour que le sainct Paraclit
Aux enuoyez illumina la vie,
Que i'apperceu premierement m'Amie,
Venant vainqueur d'vn tragique conflit.
Ce fust le iour que l'Archer en despit
D'vn riche Sot qui sans appreſt conuie,
Par fleche d'or bleſſa ma Noëmie,
Vengeant le tort d'vn Hymen décrepit.
Diſant, On veult que ma greffe ventée
En vn vieil tronc, dans vn an ſoit antée,
Sans l'eſpoir doulx de mon fruict gracieux,
Telle c'eſt toy. Donc Noëmie embraſſe
Auant le iour ce Paladin ma grace,
Que tu vois luire au combat furieux.

CXXXIII.

IE te saluë heureux temps au ſejour
De la beauté de ma gente Pucelle,
Temps où l'on veid la bonne Colombelle,
Par qui s'apprend le pur-celeſte Amour.
Tant que Titan fera là hault ſon tour,
Faiſant parer Tellus de fleur nouuelle,
Et de bon fruict plein d'humeur naturelle,
On benira cinq fois dix à ſon iour.
Parce qu'en luy i'acquis double victoire,
L'vne d'Amour s'enflamant de ma gloire,
L'autre de Mars à Saturne conjoinct.
Seul contre ſept ie braué l'auantage,
A coups d'eſpée on me veid en pourpoint
Vaincre l'Amour & la mortelle rage.

L

CXXXIIII.

Vous qui fendez le Ciel de plainte lamentable,
Pour seruir vn subject en Amour rigoureux,
Hà! que vous estes bien mille fois plus heureux
Que l'Amant eslongné de sa Dame amiable.
Comme vn iour Soleillant est bien plus aggreable
   Que le temps moitte, obscur, plein de vent froidu-
reux;
   Ainsi l'Amy absent de son cœur Amoureux
Est bien à plaindre plus que l'antre impitoyable.
Il souffre doublement vne extresme douleur,
   La sienne impatiente & celle de son cœur,
   Qui brusle à petit feu, qui iour & nuict souspire.
,, Celuy certainement ne peut l'imaginer,
,, Qu'Amour delicieux n'a voulu couronner,
,, Plus le bon-heur est grãd, plus grãd est le martyre.

CXXXV.

Où est le temps serain que l'Amour à souhait
Viuoit paisiblement auecque son Amante
Enuié de personne, épris d'humeur contente,
S'entretenant tousiours de parole ou d'effaict.
Honoré de sa table auec vn doulx attraict,
   Caressé bellement d'vne main estreignante,
   D'vn regard desrobé, d'vne bouche riante,
   De petits mots parlans comme vn enfant de laict?
Où est le temps serain qu'il dansoit auecque elle,
   Sans souspçon des ialoux, au soir à la chandelle,
   Qu'il iouoit diuers ieux, ore au gage touché,
A la chasse, au propos, à vendre, à course prompte?
   Où est le temps serain qu'apres quelque beau conte
   Amour s'asseuroit d'estre auec elle couché?

CXXXVI.

AMour oultrage-cœurs me blesse incessamment
Eslongné de vos yeux mes fatales Cometes,
Ie brusle à petit feu gonflé d'ardeurs secrettes,
N'osant vous souspirer côme vostre hûble Amant.
L'on me void à ce coup au comble de tourment:
Car ie reçoy la gesne en mes douleurs muettes,
Que d'ardëtes fureurs par vos beautez parfaictes!
(Belles pour resiouyr le plus triste tourment.)
D'où vient donques mon dueil, plus mort que la mort blesme?
Helas! il vient de moy ialousement extresme:
Car pour vous aimer trop Amour m'a forcené.
„ Heureux qui a chez luy la raison presidente,
„ Qui n'est point comme moy pauure passionné,
„ Et qui doulcement pleure vne fortune absente.

CXXXVII.

LE paradis d'Amour, la ioye toute entiere
Me rend morne, malade, infortuné, ialoux.
Estrange faict! Commét vn bien plaisant sur tous
Ameine-il ainsi vne extresme misere?
LA BAVLME ce n'est luy, ains c'est l'erreur premie-
Ainsi que le bon vin, qui est sainement doulx, (re,
Brusle en en prenāt trop, induict au fier courroux,
La faute du beuueur, & non de la matiere.
Encor le feu du vin n'apparoist si cruel,
On l'arrouse, on l'esteinct, l'autre plus criminel
Ne se peut amortir sans vne mort prochaine,
Depuis qu'il est chez nous viuement addonné.
„ I'accompare l'Amour au sucre empoisonné,
„ Qui gouste sa doulceur il sent mortelle peine.

CXXXVIII.

A Neuf heures mon ame est gaillarde & felonne,
L'vn, pour me souuenir d'Amour que i'aime tant,
L'autre, pour ne pouuoir le seruir doulcement,
I'en souspire d'ardeur quand l'horologe sonne.
Pour déguiser ce feu qui mon teinct enuironne,
Quãd ie suis entre ceux qui m'ont veu priuément,
Ie feins d'estre malade, & m'en vay vistement
Entretenir ma Dame en ma seule personne :
Car ie veux accomplir le vœu que i'ay promis.
Donc pour n'estre au seiour descouuert des Amis,
Ie me desrobe d'eux voyant l'heure prochaine.
Hé Dieu! (ce dy-ie alors) ma fille pense en moy,
Elle a ma mesme ioye, elle a mon mesme esmoy,
Ainsi attendant mieux nous endormons la peine.

CXXXIX.

A Insi que l'infiny de mon affection
Est si beau, si diuin, qu'il tient de l'indicible,
Ainsi que son plaisir est incomprehensible
A l'heure qu'il ondoye en estroicte vnion :
Ainsi qui penseroit dire ma passion,
Il voudroit effronté rendre aisé l'impossible,
Et monter sans eschelle au mont inaccessible :
Car ie suis en extresme & bisarre action.
Ie ne puis CLAVAISON receuoir aucun aise
Si ie ne joings ma Dame & si ie ne la baise,
Encore bien souuent suis-ie si hors de moy,
Que m'emparadisant ie croy que c'est vn songe,
Tant plus ie parle à elle, & tant plus ie la voy,
L'Amour enflame-cœurs diuersement me ronge.

CXL.

QVel instinct, quel destin, quel sort, quelle fortune,
   Quel Astre, quel Démon, quel accidét peruers,
Incite la douleur de mes ennuis diuers,
Accompagnez tousiours de furie importune?
Seroit-ce Amour (DV PARC?) non; sa peine est
   commune,
   Et la mienne est estrange, en mon gain ie me perds.
Ie suis rauy aux Cieux, ie descends aux enfers,
Et si ne sçay pourquoy, ni d'où vient l'infortune.
Ie connoy bien que i'aime, & que ie suis aimé.
   Qui meut donc la rigueur de mon dueil enflamé?
   C'est l'extresme transport de mon Amour fidelle.
L'aueugle passion est tellement chez moy,
   Que craignant de laisser ma Dame mon esmoy,
   Ie desire sa mort & la mienne auec elle.

CXLI.

IE penseroy plustost la mer non variable,
Le beau Prin-temps sans fleurs, le mois d'Aoust
   sans moissons,
Le froidureux hyuer sans neige, sans glaçons,
Et le pauure idiot auisément croyable.
Ie penseroy plustost le bon-heur abhorrable,
   L'Automne sans fruictage, & sans nulles boissons,
   Le monde sans enuie, & la mer sans poissons,
Que ie pensasse en rien son dire veritable.
Iamais plus faulsement nul ne fust accusé,
   Ni l'honneur de Susanne à grand tort mesprisé.
   Hà! langue serpentine enuers tous venimeuse!
Punis, mon Dieu punis ce menteur inconstant,
   Brise, accable son chef de ton fouldre esclatant,
   Pour apprendre à blasmer la beauté vertueuse.

CXLII.

Sacrilege Apostat, infidele Heretique,
Athée, Libertin, Sot, Epicurien,
Pire cent mille fois qu'vn barbare Payen,
Tu continues donc en ton humeur inique?
Toy qui devrois auoir la bouche Euangelique,
Reprenant les erreurs, comme vn homme de bien,
Chassant de ton troupeau celuy qui ne vault rien,
Et seruir de miroir à vne Republique.
Ceux-là que tu ne peux par effect diffamer,
Tu les veulx mesdisant incessamment blasmer,
Il faut mourir, Iudas, puis que l'Amour l'ordonne.
Va va te confesser, repens toy de ton mal,
Par Dieu tu en auras dessus l'os coronnal,
Tu seras plus que Prestre ayant double coronne.

CHANSON.
XVI.

Refrain.

Ie ne suis de la trouppe
D'vn tas de Courtisans,
Qui ont la voile en poupe,
Et qui vont à tous vens.

I'Adoreray tousiours
Ce bel œil qui me dompte,
De tant d'autres Amours
Ie ne feray grand conte,
Ie n'auray iamais honte
D'endurer en ce lieu,
Dont la beauté surmonte
La deité d'vn Dieu.
        Ie ne suis.

Iouysse qui pourra
  De sa belle Maistresse,
  Et change qui voudra
  Sa Laïs en Lucresse,
  Ie ne trouue allegresse
  A si souuent changer,
  Il n'est nulle liesse
  A l'Amour passager.
    Ie ne suis.
» Qui aime extrememement
  » N'en sçauroit aimer qu'vne,
  » On doit fuyr l'Amant
  » Dont l'ardeur est commune,
  » Celuy tient de la Lune
  » Qui varie enflamé,
  » Et qui n'a foy aucune
  » Ne doit point estre aimé.
    Ie ne suis.
Si la perfection
  De ma Dame accomplie
  Cause vne passion
  A mon ame infinie,
  Ie ne perdray l'ennuie
  De voir si bel object.
» Il ne perd point la vie
» Qui meurt pour beau subject.
    Fy doncques de la trouppe
    D'vn tas de Courtisans,
    Qui ont la voile en poupe,
    Et qui vont à tous vens.

ODE.
XVII.

DE la bonne pepiniere
Leue le bon Arbrisseau,
De la digne ame guerriere,
Procede le Mars nouueau.
De l'Amour inuiolable
Vient le pudique entretien,
De la science honorable
Sourd la source de tout bien.
,, Nous deuons à nos Ancestres
,, Tout cela que nous auons,
,, Puis à nos eloquens maistres
,, Le sçauoir que nous sçauons.
Mais la pomme d'or est deuë
   A ceste belle beauté,
De là la grace est venuë
Anagramme.
DE LA CITHERE AFLOTTE.
Sus donc Amants pleins d'enuie
   Venez adorer ses yeux;
Mais non faictes, ie vous prie:
Car il n'appartient qu'aux Dieux.

CXLIII.

INTERVILE, ie suis plus à plaindre que toy,
Par la poste en deux iours tu vois ta Philumene,
  Qui biē tost soubs Hymen te donnant foy certaine,
Te preferant à d'autre esteindra ton esmoy.
Tu diras à grand' peine, & caché ie la voy
  Au danger apparent de rançon inhumaine; (ne
Mais moy plus mal-heureux en terre plus loingtai-
Retenu d'vn grād Prince en son doubtable Arroy

Ie ne puis voir ma Dame, hé dieux! cōment pourroy-ie
  Passer tant de païs ? hé ! seulet fausseroy-ie
  Vn camp victorieux effroyable à chacun?
C'est pourquoy sans espoir, las ! ie me desespere,
  Ma consolation c'est l'extresme misere
  Que i'attēds pour me mettre au sepulcre commun.

CXLIIII.

EN baisant ie suis si ioyeux
  Esteignant ma doulce furie,
  Que ie ne porte point d'enuie
  A la felicité des Dieux.
Quel heur égale l'Amoureux
  Ayant vne fidele Amie
  En beauté la plus accomplie
  D'vn illustre sang genereux ?
Mais ceste grandeur est fascheuse,
  A la grandeur mesme odieuse,
  On l'accompagne nuict & iour.
Combien de fois t'ay-ie maudicte
  Importune & ialouse suitte ?
  Car solitaire est l'humble Amour.

CXLV.

POurroit-il estre, ô Dieux, qu'Amour m'eust oublié,
  Amour à qui i'ay faict tant de loyal seruice,
  Amour qui eust de moy tant de doulce delice,
  Amour l'Amour qui m'est obligé d'Amitié,
Amour que i'ay chery ainsi que ma moitié,
  Que ie rends immortel par vn docte artifice,
  Amour luy qui m'a faict souffrir diuers supplice,
  Amour qui m'a d'vn vœu estroittement lié,
Amour qui m'a iuré, qui m'a voulu promettre,
  Mettant sa belle main dessus la saincte lettre,
  Qui me donnoit son cœur enflé d'Amour naïf,

L v

Et qui mourroit pluſtoſt que de m'eſtre perfide?
(COVRSAS) c'eſt qu'on l'éclaire, auſſi eſt-il captif.
,, Car Amour ne meurt point bië qu'il ſoit homicide.

CXLVI.

POurquoy n'ay-ie de vous quelque lettre Amou-
reuſe?
Hé! qui a couppé l'aiſle à l'Amoureux Poulet,
Qui ioly m'apprenoit le lieu de mon ſouhait,
Et qui maugré les maux rendoit ma vie heureuſe?
Vous couurirez cecy d'vne excuſe menteuſe,
Diſant que ie ſuis loing, que ce ſeroit ſubject
De faire caqueter, & que quand ie l'ay faict
On le connoiſt ſoudain à ma face ioyeuſe.
On ne ſçait où ie ſuis, & puis voulez vous bien
Que i'aye inceſſamment le teinct Saturnien,
Peut eſtre vous auez le naturel d'vn Prince,
Qui ne fait plus d'eſtat d'vn ſeruiteur acquis,
Dont ſouuët (mais trop tard) il s'en repend depuis.
,, Gardez de faire ainſi, Amour mord qui le pince.

CXLVII.

BOISDAVPHIN, ſi l'Amour qui m'afflige
ardemment,
Pour ſourd à mes regrets ne vouloir point m'eſcrire,
Encor qu'il ſoit tenu de pleurer mon martyre,
(Graue) s'oſoit depeindre ou nommer ſeulement:
I'eſſay'roy à trouuer vn peu d'allegement,
Ie te diroy l'orgueil qui fait que ie ſouſpire,
Nos amis me plaindroyent addoulciſſans mon ire,
Et ainſi i'en auroy quelque ſoulagement.
,, La douleur conſolée eſt bien plus ſupportable,
N'oſant dire la mienne Amoureux miſerable,
Pour paroiſtre diſcret iuſqu'à l'extremité.

Desesperé i'enrage estrangement malade,
 Et flattant mes ennuis l'Amour me persuade
 Que le bon est vn mal, le mal vne bonté.

CXLVIII.

TOut le bõ-heur que i'ay en ma fascheuse absẽce,
 C'est quand ie songe en toy, Pomponne mõ soucy,
 Tantost il me souuient d'vn courroux addoucy,
 De nos brocars mignons, au ieu & à la dance.
Tantost il me souuient de ta riche eloquence,
 Qui m'a rauy le sens qui au feu m'a trancy,
 Tantost il me souuient quand nous crions mercy,
 Mourans au doulx combat de nostre iouyssance.
Tantost il me souuient des espions ialoux
 De nos propos couuers, que nul n'entend que nous,
 De nos baisers larrons, de nos lettres dorées,
Des signes, des regrets postes de noz Amours.
 En ces profonds pensers, pasmé en ce discours,
 Ie passe ainsi seulet mes heures desastrées.

CXLIX.

FAut-il abandonner sa moitié desirable (vain
 Pour vn renom guerrier qui n'est qu'vn ombre
 Pour aggrandir les grands par le fer inhumain?
” La guerre est le surion de tout vice abhorrable.
Il est bon pour vn temps d'y paroistre honorable,
 D'y perdre de son sang & de son beau moyen,
 I'en suis estropié, ie n'y conqueste rien
 Qu'vn nom de Capitaine ores espouuentable.
Demandez recompense, on se rid de vos coups,
 Et soubs vn beau-semblant on se mocque de vous,
 Si la guerre est finie aussi est bien ta gloire,
Et quand tu serois sainct, on t'estime meschant,
 Dont desormais (DVRBOIS) l'Amour est ma victoi-
 Aussi qu'vn bel Amour va mõ cœur recerchant. (re,

CL.

Soit le iour soit la nuict il n'est heure endormie,
Que ton Idée en moy ne soit incessamment,
I'en ay le corps esmeu & mon entendement,
Dont mes meilleurs Amis plaignent ma frenaisie.
Ie n'ose, qui pis est, dire l'aspre furie,
Tu sçais l'occasion cause de mon tourment,
Ie despite le Ciel quelquesfois fierement,
Et maudis la grandeur qui amoindrist ma vie.
Tout ce qui me contente en mon aduersité,
C'est que i'ay esprouué ton roc de fermeté,
Dont bornant le Cahos de mes tristes pensées,
Ie me sens bien-heureux d'estre ton seruiteur,
Ie voudroy bien pourtant, pour accomplir mõ heur,
Te dire maintenant mes douleurs oppressées.

CLI.

Plus ie vy plus i'ay plus de rigoureux tourment,
Il faut que m'Amour aye vne aspre maladie,
Puis qu'elle ne respond à ma plaintiue vie:
Car elle ne voudroit faire vn nouuel Amant.
La Belle a trop de foy & trop d'entendement,
Elle abhorre le change, & si blasme l'enuie
Des Dames que l'on void aimer par tyrannie,
Ou par l'orde auarice infame embrassement.
,, L'Amour la bonne Amour, par la vertu s'enflame,
,, Qui gist au bon courage, en l'esprit & en l'ame,
,, (Graces sans qui l'honeur ne sçauroit estre entier.)
MAVGIRON c'est pourquoy ma gentille Maistresse,
Royne d'élection, m'a faict tant de caresse.
,, La Beauté doit cherir le digne Cheualier.

CLII.

MAudite soit la guerre & qui l'a ramenée,
Par elle ie me voy esloigné de mon cœur,
A qui ie suis vrayment fidele seruiteur:
Car m'Amour m'est en tout toute affectionnée.
Ma vie (DV POYET) seroit ja terminée,
Sans le doulx souuenir de nostre belle erreur,
Sans deux dignes faueurs courrieres de mon heur,
Que ie caresse fort d'ardeur passionnée.
Ie baise l'honneur blond de ce petit bouquet,
Que m'Amie a cueilly en son beau jardinet,
Où i'ay bien exercé l'Amoureuse delice.
Sans ce poil d'or frisé mon iour fust obscurcy,
Sans le diuin pourtraict que i'idolastre aussi,
Et sans l'espoir que i'ay de luy faire seruice.

CLIII.

VIART, si nous auons la desirable paix,
Il faut se resiouïr, il faut coiffer Mignonne,
Il faut iouër, danser, mais il ne faut personne
Qui parle de debas, de liure, ou de procés,
Sinon du passe-humain l'vnique Rabelais,
Nostre bon patriot, que la gloire couronne,
Son plaisir est plaisant, sa bonté toute bonne
A nous encourager aux desireux effaicts.
Mais il ne faut auoir en nostre compagnie
Des mal-nais, des bigüots, des soufleurs d'Alquemie,
Ni de ces vieux resueurs ialoux du temps passé.
Il nous faut CLAVAISON, DV BOVRG,
    DV PARC, LA FVYE,
Mon BLAIAN, BASMAISON, PON-
    SONAS & DASSÉ;
Puis là ie te diray la douleur qui m'ennuye.

CLIIII.

I'Aime vn celeste bleu, que porte ma Candide,
Quand elle void Amour en son doulx entretien,
Aussi que l'Eternel, le Pere de tout bien,
L'a beaucoup honoré bornant le flot humide.
Son Orangé me plaist, bien qu'il me tienne en bride,
C'est la couleur dorée & le teinct Delphien,
Ie semble (PETREMOL) au forsat sans moyen,
Qui cherist mal-heureux son cruel homicide.
Non, c'est le plaisant Bleu qui aggrée à mes yeux,
En signe d'alliance il reluist dans les Cieux,
C'est la beauté d'Iris diuine messagere ;
Bref dans le champ d'azur mon desir est rengé,
Non n'est, ie n'aime rien que le riche Orangé,
A cause d'vn bel œil qui l'espoir desespere.

CLV.

Que benist soit le iour de ma belle naissance,
Bié que i'aye souuent de l'ennuyeux mal-heur,
Que benist soit le iour que i'eu ceste faueur
D'approcher voz beautez des beautez l'excellence.
Que benist soit le iour que i'esloigné la France,
Pour voir les mots poinctus du Tu-gean sans peur,
Que benist soit le iour qu'vn poignard garde-hon-
Me seruit empourpré d'vne heureuse defence. (neur
Que tu sois tres-beniste, & que tres-benist soit
Le peuple au doulx regard, porte-paix, sauue-droict,
Qui me veid surmonter les orgueilleux gensd'armes.
Cher secours desiré, aduienne apres mille ans
Que la posterité renommant les Amants
Benisse noz ardeurs, noz souspirs, & noz larmes.

CLVI.

Mon Dieu que i'ay de bien à l'heure que ie pēse
Que vous songez en moy vostre fidele Amant,
Et que vous connoissez le rigoureux tourment
Que i'endure pour vous en ma fascheuse absence.
Ie me nourris pensif d'vne belle esperance
De seruir voz beautez que i'aime vniquement,
Quand i'approche le temps i'ay tel contentement
Que ie semble rauy au mont d'esiouyssance.
En passant le païs pour voir ton iour qui luit,
Le long chemin m'est court, ie marche toute nuict,
Ie vay plus en vn iour qu'autre en vne semaine,
Ie suis tousiours dispos, & m'est aduis aussi
Que mes cheuaux guerriers ne se lassent ainsi.
„ Où va l'affection aggreable est la peine.

CLVII.

Non, non, ie ne me plains de l'orgueil Martial,
Qui oultrageux icy tourmente ma ieunesse,
Non non, ie ne me plains d'vne bouillante oppresse,
Qui me fait dangereuse endurer tant de mal.
Ie me plains seulement (ô mal-heur inesgal!)
D'estre esloigné de vous, ma mortelle Déesse.
„ Il n'est telle misere, il n'est si rude oppresse,
„ Que de n'auiser point son bel Astre fatal.
Puis que la palle mort par la nuict est despeincte,
Amour, ie ne suis plus, ma vie est toute esteincte,
Estant priué chetif de l'esclair de voz yeux.
Mais comme le Soleil rompt vne espesse nue,
Ainsi par les rayons de vostre belle veuë
I'espere reuenir en mes iours gracieux.

CLVIII.

TEste nue, à genoux, leuant la veuë aux Cieux,
  Les doigts écarquillez de mes mains surhaussées,
  Et ores les ioignant humblement rabaissées,
  Estant dans vn sainct Temple à part deuotieux,
I'ay cent fois supplié la deité des Dieux,
  Pour vous faire mieux voir mes Amours oppressées,
  Cheres affections, Roynes de mes pensées,
  Que vous eussiez (sans mort) le mal contagieux.
Heureux en vous seruant ie ne craindroy la peste:
  Car ma passion fiere est cent fois plus funeste.
,, Le venin au venin sert de contrepoison.
Ie serois Esculape en ton angoisse dure,
  Et puis t'ayant donné la bonne guerison,
  Ie te pourroy nommer ma doulce creature.

CLIX.

MAudit païs ingrat, tout-sang, toute-furie,
Plein de fer, plein de feu, plein de rage &
    d'horreur,
  Plein d'effroy, de misere & d'aueugle fureur,
  Carnage, peste, meurtre, & damnable heresie,
Contente toy d'auoir tyrannisé ma vie
  Vn an & d'auantage en ta froide terreur,
  Ie ne veux desormais accourir à ta peur,
  Defens-toy si tu peux de ta race ennemie.
Pour t'auoir bien serui ie n'y ay rien acquis
  Que des rides au front, que force cheueux gris,
  Que douleurs & que coups, courriers du téps mua-
Aise de te laisser Gascongne au cœur mutin, (ble.
  Ie perds mon triste esmoy, benissant le destin
  Qui va mener ma Cour vers ma Cour honorable.

CLX.

EStime qui voudra le Prophete Laurier,
Le sainct Mirthe, le Palme afretant trop la terre,
 Que l'on vente la Vigne embrassant le Lierre,
 Et chante qui voudra le paisible Oliuier,
Qu'on mette iusqu'aux Cieux le Chesne & le Pom-
   mier,
 Mais moy que le sçauoir, que l'Amour, que la guer-
 Que l'amitié, la paix, que la gloire déterre, (re,
 Ie ne veux point loüer que l'illustre Peuplier.
Les Rhodiens ont tort : car seulement son ombre
 Amortist l'immortel de mon funeste encombre,
 Le Ciel en ma faueur face que mes Amis
Et leur posterité d'âge en âge esiouye,
 Honorāt le bon-heur que les Dieux m'ont permis,
 En ombrage pareil embrassent leur Amie.

CLXI.

AMour fasché de voir le mignon de sa mere
 Si long temps guerroyer loing de son cher soulas,
 Fainct d'estre douloureux, voisin du fier trespas,
 Voulant luy dire à part sa volonté derniere.
Il le mande, il escrit par la voye courriere,
 Mars pensant qu'il dist vray pose les armes bas,
 Il rompt ses beaux desseins Amoureux des cōbats,
 Et va diligemment vers la doulce Cythere.
Ce guerrier indompté en estant là aupres
 (Simple-habillé de noir tesmoing de ses regrets)
 D'auanture trouua la beauté souueraine,
Qui fust d'aise rauie auisant son desir,
 Et luy d'aise rauy voyant sa Dame saine,
 Dont Amour, Venus, Mars prinrēt bien du plaisir.

CLXII.

LA vehemente ioye épriſt mes ſens ſoudain
Que i'apperceu mon cœur la belle Noëmie,
Diſnant en vne table opulamment garnie,
Dont ie ne peu repaiſtre encor que i'euſſe faim.
Ie m'efforçoy aſſez, mais las! c'eſtoit en vain,
SAINCT FERRIOL mon ame eſtoit d'A-
 mour rauie,
Et craignoy qu'en ce lieu l'honneſte compagnie
Ne découuriſt l'ardeur de mon feu ſouuerain.
Ce fuſt vn ſacré iour de l'Alteſſe diuine,
Ce n'eſt pas pour neant que Phebus le domine,
Par luy ie vy l'honneur de la gloire priſé.
Mars vn an me priua de ce bon-heur extreſme;
Qu'euſſe eſté donc au prix ſi ie l'euſſe baiſé?
L'aiſe m'euſt transformé en Deité ſupreſme.

CLXIII.

IL eſtoit nuict, & la neceſſité
D'vn bel hazard, qui vient à l'impourueuë,
Charma les ſens & aueugla la veuë
Du bon Vulcan parauant deſpité;
Si bien que Mars coucha à ſon coſté,
Et à celuy de ſa Cyprine eſleuë;
Dont bellement de façon inconneuë
Il recueillit le doulx fruict ſouhaitté.
Mon Dieu que d'heur! quelle grande fortune!
 De voir maulgré la rancueur importune
Mars ſans ſouſpçon des cheſnes de Vulcan
Eſtre pres luy, & nud pres de Cythere.
„ O que Venus force bien ſon contraire,
„ L'amadoüant d'vn inuiſible ahan!

CLXIIII.

NI le superbe orgueil du grand Colosse armé,
  Qui comme vn Rhodomont veult faire peur
    au monde,
  Ni son Dariolet qui la nuict le seconde,
  Ni ses suyuans qui ont leur moyen consommé,
Ni le traistre parent ce mastin animé,
  Qui non (deuant mes yeux) ordinairemét gronde,
  Non mesme de Iupin par sa richesse blonde
  Ne sçauroyent amortir nostre Amour enflamé.
Que nous sommes contents de voir que les absences
  (Par Mars le dieu d'honneur) n'esbranslent nos
    constances !
Ie connoy ton cœur braue, & tu connois le mien
Qui n'vse d'artifice & fuyt la double ruse.
,, Il n'est que d'estre franc, le cault trompeur s'abuse,
,, La plus belle finesse est d'estre homme de bien.

CHANSON.

XVIII.

DEsormais ie ne veux plus estre
  Aux superbes lieux frequentez,
  Ie veux ie veux aux champs paroistre,
  Laissant les palais habitez,
    Parce que l'Amour enfantçon
    Se plaist en vn ioly bisson.
C'est aux beaux desers solitaires
  Que l'Amour marche asseurément,
  Là les babillars volontaires
  Ne peuuent diffamer l'Amant.
    C'est pourquoy l'Amour enfantçon
    Se plaist en vn ioly bisson.

Là les ialoux n'ont pas puiſſance
De ſuborner le beau deſir,
Là l'on reçoit la iouyſſance
Sans auoir triſte deſplaiſir.
  C'eſt pourquoy.
Là les plus rudes auantures,
Que puiſſe courir l'Amoureux,
C'eſt d'endurer quelques picqueures,
Dont les coups ne ſont dangereux.
  C'eſt pourquoy.
Là iamais perſonne n'eſcoute
Ni les plaintes, ni les regrets,
Là les Amans ſans nulle doute
Peuuent éuanter leurs ſecrets.
  C'eſt pourquoy.
Là le doux peuple eſt ſans malice,
Et ſans fainte corruption,
Il n'aime point par artifice,
Mais d'vne entiere affection.
  C'eſt pourquoy.
Vous eſpris d'Amoureuſes flames,
Voyez le biſſon fleuriſſant,
Où demeure l'honneur des Dames,
Par qui le plaiſir va naiſſant.
  C'eſt pourquoy l'Amour enfantçon
  Se plaiſt en vn ioly biſſon;
  Et c'eſt pourquoy chacun touſiours
  Benira mes belles Amours.

Sonnet en vers Lyriques.
CLXV.

L'Amour est fier en son langage,
L'Amour est fier à l'entretien,
L'Amour est fier en son maintien,
L'Amour est fier en son visage.
L'Amour est fier en son passage,
L'Amour est fier en son moyen,
L'Amour est fier en son lien,
L'Amour est fier en son seruage.
L'Amour est fier en son esprit,
L'Amour est fier en son escrit,
L'Amour est fier en toute chose,
Fors en sa mort, qui doucement
(Par estrange metamorphose)
Ressuscite gaillardement.

CLXVI.

DE ta fortune, Amy, ie ne suis enuieux:
Car ta digne valeur, Astre de gentillesse,
Merite la faueur de la chauue Déesse,
Que l'ö ne préd iamais par deux fois aux cheueux.
Mais ie desire bien que venant Amoureux
Soubs Hymen (döt les dieux preseruët ma ieunesse)
I'aye de la façon vne belle Maistresse,
Facile à conquerir au combat desireux.
L'or fluant de sa bouche où fleuronne la Rose,
Ainsi que Noëmie (Amour qui me dispose)
Peut faire d'vn Barbare vn gracieux Chrestien.
Mais RIBONNET, i'ay peur que sa grace diuine
Neglige ton seruice, elle en a bien la mine:
„ Car la perfection n'estime iamais rien.

CLXVII.

IE ne te voy iamais durable en vne humeur,
Tantost tu crois tantost tu es opiniastre,
Ores vindicatiue, à ceste heure idolastre,
  Ayāt (graces d'Amour) tousiours vn mesme cœur.
Tu semblé à l'herbe ainsi qui muë auec honneur,
  Au leuer d'Apollon elle est toute blancheastre,
  Et sur l'ardent Midy vermeillement rougeastre,
  Puis lors que Vesper vient bleuë & perse en cou-
Mais quoy? au beau Soleil ceste belle obtempere, (leur.
  Pourquoy dõcques par moy ton Phebus, ta lumiere,
  N'obeïs-tu, ma fille, à mes desirs constans?
Ie t'enten, fine Amour, tu fais diuers visage,
  Pour auoir iustement la deuise du sage,
,, Qui est, Chāger de teinct s'accommodant au temps.

ODE.

XIX.

IO, ma peine s'accoise
Estant au beau bout du pont,
  Ie n'auoy veu cinq ans sont
  La delicieuse Amboyse.
Dieu vous gard, chere patrie,
  Bon-seoir riuiere au long cours,
  Que i'honore en mes Amours
  Comme eau qui me glorifie.
Car ie croy ton onde, ô Loyre,
  Estre vn beau fleuue diuin,
  Desia le braue Angeuin
  L'a rendu assez notoire.

DE NOEMIE.

Pour le croire d'auantage
 Ie voy le Pleßis Preuoſt,
 Qui d'eſprit & de cœur hault
Fait admirer ton riuage.
Tout de meſmes ie n'ignore
 Que par moy LASPHRISE un iour
 En l'honneur de mon Amour
On t'eſtimera encore.
Ie n'vſe de vanterie
 Qui ne ſoit digne de los,
 Dont les iniurieux ſots
S'y perdroyent en mocquerie.
„ Qui meſpriſe vn qui s'exalte
 „ En ſes œuures glorieux,
 „ Eſt ſigne que vicieux
 „ Il ne fait point de bel acte.
C'eſt donc pourquoy ie me louë
 N'ayant des mal-nays ſoucy,
 Reconnoiſſant bien auſſi
Que l'habile m'en aduouë.
Et que mille doctes ames
 Meſmes apres mon treſpas,
 „ Où l'enuie ne mord pas,
Beniront mes doulces flames.
Toutes groſſes de merueille
 Voyant ma viue Chanſon
 Diront que mon Eraton
Eſt ſans art la nompareille.
Et comme en Pelerinage
 Iront voir mes champs fleuris,
 Remportans en leur païs
De ma fleur pour teſmoignage.

C'est de la Noëmiette
  L'Amoureuse d'Apollon
  Tantost perse du rayon,
  Puis blanche, & puis vermeillette.
Et en regardant LASPHRISE
  (Fief de basse valeur)
,, Peu de bien, beaucoup d'honneur,
  Me donneront pour deuise.
Qu'en vne terre petite
  Il y a de grands thresors,
  (Ce diront-elles alors)
  S'estonnans de mon merite.
Ainsi ce noble Poëte
  Disoit qu'on s'esbahiroit
  Qu'vn si grand que luy seroit
  De Sulmo pauure villette.
Fameuse Loyre feconde,
  Par moy ton los s'accroistra,
  Vn peuple estranger bura
  En Touraine de ton onde.
Ou de la liqueur diuine
  Sourdante en ton bois tortu,
  Qui excede la vertu
  De la source Cabaline.
Amboyse ville iolie
  Par là tu t'aggrandiras,
  Et apres mille ans seras
  Honorée de ma vie.

CLXVIII.

Vostre balet sera aggreablement beau,
  Le grand Amour y est en pompeuse parure,
  Suyuy des deitez conduites par Mercure, (deau,
  Sans fleches, sans carquois, sans trousses, sans ban-

DE NOEMIE.

Pour toute ame n'ayant qu'vn flamboyāt flambeau,
  Dont il brusle Diane irrité de l'iniure
  Qu'elle luy a tant faict despitant sa blessure,
Mais las! ie n'oseroy voir ce diuin troupeau.
Si vous n'auez chez vous le gracieux Couruile,
  Le galand Sauornin, l'amiable belle Hyle,
  Et l'honneste Fabry, qui sont mes bons amis:
Car si mon ame sort d'extresme aise eschauffée,
  Ces merueilleux Démos nouueaux freres d'Orphée
  Me ressusciteront maugré nos ennemis.

CLXIX.

MA bonne Pollion, ie suis vostre Soleil,
  Et vous estes ma fleur qui les autres surpasse,
  Vous voyant au matin si belle est vostre face,
Qu'elle affronte en blācheur l'albastre nompareil.
A midy tres-luisant vostre teinct est vermeil,
  Quand ie vous entretiens ou que ie vous embrasse;
  Et quand Vesper arriue, & que le iour se passe,
Vostre visage morne apparoist comme en dueil.
Cela ce dictes vous (chose facile à croire)
  Viēt lors que vous pēsez qu'approchāt la nuict noire
  Il faut que ie m'eslongne à telle heure de vous.
» Où le Soleil ne luist la beauté est ombreuse,
  Si ma fleur souffre Amour sa flame est douloureuse:
  Car le beau Phebus est du Tutrion ialoux.

CLXX.

SOis grāde, ou sois petite, ou sois blonde, ou brunette,
  D'extresme affection tousiours ie t'aimeré,
  Tu connoistras cecy tandis que ie viuré,
Voire apres: car ma flame à la mort n'est subjette.

M

Que ie te cheris toy humble mignardelette,
  Ton cœur mon cœur en est fermement asseuré,
  Pour cela ie ne suis en Amour pariuré:
  Car Amour me permet l'Amour que ie souhette.
Aussi en la faueur de l'Amour immortel
  I'ay faict dix mille vers honorant son Autel,
  (Où l'alme eternité ce chaud souspir engraue)
Que quelque bon Démon doctement inuentif
  Dira peut estre vn iour loüant mon feu naïf,
  Comme tu as esté, De gentil Amour braue.

CHANSON.

XX.

SI c'estoit d'auiourd'huy follastre
Que ie fusse vostre idolastre,
  Vous pourriez bien me souspçonner
  De ne vous affectionner.
Mais quoy! le temps qui tout expose,
Le temps maistre de toute chose
  T'a peu apprendre mon humeur,
  Qui est depuis dix ans ton heur.
Ha! ie descouure ta finesse
  La ialouse fureur t'oppresse,
  Dont l'Amour est plus attirant
  Faignant aussi la Cour d'vn grand.
Iò, ie t'en baise, ma Belle,
  Mais ne songe en ardeur nouuelle.
  „ Les vieux Amis & les vins vieux
  „ Sont ceux-là qui valent le mieux.

CLXXI.

TE fasches-tu m'Amour si ces carmes heureux
 Apprennent les faueurs de nostre doulce rage,
 Mes beaux vers qui rendront infiny tesmoignage
De la double vnion de noz cœurs Amoureux?
Ma fille ie croy bien qu'vn sot monde enuieux
 Estropié d'esprit te nommera peu sage,
 Disant qu'on ne doit point aimer qu'en mariage,
Où les plaisans plaisirs paroissent odieux.
La foy c'est mariage, & nostre foy promise
 Est sans comparaison mille fois plus exquise,
 D'autant qu'en mariage on est côtrainct tousiours:
On y baise souuent son cruel aduersaire,
 Et nous nous caressons d'vne ardeur volontaire,
 Dont les braues esprits beniront noz Amours.

CLXXII.

QVe feray-ie BILLARD? quel païs doy-ie
 eslire
 Pour demeurer content le reste de mes iours?
 I'ay dans le châp Manceau mes premieres Amours,
 Dont l'adorable honneur sainctement me souspire.
En ma chere Touraine vne Nymphe m'admire,
 Soubs l'air Parisien l'on m'aspire tousiours,
 En Bourgôgne vn bel œil lumiere au doux secours
 Fauorise mon Cœur que ce vainqueur desire.
Ie feray comme on void les deuots Pelerins,
 Qui dans vne forest trouuans plusieurs chemins,
 Suyuët la plus grand' voye (& fust elle doutable.)
Mais quoy? mes Dames sont esgales en beauté,
 Quelle guerre chez moy! paix, le sort est ietté
 Pour celle qui m'a faict plus de plaisir aimable.

M ij

CLXXIII.

IL me plaist fort de voir vn doulx-coulãt ruisseau,
Il me plaist fort de voir vne claire fontaine,
Il me plaist fort de voir vne fertile plaine,
Il me plaist fort de voir vn bocage nouueau,
Il me plaist fort de voir vn verdoyant préau,
Il me plaist fort de voir vne forest haultaine,
Il me plaist fort de voir la sablonneuse arene,
Il me plaist fort de voir vn iardinage beau,
Il me plaist fort de voir les valées secrettes,
Il me plaist fort de voir les diuerses fleurettes,
Il me plaist fort de voir ce grand globe parfaict,
Ie me perds là dessus, contemplant cest ouurage,
Mais il me plaist, VIEFVY, mille fois d'auantage
Lors alors qu'à gogo ie baise mon souhaict.

CLXXIIII.

PENSERS mes compagnons où estes vous allez
Ores que i'ay besoing de vostre grace amie?
NOVS estions escartez dans vostre ame infinie,
Par l'endormant Cahos en vos esprits troublez.
R'assemblez vous mignons, & puis me consolez,
,, La bonne Amour se monstre en l'aspre fascherie,
Ma Muse prend tantost congé de Noëmie,
Par deux Mars ennemis en la France coulez.
Rien que ce triste Adieu leur dessein ne me fasche,
I'aime autãt qu'vne plume vn signalant panache,
Que grand's fraises encor des fermes hausse-couls,
Que beaux gans parfumez des gantelets de prise.
NE vous souciez point NOEMIE & LAS-
PHRISE
L'vn dans l'autre à iamais seront conjoincts par
NOVS.

CLXXV.

I'Ay l'Amour, i'ay la foy, i'ay l'hõneur, i'ay la crain-
Adorant vos beautez i'ay la discretion,   (te,
I'ay de l'heur, mais i'ay plus d'ardente passion
Par vos doulces doulceurs dõt mõ ame est attainte.
Plusieurs sçachans le biẽ de nostre ardeur emprainte
Ne me croiront gonflé de telle affliction,
Aucuns pourront penser que ce soit fiction,
Ie iure l'Eternel que ma flame n'est faincte.
Ie suis ialoux de vous que i'aime plus que moy,
(Non que ie doubte en rien de vostre blanche foy)
Mais trãsporté d'Amour qui souuẽt nous assemble.
Vous estes tant mon cœur que ie voudroy perir,
S'il vous plaisoit, ma Dame, auecques moy mourir,
Afin que nous fussions incessamment ensemble.

**Fin de l'Amour passionnée
de Noëmie.**

STANCES DE LA DELICE D'AMOVR.

Par le Capitaine Lasphrise.

A Monsieur de Maugiron.

Ousiours avecques Mars est la belle Ve-
nus,
  Dont recreant l'orgueil de mes trauaux
connus,
Paladin ie t'enuoye vne delice exquise,
Il faut que l'œuure soit duisable à l'ouurier,
Tu es Amoureux beau, tu es braue guerrier,
Tu es mon Maugiron & ie suis ton Lasphrise.

Dy moy donc Eraton gloire de mon tourment,
  Quel tu voudrois choisir l'estre de ton Amant,
Et les perfections d'vne aggreable Amie,
Toy qui m'as tant de fois dessus le mont iumeau
(Interprete des Dieux) abbreuué de ton eau,
Faisant que d'âge en âge on benisse ma vie.

Quand il entre en l'Auril de ses ans, c'est alors
  Qu'il est plus conuenable aux Amoureux accors,
Ie ne regarde point s'il a de la richesse,
Encores que ce bois eschauffe le foyer,
Et quiconque se plaist en ce plaisant mestier,
Ne souhaitte rien tant que la gaye ieunesse.

M iiij

Tous hommes naturels aggréent à mes yeux,
  Mais de tous les estats celuy que i'aime mieux
  C'est le vray Paladin, qui ioinct l'espée au liure,
  Il me defend tuant, fauorisé de Mars,
  Et puis me perennise en mille & mille pars,
  Par luy seul seulement gay'ment ie puis reuiure.

Que tel paroisse aussi plus courtoisement doulx,
  Et qu'il se garde bien de deuenir ialoux:
  Car l'aspre ialousie engendre grand' tourmente,
  Qu'il paroisse hardy en mille estranges lieux.
  » La fortune tousiours ayde aux auantureux,
  » Vn poltron fust-ce vn Roy ne merite vne Amante.

Ie ne dy que celuy arresté au lien
  Du fuyable Hymenée ennemy de mon bien
  N'aille au chãge Amoureux pour recréer son ame,
  C'est ce que ie desire, & mon instruction,
  Que d'estancher la soif de son affection,
  Le Garçon volontaire encore plus m'enflame.

I'abhorre entierement l'infidele flateur,
  Mais pour plus enseigner les souhaits de mon cœur,
  Ie veux que mon Amy soit de moyenne taille,
  Encor que le petit me cherche d'vn cœur hault,
  Sa colere est trop prompte, il se tue à l'assault,
  Et le grand est trop long à mourir en bataille.

La mediocrité mere de la raison
  Habite incessamment en ma belle maison,
  Bien que ie sois beaucoup en mes desirs extresme,
  Que dy-ie? le petit ayant l'habileté
  Et la bonne habitude aggrée à ma beauté,
  Non pas l'embrassement du dandin Polypheme.

Mon

D'AMOVR.

Mon mignon sera donc d'vn poil blond brunissant,
  Son front grand, esleué, d'vn marbre blanchissant,
  Son œil verd bien fendu, son oreille bien ronde,
  Sa bouche bien petite entournée d'œillet,
  Son menton court, son nez traitif assez longuet,
  Au moulate camard mon cher desir n'abonde.

Son teinct sera vermeil plein de graue doulceur,
  Son visage riant, grasselet en rondeur,
  Son col accourcissant, sa taille bien carrée,
  Ses bras longs & charnus, sa main longue & ses
  Sein, allaigre, dispos; mais ie veux toutesfois (doigts,
  Que ses reins soyent garnis d'vne force asseurée.

Sa cuisse sera grosse & bien membrue aussi,
  Sa iambe assez menue, & ie desire ainsi
  Que son pied soit petit, sa gréue vn peu longuette,
  Ie ne le veux mignard ni fardé nullement.
» Vn homme feminin ne plaist aucunement,
» Il n'est point valeureux en ce que ie souhaitte.

Ie veux qu'en plusieurs lieux mon Amy soit ombré
  D'vn beau poil crepelu, poil que ie tiens sacré,
  Côme m'aduât-courant le doux fruict que ie cueille,
  Et principalement ie veux que son menton
  Aye vn petit dubet d'vn blondoyant coton.
» L'arbre est bien mal-plaisant quâd il n'a point de
                                    (fueille.

Ie ne veux dire icy ses habits somptueux,
  Plus il en a de beaux, plus mon œil est ioyeux,
  S'habille à son plaisir estant nettement propre,
  Paré d'vn vestement qui richement reluit,
  On ne peut trop s'aimer pour iouyr de mon fruict,
  Que volontiers ie donne au braue qui s'y offre.

            M v

Oseray-ie oublier ce que ie veux sur tout,
  Le fregon de mon four, baston qui n'a qu'vn bout,
  Mon mignon boute-feu de ma flame amiable,
  Lithiphale gaillard qu'il ne fault amorcer,
  Qui sans caresse peut vn monde caresser,
  De grandeur naturelle, & de grosseur semblable.

Tousiours prompt, vif, ardent, ayant vn sang altier,
  Et deux braues tesmoings, pour me certifier
  Qu'il est prest, bié en-poinct, gonflé d'ardeur secõde,
  Encores que sa forme enseigne sa valeur,
  Son chef, son frõt, sõ nez, n'est-ce pas vn beau cœur,
  Qui sans cesse combat la plus grand' part du mõde?

Ie le veux appeller le doulx-merueilleux dieu:
  Car il brusle la glace, il englace le feu,
  Et fait changer la flame en vne onde plus doulce,
  Par ses pleurs il fait rire & viure en vne mort,
  Par sa guerre il fait estre en aggreable accord,
  Et est plus gracieux alors qu'il se courrouce.

Or pource que l'on dict mon cœur inassouuy,
  Mon cœur iamais vaincu d'allegresse rauy,
  (Qui plainct maugré le bruit les funestes encõbres)
  Il se contentera lors que l'aiguillon doux
  Le poindra chaque iour trois, cinq, ou sept bõs coups,
  C'est tousiours au premier qu'il faut les premiers nõ-
  (bres.

Oultre cela ie veux cent baisers doucereux,
  Comme seurs postillons des plaisirs Amoureux,
  Communément le pain s'enfourne par la bouche,
  Vn baiser bien donné, un baiser bien receu
  Baille l'eau au bruslant, baille au frilleux le feu,
  C'est le cher compagnon de ma belle escarmouche.

Quelque petit larcin, quelque petit debat
 Allume bien auſſi l'amiable combat,
 Quelque riche preſent encore plus l'alleche:
 Ainſi mon fauorit gay m'entretiendera,
 Et de moy (meſme au jeu) il ne ſe mocquera,
 L'vn deſplaiſt en Amour, & l'autre ſert de meiche.

Mille beaux petits noms naïfuement nommez,
 Mille brocards mignons de ioye ſur-ſemez,
 Il me dira ſans ceſſe au milieu des allarmes,
 Auec vn doux ſupport attendant la liqueur,
 Qui fait enſemblément viure & mourir mõ cœur,
 Il temporiſera preſt à rendre les armes.

Ie ne deſire pas que l'on cueille mon fruict,
 Comme vn peuple ignorãt dedans l'ombreuſe nuict,
 Ni comme vn courtiſan tant à la deſrobée,
 Au ſolitaire bois, au gaſouil des oiſeaux,
 Il me plaiſt fort le iour, & le ſoir aux ruiſſeaux,
 La Royne de beauté naſquit de la marée.

I'aime auſſi le bocage armé de belles fleurs,
 Où ſont les arbriſſeaux ombrage des chaleurs,
 Et les ioyeux iardins où giſt le doux ſilence,
 Bref i'aſpire le iour les beaux champs eſcartez,
 Depuis que les iumeaux ſont pleins d'authoritez,
 Iuſqu'à temps que la Vierge entre dãs la Balance.

Le larcin toutesfois me plaiſt plus plaiſamment,
 Mais ie veux qu'en beau lieu il ſoit pris librement,
 Non derriere vn vieil huis, ou la tapiſſerie,
 N'eſt-ce pas violer le ſainct temple des Dieux?
 Il me faut belle place, vn lieu delicieux.
» En beau lieu la beauté demande eſtre ſeruie.

Non non ces coups larrons hastiuement laschez,
(Semence d'auortons que i'ay tous retranchez)
Ne poignent mes beautez friandement sucrines;
Ie ne mentiray point, on ne peut voir l'Archer
Delicieusement au combat décocher,
Sans l'asseuré larcin, mesmes soubs les courtines.

Là mon plaisir me guide employant bien le temps,
Et si ie temporise, alors c'est que i'attens
Le beau flot Amoureux de la marine enflée,
Là ie vaincqs le vainqueur, & là superbement
Adextre au jeu d'aimer par vn beau remu'ment
Ie me perds, ie me meurs en si doulce meslée.

Quelle aise pensez-vous que ie reçoiue apres,
Quand i'euente hardiment mille dignes secrets,
Et mille ardens souspirs messagers de ma flame,
Baignant de pleurs ioyeux ce gracieux seiour,
Quand en mourant ie vy au paradis d'Amour,
Sans redoubter l'orgueil du hazard porte-blasme?

Le braue chef d'vn ost, bien qu'il soit nay soldat,
Ne se met au peril d'vn hazardeux combat,
Si le champ ne luy est proprement fauorable;
Le digne Amant ne doit doulcement embrasser,
Ni ioindre estroictement pour mieux la caresser,
Si la place du choc ne luy est fauorable.

Ie ne dy toutesfois pour ma flame attiser,
Que l'on ne puisse bien vn peu se déguiser,
Les Dieux en ont laissé leur superbe semblance;
Mais qu'on garde de faire vn Ixion nouueau,
Et pour n'estre subject au sinistre Corbeau,
Ie veux que l'on m'adore au Temple d'asseurance.

Encor peut-on donner quelque aſsignation,
  (Soubs l'ombre aucunesfois d'vne colation)
  Ou de quelque autre poinct qui me pourroit attrai-
  Mais on ne dira pas ce bel adjournement   (re,
  Craignant les ſuborneurs de mon contentement.
,, La premiere vertu c'eſt de ſe ſçauoir taire.

Ie n'aime ces recoins tant eſpiez par tout,
  Où plus communément on bataille debout,
  Où ne s'eſpreuue point ma doulce-vnique enuie,
  Si au commencement l'occaſion s'offroit,
  I'eſtimeroy vn ſot qui la refuſeroit,
  La femme au premier choc deſire eſtre rauie.

Ceſt amas ſomptueux de ieunes Courtiſans
  Diffame ma beauté richeſſe de mes ans,
  Et penſe receuoir vn honneur de ma honte,
  Apres qu'il a iouy il me iette vn brocard,
  Et ſi veult que l'Amy en aye quelque part,
  Faiſant touſiours de moy quelque ſot petit conte.

I'ay autant de plaiſir (ce dit-il) à nommer
  Les faueurs, les doulçeurs que ie reçoy d'aimer,
  Comme à la iouyſſance (extreſme menterie)
  Hà ! que de fouls propos teſmoins de mes attraicts,
  Que de gaudiſſemens, que d'éuentez regrets!
,, Quiconque n'eſt ſecret eſt indigne d'Amie.

Or donc mon fauorit, mon Ame, mon Mignon,
  Sera de bonne foy, ſera bon compagnon,
  Prompt à executer, aſſez lent au langage,
  Bien appris, bien nourry, bien conditionné,
  Et encore qu'il fuſt pauure ou infortuné,
  Ie ne laiſſeray point de luy faire auantage.

Voyla comment ie veux mon digne feruiteur,
 L'ame de ma belle ame, & le cœur de mon cœur,
 Il me plaift maintenant de depeindre ma vie,
 Quand ce Dieu clair-voyant, ce pere liberal
 A par dix & fept fois reueu le iour natal
 D'vne gaye beauté, elle eft d'âge accomplie.

Ie veux que l'Amie ait vn bel efprit fubtil,
 Orné de la fcience, vn courage gentil,
 Vn mignard entretien, vne plaifante audace,
 Vn accueil accoftable, vne humble priuauté,
 Vn langage naïf, voire vne majefté,
 Regente des doulceurs d'vne fi bonne grace.

Ie la demande honnefte, affable à vn chacun:
 Car l'orgueil me defplaift comme trop importun,
 Sur tout qu'elle ne foit aucunement badine,
 On luy a beau prefcher ma doulce paffion,
 Et l'heureux paradis de ma dilection,
 Elle n'y veult entendre, & fi fait de la fine.

I'ay toufiours (dict la fotte) honorable vefcu,
 (Comme fi le Laurier croiffoit aupres du cu)
 Que s'il eftoit ainfi, l'honneur feroit la honte,
 Que l'humble honnefteté commande de cacher.
 Qu'ay-ie dict? la plus-part la fait auffi boucher
 Par des galefretiers de qui l'on ne tient conte.

Ma Mignonne aura donc l'efprit bien aiusé,
 Qui ne fera iamais fottement déguifé,
 Qui ne laiffera point le vin pour le vin-aigre,
 Pour la fueille le fruict, pour la paille le grain,
 Pour l'efcorce le bois, pour la perte le gain,
 Et qui ne languira fe pouuant rendre allaigre.

Elle aura sur son chef, sejour de la raison,
  Vn riche poil luisant, precieuse toison,
  Tresse qui librement volera blondoyante,
  D'vn or esparpillé, long, espais, crepelu,
  Frisotté, delié, bauelé, houpelu,
  Vagabondant tousiours en onde flot-flotante.

Son front siege à l'honneur sera grand & poly,
  Arrondy, large, plain, sans fronceure, sans ply,
  N'estant chargé du poil qui la teste enuironne,
  Il sera de cristal reluisant comme l'eau,
  Rouseyante au matin au plaisant renouueau,
  Quand on y void iouer le clair fils de Latonne.

Son aureille bien ronde, & bien petite aussi,
  (O beau fusil d'Amour!) ie veux que son sourcy
  Soit noir, fort delié, faict en voûte iolie,
  Ayant bonne distance entre les deux, afin
  Que l'on puisse connoistre vn present si diuin,
  Messager de mon but, comme Iris de la pluye.

Ie ne veulx oublier l'Astre de son bel œil,
  Qui est asseurément le iour de mon Soleil,
  Qu'il soit doulx, penetrant, grand, esleué encore,
  Attrayant, rond, fendu, bien gros & bien ouuert,
  Mais ie veulx par sur tout qu'il soit tousiours bien
    verd.
„ Le verd est plus plaisant que n'est la couleur more.

Le verd est vn espoir, & ie fay esperer,
  Et l'autre, quelle horreur! souuent desesperer,
  C'est comparer la nuict à la claire iournée,
  Venus a les yeux verds, que les Reformateurs
  Ne m'amenent donc point les Grecs trop inuenteurs,
  Ie veux que ma moitié à ma moitié aggrée.

Rien que sur son sourcy le noir ne se verra,
Qui comme vn fil de soye en arc apparoistra,
Pour donner lustre au teinct de sa face albastrine,
Où seront les œillets naïfuement fleuris,
Vne riche moisson de Roses, & de Lis,
Que ie machotte ayant le desir qui m'incline.

Son visage que i'aime & que i'ay bien esleu,
Sera faict en rondeur grasselet, pommelu,
Humble-graue, riand, plaisant à l'abordée,
Sursemé d'vne honte où l'honneur est gardé,
N'estant iamais chagrin, soucieux ni fardé.
,, *La beauté n'est pas belle alors qu'elle est fardée.*

Son nés sera traitif, d'vne tendrette peau,
Et nullement voulté, fort estroit du naseau,
Ne tenant rien de l'air de l'orde punaisie,
I'abhorre ceste ardeur insensible au dolent:
Car l'eau de Marjolaine ou parfum excellent
Ne sçauroit empescher si grande villennie.

La bouche de m'Amour sera pleine d'attraicts,
(Grande cōme son œil) messageāt les doulx traicts,
Si bien que sans parler la Belle represente
Vn baiser colombin, le doux auant-coureur,
Sa léure vn peu grossette aura telle couleur
Qu'vne rose de May fraischement florissante.

Apres dans ceste bouche, amorce de mon bien,
Qui belle (fors que moy) ne souhaitte plus rien,
On y verra deux rengs de luisantes perlettes,
Rangs si bien arrangez & si mignonnement,
Qu'auec la bonne odeur de cest embouchement,
L'Amant trespassera gros de flames secrettes.

Son menton sera rond, court, fosselu, ioly,
　Mignō, mignard, poupin, frais, blanc, douillet, poly,
　Vn peu hault pour monstrer ceste gorge albastrine,
　Qu'on verra tout ainsi qu'vn beau laict cailloté,
　Ie la veux grosse, grasse, en molle dureté,
　Et son col assez long borné de sa poitrine.

D'vn beau marbre amolly elle aura ses deux bras,
　Qui seront gros & longs, fort douillettement gras,
　Sa taille carrée, haute, où se campe la gloire,
　Sur sa main on verra le beau Lis fleurissant,
　Qui polie sera, longue en estrecissant,
　Ses doigts bien deliez tous entournez d'iuoyre.

Ie la desire droicte, & par sur tout ie veux
　Que son corps ne soit point tortu ni montagneux,
　(Comme estāt mal cōmode à ma moisson diuerse)
　Ie ne le veux mignard, maigrelin, ni menu,
　Ie veux qu'il soit fourny, qu'il soit gras & charnu,
　Au champ maigre iamais mon Amy ne s'exerce.

Large & blanc comme neige on verra son beau sein,
　(Digne couche sacrée où ie repose à plein)
　Et pour mes oreillers quand disposant ie veille,
　Ie veux ses deux tetons petits freres iumeaux,
　Durs, albastrins, douillets, pour les rēdre plus beaux,
　Ie les veux emboutis d'vne fraise vermeille.

Ie veux qu'à l'entre-deux de ce marbre voulté,
　Soit vn large ruisseau nullement frequenté,
　(L'addresse du chemin de ma doulce fontaine)
　Et pour ne s'esgarer sur le milieu i'y veux
　Vn nombril petit œil miroir delicieux,
　Comme prochain parent de l'ardeur qui m'ameine.

Son beau ventre arrondy sera bien potelé,
  Gras, poly, tremblottant, ni pour estre foulé,
  Tousiours ferme & garny de beauté delectable,
  Vne motte asseurée, approchant le beau but,
  Par qui tout le monde est, par qui tousiours il fut,
  Bornera les attraicts de ce ventre amiable.

C'est là la citadelle & le fort bastion,
  Qui ne craint point l'orgueil du fouldroyāt canon,
  Qui s'y campe il flechist, & tant soit-il superbe,
  Ce lieu (cher rendez-vous) doit estre bien herbu,
  Quelquesfois deplanté plustost que frais tondu.
,, Vn pré n'est pas plaisant si l'on n'en oste l'herbe.

Ce globe audacieux qu'Amour a reserué
  Au bas de son vallon, vn peu hault esleué,
  Pour mieux me maintenir aura vne tranchée
  De tres-petite garde, où le doulx ennemy
  Sera trouué vaincu, pasmé, voire endormy,
  Pour que l'enfant oiseau ait nouuelle bechée.

Vienne au retranchement le glorieux vainqueur,
  Là mon affection n'englacera de peur;
  Car fust-ce vn mesme Dieu on le verra cōfondre,
  Et si (miracle grand!) sans qu'elle lasche vn coup,
  Sans dire mot souuent il en mourra beaucoup,
  Mais c'est biē le plus beau quād chacun peut respō-
                                                (dre.

Qui le veult venir voir il se doit preparer
  De combattre hardiment, se gardant biē d'entrer
  Dedans la fausse-braye ayant la teste basse,
  Tousiours droict, vif, riand, en colere, escumeux,
  Donnāt sans reconnoistre, & poussant courageux,
,, C'est à la belle mort que la gloire s'amasse.

De ſa perte il aura peut eſtre vn iour ſupport,
  Pourueu qu'il ſoit ardent, & qu'il enfonce fort:
  Car ces coups morfondus ſont touſiours inhabiles;
  M'Amie a toutesfois plus grand contentement,
  On ſe met à genoux, on luy offre humblement,
  Et ſi retient le fruict des lieſſes ſubtiles.

Lors qu'elle porte heureuſe vn fruictage ſi beau,
  Encor que le combat ne fuſt point ſi nouueau,
  (Nouueauté paſſe-temps de l'Amoureuſe enuie)
  Si fait-il bon pourtant l'animer à l'aſſault,
  Si elle eſt en-bon-poinct (delice qu'il me faut)
  Car elle a plus d'ardeur, eſſence de la vie.

Mais depuis qu'on l'a veuë vne fois reclamer
  Lucine à l'œil piteux, ne parlez plus d'aimer,
  Si vous voulez iouyr de ma delicateſſe,
  Les pouldres, ni les bains proprement compoſez,
  Les receptes, les fards finement déguiſez,
  Ne la ſçauroyent garder du goulfre de largeſſe.

Ie veux tel le connin de mon gay iardinet,
  Mignon, mignard, mouſlu, eſleué, ferme, net,
  Petit, gros, rebondy, couuert de blonde ſoye,
  Que ce terroir dedans ſoit touſiours ſec & chaut:
  Car tãt plus on le baiche et plº beau mieux il vault,
  Aux chãps mareſcageux l'Amour n'a point de ioye.

Hà follaſtre terroir! honneur de mon pourchas,
  Quiconque te laboure auec ces doulx appas,
  Ne voudroit eſtre au Ciel vn donte-dieux ſupreſ-
  Car oultre la delice ineffable vrayment   (me:
  Qu'on reçoit par les flots de ton beau mouuement,
  On a mille autres biens que ton pouuoir nous ſeme.

Tant de belles faueurs, mais tant de chauds souspirs,
   Tant de baisers sucrez, attraict de mes desirs,
   Tant de doulces malices, & tant de mignardises,
   Tant d'humbles passions, tant de sousris benings,
   Tant de propos ioyeux, tant de presens diuins,
   Tant de gayes fureurs, & tant de friandises.

Plustost on contera les bestes, les oiseaux,
   Tout le peuple muet qui est dedans les eaux,
   Les sables d'alentour, que l'on sçache le conte
   Des caresses, des biens, que ce petit mignon
   (Duquel l'honnesteté me defend le vray nom)
   Fait couuer, fait esclore auec sa doulce honte.

Par luy en follastrant quelquesfois dans les draps,
   Son Amoureux s'esbat gayement bras à bras,
   Il succotte sa bouche, où le basme s'enserre,
   Il baisotte son œil (digne flambeau des cieux)
   Esgratigne, s'allonge, auec desir ioyeux,
   Il manie amorçant le sucre de sa guerre.

Dieux! quel plaisant plaisir! mais quel soulas entier
   Quand heureux il se void au milieu du brasier
   Mignottant, fretillant, à petite secouce,
   Quand sa Dame sousleue auec agiles bonds,
   Comme vne source fait sautiller les sablons,
   Et quand chacun se meurt d'vne fiebure si doulce?

S'il luy plaist redoubler ce gracieux accés,
   Desirant s'enyurer en si gentil excés,
   Il s'en va becqueter sa bouchette empourprée,
   Fleurotter ce beau teinct à l'Aurore pareil,
   Et morçurer goulu ce teton, ce bel œil,
   Chatouillant le chalant de son ame alterée.

Sa Maistresse a aussi belles inuentions
  Pour r'entrer au combat de ses affections,
  Où l'aggreable Auril incessamment se voüe,
  Ores d'vn coup de pied la mauuaise l'assault,
  Ou d'vn bec tourterin s'esueillant en sursault.
,, Sans la friande amorce vn bon canon ne ioüe.

Encor qu'il soit gentil, tousiours prompt au combat,
  Mais le plaisir s'augmente & le cœur au soldat,
  Quand il oyt le tambour messager des allarmes:
  Ainsi quelque signal d'vn doulx attouchement
  Quelquesfois d'vn sommeil déguisé finement
  Est fort delicieux aux Amoureux gensd'armes.

Bien souuent assouuy des doulces voluptez
  (Qui le rendent plus dieu que les diuinitez)
  Il mesure sa cuisse où l'iuoire se treuue,
  Elle est rondement grosse, on n'y sent point les os,
  Ferme comme vn rocher, abois des fascheux flots,
  Bien-heureux est l'Amant qui telle chose espreuue.

Puis ores il petrist poussottant ses genoux,
  Qui sont mignardelets, delicatement moux,
  Ores il fraye vn peu la gréue de sa iambe
  Bien longue, bien vuidée, & bien estroicte encor,
  Et ore en gaudissant il chatouille bien fort
  Ce petit pied douillet colonnel de sa flambe.

Et puis quand le sommeil, le pere du repos,
  Les accable tous deux, incontinent dispos
  Le r'attaquent encor' non d'vne mesme sorte,
  Maintenant le dessoubs sera plus hault monté,
  Ore il baise la couche, ore il est de costé.
,, Le chantre ne vault rien qui ne dit qu'vne notte.

Il fuyt les nouueautez, l'inuention luy plaist,
  Vous Amants fortunez approchez donc d'où est
  Le beau defir fucrin qui braue emparadife,
  Defrobez librement, allumez voz flambeaux
  Parmy ces jeux facrez, delicatement beaux,
  Et lors vous benirez fi doulce friandife.

Que voſtre vaiſſeau flotte en fa gentille mer,
  Non en petits ruiſſeaux qui ne font qu'eſcumer
  (Où ſouuent la plus-part du populaire aborde:)
  Car ce feroit gaſter ce bel honneur facré,
  I'eſtime fort celuy qui hauſſe fon degré,
  Auec la grand' beauté qui doulcement accorde.

Adorez donc l'Amour, & en toute faifon
  Que chacun m'ait heureux au feſt de fa maifon,
  Nouueaux venus venez follaſtrer dans fa couche,
  Langottant mignottez, mordillez fucçotant,
  Baiſotant riotez, babillez combatant,
  Et mourez glorieux en fi belle efcarmouche.

Ores dedans vn champ tapiſſé de verdeurs,
  Ores deſſur vn lict paré de belles fleurs,
  Voire mefme en plein iour auecques torche ardente,
  Frifottez, pignottez, tortillottez ceſt or,
  Encendrillez mon feu, pillotez mon threfor,
  L'amorcillant touſiours d'vne ardeur allechante.

Fin de la Delice d'Amour.

LA NOVVELLE INCONNVE.

Par le Capitaine Lasphrise.

A Monsieur de Beauuais Nangy.

SI la doulceur conjoincte à l'humeur ge-
 nereuse
Honore plus l'honneur d'vne ame valeu-
 reuse,
Tu es BEAVVAIS NANGY estimable sur tous:
Car braue tu parois plus humainement doulx,
Entre tant de vertus la vertu plus loüable
Qu'auoit ce grand Cesar, qui suruit admirable,
C'estoit l'humanité (Tulle l'asseure ainsi.)
De telle grace plein ie te renomme aussi,
Mais d'autāt qu'auiourd'huy par l'orgueil de fortune,
D'indisposition, & d'ingrate rancune
Ie suis retiré loing de la Cour tes esbats,
Tel en ce monde là que si ie n'estoy pas,
Et que trop rarement i'ay ceste heureuse ioye
De voir tes lettres d'or: mon BEAVVAIS, ie t'enuoye
Cent mille humbles baisers, & vne nouueauté
Digne de resueiller ta belle gayeté.
Celuy qui ne fait cas des choses memorables,
Mesmes touchant l'honneur des beautez desirables,
Merite mal appris d'estre oublié tousiours,
Et d'estre moins que rien banny du dieu d'Amours.

Pour n'estre tel i'escry la nouuelle inconnuë
Que l'INXEAN m'apprist tout ainsi qu'il l'a veuë,
Ce digne homme de foy, qui m'est intime Amy,
Aussi certainement ne l'aimay-ie à demy,
C'est mon ame, mō cœur, vn mon tout, vn moy-mesme,
Riche d'vn beau sçauoir, gros de valeur extresme,
Qui apres auoir veu les païs estrangers,
Apres s'estre sauué de cent mille dangers,
Apres auoir couru dessus la mer volage,
Et apres auoir faict voyage sur voyage,
Il luy prist vn desir de reuoir sa maison,
Ia desia paroissoit la riante saison,
Lors que passant les monts en grande diligence,
Indispost, plein d'honneur, il s'en reuint en France,
Et afin d'empescher que ses trauaux passez
N'endommageassent plus ses membres oppressez,
Il sejourne à Paris, il y prend medecine,
Il y fait corps nouueau, mais foible il ne chemine:
,, Car l'aspre maladie accourt hastiuement,
,, Et la doulce santé ne vient que lentement,
Dont vn digne Pæon amoureux de sa vie
Voulut qu'il eslongnast la ville empunaisie,
Il s'enquiert où estoit l'air le plus gracieux,
Au plus pres de Paris sejour delicieux
AIMANS-RVT, fust nommé par le bon Anagramme.
Aussi tost L'INXEAN pour resiouyr son ame
Se fist mettre en litiere, & alla voir ce lieu
Propre pour recréer la deité d'vn Dieu,
Il n'y fust plus d'vn mois que l'humeur gaye sienne
Ne luy fist oublier l'iniure de sa peine,
Il y lutte robuste, & pris d'vn bon esprit
Ore il y prend vn liure, & ores il escrit,
Il y fait bonne chere, & sans nul artifice

Il trompe ses mal-heurs par son bel exercice;
Le promenoir aussi de ce Royal chasteau
Represente tousiours vn plaisant renouueau,
C'est dans l'isle au grād parc où l'INXEAN demeure,
Il y danse, il y ioüe, il y saulte à toute heure,
Il y fist tant de bonds, il y fist tant de pas,
Qu'il s'en reuint vn soir si extremement las,
Qu'estant en son logis au lieu qu'on souloit rire,
Dire quelque bon mot, il veult qu'on se retire,
Il commande à ses gens de le deshabiller,
Il ne veult qu'au matin on le vienne esueiller,
Il ne fust point si tost estendu sur sa couche,
Que le sommeil, sorcier du tourment qui me touche,
Secours des affligez, brise-ennuis, charme-coups,
Ne l'accablast soudain, comblé du repos doulx,
Et ne fust point si tost espris de ce bon somme,
Que Morphée Amoureux de ce vray Gentil-homme
Ne rompist le dormir dont il estoit surpris,
Le souslevant du lict, en luy disant, Beau fils,
Voulez-vous estre au lict plus tard que de-coustume,
Vous qui estes subject au pernicieux rhume?
Certes vostre Démon est lourd ou desloyal
De vous laisser ainsi sans souffrir aucun mal.
Non, non; c'est vn trompeur ennemy de soy-mesme,
Vous dissuadant voir l'excellence qu'il aime,
Luy vous depuis huict iours dés l'Aurore naissant
Alliez vous pourmener dans le parc verdissant,
Sans qu'il en fust besoing: quand il est necessaire,
Comme il est à ce coup, il vous en fait distraire.
Ainsi le marinier ameine bien souuent
Lors qu'il faut l'appareil, lors qu'il viēt vn bon vent,
Et ainsi le guerrier fait la paix chasse-peine,
Lors alors qu'il deuroit ensanglanter la plaine,

N

Pour reparer l'erreur aisé de vostre bien
Ie vous viens visiter (heureux Magicien)
Pour vous faire sçauoir que voicy la iournée
Que le Dieu dompte-dieux appelle fortunée
Pour l'honneur des Amants, dont la double-vnité
Viura dedans la mort, au front d'eternité,
C'est ce ieune Herosfleur, ce fouldre de la guerre,
C'est ce nouueau Roland, qui fait trembler la terre,
Qui fust, qui est l'effroy des plus rudes guerriers,
Qui en cent mille endroicts a planté les Lauriers,
Qui à grands coups d'espée empongna la fortune,
Qui du sang des vaincus vermillonna Neptune,
Qui abbaisse l'orgueil des rebelles mauuais,
Si tost qu'ils ont senty ses armes porte-paix,
Qui a ioinct le sçauoir à l'illustre vaillance,
Qui grand, qui prompt, qui braue adore l'excellence
Des plus rares doulceurs qui ayent point esté;
Car c'est de CARDIAME honneur de la beauté,
Cardiame qui est adorablement belle,
Elle tient de Pallas la sçauante ceruelle,
Elle tient de Venus les attraicts gracieux,
Elle tient de Python les discours merueilleux,
Elle tient de Iupin vne apparence graue,
Elle tient de Bellonne vn courage plus braue,
Elle tient le thresor des neuf diuines Sœurs,
Et si retient le cœur du vainqueur des vainqueurs,
Elle a ce beau butin depuis demie année,
Qu'elle a si bien gardé comme Dame bien née,
Qu'Herosfleur ne l'a peu ni voulu retirer,
Bien qu'elle l'aye faict presque desesperer;
Voire tant qu'ò mal-heur! ce miracle du monde
(Craint, aimé, honoré sur la terre & sur l'onde)
Fust mort cent mille fois de l'œuure de sa main,

Sans la digne faueur de son propre germain
Le sacré Croniel, qui fist tant de voyages,
Qui porta tant d'escrits ornez de beaux langages,
Et tant de beaux presens richement precieux,
De la part de son frere ouurage glorieux,
Il a tant inuenté de belles gentillesses,
Remonstré ses grandeurs, ses beautez, ses proüesses,
A si dextrement faict & si bien discouru,
Que comme Oracle sainct Cardiame l'à creu;
Aussi connoissoit-elle auant que sa poictrine
Par luy bruslast du feu de la belle Erycine,
Ce vaillant Paladin pour digne d'estre aimé,
Pour tel que Croniel luy auoit renommé.
„ Car la Déesse prompte aux ailes messageres
„ Auoit appris par tout ses vertus singulieres,
„ Les grands ont ce bon-heur, que leur perfection
„ Est soudain publiée en toute nation.
La Belle sçauoit donc sa grace desireuse,
Et ce qui la rendoit d'auantage Amoureuse,
C'est le roc de sa foy qui ne bransla iamais,
Et ses beaux mots dorez attraict des doulx attraicts;
Mais le fascheux destin ne luy donne licence
De parler que par lettre & mesmes en presence.
„ Car ordinairement (sur tout vers les Amours
„ Les hommes plus parfaicts sont espiez tousiours.)
Quand ils se voyent donc leur veuë n'est point veuë,
Ains vne illusion qui vient à l'impourueuë,
Herosfleur passe viste, elle en fait tout ainsi,
Ne sçachant bien apres s'il est vray de cecy,
Cardiame s'enquiert à quelque sienne Amie
Si Herosfleur estoit en ceste compagnie;
Herosfleur l'honoré fait semblable demande,
Si Cardiame estoit en ceste belle bande.

Hé! vrayment ils font bien, les espions ialoux
Désirent destourner leur vueil d'Amour resouls.
On en void à la Cour vne trouppe mocquée,
La belle Cardiame est tout le iour masquée,
Craignant qu'à l'improuiste en voyant Herosfleur,
(Tesmoing de ses desirs) elle changeast couleur.
Pour ne vouloir donc perdre vne Amour si parfaicte,
Chacun le mieux qu'il peut tient sa flame secrette,
En attendant l'espoir qui prochain semble loing,
(Tant l'Amour est actif esperant son besoing.)
„ Le moment est vne heure, vne heure vne iournée,
„ Vn iour vne sepmaine, vn mois la sepmenée,
„ Vn mois vn an, vn an vn siecle desastré,
„ Tandis que les Amants attendent vent à gré.
En leur dire, en leur faict, en toutes leurs pensées
Ces deux personnes sont l'vn dans l'autre poussées,
Leur vouloir est ensemble, & leur pouuoir loing d'eux,
„ La peine est incroyable au besoing Amoureux.
Alors qu'ils sont seulets ce ne sont que complaintes,
Que larmes, que sanglots, que passions non faintes;
Que s'ils ne s'assembloyent en quelque lieu secret,
Atropos borneroit fierement leur regret.
Ce Dieu viuifiant qui sainement nous ayde,
En telle ardeur d'Amour ne peut donner remede,
Il est vray qu'Herosfleur, pour alleger son mal,
A promesse d'entrer au diuin HOPITAL,
Trompant les tristes Sœurs ; puis le Ciel debonnaire
Ayant compassion de si grande misere,
A faict venir Vouly, qui comme ingenieux
Leur a trouué soudain lieu commode pour eux,
Où ils pourront iouyr de leurs Amours bruslantes,
Sans crainte, sans souspçon des langues mesdisantes.
„ L'ouurage de Venus desire estre caché,

„ Le grand peché couuert n'eſt qu'vn petit peché,
„ L'erreur qui ne ſe dit n'apporte pas de blaſme,
„ Et la faute n'eſt rien que comme on la diffame,
„ Auſſi n'eſt-ce mal faict d'aimer diſcrettement,
Ie ne deſcouuriroy ce bel œuure autrement.
Fay doncque cinq cens pas dedans la baſſe allée,
Tu verras en ce parc la grotte recelée,
Où les Amants heureux heureuſement contens
Paſſeront ce matin ioyeuſement leur temps,
Ils iouyront du fruict, dont ils ont tant d'enuie,
De ce doulx fruict d'Amour lumiere de leur vie.
Cardiame aimera ſon Monſieur ſeulement,
Heroſfleur aimera ſa Dame vniquement;
Toutesfois ie preuoy comme vn ſçauant Prophete,
Que la ieune Antiphile au ieu d'Amour ſubjecte,
(Car touſiours le bon chien de race veult chaſſer)
Pourra dans quelque temps Heroſfleur careſſer,
L'appellant ſon Soleil, le flambeau de ſa gloire,
Sa foy, ſon tout, ſon cœur, ſon eſprit, ſa memoire;
Mais comme ce beau feu s'allumera ſoudain,
Auſſi s'eſteindra-il du iour au lendemain.
„ Qui en peu d'heure vient il s'en va en peu d'heure.
Comme le potiron qui long temps ne demeure,
Heroſfleur connoiſtra lors l'ineſgalité
D'Antiphile a ſon cœur gros de fidelité,
Il retournera donc à ſon Amour premiere,
Déeſſe d'Helicon ſa Dame ſinguliere;
Voire il l'aimera tant, que la mere des mois
Ne fera point ſon cours plus de quatorze fois,
Qu'il ne falle implorer la faueur de Lucine,
Renouuellant çà bas vne belle Cyprine.
Va donc voir ces Amants au chef de leur deſir.
„ La plus doulce doulceur c'eſt le premier plaiſir.

Ie t'eslis entre tous, preste moy ton aureille,
Et tu verras bien tost vne gaye merueille.
A l'heure l'INXEAN voulut remercier
Morphée auant-coureur de ce plaisir entier;
Mais tout ainsi qu'il vint n'attendant sa venuë,
Ainsi s'en alla-il soudain à l'impourueuë.
,, Les biens souuentesfois viennent sans y songer,
,, Ne desesperons donc nous voyans en danger.
L'aduisé l'INXEAN prompt en ce qu'il veult faire
Appelle ses valets plustost que d'ordinaire,
Sus, viste, qu'on se leue, il ne faut point tarder,
Quand le Ciel d'vn bon œil nous daigne regarder.
,, Quiconque ne prend garde à l'augure, au presage,
,, Est vn fat, vt biguot, vn ignorant, peu sage.
Apportez mes habits & mon passe-par-tout.
Il n'eust pas si tost dict, qu'ils furent tous debout,
Cestuy-cy sa chemise, & cest autre luy baille
Ses chausses, son pourpoinct, vn chacun se trauaille
A contenter son maistre esprit d'vn feu nouueau,
Qui confus, qui diuers luy brouille le cerueau,
L'vn le voulut peigner ainsi qu'il souloit faire,
,, Laisse moy (disoit-il.) Quand on a grand affaire
,, On ne doit s'amuser à s'approprier tant,
,, On y peut recourir & non au temps coulant.
Page çà mon espée, & que nul ne me suyue.
Peu apres l'INXEAN dedans le parc arriue,
Il sejournoit quasi, & l'aube au teinct vermeil
Messageoit vn beau iour, en beauté nompareil,
C'estoit en la saison que le Lyon domine,
L'INXEAN tout pensif paisiblement rumine
L'aggreable discours que ce Dieu luy faisoit,
Le voulant obseruer : car cela luy plaisoit.
Il entre donc au lieu dedié à Cythere,

Grotte que l'on diroit qui est faicte pour plaire
Aux doulces deitez, parce que tout au-tour
Les beautez qu'on y void semblent prier d'Amour.
Là au plus chaud du iour sont les plus frais ombrages,
Là les champs cultiuez, là les antres sauuages,
Et là sur le midy quand Apollon reluit
On y trouue l'obscur de la moiteuse nuict,
Là les diuers Syluains, & là pres les Naiades,
Là la gaye Palés, & là les Oreades,
Là les mignards Zephyrs éuentent doulcement,
Là cent mille oisillons chantent mignonnement,
Là de mille chansons la docte Philomelle
Se complainct iour & nuict d'auoir esté trop belle:
Que le Ciel ne vous soit tellement rigoureux,
Filles qu'Amour menace: aimez voz Amoureux,
Et maugré l'enuieux, le Temps qui tousiours change
N'esteindra dans l'oubly vostre heureuse loüange.
Ainsi que l'INXEAN admiroit ces beautez,
(Belles pour addoulcir les mesmes cruautez)
Il s'aduise à cercher quelque commode place,
Où sans estre apperceu il verroit face à face
Les Amants bien-heureux; où il pourroit aussi
Entendre les propos d'vn Amour addoulcy,
Il va deçà delà, il contemple, il regarde,
Il dispute en luy-mesme, il sçait que l'on prend garde
Alors qu'on veult venir aux Amoureux effaicts,
Sur peine d'y mourir on n'en doit estre prés,
Sur tout entre ceux-là dont l'authorité digne
Est d'vn chacun connue illustrement insigne,
Tellement que la peur commence d'assaillir
L'hazardeux l'INXEAN, qu'on ne vid onc faillir,
D'vn pas qu'il fait deuant il en fait trois derriere,
On dira donc (dist-il) que mon ame guerriere

Est promptement venuë en ce lieu tout exprés,
Pour ainſi qu'vn poltron s'enfuyr viſte apres.
Hé! qui me blaſmera? nul ne ſçait mon offence.
„ Il n'eſt Iuge ſi grand comme la conſcience.
Ie n'en bougeray donc, mais chetif que ie ſuis
On me dira infame autheur de mes ennuis.
„ Il vault donc mieux ſortir que de s'eſtre aduerſaire,
„ Ie mens, il eſt plus beau de mourir temeraire,
„ Suyuant vn hault deſſein que viure longuement
„ Ayant vn poinct honteux dans ſon entendement.
*A ces mots l'*INXEAN *ſortit de la balance,*
„ La reſolution donne de l'eſperance.
Il ne recule plus, il trauerſe aſſeuré
Les buiſſons eſpineux, ſon pas eſt meſuré,
Bien que la choſe ſoit ſur toute difficile.
„ L'ardente enuie rend l'impoſſible facile.
Il reconnoiſt par tout, mais las! il ne void rien,
Où pour apprendre tout il paroiſſe eſtre bien,
Tant s'en faut, mal-heureux il ſent l'heure prochai-
Où s'eſteindra l'ardeur d'vne Amoureuſe peine, (ne,
Bouffy de deſeſpoir, derechef deſpité,
Il maugrée du Ciel l'immenſe Deité,
Il deſire à ce coup que la mort le ſuccombe,
Tant qu'il ſe veult tuer; mais le poignard luy tombe,
Aduienne qui voudra, quoy qu'il puiſſe aduenir,
Ie ne ſortiray point, i'aime trop mieux finir.
En ces perplexitez la Déeſſe ſçauante,
(Saincte Neceſſité qui toute choſe inuente)
Luy enſeigne vne foſſe au coſté droict de l'huis,
Il la couure de bois y laiſſant deux pertuis
Pour voir la grãde alée où il faut qu'Amour vienne,
Et dans la grotte auſſi ſalette ſoubſterreine.
*L'*INXEAN *n'euſt ſi toſt accommodé ce lieu,*

INCONNVE.

Que d'aife couronné il fe lance au milieu,
Il prend garde par tout, & fi bien le diuife,
Qu'il oit fans qu'on l'entēde, & void fans qu'on l'ad- (uife,
Quand on euft deffeigné vn chef-d'œuure parfaict
Pour efpier l'Amour, on ne l'euft pas mieux faict,
L'eftroicte foffe eftoit de quatre pieds profonde.
,, Lors donc qu'vn grād mal-heur nous viēt en ce bas
,, Ne nous defefperons. L'INXEAN a receu (mōde
Plus de contentement qu'il n'auoit pas conceu.
,, A l'heure que l'ennuy femble plus dommageable,
,, C'eft quand il nous furuient vne ioye aggreable.
L'INXEAN attentif eft doncques là caché,
Et bonne fentinelle il a toufiours fiché
Son regard affeuré vers la belle aduenuë,
Il ne fuft vn quart d'heure en fa place inconneuë,
Que la Nymphe habitante aux monts, aux eaux, aux
Doulce ne luy portaft cōme vn fon d'vne voix, (bois,
Courriere d'Herosfleur le Ciel te reffufcite,
Et face en ma faueur, qui toute gloire incite,
Que tu fois belle autant que tu eftois alors
Qu'vn mignon dédaigna tes Amoureux accors;
Face encore le Ciel (deuot ie l'en fupplie)
Que qui mefprifera la faueur d'vne Amie,
Par corde, par poifon, par fer, par feu, par eau
Soit maudict fcelerat de foy-mefme bourreau;
Qu'au contraire la Dame humble à la iouyffance,
Fidele à fon Amy, aye refiouyffance.
Or comme il difcouroit en luy-mefme cecy,
Il void venir vn Mars & vn Amour auffi,
Herosfleur où foleille vne braue apparence,
La graue Majefté, la belle contenance,
L'honneur eft fur fon front fuperbement depeinct,
Le vermeil, la blancheur habite en fon beau teinct,

N v

Les follastres doulceurs se iouent dans sa face,
On y iuge aisément que dessoubs telle grace
Est vn cœur magnanime issu du sang des Dieux.
Ainsi ce grand Achille honneur des glorieux
Portoit mille Amoureaux riands en son visage,
Et l'inuincible orgueil d'vn superbe courage;
L'I N X E A N l'admiroit estonnément rauy,
Et comme il falloit lors il estoit peu suyuy,
Vouly son fauorit d'vne façon modeste
L'entretenoit gaussant auecques quelque geste,
D'vn branslement de main, qui frequent luy mõstroit
Par où sa chere Amour tost bien tost passeroit.
Quel plaisir de l'entendre! il faisoit vn beau conte,
Des petits mots mignards, de l'honorable honte,
Que diroit & qu'auroit Cardiame son cœur,
Quand heureux bien-heureux il cueilleroit sa fleur,
Mais cependant voicy Dictionnaire, qui porte
Vn matelas caché qu'il met dedans la grotte,
Il est d'vn fin drap d'or & velours violet,
Riche autour des presens que l'Indie nous fét,
Les franges iaulnes sont de soye Phrygiennes,
De semence de perle elles sont toutes pleines,
L'ingenieux brodeur & l'orfeure excellent
Y monstrent leur chef-d'œuure, on y void voletant
Mille Cupidonneaux espanchans des fleurettes
Sur Mars & sur Venus au combat d'Amourettes.
L'ayant bien agencé il empongne vn fusil,
Il prend vne bougie, allume vn feu subtil,
Il brusle du parfum, du pied d'Elan encore,
Il balie, il netist ce caueau que i'honore,
Et va vers son seigneur irrité grandement,
Dequoy sa Dame Amour tardoit si longuement.
Quoy? disoit-il, est-elle inconstante & pariure?

Ne sçait-elle pas bien la douleur que i'endure ?
Tu vois Dictionnaire: appaisez vous, Monsieur,
Respondit-il alors, ce bien là vous est seur,
Ie ne vous ay iamais porté fausse nouuelle,
Mignon de verité vous m'esprouuez fidelle,
Puis qu'elle vous veult voir, ie tiens cela pour faict,
Et puis vous sçauez bien que chante le poulet.
Vouly voyant ce dueil, ains ceste aueugle rage,
En toute modestie vsa de ce langage:
Mon Maistre, mon seigneur, à qui ie suis sur tous,
R'appellez vostre esprit esgaré de chez vous,
Vous ne deuez doubter de sa volonté bonne,
Elle vous a choisy entre toute personne,
Ne faisant nul estat du cher aimé du Roy,
(Qui Prince de fortune à chacun fait la loy)
Que si elle eust voulu à son plaisir complaire,
Elle eust faict pour certain ce qu'elle eust voulu faire:
Puis donc que la Belle a fierement mesprisé
Ce qui est d'vn chacun fors de vous courtisé,
Pour vous vouloir aimer, n'en soyez point en doubte,
Vous estes tout à elle, & elle est à vous toute,
Sa richesse est la vostre, & la vostre est son bien,
Son desir est le vostre, & le vostre est le sien.
Resiouissez vous donc, que si l'heure est passée,
C'est que quelqu'vn l'espie, elle en est oppressée,
Que si le temps coulant ne luy permet venir,
Ne l'en blasmez, Monsieur, elle aime mieux finir
Gonflée de raison, que d'estre reconnuë,
Que de seruir de fable à l'entrée, à l'issuë,
Qu'estre monstrée au doigt d'vn tas de Courtisans,
Qui font trophée icy d'estre dicts mesdisans.
Ne seriez vous pas plein de fascherie extresme,
Si à cause de vous, qu'elle honore & qu'elle aime,

Elle tachoit en rien sa reputation ?
,, *Le temps auec le temps donne l'occasion,*
,, *Mais qui nouuel Icare entreprend le combatre,*
,, *Se trouue miserable accablé de desastre.*
Il vous faut donc attendre en bannissant de vous
Ceste aueugle colere & cest aspre courrous.
,, *Quand on paruiet, Monsieur, auec peine fascheuse,*
,, *La douleur semble apres beaucoup plus doucereuse,*
,, *Il n'est pas difficile à vn libre en santé*
,, *De donner du conseil au malade arresté.*
Disoit ce grand seigneur; Vouly, tu dis merueille,
Mais ie connoy mon mal, la sinistre Corneille
Le presage en ce bois par son chant mal-heureux,
Et par dessus mon chef son vol mal-encontreux.
Herosfleur se tourmente, il pleure, il se deschire,
Arrachant ses cheueux, il sanglotte, il souspire.
Qui a veu quelquesfois vn pauure forcené,
Qui d'vn Iuge seuere est à tort condamné,
Il void ce demy-dieu, que le Ciel fauorable
Aime plus qu'il ne pense en son Amour aimable :
Car voicy Cardiame au bel entendement
Venant par vn sentier, desrobé finement,
Qui d'vne simple Dame est seulement suyuie,
(Dame bien renommée, & que l'on nomme Squye)
Qui en tout & par tout seruira ces Amants,
Parce que mille escus luy semblent beaux contens,
Oultre le riche espoir qu'elle a de sa Maistresse,
Qu'Herosfleur apperçoit au chemin de l'addresse.
Mais il ne veid si tost ses deux yeux deux flambeaux,
Qu'en signe d'allegresse il ne fist plusieurs saux.
Ainsi apres l'orgueil de la Palme offensiue
On est aise tenant la doulceur de l'Oliue,
Ainsi apres le temps pluuieux & songeard

INCONNVE. 301

On est surpris de ioye, on se trouue gaillard,
Alors que le Soleil d'vne façon constante
Parest à nostre veuë auparauant dolente;
Ainsi apres l'Hyuer remply d'aspres froideurs
On rid voyant venir le Prin-temps porte-fleurs;
Ainsi le marinier, que la tourmente meine,
S'esiouist aduisant la bonace prochaine;
Ainsi le prisonnier hors la laide prison
Est ioyeux regardant sa terre & sa maison.
Tu sois la bien venue, ô belle Cardiame,
Que i'aime mieux cent fois que mon cœur & mō ame,
Et toy le bien trouué, desirable Herosfleur,
Que i'aime mieux cent fois que mon ame, & mō cœur.
Ce disant s'embrassoyent, & leurs bouches riantes
Iargonnoyent comme enfans paroles mignotantes,
Elle baisoit les yeux, la bouche & le menton,
Luy les cheueux, le front, le sein & le teton;
Herosfleur honoroit sa Dame qui l'honore,
Elle auoit emprunté son beau teinct de l'Aurore,
Visage blanchissant entremeslé d'œillets
Nouueaux espanouis, fraischement vermeillets,
Visage sursemé de fleurs de Lis, de Roses,
Visage qui est beau sur toutes belles choses,
Où l'on void les appas vrayment delicieux,
Le sousris fossulu, qui rauiroit les dieux.
Ceste Déesse estoit negligemment vestuë
D'vn simple habit de noir craignant d'estre connuë,
Et vouloit discourir de ses discours dorez,
Qui sont des plus sçauans iustement adorez,
Mais l'habile Herosfleur vsa de ce langage.
,, La parolle femelle est comme vn vent volage
,, Sans les masles effects, elle est de nul effect.
Venons y donc tandis que le Ciel le permet;

Il eust dict: Et soudain ceste Nymphe honorable
Connoissant qu'Herosfleur paroissoit raisonnable:
,, *Car le beau temps tousiours ne se recouure pas,*
Accorde en le baisant les Amoureux esbats,
Elle entre dans la grotte, & dist à sa seruante,
D'autant que vous aimez cela qui me contente,
Tenez vous icy pres en ce recoin couuert,
Afin que mon desir ne soit pas descouuert,
Que si l'on vous voyoit, vous seriez souspçonnée,
Et moy par consequent: vous rompriez l'Hymenée,
(Prochain manteau d'Amour, par qui i'auray moyen
De vous faire, m'Amie, encore plus de bien)
Là donc, feignez donc là pres ce touffeau d'espine
De cueillir de quelque herbe ou de quelque racine.
La Damoiselle alors respondit humblement
Qu'elle ensuyuroit l'honneur de son commandement.
Herosfleur se tourna vers le Dictionnaire,
Luy disant qu'il falloit de ceste façon faire,
Qu'il se gardast sur tout d'esloigner le recoin,
Que l'on l'aduertiroit quand il seroit besoing,
Et puis dist à Vouly, Vous que i'affectionne,
(S'en fasche qui voudra) sur toute autre personne,
Ie vous pry', si ce n'est vostre incommodité,
Allez vous pourmener dans l'allée escarté,
Si quelques importuns suruenoyent d'aduenture,
Vous les entretiendrez, pour euiter l'iniure
Qu'ils pourroyent nous voyans faire à mon cher soucy,
Comme bien aduisé vous ferez bien cecy.
Il luy iure sa foy, sur laquelle on se fie,
Qu'il luy obeyroit au peril de sa vie.
Herosfleur luy promet qu'il le reconnoistra,
Puis d'un soufflet mignon par trois fois l'honora.
Déesse aux beaux yeux verds, aime-ris, aime-danse,

Qui m'as fauorisé en ma tendre iouuence,
Et qui daignes encor m'honorer en bon lieu,
Guide ma main icy pour descrire ton jeu,
Mais ie m'abuse, Amour, ton sucre inestimable
Est support de mes vers de mesmes ineffable,
Dont l'ennuyeux mordant ne me sçauroit blasmer,
Si ie ne depeints bien le doulx plaisir d'aimer.
Voicy donc Herosfleur dans les cieux d'allegresse,
Que l'INXEAN aduise embrasser sa Maistresse,
Il prend mille baisers mignons, dorez, poupins,
Il prend mille baisers doulx, iolis, colombins,
C'est à ce coup qu'il cueille vne moisson sucrée,
Il renuerse sa Dame ardemment desirée
Dessus le matelas richement façonné;
Le combat Amoureux est viuement donné,
On succotte, on langotte, à petite secousse
En ce bransle mignard chaque Amant s'entrepousse,
Auecques frequens bonds mediocrement hault
Ces deux Amants vnis franchirent le beau sault.
Cardiame sousteue, & d'vne belle prise
L'Amoureux Herosfleur, qui n'vse de feintise,
Chacun à bon escient se reuenche enlassé,
Ia (tesmoing de la fleur) le beau sang est versé,
Cardiame s'escrie auecque basse plainte,
Voulant vaincre & mourir en si plaisante attainte.
Leur remu'ment leger fait frayer leurs habits,
Qui d'vn petit fric-fric suyuy de leurs doulx cris
Auant-court le trespas de l'vnique assemblée,
Qui soudain paroist morte en si doulce meslée.
On void donc ces Amants sur le dos estendus,
Ils souspirent pasmez, ils sont comme perdus.
„ Viue la mort d'Amour, qui toute chose dompte,
„ La resurrection est incontinent prompte.

Car voila Herosfleur gaillard, deliberé,
Et Cardiame aussi a le cœur asseuré,
Ils disent mots nouueaux, chacun s'entrefrisotte,
En s'entremignottant chacun s'entrebaisotte,
Ils veulent redoubler ce gracieux accez,
Ils veulent s'enyurer en si plaisant excez.
Cestuy cy le teton, & ceste autre mordille
La leure coraline, vn chacun s'entrepille
Cent baisers tourterins, fusil du feu d'Amour,
(Car tousiours par la bouche on met le pain au four)
Ils se vont pressottant d'vne façon disposte,
Poursuyuant le peril de la gentille faute,
Ils babillent voisins de la doulce liqueur,
En disant, Ie me meurs, mon tout, m'Amour, mõ cœur,
Bref ils s'esbattent tant d'vne Amoureuse audace,
Qu'on les void derechef haletans sur la place.
I'auroy plustost nombré les feux du Firmament,
Que les biens doulcereux du doulx recolement.
L'INXEAN est ioyeux d'entendre l'harmonie,
Et d'œillader aussi l'aggreable follie,
Il est si gay de voir ce combat Paphien,
Qu'il se pasme quasi espris d'autant de bien.
Comme vn qui oit le son du beau luth, que ie louë,
A presque tel plaisir que celuy qui en iouë,
Comme vn bon compagnon honorable beaucoup
Sans boire se delecte à voir boire vn grand coup,
Tout ainsi l'INXEAN participoit à l'aise
De deux Amants bruslez en si gaye fournaise.
Herosfleur veult encor le corail becqueter,
Remanier l'honneur, la léure succotter,
Et s'emparadiser auecq mille caresses
Par les chatouillemens de si doulces liesses,
Reprie Cardiame, enflé de passion,

Luy remonstre l'ardeur de son affection;
Mais (à son grād regret) elle est sourde à ceste heure,
Craignans qu'on la demande à la Cour sa demeure:
Car quand elle n'y est la Cour semble à l'anneau,
Qui plaisant a perdu son precieux ioyau,
D'autant qu'elle paroist entre les beautez belles,
Comme l'Aigle hault-volant parmy les Sauterelles.
„ La fortune default aux grands perfections.
„ Ie l'ay bien esprouué en force occasions.
Ie suis comme vn Noyer en terre plantureuse,
Sa grand' fertilité luy est pernicieuse:
Car plus il a de Noix, & plus il est battu.
„ Mal-heureux est ainsi qui a trop de vertu.
Comme moy, moy qui chante vne doulce victoire.
Cardiame ayant dict à Herosfleur sa gloire,
Les inconueniens qui pourroyent suruenir,
Si elle tardoit plus, aimant bien mieux finir,
Fist qu'il voulut son vueil, afin qu'on ne la blasme.
„ Qui aime vne personne il craint qu'on la diffame.
Voyla doncques Mauors & Venus relenez,
Qui apres s'estre bien galamment esprouuez,
Se baisent souspirans, fondans en tiedes larmes,
(Tesmoignage certain des Amoureux allarmes)
Les voyla separez, & en sortant du lieu
Se dirent bassement vn gracieux Adieu,
Attendant que le Ciel donnast l'heure opportune
De pouuoir recouurer ceste belle fortune.
Belle est-elle vrayment, il n'eust pas peu choisir
Vn plus digne subject pour loger son desir;
Belle est-elle vrayment, elle n'eust peu eslire
Vn plus digne subject pour ce qu'elle desire.
Or doncques puissiez-vous, beau lustre des Amants,
Vous entr'aimer tousiours, si bien qu'apres mille ans

On chante en vostre honneur quelque ouurage Heroïque,
Tel qu'entonneroit bien ma bouche Prophetique.
L'INXEAN mon meilleur en vsa tout ainsi,
Qui gros de verité me raconta cecy,
Le beau iour qu'il sortit de la fosse duisable,
Qu'il combla sur le champ pour n'estre remarquable.

Fin de la Nouuelle Inconnuë.

In Aenigmata Marci Papillionis Asfrisij Cordati Centurionis Exastichon.

 Æc tibi Marce dedit quæ dat ænigmata Phœbus
  Quæ cōtra nil Sphynx quod tueatur habet.
Cui Deus hæc tantis concessit texere scirpis,
  Nectere sola manus soluere sola potest.
Hæc animis paribus celsa sic mente diremens
  Spolia tu laudum que Phrygis ampla refers.

P. P. Plesseius.

Sonnet à mes Enigmes, que i'offre à Madame de Beauuais Nangy.

Ioyeux esbats en mes douleurs tragiques,
 Que ie receus au Royal champ de Mars,
 Allez, volez mignonnement gaillards,
 Voir la beauté des dames Heroïques.
Sortez du camp, mes vers Enigmatiques,
 Et ne craignez les dangereux hazards,
 Ni de la Cour les insolents brocards,
 Telle grandeur destournera leurs piques.
Si toute France auoit si docte esprit,
 Il ne faudroit expliquer nul escrit,
 Dont soyez mieux considerez encore.
Baste, marchez, la peine est vn plesir,
,, Quand on va voir le but d'vn beau desir,
,, Sans qui l'honneur de l'honneur ne s'honore.

LES ENIGMES DV CAPITAINE LASPHRISE.

I.

EStant couchée en foule, eſtât couuerte toute,
Elle ondoye eſchauffée au maſle feu nou-
ueau,
Eſtrange effect qu'vn feu face ſortir vne eau,
Qui par la roide queuë entierement s'eſgoute.

EXPLICATION.

C'Eſt quelque herbe que l'on met en preſſe dans vn alambicq iuſtement fermé, & par l'ardeur du feu il en diſtile de l'eau, qui ſort toute goutte à goutte par la queuë de la chap-pelle, qui eſt de plomb, & qui encor qu'elle ſoit courbée, ne laiſſe pas d'eſtre roide & forte.

II.

QVand ie ſens l'ardent flot (non point extre-
mement)
,, Car toute extremité n'eſt ſaine tant ſoit bonne,
Ma duiſable chaleur atteinct plus la perſonne,
Si mon interieur ſort du trou mollement.

Venus mere d'Amour me desire ardemment,
La mesme chasteté ainsi m'affectionne,
Toutesfois sans Venus, qui de son surjon donne,
Nul ne voudroit iouyr de mon bien nullement.
En m'aydant ie luy ayde auec naifue flame,
Et de plusieurs façons on vse de mon ame,
Roys, Bergers, sont remplis de sa fecondité.
Qui sans coust est vtile, à la longue on s'en fasche,
Trop de mol fait vomir, trop de dur serre & lasche,
Mais son Ouale engendre œuure plus souhaitté.

EXPLICATION.

C'Est vn œuf molet, que l'on a mis bouillir, qui par sa chaleur eschauffe la personne à luxure, & qui est fort sain, dont les plus sages en mangent ainsi ; mais sans estre salé on n'en pourroit manger, l'vn s'accommode auec l'autre, le sel seul, ni l'œuf sans sel ne seroit trouué bon : on en mange diuersement, de pochez, fricassez, &c. C'est vne viande dont les Princes vsent & tous les pauures gens comme d'vne manne feconde, qui est bonne sans despense. Mangeant ordinairement des œufs molets on s'en degouste, ils font mal au cœur & sont vomitifs, & estans durs ils restreignent le ventre, & en prenant trop ils le déuoyent & gastent l'estomach. L'œuf, d'où vient ce mot d'ouale, estant faicte comme vn œuf, engendre vn poulet, qui vault mieux, & que l'on desire plus que luy.

ENIGMES.
III.

IE suis commun par tout & par tout estimable,
  Aussi chacun par tout m'a voulu retirer,
  Les pauures ne feroyent sans moy que souspirer,
  Les grands en cent façons me rendent delectable.
Mon corps est fort diuers, & est fort aggreable,
  Il rejouyst la veuë & si la faict pleurer,
  Mon fruict qui n'est point fruict se void beaucoup durer,
  Maugré l'orgueil du temps qui le rëd plus aimable.
Il est bon (mais non tant que sa doulce liqueur)
  Laschant au premier feu, guerissant la douleur,
  Et mesme celle-là qu'il fait par son vsage.
Mais son trou naturel comme vn baston formé
  Iette plus de semence au beau Prin-temps aimé,
  Qui friande en Amour est plaisante en mesnage.

EXPLICATION.

C'Est le chou aimé & cõmun en tous lieux, c'est la chose dequoy les plus pauures vsét le plus, & sur tout en leur mesnage en craignãt la perte. Les seigneurs prennent plaisir d'en mãger diuersemét. Il y en a de plusieurs sortes, de blancs, de rouges, grillés, frisez, à fleur & le plus de verds. Ces diuersitez recréent la veuë, & les mangeans l'offensent : leur fruict n'est que fueilles, ils resistent à l'hyuer, & durét trois ans, quelquesfois le bouillon vault mieux, n'ayant gueres bouilly sans le mixtionner. Il fait bon ventre, ostant les ventositez que la fueille fait. Le trou de chou faict en baston, a forces reiettons qu'aucuns appellent minces, qui sont bons, soit en salade ou autrement.

IIII.

Quand dans le trou aiueux mon grand manche ie boute,
La foye se rebouche & quelquesfois degoute,
Mais on est si ioyeux lors qu'on sent l'eau iaillir,
Qu'on fait la reuerence, & fait fou tressaillir.

EXPLICATION.

C'Est quelqu'vn qui met vn aspergés dans le benistier, dont la soye se rebouche, & degoutte l'eau. La multitude qui veult de l'eau béniste aux grandes villes est aise en sentant quelque goutte, & fait lors dans l'Eglise la reuerence, & aucunesfois quand on en donne à quelque éuenté, qui entrant brusquement en l'Eglise n'y songe pas, cela le fait tressaillir.

V.

Mon fruict est si plaisāt que la plus-part le prise,
Les illustres seigneurs, les Dames, les plus grāds
En sont plus que tout autre amoureux & friands,
Aussi que ma doulceur semble entre toute exquise.
Apollon le crinu souuent me fauorise,
Encorés que son fils & tous ses adherans
Me veulent mesprifer, mais pour les mesdisans
La Cour ne laisse pas d'aimer ma friandise.
Mesme l'homme plus sainct la daigne bien priser,
Quand mon temps est venu l'amy me vient baiser,
On me met deuant luy auec resiouyssance.
Puis il me fend soudain, mais quand le bon morceau
Est entré dans le trou, on sent vne doulce eau,
Qui fait ioyeusement changer de contenance.

C'est

EXPLICATION.

C'Est vn Melon que la plus-part du monde aime, mesme les grands & les Dames: sa doulceur est des plus aggreables, l'ardeur du Soleil le fait meilleur, aussi aux pays chauds vallent ils mieux. Les Esculapes, Medecins & Chirurgiens n'en veulent que bien peu vser & le defendent, disans n'estre sain, qui ne peuuét pourtant faire que l'on n'en mange beaucoup, mesme les hommes d'Eglise quand la saison est venuë. On connoist sa maturité à le baiser au cul. Celuy qui aime le Melon est fort aise quád on luy en sert, & soudain de son cousteau le couppe en longue taillade, & quand il en a vn bon morceau dans la bouche, & sent fondre la sauoureuse eau, il ne se peut tenir qu'il ne die & face quelque geste ou grimasse d'admiration ioyeuse.

VI.

I'Ay tant branslé le cul que i'en ay mis dehors
Ie ne sçay quoy de blanc dont la vie est conneuë,
  Ceste essence deuient liée, espaisse, accreuë,
  A force de lascher la matiere en son corps.
Le sec est liquidé par les frequens efforts,
  Du gros membre mouillant la chose toute nue,
  En vn commode lieu de son long estendue,
  D'où l'on la sort plus molle en barbouillāt les bords.
Voulant sentir soudain la grande flāme ardente,
  Dans vn fendu obscur farfouillé sans attente,
  Pour n'aigrir, pour ne perdre vn bié qui est si doux,
Lequel auec le temps, qui toute chose apporte,
  Vient à perfection si desiré de tous,
  Que la vie sans luy sembleroit estre morte.

O

EXPLICATION.

C'Est vne personne qui sasse de bonne farine, & ne peut sasser ou bluter sans bransler le cul: ainsi la fleur blanche sort du sas, & d'elle nous sommes nourris, estant meslée auec force eau elle se lie, s'espaissist & s'accroist. La farine qui est seiche deuient liquide, par les bras qui paistrissent & qui font la paste, qui est estendue dans la met, d'où l'on la sort plus molle quand elle est leuée, & laisse du raclun aux bords. Il faut la mettre promptemēt dans le four chaud, que l'on fourgonne & escouëtte soudain, craignant que si on laissoit trop leuer la paste, elle ne fust trop aigre de leuain, pour ne perdre vne chose qui est si bonne, qu'estant biē cuitte vient à la perfection, sans qui nostre vie ne pourroit viure.

VII.

Aussi tost que ie sors du lieu de ma naissance,
Ie trespasse chetif en ce val terrien,   (bien,
Mais ma mere au grand ventre engendre quelque
Qui me fait conseruer pour l'humaine puissance.
On void reluire en moy vne belle excellence:
Car il ne faut auoir peu ou prou de moyen,
Pour en me déguisant égraisser tout le mien,
Comme entre mes germains dōt on a connoissance.
I'aggrée au Gētil-hōme, aux seigneurs & aux grāds,
Seruant de vraye mane à plusieurs pauures gens,
Mesmes au renouueau en diuerse maniere.
Ma doulceur naturelle est pleine de bonté,
Autrement quād Thetys prend ce qu'elle a prosté,
Les mignōs de Bacchus ne me font si grand' chere.

EXPLICATION.

C'Est vn Haren, qui dés qu'il est sorty meurt, mesme on ne le void en vie, mais le sel qui viét de la mer le garde pour les personnes qui l'aiment. Il a cela de bon qu'il porte sa sausse quand & luy: car on le peut máger sans beurre ou huile, & non les autres poissons. Les nobles le mangent souuent, mais c'est vne mane en Caresme, en Prin-temps le Haren frais est fort bon, mais le salé trop dessalé n'est aggreable aux bons beuueurs.

VIII.

IE ne crainds point du Ciel la maligne influence,
Ni de Neptune aussi les flots iniurieux,
   Encores moins l'orgueil du forgeron des Dieux,
   Ni ceste pesanteur dont ie prends ma naissance.
Rien ne peut icy bas amoindrir ma puissance,
   Par moy Mars est vaincu, par moy victorieux,
   Vn chacun me recerche, & garde curieux,
Bref sans moy toute chose iroit en decadance.
I'enflame incessamment le cher fils d'Erycine,
   Par moy la Dame inuoque à son desir Lucine,
   Ie donne liberté, ie donne la prison.
Ie fay mourir par droict & auec iniustice,
   Ie suis plein de vertu, ie sers souuent au vice,
   I'achepte & vends ma mere en déguisant mõ nom.

EXPLICATION.

C'Est l'or qui ne se gaste en l'air, en l'eau, ni mesme au feu qui l'affine, ni en la terre d'où il vient. On ne peut engarder que l'on ne l'eſtime. Par luy la paix ſe faict, par luy on a de grandes victoires, tout le monde a ſoing de luy, & ſans l'or tout tomberoit en ruine totale. Par l'or on fait de beaux mariages, d'où viennẽt de beaux enfans, par luy le priſonier eſt libre, par luy le libre ſe met en priſõ, par luy l'on faict mourir auec Iuſtice & auec iniuſtice. L'or eſt plus plein de vertu: car riẽ n'eſt ſi precieux, bon aux ſains & aux malades, bouilly aux reſtaurens, & reſtreinct, & toutesfois on le faict ſeruir à mille meſchancetez, comme en aſſaſſinats, poiſons, ſeduction de beautez. Il achepte & vend ſa mere, qui eſt la terre, déguiſant ſon vray nom de terre du nom de l'or.

IX.

Compoſition belle, hé! que tu es loüable,
  Chacun, meſme la nuict, deſire ton accord,
  Bien que ton pertuis ſoit aucuneſfois bien ord,
  Ta vertu neantmoins eſt plaiſamment aimable.
Non, non; que dy-ie? elle eſt entre toute admirable,
  Tu peux maugré l'orgueil de la fille de mort
  Faire paroiſtre vn droict, faire paroiſtre vn tort,
  Mais le droict non rompu eſt le plus deſirable.
O plaiſante fureur, courriere du repos,
  Commode au genre humain meſme deſſus les flots,
  Mais qui objecte vn peu fuyr ta compagnie,
C'eſt la laide vapeur du feu non bluettant:
  Car ordinairement quand ta flame eſt finie,
  Rien ne ſert de boucher ton chaud trou dégoutant.

EXPLICATION.

C'Eſt vne chandelle de ſuif dans vn chandelier; elle eſt fort aggreable la nuict: encores que le chãdelier ne soit pas quelquesfois net, elle ne laisse d'estre plaisante, à cause de sa clairté; aussi la peut-on dire admirable, veu que maugré l'obscure nuict elle fait en lisant les liures connoistre la raison & l'iniustice. Toutesfois quand la chandelle n'est rompue, elle est plus belle; quãd on l'allume, c'est alors que la nuict s'approche, signifiant qu'il se faut peu apres coucher & reposer. Elle est du tout necessaire, & mesme sur la mer: car là on ne s'en peut passer. Mais ce qui est desaggreable en elle, c'est quand elle est toute bruslée, la grande puanteur qui en vient: car on a beau estoupper le chandelier tout chaud & tout dégoutant du suif, on ne laisse de sentir vne mauuaise odeur.

X.

IE prends au mois d'Amour celle que i'aime tant,
Puis le bout de son ventre esperant ie manie,
Et remuant le cul de rendre a telle enuie,
Que presque sans toucher son cas va dégoutant.
Quand l'instrument est plein apres tout chaudement
Ie laue le beau linge, & au trou de ma vie
Ie lasche tellement qu'elle en est refraischie,
Et la fait sommeiller quelquesfois longuement.
Puis mon cœur enuieux d'vne si doulce chose
M'induit soudain encore, & maniant ie pose
Quelque chair rongnonneuse en lieu vieil ou nou-
Ie r'amollis le dur, & d'vne humeur liquide (ueau.
I'en fay en saquant fort vne chose solide,
Qui eschauffe le sang & r'allonge la peau.

EXPLICATION.

C'Est vne femme qui tire ſa vache au mois de May, où le laict plus abonde, qui ayant eſperance d'auoir du laict, luy manie le pair, & la vache ſe remue, & eſt bien aiſe qu'on la tire: car ſes trous dégoutét quelquesfois ſans qu'on la touche eſtant bonne laictiere. Quand la vachere a emply ſon tiroir, elle en aualle quelque eſculée, ſi bien qu'elle ſ'en refraiſchiſt & ſ'en endort ſouuent: car le laict eſt froid, & fait dormir; & apres ceſte meſnagere le fait tourner, mettant de la tourneure qui eſt dure & l'amolliſt, la mettant au pot, & l'ayant eſtremé, fait quelque froumage, puis de la creſme, qui eſt molle en la battant fort dans la barate, elle en fait vne choſe ferme, qui eſt du beurre, lequel eſchauffe le ſang, & quand on en graiſſe la peau, cela la ramolliſt & l'allonge, meſme le frais.

XI.

Vous hommes diſcordans, qui me voulez blaſmer,
Entendez ma vertu entre autre nompareille,
I'eſchauffe le glacé, & comme par merueille
Ie l'incite en tout temps au plaiſant jeu d'aimer.
Si la mauuaiſe humeur vous vouloit conſommer
Ie baille allegement, i'endors celuy qui veille,
Apres luy auoir faict vne face vermeille,
(Miroir de la ſanté qu'on doit pius eſtimer.)
L'ardeur ioincte auec moy eſt digne de conqueſte,
En faiſant reuenir l'ornement de la teſte,
Et l'appetit perdu ſans qui on languiroit.
Mon Amant deſireux de iouyr de ma vie
Pleure en me deſpouillant, bien qu'il n'en ait enuie,
Et ſi gueris ſon œil quand il aueugleroit.

EXPLICATION.

C'Est vn Oignō, qu'aucuns mesprisent pour sa force, mais sa chaleur eschauffe & incite l'Amour, appliqué comme il faut il consomme la mauuaise humeur, il fait dormir, il colore la face, il fait reuenir le poil & l'appetit, il fait pleurer en le pelant, & si est bon pour guerir le mal des yeux.

XII.

Qvand ie pēse au plaisir que m'a faict mō espoux,
Ie mets vn bout de chair dedās sa chair fendue,
Nature m'y contrainct estant de ioye esmeue,
Ie ne puis refuser vn office si doulx.
Quand ce que i'aime tant est pres de mes genoux,
C'est lors que m'eschauffant bellement ie remue,
Ie l'embrasse sur iour, bien que ie sois vestue,
Et tousiours par le bout s'appaise le courroux.
Car il en sort vn suc qui est plein de merueille,
Ce iust fait esueiller, & fait que l'on sommeille,
Qui le baille est fort aise allegeant son default.
Mais quiconque reçoit l'est encor d'auantage,
Cela luy donne vie, & si porte dommage:
Car qui en prend par trop a vn esprit lourdault.

EXPLICATION.

C'Est vne mere nourrice qui aime fort son mary, & à toute heure pense en luy, & dōne à teter à son enfant qu'elle aime de doulce nature, elle le tient quelquesfois pres de ses genoux, remuant l'enfant aupres du feu, toute iour elle le tient embrasé, & quand il crie elle luy baille le bout du tetin, son laict quand il sommeilleroit l'esueilleroit, & si l'endort. La

O iiij

mere ayant beaucoup de laict est fort aise d'estre tetée, cela l'allege, mais l'enfantçon encore plus: car cela le nourrist; il est vray que l'enfant qui tette trop long temps en est plus lourd.

XIII.

Qvand on me void durable & propre en diuers lieux,
Ie suis faict par personne au mestier biē sçauante,
Qui me maniant fort de sa main diligente,
Rend dur ce qui est mol afin qu'il entre mieux.
Ie suis plein, bien fourny pour plaire aux Amoureux,
L'honneur de ma queuë a quelque beauté luisante,
Aussi veux-ie vrayment que ma petite fente
En aye tout autour de son trou gracieux.
Ie conserue l'ardeur des Amis de Nature,
Qui s'affroidist soudain par la gente ouuerture,
Mesme auecques l'Auril des follastres mignons.
De la poincte & du cul vn chacun me mesnage,
Qui en iouë à la Cour en payant bien l'ouurage
Reçoit communément plusieurs bons compagnons.

EXPLICATION.

C'Est vn bouton & vne boutonniere ou de soye ou enrichie de fil d'or ou d'argēt, qui est faict par les maistres en cest art, où la diligence de la main est requise, où l'on rend le coton dur pour le faire mieux entrer. Il faut que le bouton soit biē plein pour estre achepté de ceux qui propres en veulent de beaux, que sa teste soit bien couuerte des enrichissemens susdits, & la boutōniere de mesure. Cela garde la chaleur de l'homme estant boutonné, & se déboutonnant il n'est si chaudemēt, fussent les
plus

plus ieunes qui se deboutõnassent, ils se pour-
royent quelquesfois morfondre. De la poincte
& du cul de l'esguille on le mesnage, le r'ac-
coustrant quãd il est rompu. qui fait de beaux
boutons à la Cour, si on le paye bien, il a beau-
coup d'accouciers.

XIIII.

VN mot de ma vertu que la vertu reclame
 Fera soudainement connoistre qui ie suis,
  On dict l'or tout puissant, mais plus que luy ie puis,
  Estant salubre au corps & salutaire à l'ame.
L'or est materiel, moy de subtile flame,
  Et fay peupler le monde aggreable à Cypris,
  Le propre à mon honneur c'est la ioye & le ris,
  Ma doulce iouyssance endort l'homme & la femme.
I'esgare les mal-heurs, ie suis beau, nompareil,
  Quelle aube esgalera mõ teinct blanc & vermeil?
  Sans moy toute delice est vne pauure chere.
Mon terrestre est celeste, hardy, braue, inuentif,
  Mais à qui me gourmande, alors vindicatif
  Ie deuiens furieux & le brusle en colere.

EXPLICATION.

C'Est le vin que tout le monde estime, qui
beu en temperance est sain au corps hu-
main, & pour l'ame le signe du sang de nostre
Sauueur IESVS-CHRIST. L'or est pesant, luy
chaud & subtil, qui incite le ieu d'Amour, qui
fait dormir, qui resiouyst l'affligé, qui n'a point
de semblable, qui est de couleur blãche & ver-
meille, & sans vin bonne chere ne se fait. Il est
diuin, prouocque la hardiesse, est plẽin d'inuẽ-
tions mais à l'yurongne, qui en prend trop, il
luy brusle le foye accourcissant ses iours,

XV.

Qui m'approche plus pres ie le picque le mieux,
Et si bien que souuent il en vient vne enflure,
Par l'œuure de mon cul ie reçoy grande iniure,
Encore qu'il soit propre aux ieunes & aux vieux.
Il est si bon, si beau, si sain, si doulcereux,
Qu'alors qu'on veult cueillir la fleur viergemēt pu- (re,
On s'assemble entre amis, on entend, on murmure,
Dont le bruit resonnant est rustique & ioyeux.
I'illumine la nuict par ma lourde matiere,
Necessaire aux viuans, conuenable à leur biere,
Mesmes les maistres dieux s'en seruēt iour & nuict.
Plusieurs autres vertus admirables i'enfante,
Mais mon bien sauoureux est d'humeur si gluante,
Qu'aucuns trop delicats mesprisent ce bon fruict.

EXPLICATION.

C'Est vne mousche à miel, qui picquant fait enfler où son esguille a touché, elle se plainct qu'on luy fait tort de luy oster sō miel qu'elle a faict de son cul. Ce miel est sain à toute personne de quelque aage qu'elle soit; quand on le va querir aux ruches, on est plusieurs, & l'on sonne quelque poille ou chauderon, pour à ce bruit resonnant plaire à ces petits animaux qui aimeroyent encore mieux la musique du luth ou des violons: par la cire on fait des flambeaux qui donnent vne clarté la nuict, laquelle sert aux Eglises, on en faict cierges & chādelles dont on honore les defuncts; les Temples en sont decorez. Ce miel & ceste cire ont plusieurs singulieres vertus (voy la Medecine) mais le miel gluāt desplaist à quelques personnes delicates.

XVI.

Bien que ie fois petit, fi fuis-ie aimé des grands,
Toutesfois le commun gros & long me defire,
  Mais pour fembler plus doulx on me tourne, on me vire,
  On me touche, on me frotte auãt qu'entrer dedans.
Eftant là ie m'enflame & amortis mes fens,
  Dont i'amoindris beaucoup, & fi n'en fuis pas pire,
  I'entre en ce lieu bien dur, bien mol on me retire,
  En rendant vne humeur aggreable aux aimans.
I'engendre quelquesfois, mais cefte geniture
  Caufe vn vifage honteux, vn brocardant murmu-
  Dont on la defaduouë helas! le plus fouuent. (re,
En diuerfes façons on iouyft de ma vie,
  Mefmes les animaux en paffent leur enuie,
  Et fi toufiours mon bien fe conuertift en vent.

EXPLICATION.

C'Eft vn Naueau, qui tout petit qu'il eft, eft aimé des Seigneurs, bien que la populaffe l'aimaft mieux gros; pour le bien manger, il le faut rafcler, frotter & lauer auãt que le mettre dans le pot, & bouillant là il f'efchauffe, f'amoindriffaãt, n'en eftant pas plus mauuais. On le met dur au pot, on l'en retire mol & réd vn bon bouillon, qui plaift à ceux qui aiment les Naueaux. Ce qu'il engendre le plus fouuét c'eft vn pet, qui eft chofe que ceux qui le font rougiffent de honte & le defaduoüent. On mange des Naueaux diuerfement, au beurre, à la mouftarde, fricaffez, & les animaux en repaiffent, comme porcs, poulets d'Inde, & fon aliment objecte force ventofitez.

O vj

XVII.

DV premier mal ie suis la seule flame,
Et toutesfois on me veult tous les iours,
Estant encore ennemie aux Amours,
Ie suis pourtant aimée de la femme.
Par ma froideur vn monde se r'enflame,
De mon pays ie suis le vray secours,
L'estranger mesme a deuers moy recours,
Lors qu'Osiris nous cache sa bonne ame.
Vn chacun va ma beauté regardant,
Quand les Iumeaux au Cancre vont cedant,
L'on me void chere, on a de moy grand' cure.
Ma couleur est diuerse & mon humeur,
Ronde ie suis (parfaicte est la rondeur)
Et suis pourtant mauuaise de nature.

EXPLICATION.

C'Est la Pomme, qui fust cause du premier peché. La femme ne laisse pas de la desirer, encore qu'elle soit contraire à l'Amour. La Normandie & autres cartiers vsent fort de citre, dont on s'enyure, & fait grand bien aux contrées où elle vient : car les estrangers vont achepter ce breuuage lors que les vignes ont eu quelque fortune. Chacun aime ce fruict, & au commencement de Iuin pour sa rarité la pomme est trouuée plus exquise. Elle est diuerse d'odeur & couleur, elle est ronde, & encore que la rondeur soit parfaicte à tout prendre, elle ne vault rien estant maleficiante.

XVIII.

MArque d'eternité, par moy le diable n'ose
Oultrager les mortels qui me portent sur eux,
Ie me garde en gardant la corruption mieux,
Ce que Satan le traistre aime sur toute chose.
J'aggrée aux Dieux, & Dieu enjoinct que l'on me pose
Sur table Sanctuaire, ore en toute i'ay lieux,
Mais à qui m'aime trop ie suis pernicieux,
L'escume de Venus par l'ardeur me compose.
Ie participe en l'homme en divers changemens,
En hyuer ie fay voir les doulceurs du Prin-temps,
Mon eau seiche guerist la douleur plus extresme.
Ie suis chery par tout, soit du foible ou du fort,
Sinon dans mon pays (ô miserable sort!)
Et n'ay point d'ennemy si grand côme moy-mesme.

EXPLICATION.

C'Est le sel, qui signifie eternité, que le diable hayt sur tout, qui ne se gaste, mais se conserue luy-mesme, engendrant aussi de putrefaction & de corruption, qui aggrée à cest esprit malin, lequel ne demâde que la defaicte & desolation de l'humain lignage. On tient qu'vn sorcier ne peut nuire à ceux qui ont du sel sur eux. Les dieux aiment le sel plein de vertu, côme atteste Platon; Dieu a commâdé aussi que l'ô le mist sur la table du Sanctuaire, à ceste heure on en met sur chacune. Ceux qui en vsent trop se gastent: car le sel prouocque l'alteration, & brusle les entrailles estant pris en abondance. Le Soleil le fait auec l'escume de la mer (Aphrodithi) c'est vn mot Grec qui ſignifie eſcume, d'où vint Venus, & les Grecs l'appellent ainſi, de là les François la nomment, Eſcumiere fille. Le ſel participe en l'homme, teſmoing la ſueur, les larmes, la ſaliue, qui prend ſon nom du ſel. Par le ſel on mange en hyuer des violettes de Mars & autres herbes que par luy on confit, comme genet, tergon, chriſtemarine, pourpier, concombre, &c. Le ſel, qui n'eſt rien que de l'eau ſeiche, gueriſt la rage ſi promptement on l'applique à la morſure, & meſme la lauant en la mer ſon eſſence ; toutes ſortes de gens grands ou petits l'aiment & ne ſ'en peuuent paſſer, mais auprès des terres de la marine d'où il vient on n'en fait eſtat, il y en a qui en mettēt en leurs allées de iardins au lieu de ſable. Le ſel n'a point plus grand ennemy que ſoy-meſme: car il eſt d'eau, & mis dans l'eau il eſt ſoudain defaict.

XIX.

TEl fait faire vne choſe en diuers lieux aimant,
   Tel la fait faire auſſi qui n'a l'Amour eſpriſe,
Et ſi n'en a beſoin, encore qu'elle duiſe
   A cacher ſon deſir plus honorablement.
Ceſtuy-là qui l'a faict n'en veult aucunement,
   Bien qu'en la faiſant bien il l'eſtime, il la priſe,
Il tire ſon outil, le mouillant il l'aiguiſe,
   Et ioinct ſon petit cas aſſez diligemment.
La ſueur quelqueſfois luy en monte au viſage,
   Cet ouurage teſmoigne vn bien, ou vn dommage,
Vn mal recet qui paſſe & qu'aucuns treuuēt doux.
Eſtrange Amour ! le grand, pour l'autre en a enuie,
   Ceſte beſongne là eſt conuenable à tous,
Mais celuy pour qui c'eſt iamais ne ſ'en ſoucie.

EXPLICATION.

C'Eſt vne Biere, aucun la fait faire ſaignāt d'aimer celuy qu'il y fait mettre, & l'autre pour honorer ſans fard ſon amy, le charpentier qui la fait n'en veult point, encore qu'en la faiſant il l'eſtime: car nul ne meſpriſe ſon ouurage; auec ſa queuë qu'il mouille, il aiguiſe ſes outils, & n'arreſte à ioindre ladicte Biere. Il eſt quelquesfois ſi preſſé, qu'il en ſue d'ahā. Voyāt la Biere, on preſume qu'il eſt venu quelque ſucceſſion, ou que quelque amy regrettable eſt mort. C'eſt vn mal-heur venu nouueau, que quelques-vns trouuent aggreable; les grands Princes, & autres grands le deſirent ordinairement pour leurs ſuperieurs quand ils ſont heritiers, la biere eſt duiſable à mettre vn chacun, mais le mort pour qui c'eſt n'en a pas ſoucy.

XX.

Quand le long inſtrumēt entre en mō trou barbu,
En langottant ie ſouffle, & le remuant dru
Ie laſche quelque flux auec rumeur ſi doulce
Que l'on s'en reſiouyſt encores que i'en touſſe.

EXPLICATION.

C'Eſt vn homme qui met vne fluſte dans ſa bouche barbue tout autour, & faut que pour en bien iouer il remue ſoudainement les doigts, & ne ſe peut faire ainſi qu'en ſoufflant & langottant il ne laſche de la ſaliue: quiconque entend le doulx bruit & dou'x ſon, ſe reſiouyſt: mais de la peine qu'a le iouëur il en touſſe ordinairement.

XXI.

ON me treuue douillette en ma tendre ieunesse,
On iouyst de mon corps, voire sans despouiller,
Mais lors que ie suis vieille on me void lors souiller:
Car voyant mon cul noir au commun on me laisse.

EXPLICATION.

C'Est la Febue nouuelle, qui est vne chose friande estant fricassée, mesme auecques sa tendrette escorce. On n'en fait pas d'estat estant dure, ce que l'on cõnoist à son cul noir, & n'est plus bonne que pour les gros varlets & gens de iournée, pour qui on la garde le plus souuent.

XXII.

MAdame le veid rouge estãt en grand' chaleur,
Le prẽd à pleine main pour le mettre en sa fen-
Puis ayant d'vn bon coup receu ceste liqueur, (te,
Soufflant souspire d'aise, & n'est plus si ardente.

EXPLICATION.

C'Est vne Dame ayant chaud, qui void vn verre plein de vin claret, qu'elle prend à plein poingt pour le boire, & apres auoir beu ce grand coup, elle souspire d'aise, & en souffle comme l'on faict tousiours, & estant desalterée, sa chaleur n'est plus si grande.

Fin des Enigmes.

Sonnet à quelques Dames, sur mon Allusion.

Ous qui voyez icy depcinte vostre vie,
Et si subtilement que les yeux les plus clairs
(Fors les vostres, fors ceux de voz mignons expérs)
S'aueuglent aux beaux traicts de ceste follastrie.
O vous humbles fiertez excusez, ie vous prie,
En si braue argument la douleeur de mes vers,
Dessus vn beau subject i'en fay mieux à l'enuers,
Si vous ne le croyez, voyez en la copie.
Vous direz que ie suis vn causeur mal plaisant,
Vn vanteur effronté, vn mocqueur mesdisant:
Car l'alme verité vous est ore vn blaspheme.
Mais ie m'engresseray de vos rudes mespris,
Et telle en se gaussant glosera mes escrits,
Qui comme essence d'eux se rira d'elle-mesme.

QVATRAIN.

Qui voudra vn Commentateur
Aille à Paris voir quelques Dames:
Car nul n'explique mieux les carmes
Que celuy qui en est Auteur.

Stances sur l'Allusion de Monsieur de Lasphrise.

CE que le peuple tient plus amy de la gloire
De la gloire a le moins, où les Muses ne sont,
C'est leur voix qui des ans r'emporte la victoi
C'est leur main qui d'honneur enuirône le front.

Tout ce que l'homme fait (si la vertu l'inspire)
Se fait pour estre exemple & seruir aux humains,
C'est ce Vierge troupeau qui noz œuures fait luire,
Et qui rend de la mort les traicts foibles & vains.

Aux mortels & aux Dieux ceste docte Neufuaine
Est aggreable autant que l'immortalité:
Car c'est par son labeur que l'on iuge en leur peine
Ce qu'ils ont moins receu, ou plus ont merité.

Sans elles qui sçauroit du pere d'Amphiloque
Ne du fier Pelean, ne du fin Ithaquois,
Ne les combats d'Hector, ne les effects de glauque,
Ne du premier Hercul les armes ou les loix.

Les fouldres Scipions, le redouté Camille,
Les Herôs Fabiens leur doiuent leur honneur,
Et celuy qui perdant sa fortune & sa ville
Parmy ses ennemis ne perdit son honneur.

Chery-la donc tousiours la bande Aonienne,
De qui le fier Tahon t'a si fort excité,
Qu'il semble que tu sois roc de leur Hippocrene
Ou que sa mesme humeur soit ta facilité.

Tu ne peux rien cherir qui soit plus estimable,
  Du vice plus exclus, plus voisin du deuoir,
  Par qui ce qui fust tel à iamais est luitable,
  Faisant maugré les ans voir ce qu'on ne peut voir.

La Muse tire ainsi la vie hors de la cendre,
  Au trespas rauissant la gloire de vertu,
  La Muse donne ainsi ce qu'on ne luy peut rendre
  Victoire de l'oubly à ses pieds abbatu.

C'est elle qui maintient (vieille) la renommée
  Des cœurs non casaniers le resueille-matin,
  Ainsi de sa beauté la presence estimée
  S'exerce au nom des bons à vaincre le destin.

Il est certain aussi que les beautez du monde
  Passent comme la voix que l'on regrette en vain,
  Celle, de qui la Muse en sa disette abonde,
  Surmonte en sa durée & le marbre & l'airain.

Or si ce troupeau sainct receut oncques premice
  Sur son Throsne immortel, il prend l'ALLVSION,
  Ains en elle il reçoit sa gloire en sacrifice,
  Ou soy-mesme ou de soy la viue impression.

Des Amours & des jeux c'est icy le vray Temple,
  La science le cede au parfaict ornement,
  L'ornement n'a d'exemple ailleurs pareil exemple,
  Ailleurs n'a le sçauoir si ample fondement.

Cher Cousin, qui t'apprist ce qu'en feignāt d'apprēdre
  Tu apprins le contraire & apprens neantmoins,
  Ce que chaque artisan en son art doit entendre
  Que tu entends le plus, & où tu tens le moins.

Qui contera des cieux les lumieres brillantes,
Qui contera les fleurs des amoureux Prin-temps,
Qui contera des flots les arenes mouuantes,
Contera de tes vers les diuers passe-temps.

Ce faux Garçon, Amour, le grand Tyran du monde,
Pour monstrer qu'en tout art il est tout souuerain,
Luy-mesme te donna la belle table ronde
Où inscriuant ses loix il t'a tenu la main.

Non, ce n'est pas Amour qui seul fist tel ouurage,
En ce grand œuure a part toute Diuinité,
Que plus suyure on voudra, plus aura d'auantage,
Et plus on le verra, moins doit estre imité.

      Le Plessis Preuost.

L'ALLVSION
DV CAPITAINE
LASPHRISE.

A Monsieur de Bois-Daulphin.

Es palmes de vertu aux Illustres sõt deües,
Toy l'vnique (LAVAL) race des mieux
   connues,
Qui honores l'hõneur de tes braues ayeux,
Comme l'or le saphir, & le bon fruict son tige,
Toy toute honnesteté, qui tout Amour oblige,
Pren plaisir aux plaisirs de mes carmes ioyeux.

Tu connoistras comment ie monstre à vne Dame
Les diuerses façons du desir de son ame,
(Voire à d'autre qu'Amour a voulu surmonter)
Il ne faut d'interprete en si doulce harmonie,
Aussi que priuément tu as peu voir l'Amie,
Et voudroy auoir mieux pour mieux te presenter.

I'estoy en Daulphiné glorieux Capitaine, (Maine,
Au premier camp vainqueur du grand Prince du
Quand i'entendy qu'auiez agguerry le guerrier,
I'admire le beau traict de si gaye brauade,
Mais vous eustes, Madame, vne doulce estocade,
» La fortune souuent fauorise vn dernier.

On dict qu'au grād besoing la bonne Amour s'espreu-
 A ceste occasion maintenant ie vous treuue, (ue,
 Ie m'offre à vous seruir d'vn seruice parfaict,
 Ie vous conseilleray, i'entens l'art militaire,
 Ie suis bon compagnon, ie sçay comme il faut faire.
,, Ce n'est pas peu d'auoir la science & l'effect.

Mais comme vn Medecin en vain donne vn remede
 Au pauure douloureux si ce dolent ne s'aide
 Ensuyuant l'ordonnance ; ainsi ie ne pourray
 Alleger vostre mal qui vous rend le teinct blesme,
 Si vous ne me croyez, vous efforçant vous mesme:
 Or secourez vous donc, & ie vous secourray.

Quand ie vay assieger quelque ville estimée,
 Ie fay bruire vn renom de ma gloire allumée,
 De loin bien aduisé ie fay sommer soubs main,
 S'elle veult resister, qu'elle soit difficille,
 Ie donne force argent à quelqu'vn de la ville,
 Dont par intelligence elle est prise soudain.

Si quelque braue fort se tient tousiours en garde
 Pour vergongner ma gloire, adonc ie me hazarde,
 Ie fay bonne tranchée & de bons gabions,
 Ie m'en vay serpentant pour qu'il ne me commāde,
 Ie gaigne pied à pied, lors il faut qu'il se rende
 Quand il me void logé au bas des bastions.

Ou s'il fait le mauuais iamais il n'en eschappe,
 Le iour (mesme la nuict) ie m'en vay à la sape,
 Ie renuerse aisément, Monsieur, le fort à bas,
 Ou biē cerchant le fons ie fouille creux ie minne,
 Quand on y met le feu il fait beau voir la minne
Des rebelles mourās au milieu des cons bas.

L'ALLVSION.

Quand elle a bien ioüé on saute l'vn sur l'autre,
S'ils sont biē retrāchez dās le sang on se veautre,
Et de cul & de teste on entre viuement, (le,
On se pousse, on s'éfōce, on s'abbat, on se souil-
On s'anime on se ioinct, on chocque, on se des-
  pouille,
On fait trembler la terre en ce beau remument.

Là chacun se signale, aucun ne s'en dédaigne,
Le vaillant Capitaine a tousiours pour enseigne
Le chef couuert de rouge assez bien emplumé,
Vous auriez grand plaisir de le voir à la breche,
Et quād tout est dedās Dieu sçait cōme il despes-
Chacun cōtre chacun apparoist enflammé. (che,

Si ceste terre là est de grande importance,
Qu'il y aye vn bō port au beau lieu de plaisance,
I'ordonne vn bon Amy pour estre gouuerneur,
Qui prend bien garde à tout, qui entend la malice,
Ie n'espargne l'argent ni le bel artifice,
Craignant que quelque grād ne s'en fist possesseur.

Puis ie vay bien souuent reuisiter la place:
Car pour vous dire vray iamais ie ne me lasse,
I'embellis le dehors pour estre mieux dedans,
I'inuente ingenieux de nouueaux stratagemes,
Que ioyeux bien en poinct ie veux faire moy-
  mesmes,
Aussi suis-ie pourueu de fort bons instrumens.

Si la ville estoit laide, orde, pauure, ennuyeuse,
M'ayāt faict la mauuaise ardemmēt dédaigneuse,
Ie m'en sçay bien venger, croyez qu'elle s'en deult;
L'ayant prise d'assault ie la mets au pillage,
Qui deçà, qui delà, vn chacun la rauage,
Elle est démantelée, il y loge qui veult.

Si vn beau petit fort veult faire le terrible,
Encore que son bruit le fist inaccessible,
Penible ie l'affame, & ne suis endormy,
S'à composition l'orgueilleux se veult rendre,
Lors ie preds mō plaisir sans luy en laisser predre.
,, On ne doit faire bien au brauache ennemy.

Il n'y a pont-leuis que ie ne puisse prendre,
En ayant vn volant qu'il faut finement tendre,
Sinon comme à plusieurs qu'il y aye vn faux huis,
Ou quelque tour couuerte auec grand artifice,
Toutesfois si ie puis y mettre la sauffice,
Ie la fay bien bondir par le petit pertuis.

Pour sonder le fossé i'ay la pique guerriere,
S'il est marescageux ie me retire arriere,
S'il y a de l'honneur, ie pousse audacieux,
Si biē que de mes coups ioincts aux paroles graues,
L'imprenable se prend abbattāt les plus braues.
,, Qui doute les vainqueurs est compagnō des Dieux.

Au bruit de mon renom l'ame plus courageuse,
Pour d'auantage orner sa vertu genereuse,
Vient ordinairement m'attirer au combat,
Mais de mon iauelot poignammēt infaillible
Ie l'atterre soudain auec playe sensible.
,, On signale aux grāds coups le valeureux soldat.

Quand ie vay attacquer vne place muable,
Ie fay en me mocquant l'approche desirable,
Ie me loge au plus pres, ie connoy mon party,
I'escarmouche hardimēt iusqu'à perte d'haleine,
Armé d'vn noble cœur ie supporte la peine.
,, Celuy n'est grand guerrier qui n'a iamais paty.

Ie

L'ALLVSION.

Ie me retranche afin d'euiter la sortie,
  On oit en peu de temps l'esclatante batterie,
  Si bië que ie fay breche inraisonnable ou non,
  I'y donne aueuglément, on la void emportée,
  Les beaux drapeaux sâglás tesmoignët la meslée.
„ Beaucoup saignent par art pour reputation.

Ie fay aucunesfois quelque belle surprise,
  Ie baille l'escalade auecque la chemise,
  (Qui blanche est le signal du vaillant champion)
  I'vse ordinairement d'assez fines malices,
  Où sont aussi bien pris les vieux que les nouices.
„ Le Regnard se doit ioindre auecques le Lyon.

Les pouillers foibles-forts, les bicoques villettes
  Ne connoissent l'ardeur de mes flames parfaictes,
  Ces petits rauelins, ces petits éperons,
  Sont indignes aussi du doulx vent de mes ailles,
  Madame, ie n'en veux qu'aux fortes Citadelles,
  Les places sans hazard sont gibier à poltrons.

Lors que ie suis campé sur la superbe terre,
  C'est alors que ie fay diuinement la guerre,
  Le plus beau Regiment n'ose assaillir mon Gros,
  Celle que i'inuestis a beau faire la fine,
  Endurant les fureurs de ma grand' Couleuurine
  Sans qu'elle tire aux siege' elle monstre le dos.

Quand i'en reste vainqueur, desirable victoire,
  De peur que l'on se sauue amoindrissant ma gloire,
  Ie tire entrant en garde en rechargeant resouls,
  Sur la minuict ie donne allarmes sur allarmes,
  A la belle Diane vn chacun prend les armes,
  Le mot du guet sainct Iean, le patron des ialoux.

P

Ie patrouille *par fois, ie ne fay pas la* ronde,
(*C'est à faire à ceux-là qui commandent au mo̅de*)
Si euitay-ie bien la laide trahison:
Car sans monstrer mon feu *ie vay, ie viens, i'escoute,*
Ie reconnoy sans cesse exempt d'aucune doubte,
Ie prends langue le iour pres de ma garnison.

Ie ne mesprise point mon puissant aduersaire,
A l'heure que ie vay au combat *pour bien faire,*
Ie suis muny de tout, ie vay sans seiourner,
Ie braue au rendez-vous *où armé ie fais* alte,
Me chatouillant au cœur du desir qui me flate
Tant & tant qu'il se pasme ennuyeux de donner.

Ie fay mon corps-de-garde *aupres des aduenues,*
Ie pose en diuers lieux sentinelles *perdues,*
Que ie vay visiter sur le ventre abbatu,
Craigna̅t qu'on me descouure aux despe̅s de ma vie,
Ie cause, i'entretiens ma belle compagnie,
Ie ne dors point qu'apres auoir bien con batu.

Ie ne veux triompher dans la place infidelle,
(*S'elle n'estoit Royale admirablement belle*)
Car là c'est là (Mignonne) *où l'on void mes beaux*
Là i'estoque si bien, & là si bien ie taille, (coups,
Que l'on entend bransler le fier chảp de bataille,
Dont là les plus hupez *se mettent à* genoux.

Les approches tousiours sont les plus mal-aisées,
Quand les personnes sont au mestier *bien rusées,*
On court fortune auant que boucler, *qu'assieger,*
Il faut pre̅dre vn moulin, *puis vne* mo̅tagnette,
L'arche d'vn petit pont, vn preau, *vne* islette,
Et souuent vn faux-bourg, *où il y a* danger.

L'ALLVSION.

Si la place eſtoit bonne, entierement munie,
Ie mets la nuict tout doulx les piece' en batterie
Deſſur la plate-forme, ou ſur le caualier,
Meſme quand ce lieu a la beauté naturelle,
De bons, de beaux rempars, l'aſſiette toute belle,
Quelque eſperon ioignant où l'on ſe peut fier.

L'eſcarmouche en ce ſiege, & diſpoſt i'en attrappe,
Ie pourſuy iuſqu'au bout gaignāt la côtre-eſcar-
Le couradour eſtroit, & le fort parapet, (pe,
Encore vay-ie aupres de quelque fauſſe-braye,
Bouchant la caſematte au danger d'vne playe,
Parce que le fou là à toute heure ſe met.

I'y trauaille beaucoup, mais ma peine r'engrege,
A l'heure qu'on me veult faire leuer le ſiege,
Que le fainct aſſiegé eſpere dū ſecours,
Quand il fait le ſignal auec vne fourchette,
Où il y a du feu qui monſtre la retraicte,
Et le batcu à bas par où l'on va touſiours.

Lors que i'ay abbatu quelque grande courtine,
Craignant qu'on s'affuſtaſt deſſus ceſte ruine,
Et par la canonniere en occire quelqu'vn,
Ie tens tout à l'entour vne grand' toile vſée,
Qui empeſche de voir l'inuection ruſée,
Dont quād ie donne au trou il n'eſt ſceu de pas vn.

Ie ne ſuis point de ceux qui vont la teſte baſſe,
I'enfonce brauement, ie donne, ie terraſſe,
Ie gaigne les deſtroicts de diuerſe façon,
Ou ſoit par parlement, par force, par famine,
Vainqueur du con vaincu en fin ie le domine,
Qui reſiſte le plus paye plus de rançon.

P ij

Quand la ville est pour moy, & le Chasteau rebelle,
Ie n'en dy mot, laissant dormir la sentinelle,
I'y pose mon petar, qui chargé fait beaucoup:
Car plus tant plus il treuue vne grand' resistance,
L'ayant mis à propos d'vne roide asseurance,
Il fait sauter, iaillir, & enflamer à coup.

S'il faut donner bataille, Amoureux de la peine
Ie cerche incontinent vne aggreable plaine,
Qu'on ne prēd sans gaigner vn fossé biē profond,
Encore est-il couuert d'vne grosse montagne,
Où est vn bois fueillu qui orne la campagne,
Mais le combat le fouille, & quelquesfois le rompt.

Là mes enfans perdus se couchent sur le ventre,
Là l'on repousse fort auparauant qu'on entre,
Parce qu'il y a là quelque retranchement,
Puis i'ay quatre escadrons dessus le zele en garde,
Il faut parler à eux & à mon auant-garde,
Auant que ma bataille esbranle aucunement.

Là mon canon braqué fait escarter le monde,
(Il n'est rien que l'ardeur de son feu ne confonde:)
Car rien ne se fait bien maintenant sans canon,
Aussi tost qu'on le void on se couche, on se baisse,
Il fait belle ouuerture, il perce tout, il froisse,
Sans luy le plus vaillant n'acquiert vn beau renom.

Puis mon arriere-garde est preste de bien faire,
Si l'ennemy vouloit en ce choc me défaire,
Qu'il voulust attacquer mon bataillon d'estat,
Qui est bien ordonné auecque belle ruse,
Entre le corcelet y a vne harquebuse,
La pique sans le feu ne rend vn beau combat.

L'ALLVSION.

Encore ay-ie tousiours bonne caualerie,
  Pour couurir le beau corps de mon infanterie,
  Ie commande vn gros oſt aupres du General,
  Qui eſt au bataillon, à la Cornette blanche,
  Les volontaires grāds ſont là d'vne humeur frāche,
  Eſperans quelque iour de porter ce ſignal.

Si le Camp contre Camp venoit à s'entre-ioindre,
  C'eſt alors qu'on ſe foule, & alors qu'il faut poin-
  En ſe bouleuerſant d'vn deſir animé,   (dre,
  Ie fay ſi bien donner que i'en rapporte gloire,
  Tous les bons Cheualiers pourſuyuent la victoire,
  Et qui ne pique bien n'eſt pas bien eſtimé.

Apres ie fay ſonner la ioyeuſe retraicte,
  On void les gens de bien ſoubs la belle Cornette,
  Ie couche dans le champ, où vainqueur i'ay vain-
  Afin de conſeruer ma digne renommée,   (cu,
  Qui eſt ſoudainement en toutes parts ſemée,
  Meſmes où i'ay bien faict & doulcement veſcu.

Acceptez donc, Déeſſe, acceptez mon ſeruice,
  Et nous ferons bien toſt vn galland ſacrifice,
  Nous nous ſatisferons du tort qu'on vous a faict,
  Voycy monſieur poignard, voyla madame eſpée,
  Qui eſt (comme l'on dict) à toute heure occupée.
" A l'eſpreuue on connoiſt le ſçauoir que l'on ſçait.

" Ie m'hazarde en t'aimāt, l'honneur ſuyt l'auāture,
  Il n'eſt (meſme à la Cour) honneſte creature
  Qui ne coure fortune en ſon corps defendant,
  Mais les plus Rodomons ne retardent ma ſuyte:
  Car du vent de mon cul ie mets le monde en fuyte,
  Encor qu'il y en ait qui aiment l'Occident.

Si ie vouloy d'un grand tirer grande vengence,
Ie patiroy beaucoup, courage & patience,
Pour paruenir, Madame, il nous faut endurer;
Aussi est-ce pourquoy vn tas de Damoiselles
Pour l'auoir enduré sont dictes immortelles;
Or endurez-le donc si vous voulez durer.

Ie ne manque iamais de cœur ni de puissance,
Ie suis fertile Amour, durable en inconstance,
On void deçà delà ma belle fermeté,
Comme mignō des dieux ie cours plusieurs fortunes,
Espris d'illustre sang i'eslongne les communes,
Si ce n'est quelquesfois vsant de charité.

En blasmant l'inconstant vous qui n'estes constante,
Qu'au ieu delicieux de la Déesse Amante,
(Cōme toute autre femme Amour que i'aime tant)
Vous ne me faictes tort, i'ay le Droict que l'on aime
Qui est maugré les flots inuinciblement ferme,
C'est pourquoy ie puis dire estre au combat cōstant.

Voudrois-tu donc Amour n'esprouuer point mes armes,
Dignes d'ensanglanter les plus braues gēs d'armes!
Ie te conuie honneur, vien me voir escrimer,
Ie bas bien en presence, & si fay l'incartade,
I'ay des perfections propres pour l'accolade,
Beautez que ie vous veux legerement nommer.

Ie suis bon Escuyer, i'ay bien bonne tenue,
Si la beste farousche haultement se remue,
Ie sçay piquer à temps, lascher la resne aussi,
Ie sçay bien faire aller, ores à balotades,
A courbette, au gallop, en diuerses passades,
Et ores bellement sentant l'air addoulcy.

L'ALLVSION.

Quand ie monte deſſus redoubtant les morſures,
  Les ruades encore, & les autres bleſſures,
  Ie luy monſtre la gaule en luy piquant les flancs,
  Ie ne la mets ſoudain en feu-ſouflante haleine,
  Mais au beau petit pas gaillard ie la pourmeine,
  Afin qu'elle me ſerue à la ville & aux champs.

Quand ie voy qu'elle s'eſt gentiment pourmenée,
  Et qu'au lieu du trot dur elle va l'haquenée,
  Ie deſcens reſiouy, la careſſant bien fort
  D'vn doulx attouchement, d'vn gracieux lâgage,
  Puis ie la recommande au maiſtre du manage.
„ C'eſt vn ſot qui n'a ſoin de ſon plaiſant ſupport.

Celle qui d'apparence eſt fierement retiue,
  C'eſt la plus courageuſe, au combat plus actiue,
  Elle ſe plaiſt au mors, & prend le frein aux dens,
  Plus vous la trauaillez, plus fraiſche elle ſe monſtre,
  Qui court deſſus en liſſe il fait belle rencontre:
  Car s'il eſt bien adextre il met touſiours dedans.

La beſte vicieuſe eſt ſouuent la meilleure,
  C'eſt pourquoy de tout têps, meſmemêt à ceſte heure,
  On cerche ceſte-là tachée de ce bruit,
  Iamais elle n'eſt laſſe, & plus elle eſt foulée,
  Et plus (grâde merueille!) elle fait grand' couruée:
  Car elle n'a repos ni de iour ni de nuict.

Il eſt vray qu'il y a des beſtes fantaſtiques,
  Des beſtes du pays ſauuagement ruſtiques,
  Qui ne veulent iamais ſe laiſſer bien dompter
  Qu'à vn ſeul Eſcuyer, bien qu'il fuſt mal-habile,
  Mais ceſte race innoble eſt quaſi inuiſible,
  La nobleſſe touſiours aime à ſe ſus monter.

P iiij

Ardant mon bon courtaut & d'vne riche taille,
  Pour dõner roidement, pour choquer en bataille,
  Tout à couleur de chair, fors qu'il a le crain noir,
  Il part bien de la main, il n'est iamais farousche,
  Il a le nés au vent, fougoux & fort en bouche,
  Barraque, trape, entier, il fait bien son debuoir.

Il est bon pour donner quelque grand coup de lance,
  Quand elle est en l'arrest il est prompt, il s'auance,
  Il gratte fort menu, il va droict roidement,
  Et si c'est en faueur des Dames singulieres,
  Il passe en ce tournoy cinq ou six grãd's carrieres,
  Et met dedans la bague à tous coups brauement.

Il boit en toutes eaux en troublant la fontaine,
  Il n'est point degousté, il mange bien l'auoine,
  Mais il est fort hargneux quãd on luy veut oster,
  Il escume d'ardeur, il braue, il s'aime en troupe,
  Sain & net, bien nourry iamais ne porte en croupe,
  Les cheuaux sont meschans qui s'y laissent monter.

Ie vous pourroy, Madame, icy faire paroistre,
  Moy qui suis en cest art dispostement adextre,
  La beste plus subjecte à se faire enclouer,
  Paix, paix, il me suffit, la marque est en vsage,
  Croyez qu'il n'en est point, tant soit elle sauuage,
  Qu'on ne rẽde à la fin biẽ fort doulce au mõtouer.

Ie vous diray bien plus, quand elle seroit nue,
  Ie ne tomberay point encore qu'elle rue,
  Ou qu'elle aille trop hault, terre à terre, ou à bonds,
  Sans obseruer le temps, sans garder la mesure:
  Car moy ferme piqueur ie presse la chairnure,
  Il est vray que iamais ie ne manie au ronds.

Quand

L'ALLVSION.

Quand elle est prompte, ieune, orgueilleusement fiere,
  Ayant (à la grandeur) vne large carriere,
  Alors ie suis contrainct de me tenir au crain,
  Le remument leger de la croupe mouuante
  Me desharçonneroit, chose fort mal seante,
  Dont il la faut piquer le soir & le matin :

Parce qu'il n'en est point (tant soit-elle mauuaise)
  Qui la cheuauchant bien peu à peu ne s'appaise,
  Dont la plus ombrageuse aime l'ombre incertain,
  On la passe par tout, elle n'a plus de crainte,
  Et si l'on la touchoit de quelque fausse attaincte,
  Le vray charme croisé l'agguerrira soudain.

Ce n'est en cela seul que ie suis galland homme,
  I'ay mille autres vertus que la France renomme,
  Ie ioüe comme vous du beau luc renuersé,
  (Non pas que ie trahisse aucunement Cythere.)
,, Iamais les gens d'honneur n'attaquent par derriere,
,, Mal-heureux le vainqueur, mal-heureux le blessé.

Alors que vous serez de triste humeur esprise,
  Ie vous resiouyray, bouffy de mignotise,
  Or' ie tendray le nerf, or' ie l'accourciray,
  Egaux à l'argument des vers beaux vers i'entone,
  Dessur un chant nouueau doulcement ie fredonne,
  Le Prin-temps porte-fleurs est tousiours desiré.

I'inuente de beaux Airs que quelquesfois ie monstre,
  Ie tiens bien mon dessus auec la basse-contre,
  Dont ie fay retentir le beau logis voulté,
  Ie redouble fort bien, ie fay plusieurs passages,
  Ma taille & l'haulte-contre aggrée aux maria-
  Car ie sçay le refrain doulx & regringotté. (ges:

P v

Ie sçay le bransle gay, la volte, la courante,
Ie vay bien au balet, le monde s'en contente,
Ie fay la capriolle ore bas, ore hault,
Auecque beau maintien ie danse la gaillarde,
Ie ne me lasse point en sonnant toute aubade.
,, Iamais au braue cœur le courage ne fault.

Pour m'accorder aux voix mignonnes de la Muse,
I'ay prou bel instrument, i'enfle la cornemuse
Auec mō gros bourdon dont l'on fringue en tout
  temps,
Ie mets la fluste au trou, en langottant ie crache,
Ie racle le boyau, quand mon violon s'attache,
Le vy au long n'aggrée, il sied biē mieux dedans.

Quand ie suis à Cour ie vay en mascarade,
Ie couure le moumon, ie tiens tout de brauade,
Et craignant de faillir ie fay sans faire bruict,
Ie basse-dance viste auecques ces fillettes,
Par degré, au priué, aux allées secrettes,
Le iour on parlemente, & l'on se rend la nuict.

Ces Paladines là font de belles toillettes, (tes:
Tenans l'eguille en main que i'enfille à veuglet-
Car les chats sont trop grands, chacun s'en plainct
  par tout,
Puis i'ourdis mesnageant du gros lin, du gros chābre,
En ce gentil mestier ie m'aide de tout membre,
Ie le fay bien assis, bien couché, bien debout.

En beaucoup d'autres poincts on me void plein de grace,
I'entens la Venerie, expert en ceste chasse,
Ie rends ce que ie lance en peu d'heure aux abbois,
Ie brosse viuement aux forests Damoiselles,
Sept en vne assemblée ont tombé dans mes toiles,
On ne peut euiter l'enceinte dans mes bois.

L'ALLVSION.

Mon bon limier vigros se plaist dans la brisée,
  Au premier coup de trompe il court à la curée,
  Il est membru, rablu, il est rouge en museau,
  Il est douillet, poly, d'vne couleur blancheastre,
  Mouchetée de noir, il est mignon, follastre,
  Quand il void vn relais il prend vn cœur nouueau.

Vous direz qu'en default quelquesfois on demeure,
  Que pour continuer ce plaisir à toute heure
  Vn seul n'y peut fournir, tant soit-il bien formé,
  Tu diras verité, Déesse que i'adore,
  Mais i'ay de bons Amis, tu presteras encore
  Con luy vault ton mignon d'vn chacun renommé.

Quand i'auray ce baueux ce goulaffre qui queste
  Couplé auec vigros aimant viande preste,
  Ie me vanteray lors alors au premier coup
  D'estre le grand veneur digne de ceste office,
  N'en desplaise aux picqueurs de Frāce ma nourri-
  Car ie tiendray la beste eschappée à beaucoup. (ce:

I'ay sur la beste noire vne telle puissance,
  Que peu fort peu luy sert sa terrible defence,
  De mon roide espieu ie l'enfonce soudain,
  Rouge, bouillāt, fumeux, ie le pousse & le tire,
  Ie le mets au fourreau quand il me plaist de rire.
„ La resiouyssance est le propre au genre humain.

Ces beaux ieunes Gheureux & autre telle espece,
  (Coustumier passe-temps de la gaye Noblesse)
  Deuant mes yeux astrez ne se sçauroyent sauuer,
  Aussi sçay-ie trouuer le tapy lieure au giste,
  Hapetout mon leuron l'attainct, le plaude viste,
  Si bien que bien sanglant souuent le faut lauer.

P. vj

J'aime comme follet ces léurettes follastres,
    Qu'on void mordre par fois des chiens opiniastres,
    Mais or' vous le sçauez, ils s'en vont tous exempts:
    Car il n'est plus de fols en ces belles contrées,
    Et comme n'estant point des premieres portées,
    Ils n'enragent iamais tesmoins les Courtisans.

Ie m'exerce souuent en chasse peu penible,
    Foulon mon chien couchant à l'arrest infaillible,
    Quand il bransle la queuë il me faut tirasser;
    Quelquesfois il se couche, alors vont mes dragées,
    C'est grand plaisir de voir ces bestes adouées,
    Mais vn chacun tousiours ne s'y peut bien dresser.

Encore aucunesfois quand ie ne sçay que faire,
    Ie chasse à la tesniere, où i'ay mon ordinaire,
    Les fins Regnards i'affine, & les ventrus tessons,
    Viue les Animaux ne bougeans d'vne terre,
    C'est l'esbat destiné du gend'arme aime-guerre,
    Mais le sçauant se plaist d'auoir plusieurs leçons.

Esueillé mon basset auec sa iambe torte
    Entre sans reconnoistre, & de si bonne sorte,
    Qu'il débouche le trou presque tousiours bouché,
    Sans redoubter l'ardeur de la place enfumée,
    Il saboule orgueilleux ceste beste enfermée,
    Mais le petit morueux est bien escarmouché.

La chasse aux chiens courans aggrée à la Noblesse,
    C'est pourquoy elle court deçà delà sans cesse,
    Clabaudant, trauaillant pour forcer son desir,
    Fy, fy, nous ne deuons contraindre vn volontaire,
,, On n'en treuue que trop. La doulceur est amere
,, Alors que le labeur surpasse le plaisir.

L'ALLVSION.

Ie ne chasse iamais, ie plaindroy fort mes peines,
Aux louues, quelle horreur! les forests en sōt pleines,
Chacune par sa voix se fait suyure des loups,
Puis l'infame choisist le plus laid de la trouppe,
Qui pris d'Amour mortel luy saute viste en croup-
,, On dône au seruiteur ce qu'on vēd à l'espoux. (pe.

Quand ie veux receuoir quelque plaisir sans peine
C'est au bourdel ombré, bien fertile garenne,
Où les lisses de Cour déguisent leurs maintiens,
Là sans abayer là on ne faut point à prendre,
Le barbelu connin au clapier se vient rendre,
Mais on treuue bien peu de ces iolis cons nains.

Ie sors incontinent de ma gente pochette
Mon furet affamé à la double sonnette,
Qui creté, qui friand, qui chaud, qui furieux,
Se fourre dans le trou auecques fiere monstre,
Si de cas fortuit le mignard fait rencontre,
La bourrasque se fait l'vn sur l'autre enuieux.

Quand mon furon mignon trouue ce qu'il desire,
Il se saoulle si fort que le dormir l'attire,
Tellement qu'il se plaist à long temps sommeiller
Aupres de son gibier, lors l'on guette, l'on crie,
,, Pour l'oster de repos. Mal-heureux qui 'enuie
,, Le bien que le destin nous a voulu bailler.

Ie pourroy prendre encor ceste petite beste
Sur le soir à l'hespere auec vostre harbaleste,
I'ay le bandage bon, i'ay le garrot tres-fort,
Incontinent qu'il est dessus la noix cochée,
Il lasche droictement à la beste couchée,
Qui soufflant fait la morte en se debatant fort.

Oultre cela ie sçay vne chasse plaisante,
Alors que la froidure apparoist fort cuisante,
Ie suis bon gibayeur, ie cherche les estangs,
Biē profonds, biē herbus, propres pour le mesnage,
Mais les marescageux ne sont de mon vsage,
I'eslongne par sus tous tous ceux là qui sont grands.

Sur tout gibier ie tire, & fust-ce sur la buse,
I'ay le fournimēt plein, i'ay la bōne harquebuse,
Qui a tousiours trois licts qui sōt chargez à plom,
Elle est à grand ressort, i'ay la pierre de mine,
I'ay l'amorce friande & la pouldre bien fine,
Et si i'ay le racloir pour netir le canon.

Afin que le gibier ne sente point ma pouldre,
I'entre dans le moulin, que ie sçay faire mouldre,
Ie le sçay r'engrener, estant d'aise comblé
Le claquet m'aduertist s'il faut de la matiere,
Ie racoustre l'arçon, le rouët, la tremiere,
Ie desrobe la fleur du plus excellent blé.

Ces luisans griuolets dont l'affecté ramage
Attire bien souuent leurs pareils au riuage,
Sont des oiseaux aisez à toucher aux marets,
Ils se plongent soudain, & soudain se releuent,
Ceux là qui mirēt droict les blessent, les enleuent,
Et craignant de les perdre il les faut suyure apres.

Quant à la chasse au bruit aux forests buissonnieres,
Où l'on tire la nuict en troupe auecq lumieres
Aux Ramiers, qui n'ont peur des friands ennieux,
Ie ne l'aime qu'vn peu, encor' c'est par boutade.
,, L'honorable chasseur va secret sans brigade,
,, Et aux bois non battus, où le gibier vault mieux.

L'ALLVSION.

L'oiseau plus bas volant est difficile à prendre,
Mais le goust en est fade, il n'a point la chair ten-
Qui fait que rarement ie vise là dessus,   (dre,
Si ce n'est par humeurs enflé de gaillardise,
Dédaignant les Herons, mon ordinaire prise.
„ Souuent par noz mespris on nous desire plus.

Ie m'aduantage trop, mon humeur me condamne:
Car i'aime extremement la voletante Cane,
Qui tant soit elle maigre a tousiours le cul gras,
Vous le sçauez, ô vous qui estes maigrelette,
„ Par le bel-en-bon-poinct la beauté est parfaicte,
Et c'est pourquoy plusieurs se graissēt hault & bas.

Nul ne peut euiter mon plaisant exercice,
Ie tire en toutes eaux Amoureuse delice,
Madame vous verrez vn plaisir singulier,
Et si dedans le gay la beste fait la morte,
Goulu vostre barbet naturellement porte,
C'est là le seul moyen pour auoir du gibier.

Ce n'est rien de cecy, ie suis maistre pilotte,
Maugré l'orgueil des vents vers ma route ie flotte,
Faisant de bande en bande auec agilité,
Ore issant le bourcet, la voile, la misenne,
Ore le papefigue, & ore ore i'ameine
Par mon ciflet, pendant on sçait ma volonté.

D'vn coup de gouuernail ie tourne la nauire,
Ie la pousse en auant, & puis ie la retire,
Ie ne craincts les efforts du grand flux & reflux,
Ie donne l'estribort, le conpas me l'enseigne,
Ie connoy les mestraux brauons, ie les dédaigne,
Ie ne veux point mentir i'aime le vent dessus.

L'ALLVSION.

Quand la nef porte-humains vogue en mer costoyée,
  Elle a des poussepieds s'elle n'est nettoyée,
  Si ordinairement elle n'ancre à bon port,
  Ces petits animaux sont de telle nature,
  Qu'ils mordent viuement, engendrans de l'ordure
Pres le cul du vaisseau, d'où procede la mort.

Le matelot flottant en grand' mer Oceane,
  Le Corsaire escumant sus l'onde courtisane,
  Plaine où il faut sçauoir nauiger à tout vent,
  Confessera tousiours ma parolle estre vraye,
  Amy de la raison ie ne donne la baye,
Encor faut-il suer la nauire souuent.

Quand ie cours la fortune où mon desir abonde,
  Ie ne doute l'escueil caché soubs la noire onde,
  Afin de naufrager le voylier butineur,
  Rien rien ie ne craindsriẽ, on ne me peut surprẽdre,
  Que ie n'aye rendu, que ie n'aye faict rendre
Ma nef enuitaillée au riuage vainqueur.

Estant là ie me plais, i'ay la ligne tendue,
  Ie mesle le rouget auecque la barbue,
  Descouurant dextrement les iolis manequins,
  Qui d'vn mot déguisé, honorant la Noblesse,
  Parce que la marée est aimable sans cesse,
Ont emprunté le nom de grands vertugadins.

Ie ne prens point la raye, ô puanteur extresme!
  Ni le bon maquereau, biẽ qu'vn grãd mõde l'aime,
  Mais quãd le Cancre attainct mõ friãd hameçon,
  Fasché ie crie ha! ouf! maudissant pescherie,
  Ie rejecte la Seiche, & vous la molle Plie,
Iamais femme de cœur n'achepte ce poisson.

L'ALLVSION.

Le desireux pescheur sur la barque legere
Ne doit craindre l'orgueil de Thetys la meurtriere,
Qu'il s'asseure gaigner en pelerinisant,
Il verra poulignac, pelade, chancre lie,
Grincepisse, Bauiere, & venant par Surie
Il pourra rapporter quelque Ruby luisant.

Ie n'ay eu l'heur chetif d'auoir faict ce voyage,
Bien que i'aye couru la fortune volage,
Venant du haut en bas iusqu'aux païs Flandrins,
Hé! pourquoy mais pourquoy ne m'y suis-ie allé rendre?
Ie ne le con prends point, si aimay-ie à con prendre,
Icy, en toute place, & iusques aux cons fins.

Hazardeux i'ay cerché les plages estrangeres,
Non comme le forçat des pompeuses galeres,
(Propres vaisseaux pour voir la mer du beau Leuant)
Où l'on vogue en tout têps sur la belle onde calme,
Dont plusieurs mal-heureux sont gesnez à la rame
Soubs la corsaire ardeur qui les va decenant.

I'eslongne entierement les laides riues moles,
Et l'abort peinturé des luisantes gondoles,
Ce sont petits bateaux flottans apres les grands,
Gemissant soubs le faix on sent l'eau qui s'escoule,
Ils sont d'hômes chargez aucunesfois en foule,
Pour trop aimer le bain ne portent point d'enfans.

Qui s'y embarquera pay'ra bien le naulage,
Et si sera subject à l'impiteux naufrage,
A la pierre cornue, à la douleur de rains,
Ceste barque est d'vn bois qui curé ne rejecte,
Il brusle sans flamber propre pour la diette,
PENA nouueau Peon en fait mener aux bains.

Ie ne mouille *point* l'ancre *en pleine mer* profonde,
  Ie n'y pose estourdy ma grosse, grasse sonde,
  I'aygade bien l'estay à l'abry oste-vens,
  Mais il vault mieux pescher en l'eau doucemẽt clai-
  Ie mets au reseruoir mon elite ordinaire,   (re,
  Le poisson conserué *se desgorge en tout temps.*

Ce poisson *est aimé des femmes de nostre âge,*
  Dont chacune apastant veult entrer en mesnage,
  (Ombre qui fait peupler les plus mauuais estans)
  On y rid entre Amis, les Dames *sont honnestes:*
  Car à lascher la bonde *elles sont tousiours prestes,*
  La sosse *leur aggrée & les* mets *differens.*

Quand ie quitte les flots des ondes marinieres,
  Que ie pesche seulet aux estroites riuieres,
  Ie mets dedans l'engin la perle des poissons,
  Le sauoureux brochet *ferme, doulx, & propice,*
  Ie prends tout à mon reth, *fors l'horrible escreuisse,*
  Ie n'aime point cela qui nage à reculons.

Il n'est haure, *ni* port, *il n'est* rade *ni* plage,
  Où ie ne single hardy, *i'entends le* nauigage,
  Eussent dans les esquifs qui ne sont calfeutrez,
  Pour la prise attrapper, les ramberges *sont belles,*
  Mais si la rouille *estoit dans les vieilles* nacelles,
  Madame s'il vous plaist, vous m'en exempterez.

Virons le capestan, *hissons, largons l'escoute,*
  Allerte appareillons, reprenons autre *route,*
  Qui reuienne tousiours à nostre beau chemin.
  On dict que vous aimez l'art de Fauconnerie,
  Ie monte à toutes mains, i'entens la Volerie,
  On m'admire à l'entrée, on m'adore à la fin.

L'ALLVSION.

Mon lasnier maheurté a la serre si forte,
  Qu'il abbat tous oiseaux d'vne vistesse accorte,
  Vray est qu'il craind vn peu le dãgereux faux con,
  Dont l'oultrageuse main est assez reconneue,
  Ie ne le mis iamais dans la purgeante mue,
  Ie luy ay bien donné le ioly chaperon.

Lors que ie voy la proye endormy ie ne songe,
  Ie suis d'aise surpris, ie luy lasche la longe,
  Il ne faut vistement d'abbattre le gibier,
  Et s'il s'enuoloit loing ie le reclame à l'heure,
  Ma bonne voix tousiours le fait venir au leurre,
  Ie luy baille la cure auec plaisir entier.

S'il vous plaist voir iouer en bonne compagnie,
  I'entens fort bien la paulme ayant belle partie,
  Ie bande roidement, ie donne le reuers,
  Ie ne suis point faultier, i'ay la bricolle prompte,
  Ie près l'esteuf au bonds craignãt la laide honte,
  Ie mets dans la belouse à l'heure que ie sers.

Qui ioüe en ce tripot d'vne ardeur continue,
  Il se corrompt lassé, la violence tue,
  Mesme l'esprit ioyeux en deuient plein d'esmoy,
  Si me play-ie au balon que i'enfle d'arriuée,
  Mettant dedans son trou ma seringue mouillée,
  Quand ie le iette à bas il bondist maugré moy.

Ie sçay bien d'auantage, en quelque part que i'aille,
  Ie gaigne les gaigneurs au ieu du Pallemaille,
  Mon mail biẽ emmãché fait des coups merueilleux,
  Ma lieue enlaiue bien, si bien que i'oultrepasse,
  Ie debute asseuré, tousiours i'entre en la passe,
  Tant plus elle est petite, & plus ie l'aime mieux.

Ie prime au jeu de prime, & le fay de ma reste,
 Ie gaigne au plaisant flux, mon gain est manifeste,
 Et sur la fin du mois mon jeu va iusqu'au cent,
 Morniflant tout me sert, i'ay quelquesfois barbouillé,
 Qui ioüe auecques moy il faut qu'il se despouille,
 Le parieur se chauffe, & chacun le consent.

Le changement aggrée, aucunesfois ie ioüe
 Aux Tarots teste à teste, & tousiours ie secoüe
 L'ame affectionnée en si doulx passe-temps,
 S'elle veult mon bagat ie triomphe sur elle,
 Ie fay tousiours à tout d'vne façon si belle
 Que perdant ie me sauue en me mocquant des Ians.

L'on me desplairoit fort si l'on couppoit la queüe,
 (Ceste chose entre Amis ne doit point estre veüe)
 On doit faire beau jeu tant qu'il y a de quoy,
 Deuisant on escarte espris de gayes flames,
 Mon escart de trois as me fait gaigner des Dames,
 Ioüant l'vn portant l'autre, & vn chacũ pour soy.

Ie ne faults à donner, ie ne trompe personne,
 Mon jeu est serieux, perdant ie ne m'estonne,
 Mais ie me pique au jeu quãd i'en ay beau subject;
 Ie ne m'excuse point quand on iette le monde,
 Ie mets l'Ange emplumé, la trompette fecõde,
 Faire amont pour plaisir, c'est ioüer à souhet.

Ie ioüe au i'ay, au poinct, fredonnant ie triconne,
 Ie n'aime le grand poinct, ni la ronfle si bonne,
 I'ay tousiours vn beau i'ay, approchant mon desir,
 Quand ie ioüe à la belle, ô Dieux! quelle allegresse?
 Ie truque fort au truc, & iamais ie ne cesse
 De m'esbattre en tous lieux quelquesfois pour plaisir.

Ie ioüe au lansquenet, voire à la condamnade:
Car ie deuine bien, i'entends la reuirade,
I'en croy ceste beauté qui tient si bien son rang,
Qui perd le souuenir d'vne chose si belle,
Ie me trompe vrayment, elle est spirituelle:
Car ie luy ay donné du subtil de mon sang.

Ie ioüe au passe-dix, par boutades habiles,
Ie rasle finement dans ces grands domiciles,
Ie pippe les pippeurs, i'escamotte hardiment,
I'ay le fuste caché qu'à propos ie manie,
Ma chance est fauorable, & iamais ne m'oublie,
A tout sept: car au pair on ioüe asseurément.

La recreation qui m'est plus coustumiere,
Apres le bon repas c'est celle du beau here,
Ie change mal-cõtent, ie veulx vn poinct nouueau,
Ie me delecte aussi aux boul-uersantes quilles,
Ore auec vne Dame, ore auecques ces filles,
Et quand ie leur fay quille elles me font rapeau.

Ie suis Grec aux eschets, de mon pion ie matte,
Au sault du Cheualier il faut que ie m'esbatte,
Et puis au trou madame (humble occupation)
Si l'enjeu vault beaucoup i'entre dãs le neufiesme,
Sans faillir ie redouble auec honneur supresme.
„ On prise aux beaux effects la grande ambition.

I'entre & choque au billard voyant belle monnoye,
Ie brasle aux beaux ionchets perdãt auecques ioye;
Mais ie suis singulier aux martres jeu commun,
Ie bicque auprés du mõde, & sans qu'il m'apperçoi-
Ie fay la porte franche, afin qu'on me reçoiue, (ue
Ie change, ie bondis, aux despens d'vn chascun.

Ie ioüe aux barres fort, on me les void bien prendre,
Ie degage les miens, ie les fay bien estendre,
Ie me plais aux beaux ieux quand i'ay quelque se-
Qui se resiouyst seul cõmet chose vilaine, (cõd,
Ie ne sçauroy iouër au ieu de branslemoine,
I'abhorre cest esbat comme les femmes font.

Mes passetemps ne sont d'eschines morfondues,
Le tric-trac qui fait Ian, les dames rabatues,
Où ie me suis gentil gentiment esprouué,
Le forçat est ioyeux, le plaisant recreable,
Iamais ie ne m'ennuye en cest esbat aimable:
Car le ieu du damier se iouë à cu leué.

Chacun fait ce qu'il peut, l'vn astut veut s'esbattre,
A fin que d'vne dame il en attrape quatre,
Mais quoy? le gain du ieu ne profite iamais, (gres
I'ay veu de beaux gaigneurs douloureusement mai-
Se vouër à sainct Oing pour estre encore allaigres,
C'est pourquoy, mes Amours, en perdãt tu te plaiz.

Ie suis de la façon, si nous iouöns ensemble
Vous verrez que tousiours nostre humeur se ressẽble,
Vostre honneur est prodigue, & le mien liberal,
Vous aimez à gausser, ie me delecte à rire,
Vous meditez d'Amour, i'en ose bien mesdire.
,, Qui suyt l'egalité ne sçauroit faire mal.

Puis donc que nous auons si grande sympathie,
Viuons passant païs, viuons, ie vous supplie,
Vous aurez auec moy de gracieux plaisirs,
Et si comme plusieurs vous disiez d'aduenture
Que ces doulces doulceurs ne donnent nourriture,
I'espere contenter le feu de voz desirs.

L'ALLVSION.

Car moy, moy tout sçauant ie sçay le necessaire,
Si doncques vous auez quelque importante affaire,
Quelque sac embrouillé, quelque paillard pro-
Cela qu'est-ce cela? i'ay la Iurisprudence, (cés,
Les loix logent chez moy, l'on m'appelle eloquence,
C'est pourquoy l'on me void si souuent au palais.

Ie n'y sçauroy fournir tant i'ay de renommée,
Si tost que i'ay le tiltre, en la mesme iournée
Ie mets diligemment le cas sur le bureau,
Ie fueillette si bien le procés de ces veufues,
Que ie leur fay porter de belles robes neufues,
C'est sur la digne cause où ie ronfle au barreau.

Ie conserue le droict aux Dames gracieuses,
Paroissant au parquet ardemment copieuses,
Qui ne faillent iamais aux assignations,
Ie ne consulte point pour de petites choses,
Quãd il me faut dependre aux principales causes,
Alors i'ay corps pour corps de bonnes cautions.

A la partie aduerse il ne faut dire iniures,
I'y vay subtilement, i'entens les escritures,
I'ay la prise de corps que ie fay decerner,
Ioffroy mõsieur l'huissier si brusquemẽt empongne,
Qu'il fait choir la rebelle, & tellemẽt la congne,
Qu'il fait pleurer, pasmer, souspirer, con dãner.

La personne qui fait sottement la galande,
Ne voulant con paroistre elle paye l'amande,
Mais à l'adiournemẽt qu'on nomme personnel,
Il se faut presenter sur peines qui sont grosses:
Car pour cela l'on entre au cu des basses fosses,
Maugré l'effort plus fort du constumier appel.

On n'excepte personne aux villes bien reglées,
  Ni à la Cour où sont les belles assemblées,
  On ne recule point, on obserue l'edict,
  Aussi tost que pouler adjourne la partie,
  Elle s'en vient au siege où elle s'humilie,
  Mesme on va proceder iusques dedans le lict.

Que seruent ces delais, ces beaux eschappatoires?
  Ce ne sont que despens suyuis de vaines gloires,
  Dont apres (mais trop tard) il vient vn repentir,
  Faute de bon conseil le peuple se ruine,
  Les frais passent le fons, on a beau faire mine:
  Car vn chacun tousiours ne veult pas consentir.

De moy i'en vse ainsi quand vigilant ie plaide,
  Quelque mauuais con que est qu'vne Dame possede,
  S'elle ne con paroist on la met en defaut,
  Ie descouure si bien le creux de ces malices,
  Qu'vn autre en peu de temps en paye les espices,
  I'ay mon Cler Galien qui connoist ce qu'il faut.

Par vn con, mittimus l'exhibe toutes pieces,
  Si i'appointe aisément, i'entre alors en liesses,
  I'aime le con tenu mieux que le con promis,
  Au criminel sans grace il n'est point de remedes,
  Ie vay du Parlement dedans la Cour des Aides,
  On con frôte, on recole, on con signe entre amis.

On a beau estre riche, on a beau estre honneste,
  Recuser par faueur, representer requeste,
  Il faut il faut produire ou bien on est forclos,
  Amour, Monsieur, l'ordonne, apres son ordonnance
  On execute bien, on fait en diligence,
  Mesmes on saisist tout lors que le cas est gros.

                        I'aime

L'ALLVSION.

J'aime le bon Arrest: car l'Interlocutoire
Fait consumer le têps, tous deux s'en font à croire,
Il n'est qu'vn Iugement qui est diffinitif,
Quand on appointe en droict, que chacun distri-
Ie poursuy, ie courtise, alors ie m'esuertue, (bue,
Croyant mon rapporteur à mes desirs actifs.

Ie puis ce que ie veux, la peine m'est plaisante,
I'informe, & puis i'escry de ma plume sçauante,
Ie ne manque iamais d'encre ni de papier,
I'ay le bon ganimal, i'ay le cornet duisable,
Mais craignant de chommer en ce trauail aimable,
Ie vous pry' prestez moy vostre ioly encrier.

Ie besongne en beau temps ayant l'œuure de mesme,
Ie ne chomme iamais que iusques au septiesme.
» Le bien n'est bien acquis sans penibles efforts.
Aussi toute personne, & la femme sur toute,
En gaigne trauaillant, suant à grosse goute,
La femme porte-fais n'espargne point son corps.

Si est-ce qu'on en void mesmes des Courtisannes,
Qui semblêt d'vne chose aux Noyers & aux Asnes,
S'ils ne sont bien battus ils apporteront mal,
Il les faut battre fort voire iusqu'à l'entraille,
Six ou sept fois le iour plus d'estoc que de taille,
D'vn baston moüeleux qu'on nomme pastoral.

Ie n'importuneray vos pudiques aureilles,
Publiant la vertu des Dames nompareilles,
Chacune a quelque poinct d'vn chacū remarqué,
La Grãde Grãde veult, il luy plaist qu'on la serue,
La petite en seruant contrefaict la Minerue,
Soubs l'ombre de bonnace on est mal embarqué.

Q

L'orgueilleuse au grand cœur aime à venir aux prises,
L'humble s'abbaisse bas, n'aimât point les feinti-
Et la poureuse encor' seule n'ose coucher, (ses,
La liberale donne, en tous lieux elle preste,
La mesnagere met gros & grands à l'emplette,
La Courtisanne en veult encore qu'il soit cher.

La Celeste Nonnain, qui n'est plus de ce monde,
Ne veult ouyr parler de la matiere ronde,
Tousiours auant Con plie elle abhorre l'erreur,
S'elle ieusne elle inuoque, elle fait biē l'aumosne,
Elle chasse par là le Turc de Babylone,
Et reçoit à con fesse vn entier Createur.

Celle qui iusqu'au bout veult sçauoir toute chose,
C'est la spirituelle où l'Amour se compose,
La grossiere prend tout sans espargner le sien,
L'ignorante iamais les membrus n'apprehende,
La sotte ne dit guere & tousiours en demande,
L'habile en entretient, & ne luy couste rien.

La folle au sens leger en entrant veult paroistre,
La sçauante n'ignore, elle veult reconnoistre,
La grandeur, la grosseur, la force, le pouuoir,
La paresseuse aussi est d'vne humeur si dure,
Qu'elle delaisseroit pourrir nostre nature,
Plustost que de l'oster de son propre manoir.

La honteuse honorable aime à couurir sa honte,
Et souuent d'vn coquin, de qui l'on ne fait conte,
La Papiste biguotte aime fort l'aspergés,
L'Atheiste ne croid sans voir de pres l'essence,
L'Hypocrite à toute heure ombrage son offence,
La Huguenotte veult de la chair en tous mets.

L'ALLVSION.

La belle au front serain fait quand elle desire,
  La laide s'accommode où elle peut eslire,
  La riche incessamment acqueste çà & là,
  La pauure œuure tousiours quãd on paye l'ouurage,
  La maigre allegrement met du beurre au potage,
  La grasse en s'exerçant aime à faire cela.

La gourmande veult tout pour sa pance affamée,
  La sobre d'vn petit n'est pas rassasiée,
  La friande aime bien les andouilles de Trois,
  La dolente sans fin aualle le breuuage,
  La patiente endure & souffre d'auantage,
  L'ambitieuse en veult demy pied quatre doigts.

La bonne trouue bon tout ce que l'on luy baille,
  La mauuaise aux yeux roux veult que l'õ la foüail-
  De la verge de l'hõme à toute heure, en tout tẽps,(le
  Aussi en voy-ie bien qui ne se doiuent plaindre,
  On ne les foule point, ce qui les fait donc geindre,
  C'est quelque gentil cor forgé par passe-temps.

La pompeuse aime fort les choses superflues,
  Les femmes d'auiourd'huy veulent estre vestues,
  Déguisant d'vn habit trente habits déguisez,
  Si quelqu'vn les estreinct en le portant il lasche,
  Leur grand poinct decousu à toute heure se ca-
  Car leurs eguilles sõt aux estuis pertuisez. (che:

Comme le pont au change, où vostre Amour se pose,
  Est tousiours enrichy presque de mesme chose,
  Encores qu'à Paris tout abonde à plaisir;
  La glorieuse ainsi, la simple, l'aggreable
  Se pare habilement de chose ressemblable,
  Ne voulant sans l'vser iamais s'en dessaisir.

Q ij

La braue au noble sang superbement replique,
   La guerriere aime-honneur bransle *assez bien la*
     pique,
   Aiguisant les cousteaux *qui font d'estranges*
     coups,
   La paisible sans bruit enguaine à toute guise,
   La chaste est ceste là qui ne fust onc requise;
   Diane au beau talon n'habite point chez vous.
Que desirez vous plus? i'entens le bon mesnage,
   Ie sçay *proigner la vigne, & sçay* le labourage,
   I'ay vn soc *aceré, mon* verçoy *verse-tout,*
   I'ay l'aiguillon poignant, i'ay vn foyt *admira-*
   I'ay besoin seulement de terre cultiuable: (ble,
   Car i'ay vn bon harnois *qui est tousiours* debout.
S'il vous plaist m'affermer vostre place d'Anconne,
   Qui est (comme l'on dict) aussi belle que bonne,
   I'arceray *sur le* champ, *nous ferons à moitié,*
   Le lourdaut qui la tinst ne l'eust iamais en herbe,
   Vous en gardastes bien: car vous estiez superbe,
   Aussi le sceptre *honneur-vous estoit* dedié.
Ie defroque *assez bien la bonne* terre en friche,
   Ie seme espais mon grain: *car ie ne suis point*
     chiche,
   Mesmes dessur les champs *qui sont biē* façōnez,
   La motte *du* gueret *doit estre* releuée,
   Les gazons esbarbez *en terre cultiuée*
   Plaisent aux laboureurs *fort* affectionnez.
Ie saye allegrement: *car ma faucille est bonne,*
   Si ie voy qu'vn grād chāp pres de moy se moisson-
   Ie plume les Oisons *afin de faire vn tas,* (ne,
   Mesmes *quād les fayeurs sōt d'vne humeur* pesan-
   Que le caleuenier *trop fasché ne* contente, (te,
   Ne portant bien souuent nouuelles du repas.

L'ALLVSION.

Le terroir qui est beau s'achepte d'auantage,
Ie l'aime bien pourueu qu'il soit sans marescage,
La semée aux marais se perd mal-plaisamment,
L'on s'y met iusqu'au cu, & quiconque y arriue
En sort halebrené, la meilleure metiue
Se fait en terre ferme & grasse entierement.

Les couurailles se font iusqu'à la fin d'Automne,
Quand on met le resin dedans la creuse tonne,
Pour emplir le poinçon i'ay vn bon entonnoüer,
Comme vous sur tous vins i'aime le vin de goute,
Du vin tant pressuré la grape nous degouste,
Si estregnay-ie bien la motte au pressoüer.

Rubicond mon valet bouche bien la bouteille,
Il aualle à lōgs traicts la liqueur nompareille,
Comme vous qui enflez d'en prendre estrangement,
Il faut boire pourtant maugré S. Marc, S. George,
Il faut rendre au festin huict ou neuf fois sa gorge:
Car on ne seroit pas honneste homme autrement.

C'est grād cas que ce fruict (sainct Desir le tesmoigne)
Est d'humeur si estrāge encor que l'on n'en pregne,
Qu'il brouille en le voyant le plus ferme cerueau,
Par sa vapeur fumeuse il esblouit, il brusle,
L'on chancelle par luy, l'on tombe, l'on recule,
Ie m'en suis enyuré dans vn ioly preau.

Mais i'en trouuay vn autre en la saison nouuelle,
Quand ie fausche les prez auec la paturelle,
Qui fene dextrement ceux qui sont à regrain,
Nous embaugeōs tous deux d'vne fourche cor-
Ie foule habilemēt ceste herbe frais tōduc, (nue,
Afin qu'elle n'enteste vn qui l'aime tout plain.

Q iij

Ie meine paistre apres les brebis camusettes,
„ (Non dans l'vnique pré esmaillé de fleurettes:)
Car trop i'estime trop ce plaisant patureau
Desiré des bergers, enuié des bergeres,
Qui tondent comme toy les oylles passageres,
La plus-part toutesfois garde bien son troupeau.

La grand' bergere tient vn berger de defence,
Et le matin destache abbayant sans offence,
La chambriere aussi qui sçait faire bon guet,
Chacune a le pasteur bien fourny de houlette,
Encore y en a-il qui veulent la fillette,
Et qui n'a rien s'amuse à gratter son goret.

Si ie suis des bergers ie ne seray point morne,
Ains gaillard i'enteray au temps de Capricorne,
Ie sçay d'vn sauuageau faire vn bel arbre franc,
Ie sçay choisir la greffe, elle est viue agitée,
S'il court vn mauuais vent i'y pose la poupée,
Plus vn tainct est couuert, plus il se garde blanc.

Quand i'ente en escusson la Vierge est presidente,
Ie ne doubte l'orgueil de la chaleur ardente,
Mon arbre bien planté porte en toute saison, (ge,
Ceste ente apprend le goust du doux diuers fruicta-
Ie m'endors soubs sõ ombre en mãgeãt du laictage,
La plus belle a tousiours du laid en sa maison.

Apres m'estre esueillé ie vay à la fontaine,
I'y boy deux ou trois coups sans reprẽdre l'haleine,
Puis ie me mire au iour de son front cristalin,
Ie m'assieds sur le bord maniant l'herbe tendre,
Ie me plais pres ceste onde où l'õ me void entẽdre,
Par cons duicts, par tuyaux, l'eau s'escoule au
iardin.

L'ALLVSION.

En temps moins chaleureux ie cerche le bocage,
Et le nid de l'oiseau que ie mets dans la cage,
Ie grimpe agilement aux grands arbres coulans,
Ie bas plusieurs buissons pour faire ma voliere;
Mais ie n'ose approcher la belle Buissonniere,
Craignant d'éfaunier les mignons appellans.

I'en prendray biē l'hyuer d'aussi beaux que les vostres,
Amour l'oiseau mignon pippera tous les autres,
Ses gluaux sont friands, vn chacun le sçait prou,
Il a voulu trahir, comme c'est sa coustume,
L'oisillon Sphrisien, qui conneust qu'vne plume
Luy tomba par la queuë aux montagnes du fou.

Vn fou premier entrant vous donna la colique,
Mes drogues font guerir, i'en ay pleine boutique,
I'ay le dieu vostre dieu le grand dieu iardinier,
Beau faiseur de parterre, il a l'humeur si doulce,
Qu'il fait rire le monde alors qu'il se courrouce,
Mais il est rheumatique, & crache en Aumon-
  (nier.

Vous cōme la plus-part des femmes debonnaires,
N'auez que deux douleurs qui vous sont ordinaires,
Le cruel mal de dans vraye rage de cu,
Le rigoureux martel, que vous nommez migraine,
Ces deux maux sont vnis, le cornard s'en ameine,
Il ne fust onc mary qui n'aye esté cocu.

Comme vn bon cuisinier déguise la viande,
Vous ombragez ainsi vostre ardeur toute grande,
La nommant mal de teste, & ores mal de dents,
Entre les idiots ceste finesse est bonne,
Vostre chef, vostre bouche est saine, ma Mignonne,
C'est au plus bas que sont les enfers plus ardens.

Q iiij

Quand vous serez malade, expert en Medecine
  Ie taste bien le pouls, ie connoy à l'vrine,
  I'ordonne incontinent au sire Priapeur,
  Le catce rafraichist le foye & la membrane,
  Puis ie fay éuanter la veine mediane,
  Ie corrige par là toute peccante humeur.

Si vous estes naurée, enfant de Podalyre
  Ie gueriray la playe, afin qu'on ne souspire,
  Fust-ce en solution de continuité,
  L'vnguent de mon boitier auec la tante exquise,
  La plus grande fistule en l'instant cicatrise,
  Mon iniection rend l'aggreable santé.

Il est vray que beaucoup ont ceste maladie,
  Que i'appelle à la Cour la doulce hydropisie,
  Et sont subiectes fort au mal contagieux, (tre,
  Mal caduc, mal S. Ian, hault-mal, qui fait abba-
  Qui les fait escumer, & qui les fait débatre,
  Dont le fidele Hymen s'eslongne de leurs yeux.

Les femmes ont encor l'ardeur contagieuse,
  Fiebure égare-raison, peste pernicieuse,
  Qui se gaigne aisément pour s'entre-visiter,
  Le plus sain ne s'en sauue, encore qu'il le feigne:
  Car elles ont tousiours le charbon pres de l'aine,
  Qui s'esteinct d'vn doulx flot auec chágement
                                              (d'air.
Incredule beauté qui portez couleur pasle,
  Voyez l'entrée vn iour du bon Roy Ithyphale,
  Et vous aurez soudain la disposition,
  Fussiez vous aux abbois, en extresme agonie:
  Car luy luy tout diuin compose l'eau de vie,
  Qu'il donne à ce qu'il aime enflé d'affection.

C'est

L'ALLVSION.

C'est le pere du monde, il est bien raisonnable
De luy faire souuent quelque hommage honorable,
Et à son compagnon, ressource des humains,
Iardinet que i'adore, & qu'vnique i'appelle,
Il n'est iour qu'à genoux ie n'offre ma chandelle
Deuant son bel Autel consacré des plus sains.

Or d'autant que ie sçay vostre grand' conscience,
Que n'estes seulement parfaicte en apparence,
Que vostre interieur est en deuotion,   [flame]
Ie me rids gros d'Amour (saincte ardeur qui m'en-
Moy qui suis bon docteur, bon Medecin de l'ame,
Qui baille au triste Adieu vne extresme onction.

Ie ne vous liray point la legende dorée,
Vous faictes l'or battu soubs vostre cheminée,
Et Catholique Amour souuent vous vous croisez,
Vous aimez la nature, humble ardeur naturelle,
Ie mets, vous asseblez, vous vo⁹ mettez côtre elle,
Dont de si doulx assaults tousiours vous deuisez.

Ie me plais quand i'entends vostre langue diserte,
Qui consolant l'Amy le fait rire en sa perte,
Souuent auecque vous il demeure pasmé,
Vous & toute la race estes toute sçauante,
Saphon n'entendoit rien, Circe estoit ignorante,
Pres de vos Deitez dont ie suis animé.

Vous faictes par humeurs la figareliade,
Et Aretinisant l'humble Hermaphrodiade,
Vous muez, ô merueille! en onde nostre ardeur,
Miracle! vous mettez des pieces sans cousture,
Cas estrange! par vous la chair molle est tres-dure,
Vous guerissez d'Amour incurable douleur.

Q v

Par les Carmes sorciers de vostre alme Magie
Vous faictes en hyuer venir la doulce pluye,
Vous y auez souuent abondance de fleurs,
Et les charmes triplez de diuers characteres,
Font perdre sans doubter les feux Caniculaires:
Car la verge enchantée arreste les humeurs.

Vous faictes le poltron, tout bouffy de vaillance
Il fait dancer flamberge, il fait rompre la lance,
Il porte vos couleurs, incarnat, blanc, tané,
Là le chiffre se void auecque la deuise
» Escripte en lettres d'or. Ce que l'or fauorise
» Tant soit-il malotru n'est iamais détourné.

Vous faictes respecter la honteuse vergongne:
Car on appelle honneur vostre porte de congne,
Vous nous faictes seruir, vous nous faictes chanter,
Et rire comme vn Veau, pleurer comme vne Vache,
Vous en auez tousiours dix ou douze à l'attache,
Vous faictes le petit grandement augmenter.

Vous sçauez les secrets de la philofolie,
Et du dieu blesse-cœurs la grand' Theologie,
Toute Mathematique en demonstration,
Vous n'ignorez le temps ni la iuste mesure,
Vous en contez beaucoup, riche en Architecture
Vous donnez le motdelle en belle inuention.

Soit de iour soit de nuict vous soufflez l'Alquemie,
Vous faictes le grand œuure, ô merueille infinie!
La pouldre que portez est de proiection,
Vous faictes que le fer a l'or est ressemblable,
Vous en guerissez tout, & la goute incurable,
Dont vous auez beaucoup de reputation.

L'ALLVSION.

Vous poëtisez bien, vos œuures sont plaisantes,
  On les achepte cher pour estre doulx-coulantes,
  La cheuille n'est là (qu'en parenthesisant)
  Qui cœuure l'hôneur grād de la sciéce obscure,
  La sentence est aupres de la docte figure,
  Toute fors Synecdoch'vous plaist en composant.

Vous aimez les grands vers qui piquans vous chatouillent,
  S'ils sont rudes, grossiers, *pourueu qu'ils ne* barbouillent,
  Vous les retenez tant que vous en accouchez,
  Vous en faictes deuant, vous en faictes derriere,
  De la corne de Cerf, *on les met en* lumiere
  Par le beau fondement *d'où vous les approchez.*

La femme est Astrologue, elle entend l'influence,
  C'est aimable bon-heur luy vient dés sa naissance:
  Car en entrant au monde elle œillade les Cieux,
  Et continue apres tant qu'elle se renuerse,
  Sa planete Venus fait que l'on la trauerse,
  Son signe Capricorne *est conneu en tous lieux.*

C'est en l'Aruspicine où vous faictes miracle,
  Vous conseruez par là vostre beau tabernacle,
  Si le vol de l'oiseau se demonstre gauché,
  Vous y donnez bon ordre excellente au presage,
  Vous feignez de l'aimer emportant son plumage,
  Et puis vous le laissez l'appellant débauché.

Encores pouuez vous descouurir la fortune:
  Car la Geomence est à la femme commune,
  Son point se iette au sort, ses nōbres sont diuers,
  Mais elle est ignorante en la Necromancie,
  Le mort ne luy plaist pas, le beau vif donne-vie,
  La fait ressusciter des tenebreux enfers.

Q vj

Elle sçait enchanter par ses fleurs enfumées,
Par le craquetant bruit des bestes enflamées,
D'autant qu'en Pyromence elle lit tous les iours,
Bien qu'en la Lecomence elle soit plus fluide,
Quãd les chãdelles sont pres son bassin humide,
Elle figure alors les gaillardes Amours.

Vous ne deuinez point par la Geromencie:
Car au cercle arrondy vous ne passez l'enuie,
Si retrouuez vous bien ce qui est esgaré,
Par l'odorant parfum de voz senteurs fumantes
Vos démons bien appris suyuent les vrayes sentes,
La Lybanomence est vn sçauoir asseuré.

Le sexe feminin predict par Chiromence
Voire quelle vertu! en sa pleureuse enfance,
Mais s'il passe neuf ans, son sçauoir est passé:
Car il faut imager en cire toute vierge,
Le plus sainct Cardinal n'en a point à son cierge,
On le diroit Luther digne de l'impassé.

Ie pleure en abhorrant la troupe feminine,
Qui par la Tephramence est si grande deuine,
Les cendres des bruslez apprennent bien que c'est,
La femme de ce temps fait diuers sacrifice,
Il faut choquer, brauer, mourir pour son seruice,
Si i'y meurs ce sera d'vne mort qui nous plaist.

Par la Catoptromence elle est fort regardée,
Son miroir enchiffré represente Medée,
Par l'Onomence elle a son nom bien renommé,
Ses lettres çà & là sont bien multipliées,
Mais en Conscinomence on void les Dames nées,
Elles sassent à force, & criblent l'emplumé.

L'ALLVSION.

Non vous n'ignorez non : car la femme est Legiste,
  Et si a ce bon-heur d'estre Physionomiste,
  Au grād front, au grand nez elle connoist l'Amant:
  Car ainsi son chouard a belle corpulence,
  Elle l'empongne encor par l'art de Chiromence,
  Selon le maistre doigt elle assied iugement.

Par l'Hydromence on sçait toute chose future,
  Mais vous voulez de l'eau qui iaillissant espure,
  Qui glue à celle fin d'en empescher vox draps,
  De l'art de Sycomence on ne fait plus de conte,
  La fueille de figuier propre à cacher la honte
  Ne vous la cache point : car vous n'en auez pas.

O merueille ! ô miracle ! ô nouueauté du monde !
  O fertile argument ! ô matiere feconde !
  Ineffables beautés, de grace excusez moy,
  Si braue non sçauant aux œuures feminines
  I'oublie en ces discours de vos actions fines,
  Qui vous font passageant monstrer auec le doy.

Encores m'a-t'on dict qu'estes bien charitable,
  Que vous couurez les nuds, que vo° leur tenez ta-
  Que belle vous aimez vos voisins cōme vous, (ble,
  Que vous rendez ioyeux l'affligé plein d'oppresse,
  Que vous logez l'aueugle auecques allegresse,
  Et que vous employez vostre honneur enuers tous.

Estimable vertu (digne de ma loüange)
  Mais Madame escoutez la mienne saincte-estrange,
  Dont vous pourrez auoir la consolation,
  Ie veux, ne puis-ie pas par mes graues paroles
  Coniurer les démons d'entrer en mes escholes,
  Et selon mon plaisir mettre en tentation?

S'à l'inuocation vous preſtez les aureilles,
Vos yeux brillans verront de plus grandes merueilles:
Car ie mettray le diable au profond de l'enfer,
Le ruſtic ne faudra de s'y engouffrer viſte,
Ie l'en retireray iettant de l'eau beniſte,
Ceſte onde eſt aggreable à l'Amour lucifer.

Me ſoit donc qui voudra fierement inhumaine,
Ie la rendray ſoudain la meſme Philumene,
Soit Satan, ie ſeray vn ſainct Michel entier,
Vous verrez s'il vous plaiſt iouer ce perſonnage,
C'eſt l'ordre de la France, il eſt fort en vſage,
Voila Ian qui le ſçait comme vn bon Cheualier.

C'eſt trop dict, ie me perds, les paroles femelles
Sans les maſles effects ne ſçauroyent eſtre belles,
Il faut il faut con vaincre, hardiment aſſaillir,
(Con vaincre toutesfois eſt choſe difficile)
Mais moy l'vnique moy tout en tout plus habile
Ie vous veux faire voir que ie ne puis faillir.

Ie ſaute allegrement, iamais ie ne m'efforce,
Ie lutte corps à corps, ie carrillonne à force,
Par Dieu (ie iure icy) ſi vous ſçauiez comment
Ie brinbale au dortoy, vo⁹ voudriez, ie m'aſſeure,
Biſcotter auec moy quelque petit quart d'heure,
On peut en moins de rien con battre brauement.

Ie t'importuneroy au bal de ceſte feſte,
Mais parce qu'à te voir tu me ſembles honneſte,
Et nourrie à la Cour ennemie au ſoucy,
Ie me contenteray de t'auoir dict ma vie,
Mais toutesfois mon cœur, pouponne, ie vous prie,
Que vous portiez au moins en ma faueur cecy.

L'ALLVSION.

Le patron du creon de ma digne peinture,
  Ou que ie peigne au vif vostre belle figure,
  Ie tire au naturel de mon ioly pinceau,
  Ie ne l'ay si tost mis dans la coquille ouuerte,
  Que ie ne face bien : car mon huile est experte,
  Et si ie rends le teinct plus vermeillement beau.

Bien que ce soit le propre à la femme de prendre,
  Si tu crains toutesfois qu'vn blasme s'en engendre,
  Ie ne suis si honteux, en parle qui voudra,
  Fay moy doncques present de ta bague en ouale,
  A fin d'accompagner ma pierre Orientale,
  Puis ie feray apres tout cela qu'il faudra.

Car ie sçay sur tous arts mettre la pierre en œuure,
  Ie sçay bailler le lustre à ce que ie decœuure,
  Ie sçay bien enchasser le Ruby faict en cœur,
  La bague sans ioyau n'est richement plaisante,
  Elle n'a point d'esclat, ni de grace apparente,
  Faisons donc de nous deux vn anneau de valeur.

S'il vous plaist m'honorer de ceste courtoisie,
  Bien que ie sois heureux en memoire infinie,
  Si est-ce toutesfois qu'imaginant l'anneau,
  Cela m'obiectera de vous voir d'auantage,
  Ie n'arresteray point d'accomplir cest ouurage,
  En mettant mes outils dedans vostre fourreau.

Ne me refuse pas, Astre de ma lumiere,
  Lors que le soldat porte vne enseigne guerriere,
  (Bien qu'il soit cher enfant du furieux Mauors)
  Superbe il monte mieux à la breche effroyable,
  I'en vseray ainsi si tu m'es fauorable.
  Par la doulce faueur des foibles se font forts.

Celle qui comme vous n'est point audacieuse,
Celle qui comme vous est belle & gracieuse,
De gayeté de cœur veult entrer en duel,
Mais faute de Iustice (ô misere où nous sommes!)
Elle est trop plus chargée,& porte trop plus d'hômes
Que la laide au teinct roux, qui aime le degel.

Ie t'iray doncques voir dans ta terre connue,
Trousotier beau païs d'incroyable estendue,
Pour l'Amour de l'honneur ie marche à fort grand
Il ne faut pour cela augmenter l'ordinaire, (train,
Le surcroy à l'entrée est pourtant necessaire,
C'est au commencemēt qu'il faut paroistre bien.

Ie feray chere entiere en la salle, en la chambre,
La nature aime fort la chair d'vn beau gros mēbre,
Ie sçay hacher menu faisant venir le ius,
L'entre-vit du cochon rend nostre ame gaillarde,
Le morceau de boudin auecques la moustarde,
Et le pasté en pot arrousé de verjus.

Voyla mes appetits, ma Dame, ma cousine,
On en faict (ce dict-on) dedans vostre cuisine
De diuerses façons pour vos diuers repas,
Ie sçauray s'il est vray, si doulce tu m'accostes,
Chaque iour si ie veux: car ie cours plusieurs postes,
Sans mettre aucunement mon beau coussinet bas.

Vous ne me verrez point d'vne mesme monture,
Bien qu'il y ait chez vous vn coche de voiture
(Chose fascheuse chose au chemin du doux fruict)
Et si ie ne puis là pompeusement reluire,
Si ne lairray-ie pas de mes hardes la pire:
Car ie porte tousiours mes besongnes de nuict.

L'ALLVSION.

En attendant cela approchez vous, Mignarde,
 Ie suis prompt, ie suis vif, i'ay l'humeur fretillarde,
 Cà que ie vous culbutte, il vous faut donc rauir,
 Ie vous tiens, mon tonnaut, ma fy tu es mon ame,
 Qu'en dis-tu, Iolion ? tu te meurs, tu te pasme,
 C'est cecy qu'à la Cour on appelle seruir.
Rions apres le coup comme le coq qui chante,
 Ne songe en l'Almanach, nous passerons nonante,
 Sept ans auant la faim on a sterilité,
 Les filles aux doulx yeux sont pudiquement belles,
 Et nous sommes au temps des inchastes pucelles,
 Vn monde d'auortons fait voir ma verité.
Vos premiers seruiteurs n'entendoyent pas l'histoire,
 Bien qu'ils eussent sué dans l'ardent purgatoire
 Sçauoyët-ils comme moy ce farfouillant destour,
 Ce beau brasle poupin, ceste alte chatouillante,
 Ce remument leger, ceste grace blutante?
 Vn dedans, deux dehors, c'est le ieu de la Cour.
Vous pippez à ce jeu (aggreable exercice)
 Mais s'il n'est sursemé d'vne gaye delice,
 De mille appas friands, qu'vniquement ie sçay,
 Il n'est pas si sucré ni si plein d'allegresse,
 Vous le sçauez mō cœur, ie vous en croy Maistresse,
 Vn Roy se fie à vn quand il a faict l'essay.
Quand donc vous voudrez dōc voler au ciel de ioye,
 Vous pouuez librement enfiler ceste voye,
 Ie vous iray trouuer au grand chemin battu,
 Et s'il te plaist Amour d'amener ta compagne,
 Mon Polydor & moy danserons la sissagne.
» En bonne compagnie on void mieux la vertu.

Fin de l'Allusion.

DIVERSES STANCES D'AMOVR.

Par le Capitaine Lasphrise.

Ie n'aime point la personne qui blasme,
Ni qui sans front deçà delà diffame
Ce qui est hors du combat redouté,
Ie n'aime aussi ces conteurs de friuoles,
Ces flagorneurs, ces doubles en paroles.
„ On doit aimer qui dict la verité.

O verité, Déesse peu connuë,
Belle c'est vous qu'humblement ie saluë,
Pour vous prier de venir voir mes vers,
Qui mesdira de leur voix veritable,
Comme effronté sera plus mesprisable.
„ On doit fuyr le mensonger peruers.

Lors que ie dy quelque bon mot pour rire,
Que verité m'a daigné faire escrire,
On ne doit point m'appeller mesdisant:
Car qui mesdict, inuente vne imposture,
Et ie ne dy que la verité pure,
Dont le fauteur me trouue desplaisant.

Des blasonneurs ie ne fay point de conte;
  Car mon honneur essence de leur honte
  Ne dépend pas de leur intention;
  Ie diray donc pris de verité saincte,
  Que l'Amour fort, dont i'ay senty l'attaincte,
  N'habite en nous sans grande passion.

Et si l'Amour, aggreable follie,
  N'est rien sinon qu'vne excessiue enuie
  D'esteindre vn feu qui nous fait enflamer,
  Le grand Amour a la fiebure ialouse,
  Ou soit auant ou apres qu'on l'espouse,
  Plus fiere ardeur qui vient de trop aimer.

Si vn mary aime beaucoup sa femme,
  Si vn Amant desire fort sa Dame,
  Il est, il fust, ou doit estre ialoux,
  Si elle rid pleine d'vne humeur belle,
  Il iuge alors qu'elle a bonne nouuelle
  De quelque Amy aggreablement doulx.

Si elle pleure, il la croid irritée
  Pour son Mignon qui ne l'a visitée,
  Si elle dort, c'est qu'elle songe en luy,
  Si elle escrit, elle escrit à luy-mesme,
  Si elle lit pour tromper le temps blesme,
  C'est pour couurir son Amoureux ennuy.

S'elle est pensiue, il iure qu'elle pense
  Au seruiteur dont elle a ioüyssance,
  S'elle est au bal, ou qu'elle ioüe aussi,
  Qu'elle soit gaye oultre que de coustume,
  Monsieur ialoux incontinent presume
  Qu'elle a gousté d'vn Amour addoulcy.

Si elle est braue, il dict que c'est pour plaire
  Au compagnon son fascheux aduersaire;
  S'elle est malade, il a opinion
  Que le Riual a eu quelque dommage,
  S'elle souspire, alors lors il enrage,
  Cuidant qu'elle est au feu d'affection.

Si chuchettant elle parle, il frissonne,
  Changeant couleur il escoute, il souspçonne,
  C'est l'hoste helas! d'vn eternel soucy:
  Car le chetif est si gonflé d'encombre,
  Qu'il est ialoux seulement de son ombre,
  Et la ialouse en vse tout ainsi.

Si vn meschant auoit tué mon pere,
  Qu'il eust couppé les cheueux de ma mere,
  Mangé mon bien, & violé mes sœurs,
  Premierement que luy oster la vie
  Ie le voudroy, bouffy de ialousie,
  Pire trop plus que tous autres mal-heurs.

Quelle fureur luy est accomparable?
  La Parque est doulce à l'homme miserable:
  Car c'est la borne aux tragiques tourmens,
  Et ialousie en viuant extermine,
  Fertile aussi en mal-heurs, en ruine,
  Nous sommes morts, & si sommes viuans.

Las! est-ce viure? helas! ce n'est pas estre,
  Qu'en se plaignant à toute heure paroistre,
  Gros de brouillars, de rages oppressé,
  Dormir en l'air, manger de mesme sorte,
  Auoir tousiours le souspçon à sa porte,
  Marcher confus comme vn pauure insensé.

Mais puis qu'Amour enfante ceste peine,
Sçachons d'où vient son audace inhumaine,
D'où vient Amour tant & tant desiré,
Le vray surjon de son ardente flame
Premierement procede de la femme,
(Beauté qui m'a tant de fois martyré.)

Ie ne veux point m'amuser à descrire
Le fard trompeur qui Cytherée attire,
Dont nous voyons la femme se parer,
Ce qui l'a faict finement contrefaire,
C'est qu'Amoureuse elle veult l'homme attraire,
Et qui le fait si souuent s'esgarer.

I'aduou'ray bien que l'homme la recherche,
Mais sa doulceur auant-courriere alleche,
Ses yeux friands qu'à toute heure ie voy,
Ses chauds souspirs, messagers manifestes,
Ses doulx sousris, tant de follastres gestes,
Cela veult dire, approchez vous de moy.

Or si quelqu'vn est tellement infame
Qu'il soit vaincu des doulceurs de la femme,
N'estant plus homme il n'a plus de raison,
Mais emporté de telle frenaisie,
Il se rend serf d'ire & de ialousie,
Et des enfers de si chere poison.

Si ce pecheur luy parle de seruice,
Ce n'est pourtant sans requerable indice.
„ *Et le vouloir est beaucoup plus certain*
„ *Que le langage où chacun ne se fie,*
„ *Elle qui est de volonté remplie*
„ *Est par ainsi l'autheur de l'Amour vain.*

STANCES D'AMOVR.

Puis que l'on croid, puis que la foy s'enflame
  Au vray secret consentement de l'ame,
  Plus qu'au parler déguisé finement,
  Puis que la femme esmeut la langue aux hommes,
  Il est donc vray (mes Dames) que nous sommes
  La fin de l'œuure, & vous commencement.

Or qui commence est autheur de la faute,
  Nous poursuyuons vostre entreprise caute,
  Que ne voulez descouurir par discours,
  Qui ne vous font comme nous excusables,
  Vos pensers sont couuerts, traistres, coulpables,
  Dont la femme est courriere des Amours.

Voyla pourquoy ie mesprise les femmes,
  Bien que ie sois plein d'Amoureuses flames,
  Dont abusé ie me vay consommant,
  Estant ainsi que le triste hydropique,
  Qui iour & nuict trop alteré practique
  L'eau qui le met au palle monument.

Si i'ay prouué que le Garçon follastre
  Vient de la femme au cœur opiniastre,
  Homme bouillant, ne vous en preualez;
  Vostre nature est plus forte & encline
  A trauailler au doulx ieu de Cyprine,
  Que ceste-là dont tousiours vous parlez.

La femme humide, orgueil qui tout surmonte,
  N'est tant que l'homme à la volupté prompte,
  Mais le froid marbre eschauffé ardemment
  Retient bien mieux la chaleur allumée
  Que le plomb chaud, & l'Amante enflamée
  Garde l'ardeur plus que ne fait l'Amant.

On ne sçauroit assouuir son courage
 Depuis qu'elle est animée au carnage,
 Cent mille flots n'englaceroyent ses feux,
 Comme vn cloacque engloutist toute ordure,
 La femme ainsi addonnée à luxure
 Reçoit vilaine vn monde d'Amoureux.

Quelque mordant enflé d'aueugle enuie
 Dira peut estre, ennemy de ma vie,
 Que ie mesdis, que ie m'abuse vn peu,
 Mais ie dy plus, que la femme prudente
 Desire l'homme espris d'Amour ardente,
 Le morfondu n'aime-il pas le feu?

Ce qui induict les femmes enuieuses
 Aux grands surcrais des douleurs Amoureuses
 C'est qu'on les tient subiectes nuict & iour,
 Le prisonnier la liberté regrette,
 Plus on l'enferme, & plus il la souhette,
 Tout ainsi font les femmes en Amour.

Qui voudra donc estant en mariage
 N'estre tant serf du cornu cocuage,
 Qu'il se refie en sa femme tousiours,
 S'il est ialoux toutes les sentinelles,
 Les forts plus forts, toutes les citadelles
 Ne garderont qu'il n'ait Riual d'Amours.

Or comme on veid la fille au Roy d'Acrise
 Maugré sa tour estre humblement surprise,
 Soubs couleur d'or honneur de l'Vniuers,
 Ie croy de mesme, & ma foy n'est point vaine,
 Que maintenant la richesse mondaine
 Feroit tomber vne Nymphe à l'enuers.

STANCES D'AMOVR.

Que dy-ie Nymphe? il faut dire Déesse,
  Qui pourroit ioindre auec l'or la ieunesse,
  Que liberal il en eust à souhaict,
  Et qu'Amoureux son Amour fust feconde,
  Tel tel feroit tout cocu, tout le monde,
  Roys & Bergers sortiroyent de son faict.

Qui me ni'ra où est la Dame aimable
  Qu'en luy donnant en endroict conuenable
  Cent mille escus pour iouyr de son corps,
  Qui fist la chaste? hé! qu'elle n'auroit garde,
  Ains tresbuchante auec humeur gaillarde
  Elle mettroit vn dedans, deux dehors.

De mesme aussi des petites aux grandes,
  Cent millions de bon or pour offrandes
  Pourroyent fléchir vne Principauté,
  Mais de fortune au fier temps où nous sommes
  Il n'est besoin de tant de grosses sommes.
  " Rien n'est si cher que la commodité.

Qui trouuera dans la superbe terre
  Lieu conuenable à l'Amoureuse guerre,
  S'il a du cœur il ne peut s'excuser,
  Nous aurons bien grace plus accomplie:
  Car desormais les Dames que l'on prie
  Suppli'ront l'homme afin de les baiser.

Ce que ie dy n'est sans belle apparence,
  I'ay veu au temps de ma tendre iouuence,
  Et si ne suis qu'au May de mes beaux ans,
  Que tant de fards, tant d'eaux, tant de receptes,
  De fols propos amorces d'Amourettes
  Ne s'vsitoyent comme ils font en ce temps.

R

Puiſſay-ie donc, ô Dieux, puiſſay-ie viure,
A celle fin qu'vne Amour qui m'enyure,
Qui ſouſpçonneuſe eſgare ma raiſon,
Me vienne voir pour m'offrir ſon ſeruice.
„ Qui donne vn mal ſeigneurs c'eſt la Iuſtice,
„ Qu'il baille auſſi la doulce gueriſon.

Si ſçay-ie bien que la cruelle m'aime,
Vous Courtiſans qui portez couleur bleſme
Par le deſdain de vos rudes Amours,
Ne penſez pas pour la fiere apparence
Que ne ſoyez dedans leur conſcience,
Leurs bien-aimez, lumiere de leurs iours.

Car plus la femme (& meſme la ruſée)
Tant plus elle eſt d'vn chacun courtiſée,
Plus elle eſt aiſe, & s'eſtime haultement,
Deçà delà Dame Venus l'incite,
Cecy confond ceſte race hypocrite,
Qui dit n'aimer les hommes nullement.

La femme (& fuſt-ce vne Royne ſubtile)
Aime celuy (tant ſoit-il mal-habile)
Qui la dit belle, & qui meurt pour ſes yeux,
Bien qu'en ſemblant elle n'en face conte,
Si ce n'eſtoit ie ne ſçay quelle honte,
Si iou'roit-elle apertement les jeux.

Qui voudra donc eſtre aimé de chacune,
Qu'en tous endroicts il pouſſe ſa fortune,
Et qu'on le die honneſtement ſoubs main,
Pour eſtre hay ſans qu'on querelle ou plaide,
Il faut ſans plus l'appeller vieille ou laide,
Cela luy deult plus qu'vn nom de putain.

STANCES D'AMOVR.

Mais il vault mieux estre neutre auec elle:
 Car sa faueur, sa despite querelle,
 Ne sçauroit pas ni nuire ni aider,
 On perd le temps (chose qui est plus chere)
 En recherchant ceste trouppe legere,
 Heureux trois fois qui s'en peut engarder.

Ie ne suis point ennemy de ces filles,
 Ie desire estre en leurs graces gentilles,
 Mais en voulant me lier en leurs laqs,
 Ie feroy lors comme vn bon Capitaine,
 Qui preuoyant la paix souslage-peine,
 Se retirant licence ses soldas.

Il y en a qui font bien au contraire,
 Faignans lier vne ame volontaire,
 Ils ont la fleur dont quelque autre a le fruict,
 Et puis apres forgent vne querelle,
 Afin d'ombrer leur parole infidelle,
 Voyla comment le bon sainct Iean reluit.

Ie ne voy rien dans le Louure que braue,
 Ie n'entens rien que seruiteur, qu'esclaue,
 Chaque fille a cinquante Courtisans,
 Mais vn mary mal-aisément se treuue:
 Car peu fort peu veulent femme à l'espreuue
 Qui se peut faire auecques beaux presens.

Vn diamant auec vne Elegie
 Fait tost iouyr d'vne Amoureuse enu.,
 Aussi n'est-il vn plus excellent don:
 Car par les biens nous viuons en franchise,
 La Muse apres brauement eternise,
 L'or & Phebus surmontent Cupidon.

Ainsi l'honneur des plus honnestes Dames
 Gist en l'argent, enrichy d'Epigrammes,
 (Bien qu'vn bien seul les puisse conquerir)
 Vous donc, ô vous, ma Dame la pudique,
 Pardonnez moy si ie vous dy publique:
 Car l'or commun vous peut toute acquerir.

Il me suffist, ie vous ay faict entendre
 D'où le desir delicieux s'engendre,
 Pour borne icy ie le rediray mieux.
,, L'aueugle Amour vient des yeux pleins de flam-
,, Il sort rauy par l'entre-deux des iambes,   (be,
,, Qui iouyt bien n'est plus bien Amoureux.

Toy donc qui dis que Cupidon t'enflame,
 Embrasse fort, embrasse quelque femme,
 Ton feu cruel s'estendra gayement,
 Tu te riras des ardeurs Amoureuses,
 Comme l'on void les Dames dedaigneuses
 Pour auoir eu ce doulx contentement.

Fin des Diuerses Stances d'Amour.

SVR LE FLEAV FEMININ.

SI composant ces vers i'ay faict vne follie,
Femmes, accusez-en l'Enfer de vostre trou,
Qui de iour qui de nuict donne à chacun l'enuie
De faire par humeurs diuersement le fou.

Sur le fleau feminin de Monsieur de Lasphrise,

SONNET.

Blasmer ie ne sçauroy LASPHRISE
  De tes vers la douce fureur,
  Sans faire oultrage à la valleur
  Des Sœurs du beau pastre d'Amphrise:
Mais de loüer ton entreprise
  Cela repugne à mon humeur,
  Autant qu'Amour retient mon cœur
  D'vne beauté qu'il y a mise.
Si de ton mescontentement
  Celle qui te fust argument
  De vice approcha ton mesdire,
Tu as raison de te douloir,
  Plus que de raison de vouloir
  Pour mal faire si bien escrire.

LE PLESSIS PREVOST.

FLEAV FEMININ.

Par le Capitaine Lasphrise.

„ Emme, Fiebure, Fureur, Flame,
„ Faim, & Froidure
„ Sont six maulx feminins par qui le
„ monde endure.

Du premier nous auons double damnation,
Du second les douleurs d'estrange passion,
Du tiers sommes destruicts pour trop vouloir pretēdre,
Du quatriesme on nous void souuēt reduicts en cēdre,
Du cinquiesme mourons en miserables maux,
Du sixiesme noyez par le glacis des eaux.
En tous ces fiers tourmens il se trouue remede,
Fors au premier cruel qui tous mal-heurs excede.
La fiebure ne peut pas tousiours nous allumer,
Fust-elle pestilente on la peut consommer
Par drogue, par saignée, ou bonne medecine.
La cruelle fureur n'est sans cesse mutine:
Car la guerre s'appaise, hé! quoy? n'est-elle pas
Communément changée en gracieux esbas?
Son orgueil par orgueil se peut aussi refraindre,
Toute bruslante flame on peut de mesme esteindre,
La gloutonne famine en tout temps ne paroist,
Encor l'assouuit-on, & peu à peu décroist.

*La froidure eau glacée & l'onde toute froide
S'arreste, s'allentist, tant coure t'elle roide.
Voyla: toute douleur se peut diminuer
Fors le fleau par femme, on ne sçauroit muer
Son traistre naturel, bourreau de nostre vie,
Par force, par doulceur, ni par autre industrie;
Qui le veult eschanger abuse son cerueau,
Et fait comme celuy laissant choir son anneau
Dans la profonde mer, lequel tant plus s'essaye
A le vouloir reprendre, & plus il perd sa voye:
Tout de mesme vrayment tout de mesme fera,
Qui au cœur feminin le sien addressera;
Mais qui se peut garder d'vne femme sçauante,
Qui a l'œil doux, riant, qui a l'ame attrayante?
Non pas quand ce seroit, ce croy-ie, vn mesme Dieu,
Regardez, ie vous pry', ce grand Prophete Hebreu,
Dauid ce grand guerrier, luy qui par Bersabée
Sentit de l'Eternel la cholere enflambée,
Adam le plus parfaict a par vne offensé,
Le sage Salomon en deuint insensé.
Qui s'en peut empescher? ses appasts & ses charmes
Domptent la sainéteté & la force des armes.
Samson le plus puissant, qui si fort a vescu,
Par Dalile soudain vergongneux fust vaincu;
Vne autre fust de Loth ainsi victorieuse,
Par elle seule Iob d'ame religieuse,
Que mesmes l'Antechrist n'auoit sceu esbranler,
Et de sa simple Amour faire en rien vaciller,
A murmuré beaucoup, & par la femme encore
Sainct Pierre a renié Iesus-Christ que i'adore;
L'incomparable Hercule inuincible vainqueur
D'Iole fust taché, puis sa mortelle ardeur,
Cesar qui par l'espée acquist telle victoire,*

FEMININ.

Que l'on combat son nom d'Imperiale gloire,
Par la femme attiré dedans les rhets d'Amour
Faillit à se briser en tombant d'vne tour;
Mais Achille plus grand, si superbe en proüesse,
Qu'on tenoit comme vn Dieu, que sa mere Déesse,
Pour le rendre immortel, porta au preux Chiron,
A faict par Briseis le fat, & le poltron,
Et voyez mes Amis, la belle Cleopatre,
Qui Antoine rendit tellement idolastre,
Que soubs ombre d'vn rien se feignant au tombeau,
Le fist, ô fier destin! de soy-mesme bourreau.
Pandore (ce dict-on) ouurit d'enuie immonde
La boüette épandant la maladie au monde.
Et pour voir mieux la femme il faudroit voir Cypris,
(Que chaque Dame adore) elle eust les sens espris
D'vn ieune Bergerot couchant dessur la dure,
De Mars le dieu d'honneur elle n'a plus de cure,
Cest autre est son desir, son cœur, son tout, ses yeux,
Sa casane luy plaist cent fois plus que les cieux,
Elle brusle, elle meurt d'Amoureuse furie,
Et puis quand par desastre Adon perdit la vie,
On eust dict auisant ses larmes, ses sanglots,
Ses souspirs, ses regrets, ses gestes, ses propos,
Qu'Amour iamais Amour n'allumeroit sa flame,
C'eust esté mortel crime en souspçonner son ame,
Et toutesfois le mort n'estoit pas mort quasi
Qu'vne nouuelle ardeur son courage a saisi,
Oubliant le chasseur qui l'auoit si bien prise
Pour aimer vn bouuier le Phrygien Anchise.
Ligde vsoit sagement de vouloir le berceau
Estre aux filles soudain le funeste tombeau,
Mais il ne se deuoit fier en Teletuse:
Car la femme infidele est trop pleine de ruse,

R v

Elle peut esmouuoir par ses gemissemens
La Déesse qui peut sur les accouchemens,
Qui trop par trop piteuse à ceste geniture
De l'enfant déguisé eschangea la nature.
Helene fist perir les siens & son Paris,
Les filles d'Egyptus tuerent leurs maris,
Il y en a de mesme vne innombrable exemple,
Ie n'en ay qu'assez dict, seulement qu'on contemple
Pour prouuer ce fleau d'vn fard pippeur caché,
Que la femme au cœur fainct fist le premier peché.
Eue (tel est son nom) qui fust, née innocente
Par les mains du grand Dieu, si desobeissante
Qu'elle ne peust sans faute vn instant demeurer,
Et non contente encor son mary fist errer,
(Erreur qu'incessamment nous portons mal-heureuse
Pour auoir voulu croire à la femme enuieuse)
Qu'on ne blasme en ce lieu l'homme plein d'amitié,
Où est qui penseroit que sa mesme moitié
La trahist meschamment? croiroy-ie ma main dextre
Estre faicte, ô bons dieux! pour couper ma senestre?
Au commencement donc de la creation
La femme fust inique, aimant la fiction,
Apres de iour en iour elle se monstra pire,
Et plus subsequemment que l'on ne sçauroit dire.
Or si Eue innocente œuure du Createur
N'a peu viure vn moment sans detestable erreur,
Comment s'en garderoyent celles dont la naissance
Vient par la puanteur de fragile semence?
Chose toute impossible, & aussi void-on bien
Son vice qui pullule en ce val terrien,
Le desastre & le mal où elle nous enserre,
D'elle l'enfer sourdit, d'elle l'auons sur terre,
Dont d'elle nous souffrons double damnation.

Qui pourroit supporter son imperfection?
Comme cil qui voudroit combattre la tempeste
Faisant la reuerence auec parole honneste,
Encores par saisons void-on l'onde calmer,
Elle de plus en plus ne se fait qu'animer.
„ Cestuy là est vrayment de sens paralytique
„ Qui endure l'orgueil d'Animal tant inique,
„ Qui de son poil occist les iustes innocens.
De ses cheueux pourris s'engendrent des serpens,
C'est (ce croy-ie) pourquoy le destin en ordonne,
(Ainsi qu'à ses deux sœurs) à l'orde Thisiphonne:
Et m'esbahis comment le sage Socratais
En riant supportoit ses œuures imparfaicts,
Sa femme vn iour bruyant auec menace rude,
Il ne respondit rien attentif à l'estude,
Dont elle despitee empongna vn grand seau,
Et furieusement luy ietta toute l'eau:
T'esbahis-tu, dit-il à la troupe esbahie,
Si apres le tonnerre il suruient de la pluye?
Platon, Hippocrates si grand & si diuin,
Ayant examiné la femme au cœur malin,
Dict ne sçauoir le rang où elle est colloquable,
S'il est du dur brutal, ou du bon raisonnable,
Il accusoit Nature & puis d'vn subtil art
Disoit qu'en la faisant elle auoit eu esgard
A delectation pour croistre le lignage,
Plus que pour la bonté d'vn Amour si volage,
Ayant ie ne sçay quoy dans l'intestin honteux,
A toute heure mouuant, insatiable aux ieux
Que Cyprine desire, & en qui elle est née.
Bien que sa femme fust d'honorable lignée,
Il la recommandoit à vn de ses amis,
L'enuoyant à sa mere absentant le païs,

R vj

Non que j'en aye object d'un infidele blafme,
Mais, dist-il, mon Amy, à cause qu'elle est femme.
Et les Romains voyans sa fresle opinion
La forclurent d'avoir nulle succession.
Pharamond par la loy qu'on appelle Salique
L'a deboutée ainsi du throsne magnifique,
En France en quelques lieux pres Dure mesmement
La femme au double cœur n'herite nullement.
Les Saincts n'ont pas voulu qu'elle regist l'Eglise,
Vne infame paruint qui au Tybre fut mise.
Le Philosophe encor luy defend son sçauoir,
Et le Iurisconsulte où elle n'a que voir,
Le barbare l'esclaue, & de rien ne dispose,
Et de son paradis Mahommet l'a forclose;
Bref presque tout le monde au vent de sa fierté
N'a voulu luy permettre aucune authorité,
La connoissant plus propre à l'Amoureux office,
Qu'à regir, qu'à prescher, qu'à sçauoir, qu'à Iustice.
On dira par merueille, Vne a prophetisé,
Telle a iugé vaincu en habit déguisé,
On en dira quelqu'vne en sçauoir singuliere,
Quelque autre annoblissant, l'autre digne guerriere,
L'autre saincte, pudique, & bien qu'il soit connu,
Tout cecy est miracle, ou par fard maintenu,
Puis il ne s'ensuit pas qu'vne gaye Hirondelle
Auant-coure seulette vne saison nouuelle:
Qu'on prouue si l'on veult son peché souuerain,
Nostre damnation vient pourtant de sa main,
Feminin chante nous l'Amazone Asienne,
Et la pudicité de la braue Lorraine,
Si doit-on s'esbahir que ce petit troupeau
N'a creu depuis ce temps redeuenant plus beau:
Car clairement on seime Essence si * loüée (louage
*Qui sert pour de l'argét, ne se prenát là pour louange, ains pou

Elle a donc beau venir s'elle n'est enclouée.
Feminin chante nous que d'elle nous naissons,
Que doncques par la femme au monde paroissons,
Si l'homme pouuoit naistre entre plus fiere beste,
Il n'en seroit que plus habilement honneste,
Et n'est moins pour entrer en son gouffre punais,
Le beau Soleil va bien dans les sales retrais,
En perd-il pour cela sa grandeur accomplie,
Qui sur tout toute chose en tous lieux viuifie?
De l'eau salée en mer ne vois-tu pas pescher
Du poisson le plus doulx qu'on estime plus cher?
Ne vois-tu pas sortir de terre tref-meschante
Le bon arbre fruitier & la meilleure plante?
Car la vigne qui est hors de comparaison,
En maigre sable apporte vn vin sur tous vins bon.
L'excellent diamant vient d'vne roche dure,
La perle en l'eau marine, & l'or sans nulle iniure
Sort d'vn puant terroir, le clair argent aussi,
La chose belle sort de la plus laide ainsi;
Dont l'hôme plus parfaict sort de femme imparfaicte,
Pour plus faire admirer l'ouurage & le Poëte,
Priseroit-l'on tant l'or si sa miniere estoit
Aussi pure que luy? on le negligeroit.
« La beauté se fait voir tousiours par son contraire,
La nuict fait estimer le iour qui nous esclaire,
Desestimant la femme, ainsi l'homme est prisé,
Par le vent de la femme on void l'homme posé,
C'est l'vnique bon-heur que nous receuons d'elle,
Il n'auroit iamais faict qui diroit sa cautelle,
Qui entreprend nommer ses faicts malicieux
Aura plus tost nombré les estoiles des Cieux,
Les poissons de la mer, les bestes terriennes,
Le fueillage des bois, le sablon, les areines,

L'herbe, les fleurs de May, aux prez & aux forés,
Et les dons iaulnissans de la riche Cerés;
Ie veux en peu de mots son naturel apprendre,
Qui donneront icy facilement entendre
Et sa vie & le cours de toute son humeur,
Elle est le mesme vice, & le mesme mal-heur,
Deux beaux tiltres vrayment,& qui valent la peine
D'en faire plus de cas. ô grand Dieu qui me meine,
Seigneur sur tous seigneurs, Pere, pardonne moy,
Si i'oultrepasse en rien les bornes de ta loy,
Si i'ose prononcer, & si i'ose te dire
Que tu ne deuois point pour accoiser ton ire,
A cause des pechez que nous auions commis,
Nous faire accompagner de nos vrays ennemis:
Car estans seuls autheurs de nostre fiere faute,
Sans offencer beaucoup ta diuinité haute,
Nous ne sçaurions pas viure auec tels Animaux:
Car qui seroyent ceux-là qui aimeroyent leurs maux?
Dieu que n'as-tu permis à l'homme ton image
Que de soy-mesme il peust peupler l'humain lignage?
Comme vn bon vigneron, qui d'exerceans labeurs
En proignant d'vn beau cep en engendre plusieurs,
N'empruntant que de luy ce bois diuin surplante,
Ou comme vn masle Lieure en soy d'autres enfante,
Pere, si tu voulois tu as bien le pouuoir
Que l'homme honnestement peust ainsi contenoir:
Mais parce que par Eue il mangea de la pomme,
Pour cruel chastiment tu l'as laissé à l'homme;
Ou Dieu, qu'il ne s'engendre ainsi que cest oiseau,
Qui mourant de sa cendre en renaist vn nouueau.
Tu peux bien d'auantage, ô Dieu, tu peux plus faire,
Laisseras-tu tousiours l'homme en telle misere?
Vois-tu pas que la femme est des vices autheur,

FEMININ.

Vices qui font noircir en terre ta splendeur?
D'elle nostre fleau tes fleaux nous aduiennent,
Broüillans tes volontez que les hommes soustiennent;
Comme la froide neige a pouuoir d'enflamer,
De mesmes elle peut vn monde consommer,
Comme la neige peut la grande ardeur refraindre,
Elle la peut ainsi facilement esteindre;
Mais la femme differe à la neige d'vn poinct,
Elle fond pres du feu, la femme n'y fond point,
Ains plus fort s'en approche & plus elle est ardente,
Et si (quoy que l'on face) oncques ne se contente:
Car si son fauorit luy aggrée auiourd'huy,
Demain luy seul sera son detestable ennuy,
Que dy-ie vn fauorit? plustost vne centaine
(Vray est qu'elle est encor si doulcement humaine
Maugré les mesdisans qui ont mué sa voix)
Qu'elle n'en veult sur elle auoir qu'vn à la fois.
Non, non, ie l'acompare au gouffre insatiable,
Et au iouet du vent legerement muable,
Son desdain en Amour est fort pernicieux:
Car sans cesse on y perd le temps qui vault le mieux,
On y depend son bien, on y sert de risée,
Pour auoir faict la beste apres telle rusée,
Si le mespris abuse, vn baiser plus deçoit
(Et ne vault rien ainsi à chose que ce soit:)
Car la femme en Amour semble à la fiere Louue,
Qui plus souuent le laid plus aggreable trouue,
Et puis le fait meurtrir auec ses hurlements
(Les propos feminins querelles des Amants)
Si quelqu'vn plus accort euite telle trappe,
Lors par agguets mortels le chetif n'en eschappe,
Sa plus grande action ne tend qu'au vain deduit,
La honte est son honneur, effrentée au doulx fruict.

Le serpent Tentateur est deuenu Andouille,
Ores la paillardise est tombée en quenouille.
Vsez de mon conseil, vous ieunes Amoureux,
Ne vous allumez point d'vn sang si vigoureux.
,, Celuy qui aime tant n'est aimé de sa Dame,
,, Elle l'estime serf, en balance elle enflame.
Non, non, soyez certains qu'il ne iouyra pas
Du gracieux plaisir des Amoureux combas,
Elle auroit peur de perdre offrant ceste delice,
Ce cœur passionné prest à faire seruice,
Et bien qu'il en iouÿst il ne pourra pourtant
(Fist-il cent mille efforts) rendre son cœur content:
Car la femme ressemble à l'vsurier qui preste,
Qui ne se lasse point de receuoir sa debte,
Tant plus on luy en baille, & plus y prend plaisir,
On ne peut contenter son auare desir;
Mais l'habile debteur n'a pas ceste puissance,
Ni n'a point comme luy double resiouÿssance,
Encores qu'il soit bon de s'acquitter du tout,
Si est-il mal-aisé d'estre tousiours debout:
Il vault trop mieux deuoir qu'estre entieremēt quitte,
Cela nous rend soigneux & plus fort nous incite,
Il sied mal de payer & d'estre pauure apres,
L'ordinaire est plus beau que n'est pas le surcrais,
Le liberal aussi en faisant son aumosne
Se lassera plustost que l'autre à qui l'on donne.
,, Il n'est pas malaisé de tousiours receuoir,
,, Mais il est difficile incessamment d'auoir.
Voire-mais, ce dira quelque bonne Huguenotte,
Ou quelque Catholique, & mesme la biguotte,
La femme ne veult rien seulement que le droit,
Quelle chose plus iuste aspirer se pourroit?
Si la raison gist là, tu gaigneras ta cause,

Par tout (mesme au Palais on t'offre telle chose)
Ainsi tu as grand tort en te plaignant de nous,
Nous tous qui te baillons le beau droict à tous coups.
Ie veux continuer d'vne ardeur volontaire,
Garçon maistre de moy, à qui ie veux complaire,
Et plustost ie serois de moy-mesme bourreau,
Que ie fusse subiect au feminin fleau.
Ie ne m'amuseray à descrire la rage
Qu'a l'homme plein d'honneur au ioug de Mariage.
Ne soyez donc si prompts, nous voyons le blessé
Mourir d'vn petit coup pour n'estre bien pensé,
Mais mediocrement aimons ce qui nous aime,
Sans nous lier bruslans d'vne Amour si extresme.
,, La femme est babillarde & de peu d'amitié,
,, Sō cœur n'est point constāt qu'en grāde mauuaistié.
L'Amour semble au laict frais qui fraischemēt aggrée,
Mais ceste beauté là est de peu de durée:
Car si le laict se garde il a plusieurs caillons,
Il est soudainement plein de corruptions,
Aussi nouuellement la femme est amiable,
Puis estant mariée ardemment hayssable.
Vieux maris sçauez vous pourquoy tāt vous souffrez?
Escoutez ma parole & vous le connoistrez,
Bien que ces vers soyent faicts en l'Auril de mon âge,
Que mille flots bouillans animent mon courage,
Que mon Astre fatal me soit si tenebreux,
(Qu'homme de biē ie sois entre autres mal-heureux)
Toutesfois il me plaist de monstrer que ma terre
Peut bien estre paisible en sa cruelle guerre,
C'est qu'estes au vouloir trop brauement actifs,
A l'execution trop laschement poussifs,
Aux pensers trop rusez, souspçonneux à la ruse,
Au souspçon trop aisez à croire quelque excuse,

Importuns aux desirs, aux desirs trop ialoux,
Et puis la ialousie ameine le courroux,
Et le courroux la hayne, & la hayne vn debat,
Dont chez vous vous logez vn discordant combat;
C'est pourquoy qui est sage, & qui craind le doutable,
Ce fleau feminin sur tout fleau fuyable,
Il ne se doit lier d'indissoluble neu,
Ains aimer librement d'vn volontaire feu.
Ou cil qui par mesgarde est de si triste feste,
Il doit prier les Dieux de finir la tempeste:
,, Car on ne peut baiser de bonne affection
,, La personne objectant diuerse passion.
Quelle aggreable Amour! quelle doulce delice
D'embrasser le bourreau qui nous tue au supplice!
Qui peut donc aduiser sa femme de bon œil,
Vous martyrs mariez lors qu'en prendrez le dueil,
Qu'il soit en violet, portez-le à la Royale,
Et ne chommez iamais l'infeste nuptiale.

Fin du Fleau feminin.

Sonnet sur la perte du mal-heur masculin, aux filles.

LE mal-heur masculin n'a faict teste au rauage
Du temps iniurieux qui talonne nos pas,
Filles, il fust perdu à l'insolent amas
De Paris reuolté cause de son dommage.
Receuez ces deux vers pour certain tesmoignage,
Mary, Metal, Marais, Mauors, Minos, Midas,
Sont six noms masculins courriers du triste helas!
Apprenez les par cœur en attendant l'usage.
Voyla l'eschantillon de mille vers perdus,
Comme ceux de la femme ils ne se verront plus,
(Signe que son erreur dure estant plus felonne.)
Le fleau qui luy reste au mal-heur masculin,
C'est le Mary mal-né offrant vn mol engin,
Dont en vostre faueur grand cocu ie l'ordonne.

Sur les diuerses Poësies de Monsieur de Lasphrise,

STANCES.

Voycy d'vn beau Prin-temps les aimables doulceurs,
   Essence des rayons de la flame etherée,
   Voycy le paradis des Archerots vainqueurs,
Et ce qu'a de plus beau la belle Cytherée.

Parmy les molles fleurs de ce sacré verger
   Qui produit le Moly, la Lote & l'Ambrosie,
   Qui ne craind des hyuers ne des ans le danger,
Roulent à flots esgaux Nectar & Maluoisie.

De Chesnes les plus vieux dégoute icy le miel,
   Chaque arbre en done vingt pour vne fleur tōbée,
   Tousiours la Manne y pleut, tousiours y rid le ciel,
C'est des Amours l'Edem, des graces la Sabée.

Les Nymphes à l'enuy des plaisirs & des jeux
   Parmy tant de doulceurs celestement escloses
   Chantent, dansent tousiours; soubs leurs pas en tous lieux
L'on void naistre les Lis, les Oeillets & les Roses,

Les souspirs Alisez des vents arondelins
   N'y alterent iamais l'estendu de la plaine;
   Ains la felonne horreur des plus amers destins
S'y change en allegresse au flair de leur halaine.

L'œil de l'ame qui void si tres-rare beauté,
 S'esblouyt au rayon de si grande excellence,
 Aussi tousiours des Dieux par douce nouueauté
 Le simulacre y est où y est la presence.

Il faudroit bien auoir du tonnerre la voix
 Pour aussi loing pouuoir tel honneur faire bruire,
 L'aisle de cest honneur passe fleuues & bois,
 Et rien tant que son nom son nom ne peut cõduire.

Donc ce diuin sejour deuance le penser
 Ainsi que le penser precede l'esperance,
 L'esperance aussi tost, ains premier que poussée
 Par la fertilité se mue en iouyssance.

A vous heureux manoirs throsne de Deité
 De qui l'acier du temps n'aura iamais victoire,
 (Si ce n'est vostre cru) vous l'auez merité,
 I'appen pour vn trophée & l'honneur & la gloire.

LE PLESSIS PREVOST.

Epigramme à mes Amis, sur mes diuerses Poësies.

Mis qui iouyssez d'Amoureuse faueur,
Qui par la femme encor receuez du mal-heur,
Qui le dueil, qui la ioye eustes en vos tristesses,
Lisez l'art bigarré de mes Oeuures diuerses,
Plus d'aigre que de doulx verrez mon cours mesté,
Par le bisarre sort qui l'a barriolé.

Le Paladin heureux couronnera son chef
De Palmes, de Lauriers, de Mirtes, & de Charmes,
Il me suffist qu'ils soyent à l'entour de mes Armes,
N'ayant eu pour tous biens qu'honorable meschef.

L'Auteur à son liure.

MEs vers ie voy le faulx ialoux
Qui prend plaisir à nous déplaire,
On mesdira plustost de nous
Que de pouuoir aussi bien faire.

DIVERSES POESIES DV CAPITAINE LASPHRISE.

SONNETS.

I.

Vous estes mes Amours la belle ame de vie
(De la Dame d'honneur) par mes vers Amoureux,
Qui feront son renom encores plus fameux,
Et qui de plus en plus la rendront mieux seruie.
En voyant Theophile & voyant Noëmie,
On benira la femme ainsi qu'on fait les Dieux,
L'vn adorera l'vne, & l'autre toutes deux,
Et chacune à part soy enui'ra vostre enuie.
Las ! par toy au contraire, Euryphile sans foy,
On blasmera ton sexe, on mesdira de toy,
Qui rends la femme infame en ma Muse colaire.
Le Fleau feminin est par toy son tombeau,
L'Allusion d'autre œuure oste ainsi son flambeau,
Dont défaisant la femme il faudroit te défaire.

II.

Barquerol Paphien garde la tromperie
De Cypris l'escumiere, & n'esclaue ton cœur,
Vogue par tout, & pren sans demander faueur,
L'honneste femme hayt tant de cerimonie.

S

Voulant, tesmoing la Grece, estre soudain rauie,
Poursuy l'égalité: car c'est le port meilleur,
Ne sois ialoux sans cause, & n'aye aucune peur,
,, *L'homme qui est poltron est indigne d'Amie.*
Mais si quelque grandeur par attraits gracieux
Aspiroit ton seruice, offre luy si tu peux,
Et ne dis à aucun ton Amour enflamée:
Car si tu ne la cele, vn autre encores moins,
Sois discret, liberal, hűble & braue en tous poincts,
Mais sur tout garde toy d'vne Venus armée.

III.

PRen moy l'esteuf au bonds, ne temporise point,
Mets le marché en main de l'honneur qui mar-
Et à fin de n'errer en fortune si grande, (chande,
Ne t'y hazarde pas s'il n'estoit bien en poinct.
Si la commodité s'apparoist en ce poinct,
Enfonce fort tes coups, offre droict ton offrande,
Et pour la nouueauté de si belle viande
Demonstre toy friand aux appetits conioinct.
Fay halte au rendez-vous tant que ta compagnie,
Se perde au doulx combat de l'Amoureuse enuie,
On doit tousiours bien faire, & mesme au premier
De là vient le renom des doucereuses flames, (choc
Ces vers te soyent vn mur d'vn immuable roc,
Si tu veux Courtisan estre chery des Dames.

IIII.

FAire à mont pour plaisir, ne se picquer au ieu,
S'esbatre librement en toute compagnie,
Et pour se voir trompé ne se mettre en furie,
Pour perte ni pour gain ne despiter son Dieu.

Ne se monstrer iamais fascheusement esmeu,
Se contenter sans plus de resioüyr sa vie,
Le faire de sa reste à quiconque l'enuie,
Se gardant si ce peut d'estre pris au deceu:
Dire entre les ioüeurs son heureuse fortune,
(La raison veult pourtāt qu'ō en sauue quelqu'vne)
La ioye est presque telle au conter qu'à l'effaict.
De ioüer but à but c'est chose qui aggrée,
Mais donner plustost tout que perdre son souhaict,
Voyla, GORDES, voyla comme Amour se recrée.

V.

C'Est vn plaisir de voir le grand bal de la France,
On marche grauemēt, puis l'on s'arreste vn peu,
A chaque pose Amour merueilleux boute-feu
Abbaye bassement l'heur de sa iouyssance.
Les gestes le font voir, mais nul ne s'en offence,
L'on ne tient là pecher de ne songer en Dieu,
Aussi qu'on n'en dit rien en ce triomphant lieu,
Biē qu'on y parle aimant d'vne triple-vne essence.
On y mocque, on y gausse, on brocarde, on mesdict,
On y faict des marchez que l'on paye à credit,
Aux despens quelquesfois de cestuy-là qui preste.
Mais baste pour cela, DVNES, ce n'est qu'honneur,
Personne aussi n'a là faute d'vn braue cœur:
Car vn chacun tousiours combat soubs la cornette.

VI.

IE voudroy mon CELER, auoir ceste licence
De me ioüer auec les filles de la Cour,
Ore auec Bourdaisiere heureux flābeau d'Amour,
Ore auecques Roustin le renom de la France.

S ij

Ore auec la Verné & Vitry l'excellence,
　Et auec Stauaï, delicieux sejour,
　Chacune à cul leué s'esbatoit à son tour,
　Au beau ieu du damier on fait telle sequence.
Cher trouppeau filial du famail enuié,
　Pour desrober le cœur du braue Amant lié
　Si i'auoy ce bon-heur en ma ieunesse tendre,
Vous ne veistes iamais si aggreable esbat,
　Vous me gaigneriez tout, si voudroy-ie entrepredre
　Faire de mon pion vn bel eschec & mat.

VII.

I'Aime de la Verné la plaisante beauté,
　De la docte Vitry l'esprit incomparable,
　De Fouchaut tout l'honeur, la bone grace aimable,
　De la chaste Certeau la grande honnesteté.
I'aime de Stauaï la doulce majesté,
　De Pös aux beaux attraicts le maintië aggreable,
　Des deux belles Duthier la science admirable,
　De la Roche-foucault la sage gayeté.
La taille de Creuan, le sousris de Pienne,
　La doulceur de Plainual, l'accueil de Licherenne,
　Differentes beautez ie vous aime du tout.
Mais chacune de vous porte vne mesme chose,
　Que i'aime encores mieux, encor qu'elle soit close,
　Iusqu'à teps que sentiez l'Amour iusques au bout.

Sonnet des mots de la Cour.

VIII.

IE l'aime extremément, il a braue apparence,
　Il est fort honneste homme, infiniment discret,
　Ie meurs si ie n'ay vn extreme regret,
　Voire vn mal infiny d'eslongner sa presence.

Cest autre n'est qu'vn fat, gonflé d'oultrecuidance,
Il se croid fort habile, il dit plus qu'il ne fait,
Iesus, qu'il est badin! hà, mon Dieu, qu'il est laid!
Il trâche trop du grand, qu'il est plein d'incõstance!
Que vous estes ioly, mais ie vous pry, Monsieur,
Vraymẽt il vous siet bien, vous faictes le seigneur,
Ie ne voꝰ veux plus voir, vos discours sont profanes.
Dieu vous gard, mõ esprit, bon iour mon bien acquis,
Ie vous baise les mains. Voyla les mots exquis
Qu'ont ordinairement les beautez Courtisannes.

Sonnet des gestes des Dames.

IX.

S'Habiller brauement, s'ombrer de fards menteurs,
D'vn mauuais mot nouueau nous feindre vne elo-
Apprẽdre à begayer, n'aller qu'à reuerẽce, (quẽce,
Et n'estre aucunement sans seruans seruiteurs;
Receuoir le poulet, le plumer par humeurs,
Porter vn éuentail qui sert de contenance,
Auoir plus d'appareil que de vraye apparence,
Et hieroglyphiquer en bisarres couleurs.
Nauiguer à tous vents, adorer la fortune,
Faire bien les doulx yeux, faire tousiours la ieune,
Babiller, brocarder, mesdire nuict & iour,
Se mirer à toute heure haussant la cheuelure,
Mettre (en parlãt d'Amour) des pieces sans coustu-
Ce sont les actions des Dames de la Cour.   (re,

X.

FAit-il chaud, fait-il froid, pleut-il, que fait le Roy?
Que le temps est fascheux! il faut que i'aille escrire,
Sçachez quelle heure il est & me le venez dire,
Auons de bõs cheuaux? que dit-on? qu'est-ce? quoy?

S iij

Levez vous du matin, trouvez vous pres de moy,
Ie veux courir le Cerf, mon Limier n'est pas pire,
Mes oiseaux sont si bons que chacun les desire,
Nous combatisme s fort, l'ennemy prist l'effroy.
Cōmēt va de l'Amour? qu'il fait beau voir la dance,
Ie ne vous oubli'ray, vn peu de patience,
Cestuy-cy est habile, & cestuy-cy est sot.
L'vn est beau, l'autre est laid, l'vn est gros, l'autre est
Voyla le cramoisy de la bouche du Prince, (mince,
Qui en se sousriant dict à chacun son mot.

Mascarade aux Dames.
XI.

SI la resiouyssance attire Cytherée,
Au desirable esbat des Amoureux assaux,
Nous Chevaliers sans peur, ioyeusement loyaux,
La deurions doncque voir en bataille asseurée.
Aussi esperons-nous qu'en si belle assemblée
Nous verrōs biē-heureux ces solleillans flambeaux,
Dont la brillante ardeur enflame de doulx maux
Nostre corps & nostre ame où l'Amour est celée.
Mes Dames, c'est pourquoy gros d'humble affection,
Nous vous prions laisser l'honneur d'opinion,
D'vn plaisir vous aurez mille ensucrez seruices.
Prestez nous le petit vous aurez nostre tout:
Car nostre donaison s'estendra iusqu'au bout,
Qui ioignāt vostre hōneur vous mettra aux delices.

XII.

PVis qu'vn bien bien acquis s'acquiert auec sueur,
Puis que par grands trauaux l'alme gloire est conquise,
Dames d'authorité la vostre est toute exquise,
Et nommez à bon droict vostre deuant honneur.

Il n'eſt iour, ie le ſçay, ie vous ſuis ſeruiteur,
  Qu'en beſongnant d'ardeur ne ſoyez en chemiſe,
  Que ne portiez le faix ne laiſſant voſtre priſe,
  Que vous ne vous paſmiez mourantes au labeur.
Vous gaignez voſtre vie auec ſueur extreſme
  Suyuant les mandemens de l'Eternel ſupreſme,
  Dont chacun vous honore à genoux humblement.
Dont le moyen vous vient & les perles d'Indie,
  Et dont l'on void auſſi le deſirable Amant
  Aller plein de Rubis au pays de Surie.
Hola donc meſdiſans que l'on ne blaſme plus
  Le ſexe Paphien à beſongner penible,
  Voire tant qu'il mourroit faute de cœur ſenſible,
  S'il n'eſtoit arrouſé de vigoureux verjus.

XIII.

IE me ris BELLE-GARDE, à l'heure que ie voy
  Le glorieux trouppeau de ces filles fillantes,
  Qui ne parlent iamais que d'eſcharpes ſanglantes,
  Que d'allarmes au căp, que d'horreur, que d'effroy.
Ie me ris, BELLE-GARDE, alors que i'apperçoy
  Les Amants fauoris aupres de ces pimpantes,
  On diroit contemplant leurs façons denigrantes
  Qu'elles n'ont point taſté du doulx ie ne ſçay quoy.
Mais nous riſmes bien plus quand au clair de la Lune
  Nous viſmes la beauté à deux ou trois commune
  Aualler goulument le breuuage Amoureux.
Elle en a trompé vn qui maintenant la corne,
  C'eſt pourquoy ſon humeur eſt ſi triſte & ſi morne,
  Ne laiſſant toutesfois de bien iouër les ieux.

XIIII.

MOn Amy, pour mieux faire vse de mon aduis,
Fuy le sentier commun des femmes, ie te prie.
,, Vne facilité iamais ne glorifie,
,, Les grands ne doiuent estre en petit lieu rauis.
Le feminin vulgaire est chose de vil prix,
    Celuy de villes semble à vne hostelerie
    Sur les chemins passans qui n'est point desgarnie,
Tout le monde en payant y trouue son logis.
Le premier hebergé est souuent au derriere,
    Quãd il vient grosse trouppe (& fust-elle estrãgere)
    Aucunesfois on foule, on reçoit vn chacun.
Quiconque voudra donc honorablement viure,
,, Il ne doit point aimer ni pour son plaisir suyure
,, L'hostelier desbauché, ni le famail commun.

XV.

SI tu veux courtiser, que ce soit en bon lieu,
Non point si haultement que tu Phaëtonnise.
,, La mediocrité en tous lieux est requise,
,, Le chemin le plus seur c'est celuy du milieu.
Si tu as ton souhaict, reuere comme vn Dieu
    Ceste gentille Amour qui tant te fauorise,
    Sur tout homme d'honneur mon bon conseil t'auise
De ne descouurir point les flames de ton feu.
Mais pren biẽ garde aussi que tu n'ailles point l'amble,
    Du troupeau feminin la plus grand' part ressemble
    Aux esteufs reblanchis qui se prennent pour neufs
Bien qu'ils ayent roulé cent fois dans la belouse.
,, Tel qui ioue au tripot, tel qui la femme espouse,
,, Par vn ardent desir s'aueugle en ces beaux ieux.

XVI.

PEnsiue MADELON, qu'as-tu dans la pensée?
  A voir ta contenance on a opinion
  Que tu celes craintiue vne aspre passion
D'Hymen qui t'a desia tant de fois pourchassée.
Vse de mon conseil, Déesse desirée,
  Pour esteindre l'orgueil de ton affliction,
  Prens icy auec moy la resolution.
,, Qui nage entre deux eaux doit craindre la marée.
Si tu vas au combat, ton feu s'amortira,
  Et si tu n'en fais cas, à l'heure il finira,
  Ainsi tu calmeras l'ennuy qui te chagrine.
Ajourne donc ta nuict (mais plustost ton beau iour)
  Et empongne à ce coup ce grād manteau d'Amour,
  Pour iouir librement du plaisir de Cyprine.

XVII.

MA plainte ie vous plains, & chacun vous doit
    plaindre,
  Vous voyant au marché d'vn traistre Hymenean,
  Songez que ce n'est pas celuy de la sainct Iean,
(Le bō Sainct toutesfois vous vueille bien contrain-
Sās luy l'on ne sçauroit si belle ardeur esteindre, [dre.)
  Bien que vostre Amoureux soit du bal courtisan,
  Qu'il ait leu l'Aretin, voire mesme à son dan,
  Et qu'il conte merueille à fin de vous atteindre.
Vous trouuerez ces iours au milieu des combats,
  Qu'il a prisé beaucoup ce qui est peu de cas,
  Et qu'il mesprisera vostre chose plus grande.
Vous direz que chacun fait de mesme auiourd'huy,
  (S'il est vray il peut estre) & non pas comme luy,
  Qui ne va comme moy droictement à l'offrande.

XVIII.

Cypris vraye Déesse accortement habile,
Voyant qu'on eclipsoit le Soleil de ses yeux,
Et que l'on ruinoit ses plus superbes lieux,
Abandonna la Cour iadis son domicile.
Et bastit en Touraine vne fort belle ville,
De Royale demeure, & digne que les dieux
(Les dieux les plus puissans qui presidét aux cieux)
L'ayent pour conseruer leur audace subtile.
Ceste place ne craint les canons fouldroyans,
Ni l'affront asseuré de ces nouueaux Geans,
Y aille qui voudra pour faire son approche,
Il tombera chetif auec piteuse fin.
Dōne dōc, BOVRDAISIERE, Amour est tō voisin,
Mais en voulant grauir garde que tu n'accroche.

XIX.

Madame vous trōpez n'estimant rien d'hōneste,
Ni riē de vertueux que les hōmes plus grands,
Les petits tout-esprit sont les plus excellens:
Car l'idée de Dieu est manente en leur teste.
Le grand tient du Gean, le Gean de la beste,
Il y en peut auoir quelques vns de galans,
Mais vne seule fleur ne fait le gay Prin-temps,
La nation petite est braue à la conqueste.
Les orgueilleux Typhons ont esté abbatus,
Les grands par les petits furent iadis battus,
Le petit a du cœur, l'honneur vient du courage,
Le petit a bon sens, qui le rend plus diuin,
Dont il va glorieux au paradis benin,
Il a doncques les Cieux & la terre en partage.

CHANSON.

I.

JE n'en mesdis nullement,
Tout vostre tout est trop laic:
Car il faut vn beau subject
Pour mesdire brauement.
I'auroy l'esprit hebeté
D'estre enuers vous blasonneur:
Car vostre inuisible honneur
Egale vostre beauté.
Et si pres de vous l'Amour
Mieux encore mieux reluit:
Car la laideur de la nuict
Fait voir la beauté du iour.
Dont vous seruez d'entretien
A mille belles doulceurs,
Voyla comment les mal-heurs
Font aucunesfois grand bien.

XX.

NY les poisons de la paillarde Alcine,
Ni le Thaïs des changemens peruers,
Ni de la Grecque vn grand monde à l'enuers,
Ni de Iason la piteuse ruine,
Ni tous les maux de la race mutine,
Ni les tourmens que l'on souffre aux enfers,
N'egalent point les desastres diuers
Que l'on reçoit de ceste concubine.
L'vn pour l'aimer fust occis traistrement,
L'autre en langueur demeure pauurement,
Et cestuy-cy est exilé du monde.
Qu'est-ce cela? tout cela n'est qu'honneur,
Au pris helas! mais taisez vous, mon cœur,
Il n'est pas temps que vous laschez la bonde.

DIVERSES EPIGRAMME.

Il n'a pas peur d'estre coupault:
Car il en a creance seure,
Encores que le gros lourdault
Soit le moins cocu à ceste heure.
O la mauuaise destinée
Entre gens d'honorable estat,
Cestuy-là qui est ores fat
N'a la teste si encornée:
Car (LA PLACE) vn homme subtil
S'addonne à quelque art plus gentil,
S'il est guerrier, il va en guerre,
Et le bon Gentil-homme sot,
Qui regarde escumer son pot,
Laboure sa femme & sa terre:
Qui veult donc bien se marier,
Qu'il face du sot casanier,
Et de l'Amoureux importun.
Or pour moy qui ne me marie,
De cela ie n'ay nulle enuie,
Mais ie viuray sur le commun.

XXI.

La Courtisanne a au moins trois Amants,
L'vn pour iouyr de la doulce rosée,
L'autre pour estre humblement courtisée,
Et cestuy-cy pour auoir des presens.
En fin les trois se treuuent mal-contens,
Le premier sent sa vie mal-aisée,
Le second plainct sa ieunesse abusée,
Et le tiers est ruiné en despens.
Ainsi la femme, object de nos miseres,
Nous fait sentir ses doulceurs bien ameres,

Ce n'est que vent que de sa fermeté.
Plustost l'Hyuer se verra sans froidure,
  Et le Prin-temps sans la gaye verdure,
  Qu'elle ait son cœur en vn lieu arresté.

Sonnet à vne mesdisante.
XXII.

TOn poil noir argenté où croutelle la taigne,
  Ton gentil front de poule, & tes yeux de furet,
  Ton grād nez de faucon, qui sent le vieil retraict,
  Tes jautereaux pendans à couleur de chastaigne,
Ta bouche vn four aban, tes larges dens d'ebaine,
  Ton menton gracieux cōme vn chausse-pied faict,
  Signalé noblement d'vn petit poil folet,
  Ton beau col heronnier où l'on void chaque veine.
Ton sein de fueille-morte, & tes bissacs pendans,
  Ton corps en Cabestan, farcineux en tout temps,
  Ton grand Cloaqueuille où vn monde s'enfonce,
Et où mon gros Picard pourroit entrer armé,
  Me donne occasion de vous faire semonce
  De ne songer iamais que vous m'ayez aimé.

XXIII.

I'Auoüe, Amour, que tu es assez belle,
  Et que ta grace est gentille en tous lieux,
  Que ton esprit paroist ingenieux,
  Que tu fais voir l'apparence immortelle.
Ie ne nie'ray aussi ta teste isnelle,
  Ton inconstance aimant ieunes & vieux,
  Ie t'accompare au Serpent odieux,
  Couuert de fleurs en la saison nouuelle.
Ie t'accompare à quelque beau tonneau
  Plein de boisson, ou plein de puante eau,
  Ie t'accompare au porte-lumiere Ange.

Pour vouloir trop il perdit sa clairté,
Pour faire ainsi ton lustre t'est osté,
Et comme luy tu ne gaignes au change.

XXIIII.

RIen ne sert le grãd cœur pere aux braues cõbats,
  L'esprit doctement vif, l'essence de noblesse,
  Estre bien à cheual auecque belle addresse,
  Danser de bonne grace, habile aux doulx esbats,
Sortir d'illustre sang, dont on doit faire cas,
  Bref auoir la beauté conioincte à la prouësse,
  Si tu n'es fauorit de la chauue Déesse,
  Des Soleils de la Cour tu ne iouyras pas.
Mais en estant chery fussiez-vous vne beste,
  Vn yurongne, vn brigand digne de la tempeste,
  Vous pouuez asseurer d'auoir vostre desir.
Chacune vous rira d'vne façon gentille,
  La sœur vendra la sœur, & la mere la fille.
„ La fortune iamais ne manque de plaisir.

XXV.

IE t'asseure, MANOV, que ces deux marjolets
  Que tu me dis hier auoir bonne apparence,
  (Apparence foraine & non en conscience)
  Ne sont que friponniers & porteurs de poulets.
S'ils sont maistres d'hostels ce sont maistres valets,
  S'asseruans vilement pour rapiner finance,
  Leur cœur ni leur esprit n'a cherché la vaillance,
  Ni la docte vertu où tousiours tu te plais.
Ceste maistrise est noble aux maisons souueraines,
  C'estoit là chez les Roys l'heur des vieux Capitai-
  Non où apres vn mode on disne de morceaux. (nes,
L'honneur naistroit-il là dans l'office lardiere?
  S'il y va, il n'en vient, ni n'exquitte Cythere:
  Car oncq Mars ni Phœbus ne furent maquereaux.

XXVI.

POur auoir sceu gaigner vn maistre gracieux,
Si bië que deux bastards vinrent de la practique,
Pour aueugler l'effect feindre d'estre hydropique,
Pour en auoir occis au jeu luxurieux,
Pour baiser DES MARQVETS vn ieune audacieux,
Le pere aux auortons qui la font voir inique,
Pour faire effrontément la chaste, la pudique,
Pour parler librement d'Amour en diuers lieux,
Pour esprise d'ardeur faire à chacun caresse,
Pour n'auoir point d'esprit, pour sentir sa vieillesse,
Pour estre sans beauté, sans moyen, sans faueur,
Ie ne laisseroy pas de luy estre fidelle ;
Mais pour estre la nuict infame maquerelle,
Il ne m'appartient point d'estre son seruiteur.

XXVII.

FAire semblant d'aimer, qui luy est odieux,
Ne vouloir vn mary que pour vn bel ombrage,
L'amadoüer souuent d'vn doulx-coulant langage,
D'vn baiser colombin, d'vn sousris gracieux.
Ne le bien regarder que d'œil luxurieux,
O sale volupté, qu'insolente est ta rage !
Mesdire de son nom, dédaigner son lignage,
Hayr tout ce qu'il aime & causer en tous lieux,
Pleurer, plaindre, gemir, sans cesse auoir enuie,
Sans nulle affection feindre vne ialousie,
Faire tousiours la mine & la mignarde aussi,
Estre prompte aux Amours, & noises palliées,
Déguiser du mesnage vn auare soucy,
Voyla le naturel des Dames mariées.

CHANSON.
II.

Vous qui soubs l'Amoureuse flame
 Bornez le but de vos soulas,
 Sçachez que c'est que de la femme,
 De qui vous faites tant de cas.
De matiere subtilisée
 On la forma premierement,
 C'est ce qui l'a faict si aisée
 A changer chaque iour d'Amant.
Par ceste subtile naissance
 Elle veult defendre son tort,
 Disant que la foible inconstance
 Ne peut resister à l'effort.
L'Amour, dont elle est tant attainte,
 Semble à la chandelle qui luict,
 Elle est au premier vent esteinte,
 Et conuient à l'ombreuse nuict.
Ie l'accompare à la marée,
 Aussi Venus vint pres l'escueil,
 Elle est belle & calme à l'entrée,
 Et puis apres pleine d'orgueil.
L'air, le vent, le brouillas, l'orage,
 En sa teste sont habitans,
 Et mesme la Lune volage
 Meine les fleurs de son beau temps.
On trouue à tous mal-heurs remede,
 Quelquesfois ils sont assoupis;
 Mais la femme tous maux excede,
 Qui va touſiours de mal en pis.
Toute creature subjecte
 A se fouler sur le deuant,

Ne sçauroit estre si parfaicte
Qu'elle ne bronche bien souuent.
Ieunes gens qui courez fortune
　Soubs la Déesse de beauté,
　Gardez que sa flame importune
　Ne brusle vostre liberté.
Ie ne dy pas, non, qu'il ne faille
　Quelquesfois resiouyr nos sens,
　Donnans l'Amoureuse bataille
　Par maniere de passe-temps.
La femme dira qu'elle enfante,
　Que les hommes sont d'elle extraicts,
　La diuine ardeur solleillante
　Entre bien aux salles retraicts.
Bref, qui l'espouse est miserable,
　Et ressemble à vn pauure fol,
　Qui soubs l'ombre de quelque fable
　Se met la corde dans le col.

Sonnet en Dialogue.
XXVIII.

D. Dy moy de quelle humeur la femme est com-
　posée ?
R. Elle est lente & legere ainsi que l'eau & l'air.
D. Comment fait-elle donc nostre corps allumer,
　Le rendant immuable en peine déguisée ?
R. Comme le beau Soleil plein d'humeur esueillée,
　Bië qu'il n'ait point d'ardeur nous fait tout enfla-
　Et comme le grand vent au milieu de la mer (mer,
　Tourmente incessamment la nef appareillée :
Chacun veult son semblable, & elle a froide humeur.
D. D'où viët qu'ell' cherche donc le masle enflé d'ar-
　De qui on ne la peut facilemët refraindre ? (deur,

R. *Tousiours le morfondu s'approche pres du feu,*
Et le marbre eschauffé s'affroidist peu à peu.
„ *La froideur enflamée est plus forte à esteindre.*

XXIX.

I'*Accompare la femme au muable Prin-temps,*
Dont l'Amoureuse ardeur fait venir toute chose,
Dessoubs ses belles fleurs le Serpent y repose,
Ore il donne la pluye, & ores le beau temps.
Ceste legere ainsi ioüet des mesmes vents
Anime les humains, & au fard d'vne Rose,
Dont s'ombrage son teinct, l'espine y est enclose,
Maintenant elle est sage, & tantost hors du sens.
La grand' BROSSE *c'est là le ioug des miserables,*
Qui rend l'hôme cornu compagnõ des fiers diables,
Sa mere à bon droict vint de la mere des flots,
Qui tousiours à l'entrée ainsi qu'elle se calme.
„ *C'est vn fat qui s'asseure & en mer & en femme,*
„ *Le plaisir fuyt l'Amant, & fuyt les matelots.*

XXX.

L'ARCHERYE *on ne void homme soubs le Cahos*
Qui ait plus le poignard de l'Amoureuse flame,
Si seulement i'auise vn ombre d'vne femme,
I'y cours incontinent & fussé-ie indispos.
Par la femme ie pers & repas & repos,
Toute de tous costez me fait mettre en allarme,
La voyant i'imagine en l'instant si son ame
S'exerce aux doulx combats des Veneriques flots.
Et encor que ie sois peu rusé en l'office,
Si me mets-ie en deuoir de luy faire seruice,
Bref i'aspire entre tous la femme entierement.
Bien qu'elle soit beaucoup de nature fragile,
La belle toutesfois ie tiens plus cherement,
Et plus celle des champs que de Cour ou de ville.

CHANSON.

III.

Ie suis en Amour volage
    Comme cher enfant des Dieux,
    Qui ont pris diuers visage
    Pour aimer en plusieurs lieux.

Ie suis plein de fermeté
En inconstance,
  C'est par la legereté
  Que l'on s'auance.
     Ie suis.
I'aime mieux vne Bergere
    Auecques la nouueauté,
    Qu'vne Royne singuliere
    A me garder loyauté.
       Ie suis.
Ce qui auiourd'huy m'aggrée,
    Demain m'est fort desplaisant,
    La belle Amour se recrée
    Sur l'air, sur l'eau, sur le vent.
       Ie suis.
Celuy a l'ame maline
    Qui n'aime l'Amour isnel,
    Ou impuissant vers Cyprine
    N'entend bien le beau duel.
       Ie suis.
Ces fideles mal-habiles
    Semblent aux hommes couars,
    Qui ne bougent de leurs villes,
    Craignans les fureurs de Mars.
       Ie suis.

Celuy qui ne court fortune
 Çà & là en tout abbord
Est indigne que Neptune
Le face ancrer à bon port.
 Ie suis.
,, La gloire ornement des hommes
,, Ne s'acquiert en vn seul lieu,
 On doit au temps où nous sommes
 Sçauoir iouër plus d'vn jeu.
 Ie suis.
Les petites & les grandes
 Couchent souuent en mon lict,
Diuersité de viandes
Cause nouuel appetit.
 Ie suis.
Ce grand tout tousiours chemine,
 Tout va & vient doulcement,
 Tout soubs la ronde machine
 Est subject au changement.
 Ie suis.
L'esprit leger est loüable
 Plus qu'vn corps ou qu'vn sens lourd,
 Dont mon desir variable
 Passe vn constant en Amour.
 Ie suis.
Si ie n'auoy ceste grace
 D'estre des plus inconstans,
 Ie ne suyuroy pas la trace
 Des plus belles de ce temps.
 Ie suis.

CHANSON.
IIII.

Ien n'est soubs le vague cerneau
  Du feu viuant qui tout anime,
  Qui soit si doulx ni que i'estime
Comme ce feminin troupeau.
    I'aime la Cour, i'aime les Dames,
    Plus pour Maistresses que pour femmes.

Y a-il rien si gracieux,
  Y a-il choses plus aimables,
  Que voir des beautez desirables
S'embellir pour nous plaire mieux?
    I'aime la Cour.

Les habits richement luisans,
  Le blanc, le rouge en leur visage,
  Et leur delicieux langage,
N'est-ce point l'appas des Amans?
    I'aime la Cour.

Le poil saupouldré, frisotté,
  Le teinct riand, la bonne mine,
  La gorge, la bouche poupine,
Attire nostre honnesteté.
    I'aime la Cour.

Vn corps contrainct en diuers lieux,
  Vne poictrine rehaussée,
  Nous prouoque à l'Amour dressée,
Monstrant leurs tetons montagneux.
    I'aime la Cour.

Ie tairay leur repas friand,
  (Amorce aux doulceurs naturelles)
  Ie tairay leurs receptes belles
Pour amoindrir ce qui est grand.
    I'aime la Cour.

Bien qu'elles n'eussent aucun fard,
Leurs yeux Amoureux manifestes,
Leur accueil, leur maintien, leurs gestes,
Requierent leur Amour gaillard.
    I'aime la Cour.

Si pour nous induire aux desirs
Elles se veulent contrefaire,
Nous ne pouuons moins que leur plaire,
Et mourir en si doulx plaisir.
    I'aime la Cour.

Vous doncques ou vous chers aimez
Glorifiez ce que i'honore,
Tous Dieux en tous autels i'adore,
Sans lier mes sens animez.
    I'aime la Cour.

Ie n'auray peur de m'absenter
Craignant que ma femme on suborne,
Ie ne porteray point la corne,
Mais ie la feray bien porter.
    I'aime la Cour, i'aime les Dames,
    Plus pour Amies que pour femmes.

CHANSON.
V.

IE ne veux plus aimer l'opiniastre,
Non, ie ne veulx iamais estre idolastre
  D'vn Amour inhumain,
Plustost seray le seruiteur d'Eole,
Que iamais i'aime vne legere folle,
  Qui se plaist au dédain.
Tu n'aimes rien meschante passe-Alcine,
  Qu'à piaffer, qu'à faire bonne mine,
  Qu'à fascher tes Amis.

Tu n'es constante, infame, mal-heureuse,
Qu'en mauuaistié, qu'en humeur impiteuse,
  Supplice d'ennemis.
Traistre en Amour, femme infame, impudique,
Hé! qui t'a faict si chienne & si lubrique
  D'auoir tant de mignons?
Ne te bailloy-ie assez grande delice
En m'engouffrant dans ton vieil precipice,
  La mort aux compagnons?
Si l'on te dict, ton seruiteur fidelle
  Pour t'aimer trop tombe en douleur mortelle,
    Tu dis qu'il n'est bien né,
Et qu'il est plein d'vn mal qui le chagrine,
Mais touche la conqueste sejanine
  Tu luy as donc donné.
Qui veult nombrer les cautelles maudites,
  Les cruautez de tes fureurs despites,
    Que l'on sent quelquesfois,
Conte plustost les couleurs Printanieres,
Les gouttes d'eau des mers & des riuieres,
  Et les fueilles des bois.
Iustes vengeurs du parjure artifice
  Punissez donc l'ardeur de sa malice,
    D'vn fouldroyant esclat,
Non, qu'elle viue, & pour toute vengeance
Dieux, ostez moy l'horrible souuenance
  De son visage ingrat.
C'est trop parler d'vne chose inhumaine,
Adieu l'Amour Amoureux de la hayne,
  Arriere cœur sans foy;
Va corps sans ame, & chef plein de follie,
Oeil aueuglé, nez punais, sourde ouye,
  Ie ne veux plus de toy.

XXXI.

VN iour voulãt cõbattre vne Amoureuse Dame,
 Qui entre les beautez superbement paresi,
Il me suruinst (LA PLACE) vn mal-heur estant prest
 D'enclouer le canon pour mieux donner l'allarme.
Si est-ce que la peur n'englaçoit ma belle ame,
 Si baissay-ie la teste, & tairay pourquoy c'est,
Non, non, ie le diray, la paillarde qu'elle est
 Fait qu'Amour sans plaisir aucunesfois se pasme.
Que dy-ie sans plaisir? c'est qu'elle en reçoit plus:
 Car la prompte au combat inonde de son flux
Le matelot auant que le gouuernail vire.
Dont le coup d'estribort fait flot-flotter la mer,
 Si me veux-ie venger de ce plaisir amer,
Fecond ie la noy'ray surprenant sa nauire.

EPIGRAMME.

TV pourrois estre plus gentille,
 Mais tandis que tu seras fille
Tu auras l'imperfection
 Que ie trouue en toute pucelle,
Fust-elle en beauté la plus belle,
 Viuant sans doulce affection.
Que te sert donc d'estre parfaicte
 Paroissant tousiours contrefaicte,
Desaggreable est ta beauté,
 Les mots dorez, fard, Muscq & Ambre
Ne couurent ta difformité:
 Car tu as faute d'vn beau membre,
Pren donc le mien pour t'accomplir,
 Qui va droictement sans faillir.

Autre.

QVi pourroit baiser la laideur
De ceste effroyable sorciere,
Quand on luy d... ..ie ioye au cœur,
On va au deuant par derriere.

Contre vne Dame bossue.

NE t'esbahis de son caquet
Couurant bien le jeu de la Nopce:
Car elle porte le paquet
Qui luy fait faire bonne bosse.

Pour la mesme.

TV dis qu'elle desrobe tout
Si finement qu'on en suppose,
Elle n'empongne rien qu'vn bout,
Nommes-tu cela toute chose?

Contre vn Rimeur mesdisant de mes vers.

MOnsieur, vous estes Poëtique,
Mais vous auez faute de sens:
Car vous ne sentez que l'on pique
Vostre moitié de vers piquans.

Au mesme.

TV dis qu'on me porte enuie,
Et non à ta preud'hommie,
Tu dis vray, elle est sur moy,
Qui suis vn digne exemplaire,
Et dis vray n'estre sur toy,
Qui ne sçaurois rien bien faire:
Seroit-il pas grand Badault
Qui enui'roit vn lourdault?

T

Au mesme.

INiurieux gloseur qui ne sçaurois rien faire
Que carmes auortez, ou quelque quolibet,
Le Ciel iuste vengeur te donne pour salaire
Le guerdon qui Lycambe honora du gibet.

Au mesme.

ENuieux qui vilipendez
L'honneur que n'auez sceu comprendre,
Si par despit ne vous pendez,
Venez icy vous faire pendre.

XXXII.

I'Abhorre l'Atheiste, & m'est si odieux,
Que i'abhorre le lieu où il prend nourriture,
I'abhorre ainsi le bougre ennemy de nature,
Et le traistre eshonté sans Amour gracieux.
I'abhorre le flateur & le seditieux,
   Qui braue à l'aduantage en faisant salle iniure,
Le vieillard desbauché, le Iuriste pariure,
Et l'yurongne goulu ordement vicieux.
I'abhorre le brigand & le fier homicide,
   I'abhorre l'affronteur & le coüard timide,
I'abhorre (PONSONAS) l'opiniastre fat,
Et l'auaricieux à soy-mesme moleste,
   I'abhorre l'ignorant, qui sans raison conteste,
Mais i'abhorre sur tout vn glorieux ingrat.

Branfle fimple.
VI.

Le bien reffemble à vn vent
  Muable fans ceffe,
    „ Ceux qui ont contentement
    „ Ont prou de richeffe.
Pauure eft l'auaricieux
Et mefchamment vicieux,
  Ialoux du bon-heur d'autruy
  Toufiours il afpire.
„ O bien-heureux eft celuy
„ Qui rien ne defire.
    Le bien.
Rends moy donc plein de bon-heur:
  Car tout mon defir, mon cœur,
  C'eft iouyr de ta beauté,
  Ha! ie la fouhaitte,
  Bien que ie n'ay merité
  Chofe fi parfaicte.
    Le bien.
Si ie tombe en fi hault lieu,
  Qui peut aggrandir vn Dieu?
  Ie n'amoindry mon renom,
  O belle entreprife,
  L'audacieux Phaëton
  Toufiours m'authorife.
    Le bien.
Les fages ne tiennent point
  De l'auarice vn feul poinct:
  Car l'auare eft moins que rien,
  L'honneur ne le nomme.
„ Trop mieux vault l'homme fans bien
„ Que le bien fans l'homme.
    Le bien.

Tout ce qui luiſt n'eſt pas or,
　　La boitte emperlée encor
　　Tres-apparente en beauté
　　Peut bien eſtre pleine
　　De quelque meſchanceté
　　Et choſe vilaine.
　　　　Le bien.

O miſerable indigent,
　　Toy qui fais vn Dieu d'argent,
　　Qui aime ſi fort le gain,
　　Semble au mechanique.
,, C'eſt le propre d'vn vilain
,, D'aimer la practique.
　　　　Le bien.

Or mon tout l'eſprit ſubtil
　　Ne redoute le peril,
,, La gloire ſuyt le hazard,
　　L'Archer qui me dompte
　　N'aime pas le cœur couard,
　　Ni la palle honte.
　　　　Le bien.

Il n'y a point de danger
　　Pour deuers moy ſe renger,
　　Si ie n'ay beaucoup de bien,
　　O vaine follie!
,, L'honneur paſſe le moyen,
　　Baiſons donc m'Amie.
　　　　Le bien.

XXXIII.

Lès plus grãds Cheualiers de ceſte Cour pompeu[se]
N'ont oſé ſeulement ſouhaitter d'approcher
De ceſte belle ROCHE, où l'honneur eſt ſi ch[er]
Que la docte Pallas luy eſt meſme enuieuſe.

Si doncques ta belle ame ardemment genereuse
Entreprend plus que tous la voulant rechercher,
Garde Icare nouueau de foudain trébucher,
Bie qu'en fi beau trespas ta mort fust plus fameuse.
Ie sçay bien, DE TOVRNON, que ton courage est hault,
Mais de grauir au Ciel de la ROCHE-FOVCAVLT,
Il n'appartiët qu'aux Dieux d'vn pouuoir magni-
Hé! ie m'abuse, Amy, mon cher excuse moy: (fique.
Car l'Amour dompte-Dieux s'est trāsformé en toy,
Dont tu auras vainqueur ceste roche Olympique.

SONGE.

Ormant ie songeoy estre en Berry pres Vátan,
Deuenu de nouueau Amoureux Courtisan
D'vne beauté (Renée en toute humeur habi-
Au Conuent du vœu mesme aimé de Theophile, [le)
Quand vn dieu me disoit: Tes sens sont assoupis,
L'apparente vertu de la fille d'Opis
Le tesmoigne au soldat, qui partage à la guerre,
Ne veult point seulement combattre en vne terre,
Quand ie domine on doit trafiquer bien à poinct:
Car Mars aucunesfois à Saturne est conjoinct,
Mais tres-sage est celuy qui preuoyant l'orage
Ameine tout vtile euitant le naufrage,
Il ne faut qu'vn brouillard empouper le vaisseau,
Pour l'enfoncer soudain au plus profond de l'eau,
Quand ma sœur se déguise elle est vraye homicide,
Puis le bon espion ne veult iamais de guide,
Le chemin toutesfois du païs ombrageux
Se trouue difficile & le plus dangereux,

Les bois des monts tortus gardent de voir la voye,
Le deuot Pelerin quelquesfois se foruoye,
DES CHAMPS non droituriers font souuent esgarer,
Voyla pourquoy, mon fils, il te faut retirer,
Non que la froide peur honteuse te blesmisse,
Tu as le cœur trop bon pour que ton sens fremisse,
Mais voyant que Mauors n'allume point ce cœur,
(Contraire opinion de ma diuine sœur)
Et que celuy du feu y surmonte les armes,
Retourne à ton Amour cherissant les allarmes,
,, Qui admire l'ouurage il admire l'ouurier,
Vn beau chasteau ne peut si tost s'edifier,
,, Ce qui s'engendre en peu est de peu de durée,
Comme le potiron enfant de la broüée,
,, Le plaisir qui s'acquiert par penible sueur
,, Se trouue gracieux de plus doulce doulceur,
,, Il vous faut esperer: car lors que la fortune
,, Se demonstre aux humains fierement importune,
,, En rendant leurs esprits de tristesse confus,
,, C'est quand le bon Iupin les fauorise plus.
C'est pourquoy, MONTIGNY, que cherement ie prise,
Comme Amour, côme honneur, fouldre de vaillantise,
Si ne pouuiez passer sur l'aggreable PONT,
Furieux pres de l'eau ne vous lancez au font,
Ia le Ciel vous saluë auec bel aduantage,
Puis qu'au port de CREVAN on vous promet passage.

XXXIIII.

C'Est vne grand' doulceur au malade alteré
De boire abondamment la liqueur qu'il aspire,
C'est vne grand' doulceur à l'Amant qui souspire
De iouyr du desir qu'il a tant desiré.

C'est vne grand' doulceur à qui a enduré
  Tout le iour de la peine, alors qu'il se retire
  Se reposant chez luy, appaisant son martire,
  De tromper lassitude au sommeil asseuré.
Mais ce n'est rien au prix que d'auoir la vengeance
  D'vn detestable ingrat enflé d'oultrecuidance,
  Ie vous pardōne (ô ROYS) de vous entre-oultrager!
Bien qu'vn peuple innocent porte vostre erreur fiere,
  Par eau, fer, feu, poison, & par peine meurtriere,
  Ie voudroy faire pis afin de me venger.

XXXV.

Heureux qui est muet, ensemble aueugle & sour,
  Pour ne dire, ne voir, ni nullement entendre
  La fraude, & trahison, l'orgueil qu'on void espan-
  Du conseil, de la guerre, & du diuers Amour. (dre
La bouche, l'œil, l'aureille (intime Amy DV BOVR)
  Ne mesdict, ne s'esgare, & ne se peut mesprendre,
  Ni ne crainct le babil, l'aspect noir, l'ouyr tendre
  Des femmes, des ialoux, des conteurs de la Cour.
Le plaisir, la lueur, le mal-plaisant vacarme,
  Ne l'esmeut, ne l'engarde, & ne trouble son ame,
  Il n'est iamais menteur, traistre ni souspçonneux.
Il ne dict, n'apperçoit, ni n'oit rien qui l'ennuye,
  Muet, aueugle, & sour, sa bouche, l'œil, l'ouye,
  Ne sçauroit l'empescher du plaisir Amoureux.

XXXVI.

Amour auoit desia rauy ma liberté,
  L'enfermant dans les yeux d'vne ieune pucelle,
  Qui gaye aucunement se nomme Gabrielle,
  Tenant des plus haults Dieux la mesme majesté.

T iiij

Mais il me fust courtois & gros d'honnesteté,
 Il desceillit ses yeux, il estendit son aisle,
 Et me la fist connoistre aussi fiere que belle,
 Dont ie repris heureux ma franche liberté.
Ie m'en allay ioyeux en la troupe guerriere,
 Sans laisser CLAVAISON, *mon ame prisonniere,*
 (Pensant m'encouröner d'vn bon-heur plus entier)
Aussi fis-ie vrayment: car l'Amoureuse enuie
 En retenant mon cœur fierement prisonnier,
 Eust esté plus que Mars ennemy de ma vie.

XXXVII.

L'Homme n'est homme estant cruel, audacieux:
 Car le nom d'homme vient d'humanité piteuse,
 Les hommes ores pleins de cruauté hideuse
 Ne sont donc que de nom hommes-officieux.
Mais la loy generale excepte en quelques lieux
 L'humeur de ta bonté doulcement gracieuse,
   Dont l'Amour toute-Amour paroist toute Amou-
 reuse,
 Le fait assez connoistre en ce regne orgueilleux.
La triple deité, sage, docte, vaillante,
 En toy (VILLEGOMBLAIN) solleille triomphāte,
 Minerue t'a baillé son cerueau plus prudent,
Et Pallas son sçauoir, Bellonne son courage,
 Quoy? le Ciel t'enrichist encores d'auantage,
 T'ayant donné mon cœur de la gloire intendant.

A Madamoiselle Diane d'Estrées.
XXXVIII.

DIANE ie sçay bien que tu es aussi belle
 Que Madelon ta tente, où reluist Cupidon,
 Diane ie sçay bien que la docte Saphon
 Fleurira de ta fleur comme surjonnant d'elle.

Diane ie sçay bien que ta gloire pucelle
 Dé Diane accroistra la reputation,
 Et Diane ie sçay que ta chaste Clion
 Te fera admirer comme toute immortelle.
Diane ie sçay bien que vostre accueil divin
 Desrobe incontinent le cœur du Paladin,
 Bref la beauté, l'honneur, esprit, science & grace
Chez vous, passe-Diane, ont faict leur rendez-vous
 Heureux donc mille fois, ô bien-heureux l'espoux,
 Qui baisera l'œillet de vostre belle face.

XXXIX.

IE te prise (BLAIAN) de ta digne vaillance,
 Dont tu as tant de fois d'vn cœur victorieux
 Guerroyé, combatu en mille & mille lieux
 L'ennemy redouté, misere de la France.
Ie te prise (BLAIAN) de ta grand' conscience,
 Qui est certainement la mignonne des Dieux,
 Et de l'affection de ton œil curieux
 A voir le bal sacré qui sur Parnasse dance.
Ie te prise (BLAIAN) de ta ferme amitié,
 Où ton plus cher moy-mesme est iustement lié,
 Et de ton bel esprit qui subtil me consolle.
Ie te prise (BLAIAN) comme vn second Hector,
 Ta valleur le merite, & ie te prise encor
   Anagramme de sa Maistresse.
 De ce qu'ores chez toy L'AIGLE DE VENVS
XL.   (VOLLE.

Ces vers sont masculins: car la
Dame aime le masle.

IE l'ay veüe HONORAT, i'ay veu ses cheueux gris,
 Qu'vne fausse perruque ombre d'vn poil menu,
 I'ay veu son front de poulle, où le fard est connu,
 I'ay veu ses yeux cauez tenebres de Cypris.

T v

I'ay veu son nez camard, i'ay veu son maigre ris,
 I'ay veu sa grande bouche, & son menton pointu,
 I'ay veu son col de Grue, & son sein abbatu,
 I'ay veu so corps cõtrainct qui en porte à tout prix.
I'ay veu ses patins blancs, i'ay veu son large pié,
 I'ay veu sa courte gréue, & si i'ay manié
 Son ras honneur honteux rendez-vous du cousin.
Où si i'eusse voulu ie me fusse enfourné,
 Ie rends grace au Démon qui m'en a destourné:
 Car il est dangereux comme l'or Toulousin.

XLI.

PAsse, DV VIVIER, passe & pousse ta fortune,
 Penses-tu que le Loir t'offusque de son eau?
 Quand on va visiter le dieu-porte-bandeau
 La rigoureuse mer ne paroist importune.
Venus nasquit des flots, & parente à Neptune
 Ne fist oncques perir le braue Amant nouueau,
 S'il n'estoit par sa faute esblouy du flambeau,
 Mais tu n'es si rauy, ni ta Maistresse brune.
Comment le seriez vous? vous estes Amoureux
 De pensers trop pensez, ou quelquesfois des yeux,
 Et n'osez descouurir l'ardeur qui veult s'esprendre.
Va doncques, ne crains point, & ne marchande pas,
,, Empongne en demãdant; en Amour il faut prẽdre,
 Mais gardez que Vulcan ne vous prenne en ses
  laqs.

XLII.

FRANCEICHE, ie ne puis caresser de bon cœur
 Vn ieune oultrecuidé, qui d'aspect fend l'audace,
 Qui est Lyon chez soy, Renard en autre place,
 Qui veult trẽcher du grãd comme illustre seigneur.

Ie n'aime point aussi vn querelleux iouëur,
  Qui se croit plus mauuais pour faire vne grimace,
  Pour iurer à tous coups, maschant vne menace,
  Et qui est plus hardy ayant beu du meilleur.
Vn guerrier picoreur ne me plaist point aussi,
  Vn vieillard bigarré ne me remuent ainsi;
  Mais ie hay par sus tout vn ieune casanier,
  Qui braue à l'aduantage à l'ombre des richesses:
,, Car l'on ne peut iamais auoir le vray Laurier
,, Sinon (comme en nos coups) l'acquerir par proüesses.

XLIII.

I'Ay veu ces merueilleux, ces diables de gens d'armes,
  Qui prononcent bien Dieu d'vne braue asseurance,
  I'ay veu leur entretien, leur longue reuerence,
  Leur panache, leur croix, dessus leurs vierges armes,
Ie les ay veus vaillans entretenans les Dames,
  Ils ont faict monts & vaux, ils ont sauué la Frāce,
  Ie les ay veu danser en moult belle ordonnance,
  Et sans Apothicaire aualler plusieurs dragmes;
Bref i'ay veu ce qu'ils ont d'aggreable & de beau,
  D'illustre, d'excellent, de rare, & de nouueau;
  Mais ie n'ay veu, SAVNAY, chose que tant ie loüe,
  Qu'vne barbe iaunastre, où sont à millions
  Les ennemis Flandrins, que ie dy morpions,
  Qui ne se vante point d'auoir connu la NOVE.

XLIIII.

I'Aime ces noms guerriers qui terminent en Hault,
  Cela remplist la bouche, & si cela resonne,
  Il y en peut auoir ie ne sçay quel qui sonne,
  Que i'en excepte icy, honorable ESCARBAVLT.

T vj

Quand on entend nommer le nom de VAVRENAVLT
(Tenant de ma maison anciennement bonne)
L'auditeur tourne teste, & semble qu'il s'estonne,
Comme si l'on parloit d'vn furieux assault.
Hault est maste vocable, opulent, plein de gloire,
L'ame vient du hault Ciel, d'vn cœur hault la victoire,
Le François d'vn nom hault paroist mieux renōmé.
Son commun de Baptesme est Sot, Cosme, Loup, Gile,
George, Hardouin, Medard, Geruais, Fiacre & Mile,
Puis or' d'emprunt Hebreu vn monde reformé
En matiere de noms telle sottise approche,
Ainsi que Rebecca, qui le gosier m'escorche.

XLV.

Traduict de Petrarque.

Amour en mes pensers regne ordinairement,
Son siege est dans mō cœur, sejour de sa puissāce,
Aucunesfois armé sur mon front il se lance,
Il y campe, il y met son enseigne hardiment.
Amour qui de souffrir, qui d'aimer nous apprend,
Veult qu'vn desir extresme, vne ardente esperance
La honte, la raison, l'honneste reuerence,
Refrene nos fureurs qui luy desplaisent tant.
Mais d'où viēt que l'Amour tremblāt de palle crainte
S'enfuyt soudain au cœur auecques triste plainte,
Et rompant ses desseins qu'il s'y cache tousiours?
Que feray-ie voyant ainsi mon Capitaine,
Sinon le suyure bien iusqu'à la mort certaine?
,, Il fait vn beau trespas qui meurt pour ses Amours.

XLVI.

IE pensoy n'aimer tant Pamphile l'accomplie,
Ie disoy la voyant que mon affection
Ne causeroit chez moy l'ardente passion,
 Ainsi qu'elle faisoit en seruant autre Amie.
I'alleguoy par raison sa vertu infinie,
Son sejour escarté plein de deuotion,
Où l'enuieux ialoux n'a frequentation,
 Et là où ie paroy sur toute compagnie.
Ie me nommoy heureux plus qu'Amāt d'auiourd'huy,
O discours esgarez! ie brusle en triste ennuy
 Eslongné du Soleil de sa doulce excellence.
Deuoy-ie pas penser que sa toute beauté,
Qui surpasse toute autre, auroit plus de puissance,
 Et qu'en tout ie suis plein de toute extremité?

XLVII.

A Bon droict ce beau Prince enfant de Cytherée
Est renommé sans veuë & sans entendement,
S'il auoit de bons yeux, s'il auoit iugement,
 Enuoy'roit-il ROVSTIN soubs le ioug d'Hymenée?
ROVSTIN d'alme beauté, des humains adorée,
Qui cherist la vertu d'vn desir excellent,
Qui sur toutes paroist cōme l'Aigle hault-volant
 Entre les oisillons d'vne trouppe effarée.
Mais, DVNES, ie m'abuse, Amour a de bons yeux,
Il a veu que ROVSTIN se mocquoit de ses feux,
 N'acceptant passageant son seruice aggreable.
Pour monstrer sa puissance il luy tire à ce coup
Vn dard frais émoulu, qui l'a blessé beaucoup.
» Ce n'est pas d'vn grand Roy qu'il faut faire vne fable.

XLVIII.

Cousinons la cousine, elle est cointe & iolie,
Elle aime à cousiner, & ne refuse rien
Au cousin cousinant, qui la cousine bien:
Car il a bouche à Cour, & la chambre garnie.
En si beau cousinage vn cousin ne s'ennuye,
Ce n'est que sucre & miel, ce n'est qu'huble entretië,
Il ne manque d'attraicts, de faueurs, de moyen,
Tant qu'il peut cousiner sa cousine s'amie.
Cousinons donc cousins vn chacun à son tour,
Cousinant à rengette on cousine en Amour,
Que chaque cousineux en cousinant s'assemble.
Mais non, nobles cousins, fuyons ce cœur paillard,
Laissons-le cousiner au cousin grand pendard:
Car au cheual Sejan la cousine ressemble.

XLIX.

Non, tu n'es point le fol entrant en ce passage,
Mais marche droictement: car tu en as besoin,
Enfile le milieu sans chercher le recoin,
Enfonce fort tes coups, & poursuy ton voyage.
Ne crains point d'aborder au port de Cocuage,
Sois en tout asseuré, i'ay de ton Amour soin,
On le void, on le sçait, i'en appelle à tesmoin
Le vieillard bigarré qui cherche son dommage.
Vy donc en esperance, & crois certainement
Que s'il se fait tousiours vn si beau remu'ment,
(Bië qu'vn fort môtaigneux trop largemët m'eser-
Que mes Amis & moy te connoissans si bon, [re.)
Te ferons honorer d'vn immortel renom,
Comme plus grand Cocu du grand rond de la terre.

L.

EN Hyuer donne-glace Amour ce grand démon
M'enflâma par les yeux d'vne humble Marguerite,
Mais ce feu s'esteignit par quelque humeur despite,
Aussi qu'en ce temps rude est la morte saison.
En Printemps porte-fleurs vne de mesme nom
(Gracieuse beauté d'adorable merite)
M'anima mõ SONAN d'vne ardeur qui m'incite
A faire flamboyer l'astre de son renom.
Renom tout immortel, comme elle est immortelle,
Tous les ans sa beauté plaisamment renouuelle,
Et alors toute chose aggreablement croist.
Aussi est-ce pourquoy mon affection pure
J'augmente incessammét: car mõ Amour m'asseure.
,, Bien-heureux qui tousiours de plus en plus paroist.

Cartel enuoyé aux ennemis de Bouteuille par des Capitaines mes compagnons & moy.

LI.

VOus autres qui viuez pleins de delicatesse,
Fauorits de Cerés & de Cypre aux beaux yeux,
Et du ieune esbarbé, qui trop delicieux
Esgare vostre sens par sa fumeuse oppresse;
Encor' que nous soyons sans faueur, sans Maistresse,
Que n'ayós côme vous ces doulx presens des Cieux,
Nous vous mandons pourtant par ces vers glorieux
Que veniez contre nous monstrer vostre prouësse.
Nous sommes six soldats au seruice du Roy
Qui vous irons trouuer nous donnant vostre foy,
Pour vous combatre hardis auec espée & cappe.
Six de vous soyët donc prests pour acquerir honneur.
,, C'est tousiours au danger que reluist la valeur,
,, Mais il est bien-heureux qui de nos mains eschappe.

LII.

I'Estime mal-heureux & trois fois miserable
Qui ne reuere Amour enfant Cytherien:
　Car il est nostre pere autheur de nostre bien,
　Rien n'est au prix de luy doulcement aggreable.
Il est gay & gaillard, plaisant & accostable,
　Tout rid par où il passe, & ne redoubte rien;
　Bref tout luy est subiect: car aussi tout est sien,
Faut-il pas honorer son seigneur honorable?
Ne suy dõc (CAMPAGNOT) mire toy sur Narsis,
　Imite les sentiers du preux fils de Thetis,
　Amour guide noz cœurs aux dangereux allarmes.
Et faut connoistre encor les soldats inconneus:
　Car par luy bien souuent Mars embrasse Venus.
,, Tout homme valleureux doit dõc aimer les Dames.

LIII.

CEpendant que tu vis heureux en ton mesnage,
　Mignardant, caressant & baisottant tousiours
　En mille & mille endroits tes fideles Amours,
　Qui t'ont tenu long temps en douloureux seruage,
Nous tenons assiegez les mutins de Broüage,
　Qui nous trauaillẽt fort soit de nuicts, soit de iours,
　Mais auec la faueur de Neptune au long cours
Nous dompterõs l'orgueil de leur haultain courage.
De mesme que l'on void vn vent audacieux
　Se perdre en vn instant; aussi ces furieux
　Iront soudain par nous au cours de l'onde noire.
Si n'est vray; de cela nous auons reconfort,
　Fussions nous, BELLE-VILLE, estouffez de la mort:
,, Car mourant au combat on acquiert de la gloire.

LIIII.

IE trouue Cupidon gonflé de sapience
A l'heure qu'il ne veult consentir au combat.
„ Plus vn cœur est superbe, & tant moins il s'abbat,
„ Rien ne fait vaincre Amour que la vierge constāce.
Quand de quelque beauté l'on a la ioüyssance,
   C'est lors que la plus-part en fait fort peu d'estat,
   Ce qui estoit gentil est lors estimé fat.
„ Moins nous tenōs vn bien, plus chere est sa presence.
Il a doncques raison d'vser de cruauté,
   Puis que son fier mespris conserue sa beauté,
   Et que sa doulceur doulce esteinct sa belle flame.
Le desdain toutesfois change Amour en discort,
   Ainsi qui le fait viure est cause de sa mort,
   C'est pourquoy (PIEDELEV) ie redoute ma Dame.

LV.

SVr toutes les couleurs ie hay le iaune paille,
  C'est vn iaune defaict, c'est vn iaune bastard,
  Son tainct est verolé, foireux, blesme, blafard,
Il tache au premier vent, ce n'est chose qui vaille.
Oncques le grand guerrier ne le porte en bataille,
  En faueurs, en habits, ou en son Estendard,
  Qui incarnalisé d'vn homicide dard
Ne reuienne sentant la triste funeraille.
Iaune deshonoré, marque de trahison,
  Va vilain, va, fuy t'en, n'approche ma maison,
  Cours, infidele, cours vers l'Amour iournaliere.
Mes Amis, n'aimez point ceste infame couleur,
  Car on vous iugeroit estre de son humeur;
  Mais sages comme moy faictes en la lictiere.

LVI.

ON m'a dit qu'à la Cour le iaune est mal-heureux,
 Parce que l'on en faict iour & nuict la listiere,
 Il est foulé à iun & apres bonne chere,
On le saboule ainsi, mesmes aux secrets lieux.
On dict plus qu'en Guyëne vn grãd grãd Amoureux
 Par vn doux accident le veult mettre en lumiere,
 Desirant l'enrichir en diuerse maniere,
Afin que sa laideur se desguise encor mieux.
Est-il vray, mõ PIEBRAC, que ce vieil d'humeur lente
 Se iette sur le iaune y bornant son attente?
 S'il vient à se iaunir le pauure homme est gasté.
C'est vn signe mortel, ce raconte Esculape,
 Et la femme qui a la iaunisse arresté,
 Ne se sçauroit guerir qu'à grands coups de Priape.

EPIGRAMME.

IL n'y a point du iaune paille
Dans le blé doré que la paille
Dont le puant fumier se faict,
Monstrant qu'il est salle & infaict,
Ainsi ce iaune n'est qu'ordure,
Et que vilaine pourriture.

LVII.

VN procés est mary d'vne fiere querelle,
 Tous deux sõt suffisans de destruire vn seigneur,
 Et fust-il (PERICARD) souuerain en honneur,
C'est la chose du monde au monde plus bourrelle.
Mais le masle procés surpasse la femelle,
 Qu'on accorde souuent d'amiable doulceur,
 Où la Parque au combat appaise sa fureur,
Et l'autre par la mort rend l'ardeur plus mortelle.

L'aspre guerre n'est tant à craindre que les plaids,
Son desordre a de l'ordre, & non le faulx procés,
Le panache soldat fait vne grand' volée,
Euentant çà & là le moyen des Païsants,
La plume Procureuse est encor' plus aislée:
Car tousiours elle vole à la ville & aux champs.

LVIII.

VEnus mere d'Amour ardemment irritée
Voyant bouleuerser ses plus superbes lieux,
Pour r'abbatre l'orgueil du monde audacieux
Fist bastir vn mont fort où elle est arrestée.
Elle n'est plus si prompte à l'ardeur desirée,
Quiconque veult s'esbatre au ieu delicieux,
Il faut qu'il ait tousiours du metal precieux,
Qui Roy de l'vniuers enflame Cytherée:
Il est vray qu'vn Amy de l'Empereur felon,
Bien qu'il soit descouuert du celeste Apollon,
Baisant n'est pris au rhet rusé Vulcanienne.
Bien euite-il bien le tonnerre qui bruit,
Dont la Déesse habile ombre si bien son fruict,
Que son sot de mary met l'eau à la fontaine.

LIX.

IO, c'est à ce coup que la chaune Déesse
Me fait caler la voile au port tant desiré,
Où le seul Lieutenant au courage asseuré
Sent les doulces doulceurs d'vne honneste caresse.
Tandis son Colonnel perle de sa ieunesse,
Ce grand larron de cœurs, qui m'a tant honoré,
Resioüyst son beau sens au riuage esperé,
Ainsi les deux vnis sont au mont d'allegresse.
Paradis terrien! mon ame est en tout lieu,
Au ciel de voz beautez dignes d'vn mesme Dieu,
Beautez qui n'iröt point dessoubs l'ombreuse lame.

Mais ajourne Titan, détele tes coursiers,
  Ie veux voir de mes yeux le seiour de mon ame,
  Où s'allume l'ardeur de tes braues Lauriers.

LX.

DE DVRBOIS ie ne veux descrire la vaillãce
  De tant de grãds guerriers par la France cõnus,
  Encore moins ceux-là qui sont entretenus
  Par faueur auiourd'huy dont tu as connoissance.
Il me plaist seulement de monstrer à la France
  Que tu es vn Mauors en superbes vertus,
  Et que tu as rendu ses ennemis confus,
  Qui n'ont sceu resister à ta digne defence.
Tes coups en sont tesmoings, & ce braue guerrier
  La CHASTRE ton support, courõné de Laurier,
  Et mille honnestes gens qui le sçauent encore.
Nouueaux freres d'Achille aux affaires de Mars,
  La Déesse raison veult donc que l'on t'honore:
,, Car la gloire demeure au milieu des hazards.

Sonnet à mon Maistre de camp, qui fust blessé allant inuestir la Mure.

LXI.

ALors que LIVARROT d'vn bras victorieux
  Fouldroyoit les plus forts ennemis de la France,
  Combatant pour son Roy d'inuincible vaillance,
  Atourna son renom iusques dedans les Cieux,
Ce grand Dieu porte-fer de sa gloire enuieux
  Le voyant triompher d'vne telle asseurance,
  Tira de son beau sang par le coup d'vne lance,
  Esperant l'amortir en ce choc furieux.

Mais ce nouuel Achille auec sa bonne espée
  Bouillonnante & fumeuse empourprément trempée
Fist abbaisser l'orgueil du superbe guerrier.
Hà! celuy dist lors Mars en batant sa poitrine,
  Que n'estois-tu content d'auoir pris ma Cyprine,
  Sans m'oster à ce coup mon [chap]eau de Laurier?

ELEGIE.

Velle extresme sotise en ce regne où nous sômes!
  (Sottise qui ne vient seulement que des hômes)
  Ils ne trouuët estrange & prennët à tous coups
Des femmes qui ont eu plusieurs sortes d'espoux,
Deux,trois,quatre,cinq,six,dôt quelque laide,ou belle
A eu chaque mary diuers ans auec elle,
De qui le naturel estoit luxurieux,
Ioüant (SAINCTE COVLOMBE) au jeu delicieux,
Et ne voudroit pour rië(tant ce grand môde est beste)
Prendre femme ayant eu vn seul Amy honneste,
Dont on void qu'en cela leur superstition
N'est rien, rien seulement, que folle opinion,
Puis que toute leur crainte est d'espouser la femme,
Qui doulce aura iouy de l'Amoureuse flame,
Et qui n'en prennent point d'autres le plus souuent.
Ils me pourront peut estre ores mettre en auant,
Que c'est par mariage & non point à cachette,
Elles ont tousiours faict la gaillarde chosette,
Le seul principal poinct du desir violent,
Qui leur mine l'esprit en Amour aueuglant,
Penseroyent-ils qu'Hymen eust ceste vertu telle,
Qu'ayant faict vne femme il la refist pucelle?
Pour leur plaire i'aduoüe vne fidelité
  (Qui en l'vne & en l'autre a bien possible esté)

Dont hommes vous trompez, & si vostre Hymenée,
De qui vous affeublez, n'a tousiours beauté née,
Ostez luy les couleurs dont vous le peinturez,
Voyez-le au naturel, laid vous le trouuerez,
Il ressemble au chasteau d'apparence aggreable,
Qui dedans n'est sinon qu'vne prison fuyable,
Que ses liens soyent d'or, mais c'est captiuité,
Et mon naïf Amour est gros de liberté,
Sans qui toutes doulceurs sont pleines d'amertumes.
Changez dócques d'humeurs, reformez voz coustumes,
Et si vous mariez ne vous estimez plus
Que vos bans compagnons honorables coquus
Que i'aime de bon cœur, volontiers ie les hante:
Car rien que gens d'honneur iamais ie ne frequente.
La femme plus habile au beau mestier d'Amours
Aime mieux le galand qui l'a mieux faict tousiours,
Sçachant bien que l'vsage en ceste mignottise
Inuente attrayemment quelque autre mignardise;
C'est pourquoy ie l'admire, estant de son humeur,
En desirant comme elle addoulcir la doulceur,
Et par la nouueauté d'vne bonne viande
La rendre en l'accoustrant meilleurement friande;
Tu en feras de mesme, ou ta complexion,
Mon gentil COLOMBET, ma chere affection,
Est depuis nostre à Dieu muablement changeante;
Mais non, ie croy que non : car ton ame est constante.

LXII.

NE vous fiez iamais au reconcilié,
Ialoux de vostre honneur & d'ingrate nature,
Quelque accort qu'il y ait, quelque chose qu'il iure,
Ne vous asseurez point en son cœur palié.

L'Amour de telles gens s'appelle inimitié,
  (Hayne qui apparoist sur toute rancueur dure)
  Parce que déguisée elle-est tousiours obscure.
,, La trahison de nuict a plus de mauuaistié.
Qui frappe par aguets sourdement par derriere
  Fait d'imparables coups & de si triste biere,
  Nul (tant soit grand) ne peut en tirer la raison.
Tel attrappe par fard, mesme estant coyon riche,
  S'il t'a failly par arme euite sa poison:
  Car qui fait bien vn pain, il fait bien vne miche.

Aux Poëtes.

LXIII.

IE ne m'esbahis pas s'on vous appelle fous,
Hé! quoy? n'estes vous point comme enflez de follie,
  Lors que vous honorez par docte Poësie
  Des Messieurs Courtisans qui mesdisent de vous?
Mais comme sans raison vn faulx mary ialoux
  Mal-traicte sa moitié chastement accomplie;
  Ainsi ces ignorans gonflez de laide enuie
  Mesprisent vos labeurs honorablement doulx.
Encores les void-on au front de voz ouurages,
  Poëtes aueuglez que vous estes peu sages,
  Mendians la faueur qui fainctement vous rid.
Escriuez aux vaillans d'ames doctement belles,
  Et laissez là ces fols, s'ils auoyent de l'esprit
  Ils ne blasmeroyent pas vos graces immortelles.

LXIIII.

QVe ie m'abusoy bien en mon affliction
  De chercher des amis en terre si sauuage,
  Où les Loups affamez exercent leur carnage:
  Car ce ne sont que bois d'estrange vision.

Que deserts sablonneux, qui n'amenent rien bon,
La source du NEANT en porte tesmoignage,
Qu'vn homme bien nourry quiere autre païsage:
Car de l'aliment vient la disposition.
C'est vn païs si laid, si rude, si terrible,
Qu'vn diable mal-content le trouueroit horrible,
C'est c'est le propre exil d'vn excommunié,
D'vn barbare estranger ennuyé de sa vie,
D'vn hōme chiē, sans Dieu qui n'a point d'amitié,
Indigne de noz yeux, mon cher Amy la FVYE.

LXV.

LE sage marinier sauué du flot mutin
Est bien aise d'ancrer à bon port son nauire,
Et lassé de trauaux content il se retire,
N'apportāt quelquesfois que l'honneur pour butin.
I'ay voulu faire ainsi (DES TOVSCHES cher voisin)
Imitant ta vertu que la vertu desire,
En Beausse habitué soulageant mon martire
Par vn libre vœu sainct, où ton cœur est enclin.
Ton humeur & la mienne ont de la sympathie,
Tu es franc, tu es bon, plein d'humble courtoisie,
Mais (à mō grād regret) nous differons d'vn point
(Non que mon ame en soit d'aspre enuie entachée)
Tu es pecunieux, & ie ne le suis point:
Car quād i'ay de l'argent i'en fay soudain ionchée.

LXVI.

I'Ay en mon infortune vn bon-heur desirable,
C'est d'estre retiré pres de toy, mon VIEFVY
Qui fus dés tō Printemps du braue honneur suyuy
Portāt du grand BRISSAC l'enseigne incōparable.
Quand

Quand i'ay eu du desastre, alors plus secourable
  Ton cœur, à qui ie suis, m'a dignement seruy,
  Ton parler, dont l'Amour est doulcement rauy,
  Console ainsi mon dueil le rendant tolerable.
Bref la parfection de la pure amitié
  Est en toy, qui n'es point fardement palié,
  (Rare present diuin en ce temps infidele)
Où le fainct corrompu est le plus auancé,
  Si seras-tu vn iour bien mieux recompensé,
  Acquerant par mes vers vne gloire immortelle.

LXVII.

IE prise de Marot le chef-d'œuure chanté
En la Muse Françoise ores plus acomplie,
  Ie prise de Ronsard la science hardie,
  Et du Plessis Prenost la docte grauité.
Ie prise de Bellay la grand' facilité,
  Qui si sçauamment flue en parfaicte harmonie,
  Du fouldroyant Iodelle vne braue furie,
  Et du profond Belleau la gracieuseté.
Ie prise de Bartas vne Vranie heureuse,
  De Des Portes l'ardeur doulcement Amoureuse,
  Garnier que Melpomene appelle son mignon,
BARTAVLT, SONAN, BILLARD d'ames toutes gentilles,
  Ie prise ces sçauans tant prisez des neuf Filles,
  N'oubliant Rabelais, qui est sans compagnon.

Sonnets en Galimatias.

LXVIII.

IE chante les beautez d'ineffable vertu,
Pour adorer la Dame honneur du Gonophage,
  Qui comme Calispue au Prin-temps de son âge,
  Mesprise les abbois du Dogue Tri-testu,

V

Ie veux, ne puis-ie pas sans estre combatu
  Par l'oultrageux Démon de ce grand heritage,
  Cherir, aimer, seruir ceste tulpante image,
En despit des coursiers du superbe abbatu?
Le Ciel au large sein, Iupiter darde-fouldre
  Puisse rompre, briser, froisser mes os en pouldre,
  Si mō beau cœur vainqueur loge en quelque autre
I'ay dit, il se fera, compagnon d'Alithie,   (lieu.
  Nouueau Lysipien au cristal d'Ægerie,
  Ie fay solidement la deité d'vn Dieu.

LXIX.

Deux Cheualiers Flamās de Bretagne la grāde
M'ont pris auant que d'estre où ie ne fus iamais,
La guerre y est cruelle, il est vray que la paix
  (I'en croy feu mon compere) en tout temps y com-
L'aueugle y apperçoit l'inuisible friande,   (mande.
  Qui a les reins rompus, qui porte bien le faix,
  Qui est chauue du tout, qui a le poil espais,
  Qui ne veult estre ouye, & qui veult qu'on l'enten-
Son seruiteur personne est gouteux, fort dispos, (de.
  Gentil-homme, vilain, grand, petit, menu, gros,
  C'est vn perclus, manchot, excellent couppe-bource.
Il n'est point paresseux, il se leue à midy,
  Le Ciel est son ayeul, il en reuinst Ieudy,
  Il fist, ce fera mō: car pourquoy? sainct Iean pource.

Rime ronflante à gros grain.

Qvi croira aux vertus de l'ancien prouerbe,
Le grand Monarque doit faire raser sa barbe,
S'il perd sa lance ayant la ioyeuse bouteille,
En coutelassant mieux il gaigne la bataille.

Sonnet en authentique langage soudardant.
LXX.

N'Accipe du Marpault la Galiere pourrie,
Griuolant porte-flambe enfile le trimart,
Mais en deſpit de gille, ô Geux, ton Girouart,
A la metté on lura ta biotte conie.
Tu peux gourd piailler me credant & morſie,
De Lornion du Morme: & de l'oygnan criart,
De l'Arthois blanchemin que ton riflant chouart
Ne riue du courrier l'andrimelle gaudie.
Ne ronce point du ſabre au mion du taudis,
Qui n'aille au Goulfarault, Gergonnant de teſis
Que ſon iournal oſtus n'empoupe ta fouillouſe.
N'embiant on rouillarde, & de noir roupillant,
Sur la gourde fretille, & ſur le gourd volant,
Ainſi tu ne luras l'accolante tortouſe.

Sonnet en langue inconnue.
LXXI.

CErdis zerom deronty toulpinye,
Purois harlins linor oriſieux,
Tictic falo mien eſtolieux,
Leulſiditous lafar relonglotye.
Gereſeluz tourdom redaßinye,
Eruidion tecar doludrieux,
Geſdoliou nerſet bacincieux,
Arlas deſtol oſart luraſirie.
Taſt derurly taſt qu'en derontrian,
Taſt deportultaſt fal minadian,
Taſt taſt cauſus renula dulpiſſoueſtre,
Ladimirail reledra furuioux,
C'eſt mon ſecret ma Mignonne aux yeux doulx,
Qu'autre que toy ne ſçauroit reconnoiſtre.

Vers sententieux non rimez.

SEl semad ed truoc enqleuq ertau rocné,
Tois enud elliu groub vo egaliu,
Va ertouf el riselp nud l'erutan sert Xoud,
Te sulp ruop Vcel no eruuo el uc.

LXXII.

TErme, le but d'honneur: vne gloire accomplie
Ne vient pas seulement des assaults glorieux,
Mais d'estre comme toy affable & gracieux,
,, Le desdain est contraire à la gloire infinie.
Ton nepueu BELLE-GARDE Amoureux de ma vie,
Qui parle par ma bouche, & qui void par mes
yeux,
Mon Alcide estimé le chef-d'œuure des Dieux
Comme toy reluist humble & plein de courtoisie.
Il faut estre superbe au combat seulement,
(Encore est-ce à la chaude) & humain autrement,
Ainsi d'vn triple rond Cesar orna sa teste.
Cent millions de cœurs s'acquierent par doulceur,
Vn monde d'ennemis pullulent par rigueur.
,, Plus on est grand, & plus il faut paroistre honneste

LXXIII.

QVand ie prenoy congé de ma Muse guerriere
A cause des Cahos du temps pernicieux,
Qui viole l'honneur de ses plus sacrez lieux,
Et qui défranchisant la retient prisonniere.
Ie te vey par hazard éloquent RIVAVLDIER
Ie reconnu soudain ton sens ingenieux,
Ie t'appellé larron de cœurs victorieux,
Comme VIEFVY ton oncle où la gloire est entiere

Sans le neud gordien de mon serment promis
   I'escriroy dy-ie alors de mes voisins Amis,
   Ie feroy l'vn Nestor, ie feroy l'autre Achille.
Mon Hercule FRANÇOIS paroistroit hardiment,
   Mais ie m'abuseroy en ton ame subtile,
   Indicible est l'honneur du diuin iugement.

CHANSON.

VII.

A La Cour vne humble Dame
   Admirant mon doulx escrit
   Me dist, Que ie sois ton ame,
   Et tu seras mon esprit.
Ie veux paroistre alliée
   Auec toy de mesme nom,
   Pour estre mieux publiée
   D'vn honorable renom.
Puis qu'humain vient du nom d'homme
   Comme humains (luy dy-ie alors)
   Cherchons des noms qu'on renomme
   Plus delicieux au corps.
Nous trouuasmes l'alliance
   Sur vn lict incontinent,
   Elle fust ma contenance,
   Et ie fus son Con tenant.

LXXIIII.

COusin, il n'est Poëte, & le veult faire accroire
   Biē qu'il sçache du Grec en son corps defendant,
   Qu'il crache quolibets en Latin pretendant,
   Qu'il able mots dorez, qu'il entende l'histoire,

V iij

Qu'vne Majesté mesme estime plus sa gloire
 (L'aueugle opinion renomme vn Petit Grand)
 Mais tel qui ne sçait rien n'est pas tant ignorant,
 Quand de Nature il va dedans Pegase boire.
Si tous qui parlent Grec & qui parlent Latin
 Sçauoyent (mon cher PLESSIS) le sçauoir Paladin,
 L'honneur seroit honteux, & le Laurier l'Ortie.
Car vn monde pedant, mechanique, coyon,
 Sçait Maro, sçait Homere, & non la Poësie,
 Qu'on apprend sans estude inspiré de CLION.

LXXV.

Bien que mon flambant iour, image de la vie,
 N'aye eu l'heur d'estre veu du vostre alme Apol-
 Ne soyez esbahy, Pierien surjon,   (lon,
 Si ore infortuné il luy en prend enuie.
Le douloureux attainct d'ardente maladie
 Requiert le Medecin au bruit de son renom,
 Le soldat furieux pressé du dieu felon
 Se renge au corps-de-garde où l'on se fortifie.
Toy doncques, rendez-vous de la blanche vertu,
 Qui ne crains les abbois du monstre tri-testu,
 Ie te supply' QVELVS de m'estre fauorable.
Dy à ton Roy mon Roy le Prince de valleur,
 Qu'il me tienne parole honorant mon honneur,
 Et lors vn Paladin te sera redeuable.

AV ROY.
LXXVI.

Pardonnez à l'orgueil de ma Muse qui ose
 Saluër la grandeur de vostre majesté,
 Dont la grace diuine a sans cesse escouté
 L'honorable vertu Soleil de toute chose.

Mais puis qu'on ne fait cas de mon Placet en prose
Requerant mes estats pour ma necessité,
Sçachant que les beaux vers ont plus d'authorité
Ie le vous offre en vers Aduocats de ma cause.
VOVS PLAISE *donc, mon* ROY*, que i'ay tous-*
iours suyuy,
Me faire ore payer de ce que i'ay seruy,
Sans que vostre Conseil negligente ma peine.
SIRE, *vous me pouuez sur tous glorifier.*
„ *Celuy qui a planté le verdoyant Laurier*
„ *Merite au moins d'auoir quelquesfois de sa graine.*

TOMBEAVX DE MES AMIS.

Sonnet sur le trespas de Monsieur d'Estrées grand Maistre de l'artillerie.

LXXVII.

ESTRE'ES ne requiert Lysippe, Apelle, Homere,
Pour engrauer, despeindre, ajourner haultement
La grandeur, la beauté, le bon entendement,
De son cœur, de son corps, & de son ame entiere,
Qui s'apparust si braue, aimable, Iusticiere,
Sans fiction, sans fard, & sans déguisement,
Que l'honneur, que l'Amour, que Dieu du firma-
L'admira, l'adora, luy monstra sa lumiere. (ment
Si bien que ce guerrier (Aigle des preux François)
A seruy fortuné loyalement six Roys,
Dont le feu glorieux iusques au Ciel s'allume.
Ce passe-Phaëton dompta les fouldroyans,
Sa race illustre aussi solleille de tout temps,
Il ne luy faut donc point burin, pinceau, ni plume.

Sur la mort de monsieur de Gohas, qui fust tué deuant la Rochelle estant Maistre de camp.

LXXVIII.

Qvand i'auroy emprunté la trompete d'Homere,
Pour publier l'honneur des faicts audacieux
De l'vnique GOHAS chef-d'œuure glorieux,
Ie ne pourroy assez ajourner sa lumiere.

Onc le fils de Pelée espris d'ardeur guerriere
 Ne terrassa si bien d'vn bras victorieux
 Les superbes Troyens au cœur ambitieux,
 Qu'il a faict l'ennemy de France nostre mere.
Dieux quel fouldroyât fouldre au milieu des combats!
 L'estranger redoubté a tremblé soubs ses pas,
 Chacun l'a recôneu le cher cœur de Bellonne.
Sa vie a tesmoigné sa magnanimité,
 Voire mesme sa mort dont l'immortalité
 Oblige à son beau sang la Roydle Couronne.

Sur la mort de monsieur du Gas, maistre de camp des Gardes du Roy.

LXXIX.

Svs Cypris, baigne toy aux ruisseaux de tes larmes,
 Et languis desolée en eternel soucy,
 Le GAS ton cher enfant est tout palle & trancy,
 Englace maintenant tes Amoureuses flames.
Et toy Mars Dieu guerrier r'emmeine tes gês d'armes,
 Enfonce ton harnois, & t'enfuys loing d'icy,
 Pauure que ferois-tu? tu serois tout ainsi
 Qu'vne Remberge en mer sâs voiles & sans rames.
Or puis que France perd par vn traistre destin
 L'honneur du verd Laurier & du Mirthe diuin,
 Dames & vous soldats honorez sa memoire.
Grauez profondement dessus ce grand tombeau,
 Afin qu'à l'aduenir on remarque sa gloire,
 CY GIST VN SECOND MARS, ET VN AMOVR NOVVEAV.

V v

Pour le mesme.
LXXX.

Yde toy maintenant de ton aisle courriere,
Et va viste venger la salle trahison,
Qui a meurtry le GAS gloire de ta maison,
Qui seruoit icy bas d'vne belle lumiere.
Appelle à ton secours le mignon de ta mere,
C'est luy qui furieux t'en fera la raison:
Car Mauors l'admiroit, & en toute saison
Luy seruoit de second à l'emprise guerriere.
Dieu fay que ce coüard ne meure impunément,
Qu'il viue de sa chair, puis qu'il soit l'aliment
Du croüassant Corbeau abominable augure.
Que sa posterité, son parent, son Amy,
Soit pauure, soit errant, soit tué endormy,
Et soyent priuez encor de doulce sepulture.

Sur le trespas de Monsieur de Sarrieu, qui fust Maistre de camp du plus vieil Regiment en garnison en Picardie.
LXXXI.

Ayez en souuenir, iuste race future,
Le digne SARRIEV en qui l'innoble peur
N'a iamais englacé le beau sang de son cœur,
Se monstrât prompt sans cesse à la chaude aduëtu-
Il parust si humain, de si bonne nature,   (re.
Que mesme l'ennemy honoroit son honneur,
Il fust grand Capitaine, audacieux, vainqueur,
Et paruint hazardeux auecque peine dure.
Il a passé trente ans aux pays estrangers,
Seruant tousiours son Prince entre mille dangers,
Sans auoir nulle playe, oultrage de la vie.

Memoire, escoute moy, renomme à noz nepueux
L'habile SARRIEV, l'heureux des plus heureux,
Estant mort immortel plein d'ans en sa patrie.

Pour le mesme.

APres auoir long temps d'vn courage asseuré
Repoussé les fureurs de l'ennemy de France,
Ce passe-Mars, à qui Mars n'a sceu faire offence,
S'en est allé content dans le Ciel azuré;
Que pleust à l'Eternel que qui veult guerrier viure
Peust du preux SARRIEV la bône trace ensuyure.

Sur le trespas de monsieur de Ponsonas, Capitaine d'vne compagnie des Gardes du Roy, qui fust tué deuant Broüage.

LXXXII.

IL a eu bien-heureux la fortune accomplie,
Luy qui fust gracieux, gentillement humain,
Sans fard, sans trahison, sans orgueil, sans dedain,
D'vn cœur, d'vn sens, d'vne ame entier, prompt, & (hardie,
Il a vescu ainsi; est-il plus noble vie?
Et mourut courageux, les armes à la main,
Est-il plus belle mort? est-il plus beau dessain,
Qu'achepter par son sang vne gloire infinie?
PONSONAS qui auoit dés ses ans printaniers
Entre mille soldats desireux des Lauriers
Renouuellé les faicts de l'indontable Achille,
Et couru hazardeux le pays marinier;
C'est donc le Ciel aimant ce Gentil-homme habile
Qui le priue aux mortels pour le deifier.

Y vj

Pour le mesme Ponsonas.

Race de Mars (puissant Dieu de la guerre)
Preux Daulphinois en vantant voz combats
Parlez parlez du brave PONSONAS,
Comme l'honneur de toute vostre terre.

Sur la mort de Monsieur de Cholet, qui fust tué deuant Broüage.

LXXXII.

Estant en son Prin-temps, en l'Auril de son âge
Ce braue adolescent, ce ieune enfant de Mars,
Hardy, victorieux, au milieu des soldars
Mirant, frappant, bruslant, d'œil, de main, de cou-
D'vn esprit admiré, d'vn aimable visage, (rage,
Si doctement actif, si beau en toutes pars,
Apres auoir passé cent millions d'hazards,
Et vogué longuement sur l'estrange riuage.
Alors qu'il combatoit d'vn bras victorieux,
Sans peur il fust tué d'vn plomb audacieux,
Qui traistremēt toucha l'hōneur blond de sa teste.
Le sort luy fust trop fier, & s'abuse cruel,
Puis qu'estant mort ainsi on le dict immortel:
„ Car de la digne mort vient l'honorable queste.

Complainête sur la mort de Loys Doffignée, mon intime compagnon, sieur du Ronchoy, qui fust tué malencontreusement en Brouage.

HA! quel grand coup du Ciel reçoy-ie estrangement?
En est-il vn, ô Dieux, qui soit si vehement?
Aussi pour la douleur qui tristement m'allume,
Ie ne veux ore escrire ainsi que i'ay coustume,
Mon beau poignard guerrier seruira de burin
Pour engrauer l'orgueil d'un si triste destin,
Qui priue les mortels en l'Auril de son âge
D'vne perfection mon Amour, mon courage,
Puis la douleur sera le cuiure ou le metal:
Car il n'est rien si dur que ce tragique mal.
S'il estoit besoing d'encre, hà! la melancholie
De mes yeux noirs de pleurs, où se baigne ma vie,
N'en donnera que trop, & pour ne rien tacher,
Le vent de mes souspirs la fera tost seicher.
Sus doncques, mes Amis, voycy l'heure venue
Qu'il faut nous assembler d'vne façon connue,
Pour plaindre les rigueurs de l'implacable sort,
Qui mal-heureusement a mis RONCHOY à mort,
La mort du preux RONCHOY, perle vnique du môde,
Où la grace habitoit, l'honneur, & la faconde,
Il estoit amiable, & remply de vertu,
Gracieux, humble, beau, d'honnesteté vestu,
Quinze ans ne l'ajournoyêt, quâd d'vne belle audace
Il cercha les combats où la gloire s'amasse,
I'en puis plus que tout autre asseurément parler,
Aussi plus que tout autre on m'en void affoler

D'auoir perdu ainsi, misere miserable,
Mon tref-cher compagnon, tref-franc, tref-secourable,
Qui m'aimoit plus que luy, & que i'aimoy aussi
Mille fois plus que moy desolement trancy.
Helas! depuis sept ans sans aucune querelle
Nous viuions doulcement d'vne Amour mutuelle,
Logeans tousiours ensemble, ô belle affection!
Ce n'estoit de nous deux qu'vne ferme vnion,
Soit de loing soit de pres il estoit vn moy-mesme,
Soit de loing soit de pres i'estoy aussi luy-mesme,
C'estoit vn passe-frere, hà! chetif suis-ie pas
Au mont infortuné par ce triste trespas?
Ie ne sçauroy plus viure, hé! comment doy-ie faire?
Ie suis ore accablé en extresme misere,
Non, ie ne veux plus estre, ô dieux, i'ay tout perdu,
Mais au moins que mon dueil soit par tout entendu,
Apprenez les fureurs de ma cruelle attainte,
Dieux, faictes tant pour moy que ceste Amour non (faincte
Ne perisse iamais; ains d'vn œil gracieux
Se voye incessamment iusques dedans voz cieux.
Iuste Posterité, ie veux que tu connoisse
Apres mille ans passez ma rigoureuse angoisse,
Que tu maudisse encor le desastre importun
Du RONCHOY, de LASPRHISE, amis qui n'estoyent (qu'vn,
Benissant à iamais le ieune Dossignée,
Où la blanche vertu estoit toute enseignée,
Que i'ay veu de mes yeux au milieu des hazars
Obeyr, commander, comme vn enfant de Mars,
Que i'ay veu de mes yeux brauant Dame Fortune,
Obeyr, commander, comme fils de Neptune.
Douze mois sont passez au riuage estranger,
Qu'alors que l'ennemy nous vouloit oultrager
Il sembloit au tonnerre enflé de brauerie,

Puis apres la fureur vne aggreable pluye;
Ie l'ay veu quereller, chaudement terrasser
Le superbe ennemy, puis le menoit penser:
Car il estoit benin, d'amiable nature,
Il n'estoit point mutin, iamais ne fist iniure;
Oncques plus vaillamment le fils de Iupiter
Contre le fier dragon ne se veid irriter,
Ni contre l'oncle encor d'Andromede sa femme,
Comme se defendoit ce genereux Gend'arme;
Il estoit plein d'Amour, plein d'honneur, plein de foy,
Et soustenoit l'Amy sans demander pourquoy,
Encores qu'il fust mort, ou en loingtaine absence,
Sur tout il aimoit Dieu, & pur en conscience,
Prompt à faire plaisir, & tard à requerir;
Bref il sçauoit bien viure, & sçauoit bien mourir.
Làs! si n'est-il pas mort d'vne mort souhaitable,
Miserable regret qui fierement m'accable!
Le destin vouloit donc qu'vn belistre Alemant
Tuast sans y penser si mal-heureusement
Mon plus cher compagnon, ame de ma belle ame,
Lors qu'il menoit la Garde; hà! chetif ie me pasme.
Que vous auez grād tort, vous chefs des chefs vaillās,
De vouloir ou permettre en voz beaux Regiments
D'auoir en temps paisible vne pauure canaille,
Qui plus que la mort mesme abhorre la bataille.
Chacun y est receu, & tel aucunesfois
Plus propre à bousiller qu'à porter le harnois,
Cil qui pense gaigner ainsi se perd luy-mesme,
Et donne à ses amis vne douleur extresme.
Ce fier desastre double emblemist vostre honneur,
Et la mort du meurtrier n'amortist le mal-heur.
Que me sert le gibet de ce vilain yurongne,
Qui estoit (comme on dict) encore si bisongne?

C'eſt vn contentement, toutesfois ce n'eſt rien
Au prix de mon Amy comme moy-meſme mien,
Qui eſt mort quand le ſort ſembloit luy vouloir rire.
,, Quand nous penſons biē eſtre, alors viēt le martyre,
,, Tel ores s'eſiouyſt, qui chetif ne ſçait pas
,, Que la mort quand & quand luy talonne les pas,
,, Et qu'en marchāt il va deſſoubs l'ombreuſe tombe,
,, La mort en trahiſon plus ſouuent en ſuccombe.
Qui l'a peinte ſans yeux il eſtoit aueuglé,
Ou portoit dans ſa teſte vn eſprit affolé:
Car ordinairement elle prend la perſonne
Où la nette vertu du tout s'affectionne;
Mais maugré ſes fureurs la doulceur de mes vers
Fera viure RONCHOY au rond de l'Vniuers,
Ce LOVYS D'OFFIGNE'E, Amoureux de ma vie,
Et le rare ornement de toute Normandie;
Mais pour qu'il ſoit conneu eternellement beau,
France ma mere il faut luy faire vn grand tombeau.
Ie veux qu'il ſoit deſſus vne Olympique roche,
Malaiſée à grauir qu'vn vulgaire n'approche,
Au hault d'vne colonne, où ſeront deux Lauriers,
Teſmoignage certain des illuſtres guerriers,
Chacun de ſon coſté en ſuperbe apparence;
Mais à fin que l'on aye encor plus d'aſſeurance
De ſa noble vertu excellente en tout lieu,
Ceſte riche colonne aura ſur le milieu
Vn bouclier à l'antique, où en lettres dorées
Seront profondément ces ſentences ſacrées:
,,LA GLOIRE EST LE GVERDON DE
 L'HOMME GENEREVX,
,,LE MAL-HEVR HONORE' EST VN
 DESASTRE HEVREVX.
Et d'autant que mō dueil veult eſtre veu ſans ceſſe

(Ennuy qui est confus par son estrange oppresse)
En signe de douleur ie ne veux plus chanter,
(Ie me licence Amour) ie ne veux plus chanter
Que le desert sauuage, & toute place fiere,
Ie coniure le ciel d'exaucer ma priere,
Au nom de l'Eternel Pere de l'Vniuers,
Qu'au troisiesme de May, iour traistrement peruers,
Phebus ne s'apparoisse, ou bien que la tempeste
Plus furieusement menace nostre teste;
Ce mois pour son verd gay soit noir emply de dueil,
D'iniure, de procés, de dommages, d'orgueil;
Qu'au lieu du Rossignol en ce temps là l'on oye
Cocu, Hibou, Corbeau, la Choüette, & l'Orfroye;
Que tous arbres ce iour soyent dolemment meurtriers,
Ressemblans au Cyprés, au Bouys & Meuriers;
Que le parlant cristal du ruisseau delectable
Soit troublé, soit souillé, du tout abhominable;
Qu'au lieu d'herbe ioyeuse on ne trouue au iardin
Que Febues & Ongnons, que de l'Ache & du Lin;
Que les poissons volans soyent dans les domiciles,
Et les autres aussi, que les bestes reptiles
Grosses d'vn ord venin tallonnent les passans;
La fiere mouche guespe éguillonne les gens;
Que le chien toute nuict aille abboyant encore;
Que Notus s'ensanglante, & que chacun déplore
Maudissant l'an, le mois, le iour, l'heure & le poinct
Où le seul fust occis, que l'on ne face point
De nopces, de banquets, ni de resiouyssance;
Que les sorciers ce iour bougonnent toute essence,
Et quiconque y naistra qu'il trespasse soudain,
Ou qu'il soit monstrueux, ou barbare inhumain;
Qui voudra voir beau temps perde viste la veüe,
Qui voudra viure gay desesperé se tue,

Qui se pourmenera qu'il s'en aille en prison,
Et qui voudra repaistre aualle vne poison.
La terre où il mourut soit maintenant deserte,
Qu'elle soit ores prise, & ores recouuerte,
Que les vaisseaux ventrus, qui voudront l'aborder,
Naufragent promptement, qui la voudra garder
Connoisse incontinent la hideuse famine,
Tant que l'on s'entre-mange, & que l'on se ruine,
Que Mars de pere en fils s'y monstre audacieux,
Et que chacun soit là l'un à l'autre odieux.
La ville où fust sa mort de brigans soit douée,
Ou que Broüage en peu deuienne vne broüée;
Que le temple d'Hyers, où sont ses dignes os,
Ne soit pourtant pollu, l'ombre y soit a repos,
Et que le monde plaigne & doubte d'âge en âge
Le iour iniurieux qu'aduinst ce fier oultrage,
Par qui ie suis chetif tristement langoureux
Dans le lict de la mort secours des mal-heureux,
Qui fait certainement que ie ne la desire:
Car ie ne veux point estre hors de cruel martyre.
Dieux que ie puisse donc viure eternellement,
Pour de siecle en siecle estre en infiny tourment,
Non, non, ie ne veux plus receuoir aucune aise,
Non, ie ne veux point, non, que ma fureur s'appaise,
Accourez donc à moy tristes auant-coureurs,
Presages douloureux messagez mes douleurs;
Ie prens congé de toy, Apollon, ie t'asseure
Et par les deitez maintenant ie te iure
De ne danser iamais au bal de tes chansons
Puis que tu n'aduertis tes plus chers nourrissons.
Romps ta Lyre, hà! mon Dieu, ceste playe fust faicte
Au iour seigneurial & mesme en ta Planete.
Bien qu'en signe du dueil du fort destin contrainct

Tu n'ayes point voulu y monstrer ton beau tainct,
Ce n'est assez pourtant, ie m'en vay solitaire
Auec la triste Echo reclamer ma misere,
Ie ne veux seulement vn moment de repos,
Ie veux vivre sans plus d'effroyables sanglots,
La place plus horrible & la plus detestable
M'est ore vn Paradis sainctement aggreable,
Ie ne veux voir personne, & compagnon des Ours
Ie seray miserable en ces desers tousiours,
Que te diray-ie Mars? est-ce la recompence
D'auoir dés quatorze ans honoré ta vaillance?
Ie me casse à ce coup, certes ie te promets
Que mes armes seront au croc pour tout iamais,
Y aille l'Arachnés pour y prendre des mousches,
Et suyue qui voudra tes chaudes escarmouches.
N'est-il pas vn grand sot qui sert tousiours celuy
De qui l'on a tousiours quelque mortel ennuy?
Tu aimois mon Amy, mais l'aspre ialousie
(Feu preiudiciable) entre en ta fantaisie.
Or baste, à Dieu l'honneur Amoureux du trespas,
Ie veux ore estre ainsi que si ie n'estoy pas,
Cependant, chers Amis, qui estes vn beau nombre,
Benissons le RONCHOY, & pour le triste encombre
Portons le dueil au cœur, & en habillement,
Si bien que noz Nepueux plaignent nostre tourment,
Qu'ils ieusnent comme nous d'immortelle memoire
Et ce iour & ce mois, portans la couleur noire,
Et toy son Capitaine, honoré d'auoir eu
Si digne Lieutenant, si braue reconneu,
Accompagne l'ennuy de mes iustes complainctes,
Sus, venez, mes Amis, & de larmes non fainctes,
A fin que nous facions honneur à nostre dueil,
Arrousons sainctement ce bien-heureux cercueil,

Plantõs cent pas autour des Pommiers & des Chesnes,
Et pour seurs postillons de nos ardentes gesnes
Mettons y les trois sœurs du Chartier furieux,
Qui en ce mesme temps pleurent d'vn œil piteux,
Affions y Athys, & la belle dolente,
Voire son fils mignon de la Déesse Amante,
Que ce lieu soit paré d'Ajax, & de celuy
Qui mourut se mirant trop Amoureux de luy,
Et pour monstrer l'Amour de son humeur benigne,
Marions le Lierre auec la belle Vigne,
Posons là les Rosiers de toutes les couleurs,
Enjonchons ce terroir d'vne moisson de fleurs,
Et allons y semer, mes Amis, ie vous prie,
Des perles à monceaux, & gros de fascherie
A pas lents & tardifs, le chef bas, l'œil baissé,
Baigné dans les ruisseaux d'vn orage insensé,
Parfumons ceste place où le RONCHOY repose,
D'ambre, d'encens, de muscq, & d'autre telle chose,
Respandons y du laict, de la manne, & du vin,
Souspirans à hocquets, accusans le destin,
Frappans nostre estomach, baisons l'VRNE SACREE,
Où la gloire immortelle est toute retirée.

Pour le mesme.
LXXXIII.

Cher compagnon, tu m'enuoye vn à Dieu,
 Qui me fait perdre entiere patience,
 Ie seray donc priué de ta presence,
 Digne vrayment d'estre aimée en tout lieu!
Cher compagnon, hé! que ne t'ay-ie veu
 Auant le pas d'vne si dure absence?
 Ie t'eusse vsé de la saincte science
 Que ie connoy par la grace de Dieu.

Bien que ie sçache, ô chose qui m'aggrée,
  Que tu n'es point de la trouppe esgarée,
  Christ t'entendra que tu inuoquois fort.
Beau mot dernier, qui mon ame console,
  Mais làs! helàs! ton amitié m'affole,
  Plaignant mourant mon ennuy par ta mort.

Tombeau à Anthoinette de BARBESIEVX femme de Monsieur de Beauuais Nangy, sur la mort de leur fils aisné.

ENcores que ie sois gend'arme porte-espée,
  Qu'ô aye aux chaps de Mars ma ieunesse occupée,
N'ayant suyuy le bal des filles d'Apollon,
Ains tousiours l'ordonnance à l'Empereur felon,
Si te veux-ie ore escrire (& de ma basse Muse
Ma vie guerroyante est legitime excuse)
Ie sçay que ie m'attaque au bel esprit plus cler,
Dont Lynx par metaphore on voulut t'appeller,
Et sçay bien que ie parle à la mesme Minerue,
Où la lourde ignorance est chetiuement serue,
Mais baste, il me suffit lors que ie feray voir
Le debuoir d'vn Amy, seruiable debuoir.
» Qui n'a compassion d'vne ame infortunée,
» Est indigne de voir l'esclairante iournée.
Sommes-nous pas tenus, quand il nous est permis,
D'ayder aux affligez, voire à nos ennemis?
Oyez donc à ce coup ma fluante parole,
A fin qu'en vous plaignant ma bouche vous console,
A ce coup mal-heureux, que la fatale Sœur
A rauy fierement le fruict de vostre fleur,
L'esprit de vostre esprit, rare present celeste,
Qui au monde honorable est assez manifeste,

Le Soleil gracieux de voz plus saincts desirs,
Le glorieux miroir de vos chastes plaisirs,
Le sang de vostre sang, le bien de vos richesses,
Le chef-d'œuure Amoureux de voz doulces liesses,
Vostre fils, vostre image, admirable beauté,
L'espoir de vos beaux ans riches d'honnesteté,
L'esperance esperée en l'hyuer de vostre âge,
Vieillesse au poil d'argent loing de vostre visage,
Et le cœur creue-cœur de vostre illustre espoux,
Où la blanche vertu se conserue entre tous,
Que l'honneur au front d'or superbement estime,
Comme son cher mignō, BEAVVAIS tres-magnanime;
Mais pour ce coup des Cieux (ma Dame) il ne faut pas
Se repaistre de pleurs, ce sont pauures repas,
Les douleurs, les ennuis, les regrets, les oppresses,
Les desastres cruels, les piteuses tristesses,
Espreuuent la vertu, comme l'or precieux
S'espreuue par l'ardeur du feu audacieux;
Plus il est au fourneau, plus sa beauté s'augmente.
,, Vertu n'est point Vertu si elle n'est constante,
,, Et sans l'aduersité, qui talonne noz pas,
,, La force de Vertu ne se connoistroit pas.
La plaisante beauté reluit par son contraire,
La nuict fait admirer le iour qui nous esclaire,
L'Ongnon qui est planté pres le Rosier en fleur
Fait auoir à la Rose vne meilleure odeur,
La guerre fait trouuer la paix plus aggreable;
Que ce fier ennuy donc vous rende plus loüable.
Si pour pleurer tousiours en vn lieu retiré
Nous auions les doulceurs d'vn secours desiré,
Ie feroy vn torrent de mes larmes roulantes,
Mais les tristes pitiez sont toutes impuissantes,
Pource on dict que Socrate au plus fort de ses maux

POESIES. 479

Ne se plaignoit iamais, mesme ils luy sembloyët beaux.
Ie sçay bien que le pleur messager de la peine
Ne se doit abhorrer comme estant chose humaine,
Mais il se faut garder d'aller de mal en pis.
Peut estre vous direz en lisant ces escrits
Qu'il n'est pas mal-aisé au sain d'humeur gaillarde,
De publier la ioye au langoureux malade,
Et qu'endurer les coups d'vn violent poignard
Auec la patience est le faict d'vn coüard;
Cela selon le monde est vrayment veritable,
Mais Dieu pere bening, tres-grand, tres-redoutable,
Fait venir icy bas la dure affliction
Mesme à ce qu'il cherist d'ardente affection:
Car comme vn Capitaine espris d'ardeur guerriere
Commande pour aller à la breche meurtriere
Les soldats ses mignons qu'il connoist gens de bien,
Et laisse reposer ceux qui ne vallent rien;
Et comme le Pilotte abbayé du Corsaire,
De la tourmente aussi coustumiere à mal faire,
Met le bon matelot au tillac de deuant,
Laissant l'autre en la soute hors des coups & du vent:
Ainsi le Seigneur Dieu communément enuoye
Des maux à son esleu, pour lequel il s'employe,
Ores le chastiant par faute de moyens,
Par guerre, par procés, ou par perte des siens,
Et ceux qu'il prëd plustost, c'est là ceux-là qu'il aime.
Quoy? vous fascherez-vous de la liesse extresme
Que reçoit maintenant vostre fils bien-heureux
Auecques l'Eternel dans le Ciel lumineux?
Ne vous en animez, ceste fortune est doulce,
Ma Dame, gardez bien que Dieu ne se courrouce.
Voyez qu'il fist de Iob, pour auoir murmuré,
Les Apostres, les Saincts ont le plus enduré:

Souffrons donc nos douleurs auecques patience.
,, Qui n'apprehende point n'a si grande souffrance,
,, Nous ne sçaurions forcer l'inuincible destin,
,, Ni destourner le but de la mortelle fin,
,, Empoignons la fortune ainsi qu'elle est muable,
,, Et ne la prouoquons d'estre plus dommageable.
Ne plaignez plus l'enfant qui du tendre berceau
Est allé bien-heureux au celeste tombeau,
Et songez qu'aussi bien nostre chetiue vie
Semble à la belle fleur qu'on void ore fleurie,
Qui tombe au premier vent, volage enfant de l'air,
,, L'autre en felicité ne se peut esgaler.

Tombeau du Capitaine Caumont, qui est enterré aux Iacobins à Paris.

LXXXIIII.

SI iamais on a veu ceste fatale Sœur
Apparoistre aux humains inhumaine bourrelle,
On la void maintenant, la meschante, cruelle
Nous a rauy CAVMONT Gentil-hôme d'hôneur.
Qui estoit bien aimé, qui aimoit de bon cœur,
Qui eust la conscience & si pure & si belle,
Qui eust l'affection entierement fidelle,
Qui se môstroit espris d'vn braue sang vainqueur.
Qui seruit bien son Prince au milieu des allarmes,
Qui cercha plusieurs fois vn tôbeau sous les armes,
Et qui par grands trauaux s'auança glorieux.
Accourez donc, Guerriers, pour honorer sa peine,
Regrettez, benissez ce vaillant Capitaine,
Dont le corps gist en terre, & l'esprit dâs les Cieux.

TOM

Tombeau de Monsieur de Bussy.
LXXXV.

BVssy, dont la valleur estoit incomparable,
Vainquit en mille endroits les assaults furieux,
En couronnant son chef de Laurier glorieux,
Rapportât pour guerdon quelque playe honorable.
Il estoit beau, gentil, hazardeux, redoutable,
Aux superbes haultain, aux humbles gracieux,
Aimé de ses Amis, craint de ses enuieux,
D'vn esprit docte & prompt eloquemment affable.
Iamais pres de son Prince il n'eust de compagnon,
Venus le cherissoit comme son cher mignon ;
Mais la dame Fortune, aux vaillans inconstante,
Apres l'auoir sauué de tant de grands dangers,
Tourna sa roüe, helàs ! d'vne mort violente,
Lors qu'il vouloit seruir les Amours passagers.

Sur le trespas de madamoiselle de Roustin.
LXXXVI.

SI la mort tout-tuant vient du Ciel porte-flames,
(Ni pour son Paradis) ie le trouue odieux,
Pere du desespoir il nous rend soucieux,
Prenant icy plustost les plus gentilles ames.
Il a rauy ROVSTIN, le rare honneur des Dames,
En l'Auril verdissant de ses ans gracieux,
Le iour qu'elle ajournoit le bien delicieux
Du desirable Hymén but des honnestes femmes.
Dieux, quelle cruauté ! estiez-vous point ialoux
De ce qu'on l'adoroit icy bas plus que vous ?
Que vous tromperiez bien, ô deitez supresmes !
ROVSTIN pleine d'honneur par la mort ne meurt pas.
„ Iamais l'alme Vertu n'est subjecte au trespas :
Car s'il estoit ainsi vous finiriez vous-mesmes.

X

Pour la mesme.

Phebe, Cypris, Python, pudique, doulce, affable,
Demeure court, s'enfuyt, & si begaye encor,
Sans honeur, sans beauté, sans langage aggreable,
Perdant ROVSTIN son cœur, son tainct, sa bouche
  d'or.

Pour la mesme.
LXXXVII.

LA Cour siege à Venus pleine d'affection
Plainct à bon droict ROVSTIN le renom de la
Qui parust en beauté d'inégale apparence, (Frace,
Qui vesquit chastement sans laide fiction.
Dont les supresmes Dieux espris d'affection
  En ont voulu auoir l'heureuse iouyssance,
  N'estimans les mortels dignes de l'accointance
D'un chef-d'œuure immortel gros de perfection.
Qui pres Melun verra Vaux, où son ombre giste,
  Qu'il ne l'arrouse point auec de l'eau-beniste,
  Les larmes, iustes pleurs, duisent à son Tombeau.
La pluye de mes yeux en porte tesmoignage,
  Et si l'honneur prouient d'un regretté dommage,
  Ils seront de sa gloire honorable flambeau.

Tombeau de Monsieur de LIVARROT mon maistre de Camp.
LXXXVIII.

Celuy que Cupidon, que Phebus, que Bellonne,
  Cherit, fauorisa, enrichit d'un grand cœur,
  Iouyssant, composant, fouldroyant la fureur,
  Des doulceurs, des beaux vers, de l'audace felonne,
Celuy qui pour venger la Royale Couronne
  A respandu cent fois son noble sang vainqueur,
  Ce rendez-vous d'Amour, de sciece & d'honneur,
  Qui braue fust orné de conscience bonne,

Ce galland Paladin, cest illustre guerrier,
 En l'Auril de son âge en duel singulier
 Blessant son ennemy tomba d'vn coup d'espée.
De fortune manquant de cœur il ne manquoit,
 Dont son esprit diuin de la mort se mocquoit:
 Car d'vn si beau Laurier la verdeur n'est tombée.

Pour luy-mesme.

SI ce grand maistre Honneur que chacun deifie
 Fait viure les mortels pleins d'immortalité,
 Que sers-tu filandiere auec ta cruauté?
LIVARROT n'est dōc mort: car sa gloire est en vie.

Sur le trespas de Ian de Papillon, Escuyer sieur du Puy de Source, mon frere, qui fust tué à la guerre, combatant signalément à Orleans.

LXXXIX.

O Braue Adolescent, tu es d'honneur si plein,
 Que l'illustre honneur mesme à ceste heure t'enuie:
 Car voyant ton pays l'abbord de pillerie,
 Tu courus Martial son ennemy soudain.
Tu l'as tant guerroyé d'vne sanglante main,
 Qu'il semble qu'en ta fin finisse sa furie;
 Ainsi fust Amoureux du bien de sa patrie
 Celuy qui s'engouffra dans l'abysme Romain.
Courage genereux, que vostre mort est viue
 Souslageant le public de l'oppresse chetifue!
 Ce qui est plus à plaindre en vostre heureux mal-
 heur
C'est le proche parent, qui par vos playes saigne,
 Tesmoing ton frere moy, qui en larmes me baigne,
 Et nostre doulce mere, & nostre honneste sœur.

Plaincte sur le trespas de Damoiselle Geneuiefue de Papillon ma sœur.

A Madamoiselle de Mafaires.

Heureux ceux-là qui n'aiment rien,
 Ils ne sont subjects aux trauerses,
 Aux ennuis, aux peines diuerses,
 Que souffrent ceux qui aiment bien.
Ils n'apprehendent la douleur,
 Qui nous vient d'aimer à toute heure,
 Ils se rient de ce qu'on pleure,
 Le mal-heur ne leur est mal-heur.
Ceux-là regardent de mesme œil
 Les nopces & les funerailles,
 Déssus leur tainct, dans leurs entrailles
 Ils ne logent le triste dueil.
Leurs cœurs ne sont d'Amour glacez,
 Les pleurs ne baignent leur visage,
 Perdissent-ils tout leur lignage
 Ils chantent pour les trespassez.
Tous les accidens rigoureux
 Ne sont que doulceurs gracieuses
 Pres de ces pertes impiteuses;
 Qui n'aime donc est bien-heureux.
Non, non, cest heur est desastré:
„ Car sans l'Amour, qui nous enflame,
„ On n'a ni cœur, ni sens, ni ame,
„ Et d'Amour la mort vient à gré.
Accourez donc, rude Atropos,
 Pour m'oster promptement la vie,
 Qui a souuent esté suyuie
 De mille tragiques sanglots.

A quinze ans i'ay porté soldat
  L'excessiue peine guerriere,
  I'ay conneu Thetis la meurtriere,
  Blessé, reblessé au combat.
Ie n'ay iamais abandonné
  Depuis ce temps le dieu de Thrace,
  Ie n'ay point esté sans disgrace,
  Nauré, malade, infortuné.
Mais le plus oultrageux bourreau
  Du diuers mal-heur qui m'accable,
  C'est de voir ore miserable
  Mon vnique sœur au tombeau.
Ma sœur, chere sœur, mon Amour,
  Que i'aimoy d'vne amitié saincte,
  Où la vertu estoit empreinte,
  Qui fust des Graces le sejour.
Qui ne fist onc vn ennemy,
  Qui ne fist onc vne ennemie,
  Que le chaste Honneur glorifie,
  Comme ayant esté son Amy.
Ma sœur que Pallas cherissoit,
  Voulant qu'elle vesquist comme elle
  Sans connoistre Hymen le fidelle,
  Qui gracieux la caressoit.
Pallas s'en fascha tellement,
  Comme haïssant l'heur de Cyprine,
  Qu'elle fist en peu que Lucine
  La mist au palle monument.
Monument autheur de souspirs,
  De sanglots, de larmes piteuses,
  De tant de plainctes douloureuses,
  Qu'on en void croistre les Zephyrs.

Tu le sçais, sage MADAILLAN,
  Qui as esté toute ta vie
  Son tout, sa plus parfaicte Amie,
  Dont tu meurs à Vogadelan.
Si les regrets auoyent pouuoir
  De faire soudain finir l'homme,
  Il est certain que pris du somme
  Tost mais bien tost nous l'irions voir.

Sonnet pour la mesme.
XC.

Pleurez, pleurez, pleurez, mes tristes yeux,
  Et de vostre eau rouillez mes riches armes,
  Ie n'iray plus au fouldre des allarmes:
Car i'ay perdu le cœur que i'aimoy mieux.
Ne craignez point le mocqueur odieux,
  Le grand Achille honneur des preux gend'armes
  Arrosa bien de ses piteuses larmes
Son Amy mort au tombeau glorieux.
Que n'eustes-vous l'ennuy si fauorable
  De vous trouuer à sa fin lamentable
  Comme fist Cygne à la mort de ses sœurs?
Mais pour monstrer vostre estrange agonie,
  Faictes ainsi que la Royne Ægerie,
  Puis me noyez au ruisseau de vos pleurs.

Sur le trespas de Marie Preuost, Madamoiselle de Vau-berault ma mere.
XCI.

Il faut, c'est la raison, que ie face reuiure
Celle qui m'amena au lustre du Soleil,
(Ma mere tout honneur) que l'honneur nompareil
Glorifioit tousiours d'vne gloire deliure.

Celle qui me donna & la plume & le liure
  Pour courtiser Pallas, qui luy faisoit accueil,
  Celle qui m'a nourry addoulcissant mon dueil,
  Celle que la vertu desiroit mesme ensuyure.
Qui en son beau Prin-temps, Hyuer, Automne, Esté
  A prudente paru flambeau de Chasteté,
  Qu'on visitoit ainsi qu'vn miracle celeste.
On le dict, on l'a veu, on le sçait en tous lieux,
  Que fais-tu doc LASPHRISE? aussi tost dueil funeste
  Bornant icy tes vers te la fait suyure aux Cieux.

Pour la mesme Damoiselle.

XCII.

SI i'ay vescu, ore il faut que ie meure,
Si i'ay parlé, ie manque de propos,
Si i'ay dormy, ie n'ay plus de repos,
Si i'ay chanté, ie souspire à ceste heure.
Si i'ay marché, maintenant ie demeure,
Si i'ay vaincu, ie doute les assaux,
Si i'eu des biens, ie n'ay plus que des maux,
Et si i'ay ry, las! il faut que ie pleure.
Si i'ay ioüé, ie n'ay plus de plaisir,
Si i'ay aimé, ie n'ay plus de desir,
Si i'ay gaussé, à ce coup ie m'ennuye.
Si i'estoy sain, ie suis ores perclus,
Si i'ay esté, bons dieux! ie ne suis plus,
Perdant ma mere essence de ma vie.

X iiij

Sur le trespas du sieur de Masaires, Gentilhomme Tourenjau, mon intime, qui fust tué au siege de Vouuant en Poictou.

XCIII.

SI le fils d'Apollon est du tout honorable,
Pour estre tresbuché montant audacieux,
Si celuy de Dedale est ainsi glorieux,
Ce braue entrepreneur est de mesme loüable,
Qui en son tendre Auril cherement aggreable,
Espris d'vn sens subtil, d'vn cœur ambitieux,
Escalant vn beau lieu, qui voisine les Cieux,
Tomba luisant en hault comme Astre remarqua-
O superbes enfans, vostre temerité (ble.
Monstre affrontant les ans la magnanimité
Qui chez vous (immortelle) auoit pris habitude.
O Phaëton, Icare, ô Masaire germains,
Vostre vol contenta vos supresmes dessains,
Et vostre mal-heur est vostre beatitude.

Epitaphe du Capitaine Bouchereau mon voisin, qui a esté tué à la guerre, en la Comté de Bourgongne, pres Lyon le Saulnier.

XCIIII.

VNion desunie à bon droict ie t'abhorre,
Oultre les cruautez que tu m'as faict auoir,
Tu me fais maintenant vn mal-heur receuoir,
Non à moy seul, mais las! à mille & mille encore.
Par ta fureur meurtriere à ceste heure on déplore
Ce guerrier tout-esprit, lumiere du sçauoir,
Amoureux de la Palme, ainsi qu'il a faict voir,
Combatät pour son Prince en sa vermeille Aurore.

Quoy? le Ciel porte-feux veult donc que les parfaicts
  Par coups, ou autremẽt, soyent les plustost deffaicts;
  Non, c'est le fier desastre esmeu d'aueugle enuie,
Qui se trompe ialouse en son acte odieux,
  Et monstre en BOVCHEREAV, comme elle n'a
    point d'yeux:
  Car de sa mort renaist vne immortelle vie.

Sur le trespas du sieur de la Pagerie mõ voisin,
  qui fust tué en vne rencontre, entre
      Cambray & le Castelet.
              XCV.

IE seroy fils ingrat de ma France estimable,
  Si ores que ie suis par mes douleurs distraict
  De luire aux fiers hazards, comme autresfois i'ay
  Ie ne plaignoy icy sa perte regrettable. (faict,
Ce doulx LA PAGERIE humble, honneste, amiable,
  Mais bon, mais prompt, mais chauld, d'aduis, de
    voix, d'effaict,
  Si bien que sa valleur fust vn vaillant souhaict,
  Et sa braue ieunesse estoit ia venerable.
Que s'il eust esté creu, ou bien esté suyuy,
  Il n'eust paru si tost de la Parque rauy,
  Le tonnerre François, qui fouldroye l'Espagne,
Eust peu ouurir le corps du bataillon bellique,
  Où ce Persée entra, volant par la campagne,
  Et puis fust renuersé d'vn profond coup de pique.

Sonnet sur ma blessure & maladie au camp
  de la Mure en Daulphiné.
              XCVI.

DEsia les tristes Sœurs iettoyent deuant la Mure
  Le fuseau de ma vie au tombeau glorieux,
  Et ia desia au camp tous mes Amis piteux
  S'apprestoyent d'honorer ma digne sepulture,
              X v

Quand l'on m'envoya viste auec soigneuse cure
  A Grenoble la doulce, où le ciel gracieux,
  Comme pere diuin, par acte merueilleux
  Me guerit de mes maux & de ma grand' blessure:
Il est vray que Minerue au maintien nompareil
  Favorisa mes yeux du iour de son Soleil,
  Consolant ma raison d'vne plaincte honorable,
Si bien que mes beaux sens en furent resiouis,
  C'est l'honneste PRESSINS, l'ornemét du païs,
  Qui belle est enuers tous sagement aggreable.

Sonnet à Monsieur de Beauuais Nangy.

XCVII.

Non sans cause, BEAVVAIS, que la mere Nature
  T'a faict l'ame aggreable & l'esprit auisé:
  Car du miroir d'Amour tu es favorisé,
  Et cheris d'Apollon la saincte nourriture.
Nō sans cause, BEAVVAIS, que Mars sur toy s'asseure:
  Car tu es valeureux sans estre déguisé,
  En estant bien voulu, honoré, & prisé
  Des Dames, du conseil, des guerriers à toute heure.
Image de Thesée, amoureux Paladin,
  Doulx, eloquent, hardy, chef-d'œuure de Iupin,
  D'vn corps, d'vn sens, d'vn cœur, beau, prōpt, plein de victoire,
Cher, grād, crainct, aux beautez, aux sçauans, aux soldats,
  Ainsi que Cupidon, que Phebus, & que Mars.
,, Heureux qui a l'Amour, la science & la gloire.

XCVIII.

Rivavdes, cest Amour est né bisarrement,
  Il fait la cour auant que l'on luy vienne faire,
  Puis ayant attiré vne ame volontaire,
  Il la veult captiuer audacieusement.

Il loge son desir tousiours legerement,
Ore humble, ores haultain, timide & temeraire,
Il adore l'Amy, & ne luy veult complaire,
Et mesprise celuy qui l'aime entierement.
Le pipeur fait bien plus, gonflé d'humeur cruelle:
Car il traicte en valet son seruiteur fidelle,
Encor qu'on l'eust esleu pour sa doulce moitié.
Perfide au premier vent son affection change,
Et pour venir au neud du sacré-doux meslange
Il se fainct opulent en sa grande pitié.

XCIX.

IE veux mal à mes yeux (SOVRCES) qui m'ōt faict
Ceste ingrate beauté legerement volage, (voir
Que i'estimoy m'Amie honorablement sage,
En qui i'auoy borné le but de mon espoir.
I'estoy bien arriué, mais c'estoit sur le soir,
En grand danger de faire vn perilleux naufrage,
Voire d'ancrer au port, qu'on nomme cocuage,
Où la plus-part du monde aborde sans vouloir.
Ie veux mal à mes yeux qui m'ont rendus pariure,
Mais non, ce n'est pas eux, c'est vn cas d'aduēture
Causé de mon Démon qui me fist promener.
Certes ie veux donc mal à mon Démon moy-mesme,
Qui maudis le chemin où ie le vey si blesme,
Dont frere il est sinistre, & s'en faut destourner.

C.

VN iour vn cault chasseur aimant la Venerie
Veid vne belle Biche, & tant la poursuyuit
Qu'il la mist en ses rets, si bien qu'il la rauīt,
Et l'eust à son vouloir par lasche tromperie.

X vj

Vn peu de temps apres ce desloyal l'oublie,
 La laisse à l'abandon du Loup qui la suyuit,
 De fortune vn Veneur en ce danger la veid,
 Dont espris de pitié il luy sauua la vie,
La mena dans son parc, où nul n'ose chasser,
 Il la nourrist mignonne, il la va caresser,
 Le traistre en desespere, elle luy est hagarde:
Car qui laisse la proye elle n'est plus à luy,
 La loy veut qu'elle soit seulement à celuy
 Qui braue l'a sauuée, & qui la contregarde.
Ainsi qui prend en guerre vn digne prisonnier,
 S'il le laisse au combat & qu'vn autre le prenne,
 Vn Roy l'adiugera iustement au dernier.
„ Nul ne merite auoir vn bien s'il le dédaigne.

CI.

ON veult TRENTE à ce coup, trente & vn est le ieu,
 Qui les Roys peinturez gaigne aux cartes de Fráce,
 Et bien que TRENTE soit le sainct ieu de
  PLAISANCE,
 On n'y laisse pourtant d'offenser le grand Dieu.
Car au commencement, à la fin, au milieu,
 On void qu'on le renie ombrant la laide offence,
 D'vn fard trõpeur conneu des mignõs de prudence,
 Qui esteindront l'ardeur de si iniuste feu.
Disant i'en veux, on prend dessoubs la carte fine,
 Qui demande trop passe, il perd, il se ruine,
 Le bon iouëur Royal ne tire iusqu'au bout,
Se tiẽt à vingt & neuf sans vouloir auoir TRENTE:
 Car au lieu d'vn AS PLAIN, que l'ãbitieux tẽte,
 Vne teste suruient qui luy fait perdre tout.

CII.

LA' vn monde sorcier abondamment habite,
Là plus loing il fait laid, & là pres il fait beau,
Là l'on n'adore point le Dieu porte-flambeau,
Là vne opinion la reuolte a induicte.
Là la simplicité la fiere audace incite,
Là le plus riche habit sent le triste tombeau,
Là le ioug du debuoir est ietté à vau-l'eau,
Et là le vagabond empesche sa poursuitte.
Là on va espiant sans oser murmurer,
Là (ce qui est meilleur) l'on n'oseroit iurer,
Là (ni pour le fort lieu) la terreur est commune.
Là le Roy n'est conneu, ni la Principauté,
Là les seigneurs vilains ont toute authorité,
Là iamais (LA VERNVCHE) on ne void la fortune.

CIII.

ENcore que ie sois tesmoing irreprochable
Pour prouuer les desirs de l'aggreable Amour,
Ayant tant faict, tant veu, & tant suyuy la Cour,
Comme toy qui n'ignore, Ouide l'amiable,
Ie ne sçay, trouues-tu que son ieu soit aimable
En vn corps suranné, qui laid a l'esprit sour,
Qui difforme ne void sans lunettes le iour,
Que la Déesse prompte appelle miserable?
MOSNY, pourroit-il estre? he! dieux quelle delice!
Non, non, tu m'aüouras que c'est vn fier supplice,
On dict bié vray qu' Amour est vn aueugle enfant.
Sans esgard il s'enflame en diuerse maniere;
Mais il est pis que Bougre en ce lieu qu'il defend:
Car il y prend plaisir à besongner sa mere.

CIIII.

SI pour estre boiteux on ne deuoit baiser,
Ceste mere d'Amour qui anime ton ame
N'eust espousé Vulcain Dieu de bouillante flame,
Qu'elle veult pour mary, pour mieux se déguiser.
Tu ne deuois donc pas si fort le mespriser,
S'il a senty l'orgueil d'vne sanglante allarme,
Son mal-heur est heureux, ni pour tô sot vacarme,
Et te baisant c'estoit pour se fauoriser.
Ce grãd coup luy aduint pour l'honneur de son Prince,
Tais toy donc, ie te pry, que si plus tu le pince,
Ie t'enuoy'ray des vers gonflez d'authorité:
Car ie te connoy bien, petite Courtisane,
Ie sçay que tu les veux du calibre d'vn Asne,
Et que tu aime aussi tousiours la nouueauté.

CV.

LAPLACE mon amy, ta fortune & la mienne
Nous ont presque ioüé vn ressemblable tour,
Apres auoir suyuy & la guerre & la Cour
Nous n'auons rien receu qu'vne esperance vaine.
Si i'en doy accuser la Dame Cyprienne,
Il t'en faut prendre aussi à son beau fils Amour,
Qui par les rais sorciers d'vn delicieux iour
Charme l'enfant de Mars ingrat de nostre peine.
Ne laissons pour cela d'estimer la grandeur,
,, Le mal qui est forcé excuse la douleur,
Resiouyssons nous donc en l'infortune fiere.
Qu'on voye en Lyonnois que de la main du cœur
Tu boiue à tõ LASPHRISE & en Beausse bletiere
Il te fera raison & tousiours du meilleur.

CVI.

Vi voudra desormais paruenir, mon DEVAVLX,
Il n'est besoing qu'il aille exercer sa ieunesse
A l'estude, à la guerre, à d'autre gentillesse,
Sans laquelle l'hôme est semblable aux animaulx.
Mais qu'il marche argenteux, qu'il aye habits nou-
  ueaux,
Qu'il se mire & se musque, & qu'il dâce sans cesse,
Qu'il braue à l'aduâtage, ayât quelque Maistresse,
Qu'il dissimule bien le vice de ses maulx.
Tel, tel, sans coup frapper paruiendera grand erre,
Certes si i'estoy Prince, & que i'eusse vne guerre,
Ma Cour auec mon camp en tout temps logeroit
Ces beaux Amadiseurs, auroyêt faueurs des Dames,
Qui seroit valeureux sa Dame espouseroit,
Et le poltron soudain passeroit par les armes.

CVII.

DES PORTES, ie paroy d'vn si bon naturel
Que ie plain les mal-heurs à mô ennemy mesme,
Ce coup Saturnien causant ton dueil extresme
(Et à mille guerriers) me fait connoistre tel.
Ie pense maintenant qu'vn Démon est mortel,
Puis que ce prompt esprit, si viuement supresme,
Ce braue Chenalier, qui rendoit la mort blesme,
Est par force forcé d'estre au tombeau cruel.
Hà! que i'en suis marry : hé! ie creue de rage :
Bien que par flaterie il tournast son visage
Du mien doulx qui du sien fust ainsi diuerty.
Il faut donc qu' Alector pour Corraéton endure,
Non non, mô Amy nó, c'est aux dieux faire iniure,
Dont vn vent de souspirs viendra du REPENTY.

CVIII.

ON sçait biē de tout tēps que faictes biē l'Amour,
  On void bien quelquesfois souuent qu'il vous eschappe,
Et qu'vn riche niais dedans vos laqs s'attrappe,
  Dont il voudroit apres n'auoir hanté la Cour.
Cela ce n'est que jeu, mais c'est vn mauuais tour
  A l'heure qu'à gogo vous receuez Priape,
  (Sans le neud d'Hymenée) en faueur d'Esculape,
Par iò grenouillant vous perdez si beau iour.
Filles-femmes de Cour, reformez vostre vie,
  Vous suyurez mon conseil ayant l'hydropisie,
  Qu'en Ithiphalisant si souuent vous gaignez.
D'vne œuure que perdiez par repentance aimée,
  Refaictes en plusieurs si grand Kas n'espargnez:
Car vous en auez prou pour saouler vne armeé.

CIX.

PRinces, qui n'estimez que la belle apparence,
  Qui en vous cōme en nous plus brauement ne luit,
Vous abusez beaucoup, l'honneur qui me conduit
Ne se mesure pas à l'ample corpulence.
On ne regarde point si l'arbre est de plaisance,
  S'il est hault esleué, s'il fait vn grand circuit,
  (Fust-il anichilé) mais qu'il porte bon fruict,
Cherement on le garde en loüant son essence.
Le peintre au sens subtil, bien qu'il soit contrefaict,
  Ne laisse pas de faire vn excellent pourtraict;
  Laissez donques les corps, contēplez leurs ouurages.
Mais ie parle à des sourds : hà! siecle mal-heureux,
  Où tāt de faux-semblās par leurs trōpeurs corsages
Reçoiuent le guerdon des hommes genereux.

CX.

Penses-tu paruenir pour courtiser ton maistre,
Pour te rendre subiect à le suyure en tous lieux,
Pour estre bien en poinct, affable, gracieux,
Pour dependre le tien à fin de mieux paroistre,
Pour estre Gentil-homme entierement adextre,
En tout bon exercice, & en tous dignes jeux,
Pour estre sermiable, ardemment courageux?
Si tu n'es vn noir-bleu, tu ne sçaurois rien estre.
Mais si tu entens l'art de porter le poulet,
De flatter le seigneur faisant du bon valet,
Tu acquerras en peu la richesse gentille.
Dont comme moy beaucoup ne s'auancent en biens,
Et encore (dict-on) que le nouueau Bathille
Au païs chauld & froid est superbe en moyens.

CXI.

As-tu point veu ce fat qui fait du Gentil-hôme,
Ce glorieux Monsieur, ce fandeur de naseaux,
Ce coupeur de iarrets, dont les actes plus beaux
C'est le sale conquest d'vne verolle à Romme?
Il s'escoute parler, il veult qu'on le renomme,
Aussi l'estime l'on dedans la place aux Veaux,
Il predict le destin des vieux & des nouueaux,
Et sage il est Amy du temps qui tout consomme.
Il connoist toute chose, & iusqu'au bien d'autruy,
Mais il ne connoist pas qu'on se mocque de luy,
En qui l'orde auarice extremément abonde.
Cest affronteur de femme, à qui l'on faict affront,
Porte (comme l'on dict) les cornes sur le front,
Et toutesfois (D'ASSEZ) il veult morguer le monde.

CXII.

FRANCE, ne t'esbahis si ta belle franchise
Est eschangée, helàs! en obscure prison,
Si tu es veufue encor de ta riche toison:
Car tes mesmes enfans te mettent en chemise.
Le Guerrier, la Iustice, & le Peuple, & l'Eglise,
Mutin, auare, hayneux, fardée, & la raison
Royne de toute chose esloigne leur maison,
N'aimans rien que le fer, l'or, l'orgueil, la faintise.
Tō nō n'est plus qu'vne ombre, & me desplaist biẽ fort,
Moy qui suis vray François, de publier ton tort,
Tu ne sers que d'appast à l'audace estrangere;
Bref tu t'esgare en tout, làs! i'en voy tous les iours
Qui fraudent la vertu, la gloire, & les Amours,
Et font tant que la nuict commande à la lumiere.

CXIII.

DEs bon-heurs que le Ciel nous monstre à toutes
heures
Rien rien ne me plaist tant que la femme aux yeux
Belle, humble, gracieuse, ennemie au courroux. (doulx
,, Les vertus d'un beau corps paroissent les plus seures.
Les villotieres sont souuent inferieures,
Leur lettre me desplaist qui finist à tous coups,
D'vn qui sera l'endroit, d'vn Dieu mercy & vous,
D'vn me recommandant à voz graces meilleures.
Et puis leur reuerence hastée à cu ouuert
N'est autrement l'attraict de l'Amoureux expert,
La Noblesse m'aggrée en estant mieux apprise.
Simon c'est pis que l'autre auec son noble orgueil,
Sans parler, sans mouuoir, sentant bien sa sottise,
Elle entretient de mine & baisse tousiours l'œil.

Plaincte en Acrostiche double.

CXIIII.

Escoute dompte-dieux,   Meurtriere de ma ieunesse,
Ce c'est toy qui m'attaque Animant mon esmoy,
Tu as tort: car ie suis   R'enflamé soubs ta loy,
En esperant par là   Corrompre ma tristesse.
Regarde ma raison   Deuät plus fiere oppresse,
Descharge ta cholere   Entre les gens sans foy,
Et non au vray Amant   Plein d'honneur comme
Riche des biës que Cypre   Ardétemét caresse. (moy,
Oultrage l'ennemy,   Poursuis-le fierement,
Cheris qui te cherit.   Iniolablement,
Hais qui té haïst,   L'on ne te peut offendre.
Exauce Amour ma voix,   Lumiere de ton los,
Fay moy retirer franc,   Oncques ie n'eus repos.
Ou s'il faut que ton feu   Nouuellement m'encëdre,
Ressuscite ma vie honorant mon effort,
Tant que comme vn Phenix ie naisse de ma mort.

CHANSON.

VIII.

Contraire vers pour vers à celle de,
Ie ne veux plus adorer que tes yeux.

IE ne veux plus mespriser que tes yeux,
Comme ennemis de la doulce Erycine,
Ils sont tousiours rougement chassieux,
Donnans à tous contagion maline.

Ils sont si roux, si enfoncez, si laids,
  Qu'en les voyant l'Amour se tire arriere,
  Et si le Ciel ne nous les eust distraits,
  Nous n'eussions plus d'aggreable lumiere.
Pauure est Telus qui porte leur noirceur
  (Noirceur qui est seule mort de quelque ame)
  Plus pauure encor qui voyant leur laideur
  Se brusle au feu de leur vilaine flame.
Souuent Phebus nous monstre sa clairté
  (Clairté qui est nostre mere feconde)
  Mais de ses yeux l'ombreuse obscurité
  Incessamment annuicte quelque monde.

CXV.

Cvpidon a dressé les estats de mon cœur,
  Et conte TORIGNY puis que tu en fais conte,
  L'honorât d'un Amour qui toute Amour surmôte,
  Il veult que tu en sois principal gouuerneur.
Il ne me pouuoit pas faire plus de faueur:
  Car chez toy la vertu est diuinement prompte,
  L'amiable doulceur, qui la grauité dompte,
  Le sçauoir immortel, le triomphant honneur.
Heureux doncques mon cœur d'auoir si gentil hoste,
  Mais conserue le bien, à fin qu'on ne te l'oste.
SAGONNE & BELLE-GARDE en seront enuieux:
Car ce sont deux seigneurs qui m'ont voüé leur ame,
  Et pour continuer leur desir qui m'enflame,
  Ioincts en triple-vnité soyez en Amoureux.

CXVI.

IE ne suis comme un tas d'auares Courtisans,
Espris d'un sang gaillard mon plaisir me domine,
Ie contéple HAVTE-FORT la trouppe de Cyprine,
(Race qui est logée à l'enseigne des vents.)
I'en voy qui nuict & iour trauaillent leurs Amants,
L'vne n'est qu'vne sotte & fait la Paladine,
L'autre fait l'eloquente & n'a qu'vne routine,
Ceste-cy ne fait rien qu'auecque beaux presens.
La ieune est au combat viuement attentiue,
La vieille au cœur nauré n'y fust iamais retiue,
Toutes ont le cœur braue aux Amoureux effaicts
(Encor que l'Antiphile apparoisse fantasque)
Le blãc, le rouge au tainct se void plus que iamais,
Et pour te dire vray chacune est belle en masque.

CXVII.

I'Estime ores heureux quiconque a des Amis,
Que la laide auarice aucunement n'attise,
I'estime ores heureux qui n'a nulle faintise,
Qui au feu d'Ixion son attente n'a mis.
I'estime ores heureux ceux qui sont fauorits
De ces grandes grandeurs que tout le monde prise,
I'estime ores heureux l'habile qui courtise
Sans dependre le sien au seiour de Paris.
I'estime ores heureux qui a de la prudence,
Qui ne dict ce qu'on dict, ni la chose qu'il pense,
I'estime aussi beaucoup vn vieil auantureux,
Qui n'a taché le blanc de sa gloire parfaicte;
Mais, PONSONAS mon cœur, i'estime plus heureux
L'honneste homme qui a vne femme muette.

CXVIII.

I'Estoy sur ton fief dans la ville d'Amboise,
Seiour certainement sur tous delicieux,
 Quand dormāt vne nuict le premier-nay des dieux
 Esgara de mes maux la rigoureuse noise.
Il addoulcit plaisant son ardente fournaise,
 I'entray au paradis que l'on nomme Amoureux,
 Follastrant mon soucy d'vn beau sang vigoureux,
 Est-il vn plus grād bien, mais est-il plus grād aise?
Par cinq fois brauement nous donnasmes combat,
 Qui pourroit souhaitter plus aimable debat?
 Pleust aux Dieux, mon voisin, auoir tousiours tels
Maulgré l'efforcement des Satyres cornus (sommes
 On nōmeroit LASPHRISE entre les galands hōmes
 Le bien-heureux enfant de la belle Venus.

CXIX.

TOVRAINE cher païs, mes sens sont si malades
 Que ie mourroy chetif sans ce gentil vallon
 Duisable au bal sacré des filles d'Apollon,
 Qui daignent bien danser au son de mes aubades.
Là sont des deux costez les Nymphes Oreades,
 Où Nisée & où Pan prend delectation,
 Et où la triste Echo plainct son affliction,
 Et là sont au milieu les diuines Naiades
Honorées des sœurs du ieune audacieux,
 Qui fist presque brusler l'air, la terre & les cieux,
 Là Palés est gaillarde, & Pomone de mesme.
O que tu es heureux, ioly VAVGADELAN,
 D'auoir le beau desir du trouppeau Pimblean;
 Mais plus heureux cent fois de quoy LASPHRISE
 t'aime.

CXX.

Pour euiter l'orgueil de la froidure,
Il faut, LA MOTTE, auoir vn bon manteau,
Et pour enſuyure vn braue Mars nouueau
Il faut auſſi ſe mettre à l'auenture.
Le grand Corſaire aucunesfois endure
Pour attrapper quelque riche vaiſſeau,
Il ſe déguiſe eſcarté deſſus l'eau,
Tout ainſi fait ceſte Dame à toute heure.
Elle patiſt pour couurir ſon honneur;
Mais le morceau s'en trouuera meilleur:
Car le Chaſſeur Amoureux d'exercice
N'eſt pas marry d'eſgarer ſon gibier.
,, L'heur qui s'acquiert auec deſaſtre fier
,, Se trouue apres de plus doulce delice.

Sonnet du naturel d'Amour en Dialogue, parlant à luy.

CXXI.

L. Qvi es-tu? d'où viens-tu? d'où ſors-tu, ſi grand maiſtre,
Difficile à depeindre, ainſi que ie connoys?
A. Ie ſuis Amour puiſſant, Empereur ſur tout Roy,
Sans qui, ô monde ingrat, tu ne ſçaurois pas eſtre.
Ie ſuis promptement vif quand ie commēce à naiſtre,
Ie bruſle dans la glace hors de crainte & d'effroy,
Ie ſuis vn chauld deſir gros d'vn eſtrange eſmoy,
Et d'vne humeur ſorciere on me void apparoiſtre.
Celuy n'eſt point qui n'eſt à mes doulceurs enclin,
Ie m'engendre premier du beau corps feminin,
Comme ſubtile amorce aux Amoureuſes flambes.
Ie ſuis ſouuent diuers, hault, bas, triſte, ioyeux,
Ie ſuis aueugle encor, ie viens pourtant des yeu:
Et ſors ioyeuſement par entre les deux iambes.

Loüange du Chien, auec l'epitaphe de ma petite Chienne.

Pourquoy rend-on abhorrable
Le nom du Chien amiable
Si necessairement doulx,
Qu'il semble que la Nature
L'aye faict auecques cure
Pour ayde commune à tous?
L'ancien plein de prudence
Pour asseurer la fiance
N'a peu mieux representer
Ceste bonté qui excelle,
Qu'en forme du Chien fidelle
Qu'on ne peut trop exalter.
Ie sçay que diuerse histoire
Rend son amitié notoire,
Capable de bon Amour,
Si en diray-ie vne estrange,
Qu'vn monde plein de loüange
Veid comme moy l'autre iour.
Aux Portaux pres Rilletiere
Vn Loup rauit à la mere
Sa fillette de quatre ans,
Elle surprise esbahie
De peur tombe esuanoüye,
Et fust ainsi quelque temps.
Son Chien le suyt à la trace,
Si vistement le pourchasse
Qu'il l'attrappa dans le bois,
En esgorgetant la fille,
Lors d'hardiesse gentille
Saulte au collet plusieurs fois.

Ayant faict quitter la prise,
  La mordante guerre esprise
  Entonne vn resonnement,
  Par la vuide dent qui craque,
  Deux heures fust la bourrasque,
  Et l'horrible grondement.
Puis le Loup voulut reprendre
  La pauure fillette tendre,
  Le Chien estoit entre-deux,
  Morgant d'vne trongne affreuse
  Le Loup, qui de peur honteuse
  Laisse en fin l'enfant saigneux.
Ce Chien PISTOLET *l'aguette,*
  Faisant marcher la fillette
  La conduist à la maison,
  Lors la mere en ioye extresme,
  Et chasque voisin qui l'aime
  Se mirent en oraison.
Mais PISTOLET *ne seiourne,*
  Il ne vient qu'il s'en retourne
  Chercher le Loup à l'escart,
  On ne sceut onc si bien faire
  Cisler, huer, pour l'attraire,
  Qu'il reuint, qu'il ne fust tard.

I'ay vn Chien & vne Chienne
  Qui d'infortune prochaine
  Donnent aduertissement,
  Et quand il vient des gensd'armes:
  Car du costé des vacarmes
  Ils abbayent longuement.
Ces beaux œuures remarquables
  Ne sont pas irraisonnables,

Y

Ils sentent l'humanité,
Encore y a-il des hommes
Au traistre temps où nous sommes
Qui n'ont telle integrité.
Qu'on ne s'estonne donc ore
Si ie plains, si ie deplore
Vn si gentil animal;
Mais vn qui aimoit ma vie,
Qui en fust si bien seruie,
Qu'il addoucissoit mon mal.
Qu'on ne me blasme d'escrire
La douleur que ie souspire,
Pour ma Chienne maintenant,
Ie n'ay recepte meilleure
Pour esgarer à toute heure
L'ennuy qui m'oultrage tant.
S'on me dict plein de folie,
Disant que ie glorifie
Vn Animal sans raison
Par ma Muse souhaitable
Autant comme vn raisonnable
Qui est sans comparaison:
Ie respondray que ie prise
Tout ce qui aime LASPHRISE,
Ie ne suis ingrat en rien;
Mais doulx, humain, pitoyable,
Regrettant le regrettable,
Mesme vers qui me fait bien.
Helàs! pourquoy ne plaindroy-ie,
Pourquoy ne lamenteroy-ie
Ce qu'on ne peut r'achepter,
Veu que l'on pleure la perte
Qui peut estre recouuerte
Et qu'on pourroit euiter?

Ie plaindray donc ma Mignonne,
 IONION, qui fuſt belle & bonne,
 Qui m'aimoit d'vn bel eſmoy,
 Si ialouſe de ma veüe,
 Sans elle eſtoit eſperdue
 Voulant eſtre aupres de moy.
Sans moy ne pouuoit pas viure,
 Et touſiours me vouloit ſuyure,
 Iamais ne me fiſt faſcher;
 Mais làs! c'eſt bien au contraire:
 Car quand i'eſtoy en colaire
 Elle me venoit lécher.
Sautillant diuers paſſage,
 Follaſtrant gaye & vollage
 Me deſroboit vn baiſer,
 Lors i'eſtoy contraint de rire,
 IONION appaiſoit mon ire,
 Qu'autre n'euſt peu appaiſer.
N'ay-ie donc raiſon de craindre,
 Et encores plus de plaindre
 Pour la perte de ce bien
 Qui m'eſtoit ſi profitable?
 Rien ne m'eſt tant dommageable
 Que l'ire dont ie ſuis plein.
Ie ſens abreger ma vie,
 Puis que la tienne eſt finie,
 IONION, qui m'oſtois l'ennuy.
 O qu'à bon droict ie regrette
 Ceſte petite Turquette,
 Qui ſouuent m'a reſiouy.
Oultre la reſiouyſſance
 C'eſtoit ma ſeure defence:
 Car quand i'eſtoy endormy,

Soit le iour ou la nuict sombre,
Craignant qu'il m'aduint encombre
Elle me seruoit d'Amy.
Quelque part où ie peusse estre
Pres de moy vouloit paroistre,
S'y posant si doulcement,
Qu'elle ne rompoit mon somme;
Mais s'il approchoit quelque homme
Me resueilloit promptement.
IONION ne fust point friande,
Ni vilaine, ni gourmande,
Plus sobre elle apparoissoit,
Si gentille, si aimable,
Si belle & si aggreable
Que chacun la caressoit.
Elle estoit tant aspirée,
Et tant & tant desirée
Par sa parfaicte beauté,
Que ie croy que la fortune
Me l'a prise toute ieune,
N'ayant cest heur merité.
Cest heur que si par prouësse
Ou par quelque autre richesse
Se pouuoit ore acquerir,
Ie n'espargneroy ma terre,
Ou par valleur comme en guerre
Ie voudroy viure ou mourir.
IONION tu fus trop iolie,
Pour qu'vn Loup se rassasie
De ta delicate peau,
Ie feray ta sepulture
En ceste gaye verdure,
Où l'on lira ce tombeau.

A MOYSY PRES LA MARDELLE
DESSOVBS CESTE MOTTE BELLE
GIST LA PETITE IONION,
POVR N'AVOIR PEV TROP MIGNARDE
DELICATEMENT GAILLARDE
RENDRE SON PETIT TENDRON.

CXXII.

Mignonne quel orgueil, quelle temerité,
  Vous fait accomparer à ma belle auenture?
Quoy? n'au'ous point de honte? hé! la mere Nature
S'esbahist contemplant si parfaicte beauté.
Vous vsez toutesfois de grande verité,
  Vous renommant si hault subtile creature:
Car on sçait que mettez des pieces sans cousture,
Miracle industrieux, extresme habileté.
Ce n'est en cela seul que vous faictes merueille,
  Par vous la couleur palle est au combat vermeille,
Tu fais durcir le mol, & d'vne chose vn rien.
Ie n'ay l'esprit si bon ni l'ame tant accorte,
  Mais vostre œuure en tous lieux ie deuineray bien:
Car ie sçay que tousiours vous faictes bien la sotte.

CXXIII.

Mal-aduisé que fay-ie en ceste Cour pompeuse,
  Brouillât si peu de biê que mô Dieu m'a presté?
Les Princes de ce regne ont la bouche menteuse,
Qui ne manque iamais d'ombre de volonté.
I'ay trop esté pippé de leur humeur charmeuse,
  LA BAVSME, ie voudroy ne m'y estre aresté,
Il n'est chose auiourd'huy qui soit tant odieuse
Comme le teinct piteux de la necessité.
Tout ce que ie reserue & tout ce que i'attens
  C'est afin d'en passer honnestement mon temps,
Fidele seruiteur d'vne Dame loyale.

Comme toy, vray Amy, ie n'emprunteray rien.
,, Pour bien faire l'Amour il faut auoir du bien,
,, Dependant comme nous d'vne main liberale.

STANCES.

Puisque l'infinité n'a diffinition,
  Qu'on ne peut adiouster à la perfection,
  Que rien n'est à loüer à la loüange encore,
  Hé! que me seruiroit, diuine MONROVVEAV,
  D'entreprendre Amoureux d'embellir vostre beau,
  Qui vergongne l'honneur, qui l'honneur mesme ho-
Iumelle d'Apollon, vous emmurez Thaïs, (nore?
  Dont ie souspire en vain, en vain ie vous escris,
  Demandant quelque espoir où manque l'esperáce;
  Mais non, ie me reprens, que seroit vostre esprit,
  Et vos toutes beautez sans l'œil de mon escrit,
  Qui beau defy des ans fait voir vostre excellence?
Vous seriez tout ainsi qu'vn present Indien,
  Qui estant enterré de thresor deuient rien.
,, La vertu dans la nuict ne peut estre estimée.
  Le Laurier enfermé n'a d'aggreable vert,
  Il faut qu'il soit au iour çà & là descouuert,
  Dont la Dame au Renom est depeincte emplumé.
Vous demeurante ingrate à mon affection
  M'aurez donc maugré vous de l'obligation,
  Puisque ie suis d'Amour l'honorable trompette
  Entonnant vostre los d'vn esclattant dessus,
  Encores me trompay-ie, ô que ie puis bien plus
  Pouuát mieux r'accomplir vostre beauté parfaicte.
Comme on void vn lõg fleuue accroistre de ruisseaux,
  Ou par quelque fontaine amenant plusieurs eaux;
  De mesme i'ay pouuoir, tant soyez vous diuine,

Miracle de Telus, le chef-d'œuure du Ciel,
L'elegance de Cypre, & de Python le miel,
D'aggrandir vos grandeurs de celeste origine.
Ma Dame qu'eust-ce esté de ces Dieux immortels
Sans les hōmes faisans Vœux, Temples & Autels,
Et en Cerimonie, Oraison ordinaire?
Hé! qu'est-ce d'vn grand Roy si on ne le cherist?
Le monde inferieur l'honorant l'aggrandist,
Et la nuict pousse ainsi le iour qui nous esclaire.
Vous abuseriez donc si seule vous pensiez
Par vos perfections & vos biens enuiez
Sans mon ayde acquerir la gloire perdurable;
,, Ce n'est tout d'estre belle, il faut auoir pitié,
,, Ce n'est tout n'hayr point, faut porter amitié,
Et pource aimez celuy qui vous peut rendre aima-
Que si tu veux tenir l'or du bel ornement,   (ble.
Baille m'en donc, Déesse, vn supresme argument,
La doulce passion qui tout peut tout attraire,
Alte donc, mon Phebus, en grand doubte endormy,
      Anagramme de Marie Musset.
Attendant si son cœur ores M'EST SEVR AMI.
Las! ie voy biē que non, puis qu'il ne me veult plaire.

Sur la perte de beaucoup de mes vers, & du mespris qu'on faict de la Vertu.

STANCES.

Qve seruiroyent mes pleurs, mes souspirs & mes
  plainctes,
Regrettant ces beaux vers, mes enfans genereux?
Rien que de r'engreger mes cruelles attainctes.
,, Plus on parle des maux, plus ils semblent fascheux.

Qui pourroit m'accuser de ceste fiere perte?
 Chacun fust pris alors & traistrement vendu,
 La perdition toute estoit par tout ouuerte,
 Et ce qui s'est sauué auoit esté perdu.
O que i'eusse esté fort ayant si forte armée
 De tant de combattans, qui me deuoyent leur foy,
 Quelle Muse eust osé vers moy estre animée?
 La tempeste eust paru tousiours calme pour moy.
Cil qui les fait mourir meure sans sepulture,
 Ayant nourry coqu plusieurs enfans d'autruy,
 Qui les tient par larcin sente la prison dure,
 Soit desrobé sans cesse, & qui viendra de luy.
Bien qu'en ce regne icy meschamment miserable
 L'on face peu d'estat d'honorable sçauoir,
 Celuy qui ne sçait rien est maintenant loüable:
 Car la France abestie ignore son debuoir.
Il ne faut plus parler du beau fils de Latonne,
 Il est ores flougnac qui apprend la vertu,
 Le Prince list par cœur, le Cheualier Asnonne,
 Il suffist si l'on signe en ratelier tortu.
Alexandre où es-tu? Cesar, & toy Auguste,
 Qui (tesmoings tes beaux vers) es l'ame au Metoüä?
 Où est François premier, ce Roy braue & robuste,
 Qui en sa France mist le trouppeau Pimbleau?
Ie voy des hobereaux n'ayans rien que la mine,
 Qui ne font que voler & morguer ignorans
 De s'adüouer les leurs d'ame toute diuine,
 Non les fainéts vicieux qu'ils tiennent pour parens.
Le vertueux College a perdu son vsage,
 Le Noble est monstrueux s'il reconnoist Pallas,
 On met l'enfant ignare ordinairement Page,
 Qui n'apprend qu'à ribler, & à porter les plats.
De tel arbre tel fruict, France terreur des braues,
             C'est

C'est faict de toy voyant le vice imperieux,
Tes fils ne sont plus francs, ils s'en võt estre esclaues:
,, Car où n'est la Vertu, l'honneur n'est glorieux.
Tu pourrois posseder les biens du pôle Artique,
Si tu n'es vertueux ie ne t'estime pas
Plus que l'Asne qui porte vne saincte Relique,
Ce n'est toy qu'on saliie, ains les biens que tu as.
Baste, estant fauorit de la docte prudence
Ie n'ay aucun soucy de ce monde brutal.
,, Le propre d'vne beste est la lourde ignorance,
,, Ainsi qui ne sçait rien c'est vn sot animal.
O Dieu, qui de bon œil les ignorans n'aduise,
Pren pitié des François, & appaise leur Mars,
A fin qu'estant remis en leur doulce franchise
Ils soyët plus vertueux r'apprenãs les beaux Arts.
Fay que ceux qui viendrõt vueillent autant apprẽdre
Comme ceux qui sont naiz soubs Frãçois glorieux,
Et soubs Henry son fils, pour qu'ils puissent defendre
Et de plume & d'estoc l'honneur de leurs ayeux.

CXXIIII.

IL faut que le Cadet en son Oust se retire
Et aux Champs (ce dis-tu) propres au Caualier,
Mais il faut voir cõment, & mesme en quel cartier
Que sa condition honteusement n'empire.
Le Pilote aduisé n'ancre son beau nauire
Où aborde souuent le Corsaire meurtrier,
Le braue ainsi ne doit sa demeure lier
Pres l'orgueilleux Milord qui dedoré veult luire.
Errant, ie compagnonne auecques les seigneurs,
Courtiseroy-je apres ces petites grandeurs,
Qui cõme vn Rossignol n'ont que parole en plume?

C'est tout ce que ie puis que mon Prince honorer,
Il vaudroit mieux, SAINCTFAL, ne se point retirer
Que faire l'estafier corrompant sa coustume.

Contre vn Poëte mesdisant de Rabelais.

CXXV.

TA docte Muse auant que blasmer le doulx rire
Du diuin RABELAIS découpant quelque abus,
Ne chantoit enroüée, & croy que c'est Phebus
Qui de l'iniure aigry feste en ce lieu ta lyre.
Tu trouue en luy mauuais ce qu'en toy tu desire,
Et que par tes beaux vers tu estimes le plus,
Que tu exalte en d'autre, en honorant Bacchus,
Qui pris modestement n'est subject au mesdire.
Ainsi que RABELAIS l'a modestement pris,
Eust-il escrit gaillard tant de doctes escrits
Dont le flux fait couler le temps tristement lasche?
Tu t'es doncques trompé, soit luy portant rancueur,
Ou pour plaire aux voillez au vent de la faueur,
Ainsi voulant fascher quelquesfois l'on se fasche.

CXXVI.

IAQVES MARIE appren ceste mienne escriture
(Dont ie t'honore icy addoulcissant mon mal)
Puis que Tulle escriuoit à vn sien mareschal,
Ie puis bien mieux t'escrire exempt de laide iniure.
Toy qui es de long temps ma chere nourriture,
Qui m'as si bien seruy d'vn seruice loyal,
Comme Ian Robelet, ce Bourguignon feal,
Que i'ay entretenu iusqu'à la sepulture.

Crain Dieu sur toute chose, aime tes bons amis,
  Fuy le vergongneux vice, & ne fay d'ennemis,
  Vse discrettement & du vin & des femmes.
Revere ma memoire & des miens vertueux,
  Comme Loups enragez abhorre mes hayneux,
  Ne decelle Eraton, ni mes beaux Anagrammes.

QVATRAIN.

CIl qvi sera aimé
De ma Muse immortelle
Survivra estimé,
Plein de vertu fidelle.

CXXVII.

IE maudis à bon droict la guerre iniurieuse,
  Qui me tient si long temps en Gascongne aresté,
  Ne voyant ma Maistresse, Astre d'alme beauté,
  Qui rēd (divin RONSARD) ma douleur glorieuse.
Et aussi que ta lettre haultement gracieuse
  Me r'enflâme au souhait que i'ay tant souhaité,
  Induisant ma Clion à pleine liberté,
  Qui pourroit sous ton air voler partout heureuse.
Ie voudroy bien partir, mais helas! ie ne puis,
  Au nauire abordé comparable ie suis,
  Qu'on ne peut desancrer sans couper le cordage:
Car ne pouuant auoir congé de mon seigneur
  (DV MAINE ce grand Mars) sans blesser mon
    honneur,
  Ie ne sçauroy, RONSARD, faire ce beau voyage.

CXXVIII.

ENflé d'ambition, temeraire importun,
  Qui laisses Dieu à part, aussi es-tu Athée,
  Comme l'apparence est dessur ton front plantée,
  Rauissant au public le moyen opportun.

Y vj

Dy moy voleur superbe, ennemy d'vn chacun,
  Que sert ta passion dans le sang arrestée?
  Peux-tu faire vn honneur d'vne chose eshontée?
  Car le brigandage est abhorrable au commun.
Quoy? violer, brusler, assassiner le monde,
  Desrober, saccager, troubler la terre & l'onde,
  Nommes-tu telle horreur vn œuure glorieux?
Il faut pour bon subject vne guerre entreprendre,
  Non destruisant le monde vsurpément s'estendre,
  Cela c'est oultrager les hommes & les dieux.

CXXIX.

DEdales enyurez d'vn vin Imperial,
  Que mille Phaëtōs vous fuyuans veulent boire,
  Et mille autres Typhis, qui dessur l'onde noire
  Souffrent presomptueux du desastre fatal:
Que vous sert de peiner en faisant tant de mal
  Aux peuples innocents, à qui vous faicte' accroire
  Que l'honneur est la honte, & la honte vne gloire,
  En voilant vostre orgueil d'ombre Iusticial?
Que vous estes meschans! il vous plaist qu'on decore
  (Voire ainsi que Mahō qu'vn peruers mōde adore)
  Vos vices oultrageux comme pures vertus.
Vous voulez imiter des Cesars d'entreprendre,
  Qui corsaires plus grands ont faict les petits pendre;
  Mais tels vainqueurs cōme eux sont à la fin battus.

CXXX.

OBrauache effronté, dy que sont deuenus
  Tāt de grāds Empereurs soubs qui trēbloit la ter-
  Qui ont esté l'effroy de l'effroyable guerre, (re,
  Et tant d'autres seigneurs par le fer paruenus?

Sçachez qu'ils furent tous presque tous abbatus,
  Eux qui emprisonnoyent ont esté mis en serre,
  Fer, feu, l'eau, la poison (brisées de leur erre)
  A leur honte les ont iustement combatus.
Reputation belle! ô renom honorable!
  Finir comme vn brigand d'vne mort detestable,
  Ie t'entends, le temps veult qu'on vole du Laurier
Au prix du sang d'autruy & du bien qui t'enflâme,
  Encores pour vn grain tu te monstres si fier,
  Que desordonnément tu fais damer ta femme.

CXXXI.

IE me ry (non sans cause) auisant des galands
  Qui par Mauors tenans toute France en destresse,
  Bien qu'ils soyët roturiers, faire tousiours les grands
  Soubs l'ombre de leur vol & de quelque hardiesse.
Il n'y a que pour eux, eux seuls sont excellens,
  D'eux nasquit la Vertu, & toute gentillesse,
  Des plus braues issus d'ancienne noblesse
  Ne sont que des maraults, & que des fiolans.
Ils parlent à cheual, leurs femmes sont damées,
  Leur fortune a congé d'enflamer leurs fumées,
  On craint double reuolte en ce regne irrité:
Car c'est de là, par là, d'où vient leur fiere audace.
  Que si Mars s'appaisoit, s'abbaisseroit si basse,
  Qu'ils voudroyent (PERICARD) n'auoir iamais esté.

CXXXII.

I'Accompare, D'ASSEZ, ces petits compagnons,
  Qui par guerre soudain contrefont des habiles,
  Dédaignans leurs Majeurs naiz de races gentilles,
  Tant de fois reconnus plus braues champions,

Aux enfans d'vne nuict qu'on nomme champignons,
Qui semblent au taster friandement vtiles,
Mais qui mangent beaucoup de ces viandes viles,
Il treuue n'estre rien que putrefactions.
En se pensant nourrir le pauuret s'empoisonne,
Qui hantera de mesme vn presumant Bisongne,
Au lieu de faire amy il fera vn hayneux.
Va doncques nouueauté traistreusement parée,
Va doncques broüailleux qui pour mésaire aggrée,
Mon cœur touté vertu n'aime les vicieux.

CXXXIII.

L'Excellence excellente est au bon arbre Huilier,
De qui l'vnique fruict donne la santé chere,
La paix fille de Dieu, la Dame Iusticiere,
Se represente aussi par ce digne Oliuier.
Ce n'est rien que le Palme, & rien que le Laurier,
Il ne rapporte point, & si ne dure guiere,
Où cestuy-cy fecond, qui baille la lumiere,
Comme vainqueur du teps est deux siecles entier.
Ce beau tige a ce bien, mais sa greffe, INTERVILE,
Que i'ente dans mon cœur luira tousiours vtile,
Estant d'illustre honneur l'honorable phanal.
He! comment mourroit-il? sa flame est immortelle:
Car le vol de ma Muse est du vent de son aisle,
Ayant en sa faueur faueur d'Amour loyal.

CXXXIIII.

IE preuoy mon espoir tantost desesperé,
Ie suis ores en Beausse abbatu d'vn voyage,
DV COVDRAY, i'ay trouué vn Amy de lâgage,
Qui a la bouche libre & le cœur enferré.

Ton meilleur naturel doit plus estre honoré,
  Tu n'es en ta promesse aucunement volage,
  Aussi que les grans Dieux t'ont faict bel aduātage:
  Car le BON-HEVR COLORE icy ton bien doré,
,, Où la felicité n'apparoist fauorable
,, L'honneur s'esuanoüist, richesse est miserable,
,, L'on se trauaille en vain, l'on s'auance au rebours.
C'est pourquoy fortuné tu peux dignement luire,
  Le bon-heur est chez toy que tousiours tu desire,
  Et le bon-heur chez toy te desire tousiours.

CXXXV.

Pourquoy te fasches-tu d'auoir des sots parens?
  Tu n'y sçaurois qui faire, he! c'est doncques folie,
  Où il n'y a remede il ne faut qu'on s'ennuie,
  Et si pour compagnons tu as beaucoup de grands.
Qui en sa race n'a de ces sots mal-plaisans,
  Ni quelqu'vne faisant l'Amour par courtoisie,
  C'est vn ladre MORNAC, c'est la mesme ladrie,
  Indigne d'habiter auecq' honnestes gens.
Pour quelque sot cousin quelque gaye cousine,
  Cela ce n'est qu'honneur, vn badin, vne fine,
  S'accordent galamment, tesmoing ton cousin Ian.
Sçais-tu pas que Venus auoit vn sot difforme?
  Car quand Madame danse, il faut que Monsieur dorme,
  La nuict plus que le iour duist au bal Courtisan.

A Maistre Gilles l'Vsurier, Procureur à Chartres.

CXXXVI.

TA qualité & ton nom te font tort,
  Le Procureur semble double aduersaire,
  Faisant soubs-main des traicts qu'on ne doit faire,
  Et renaissance au plaidoyant discord.

Où toy qui es discrettement accord,
　Preud'homme entier tu abbreges l'affaire,
　Puis vsurier tu n'es point vsuraire,
　Ains secourable & des pauures support.
Le nom doit estre indice de la chose,
　Nombre infiny sur ce subiect s'expose,
　Ainsi Mauors par sa force est nommé.
Pren donc vn nom à ton humeur duisable,
　Non fay, tu es comme vn grand plus loüable,
　Qui grand guerrier paisible est estimé.

CXXXVII.

Voicy Ioye voicy l'an qui m'est mal-heureux,
　Mal-heureux suis-ie bien en mauuaise fortune,
,, Fortune aux gens d'honeur ne se môstre commune,
,, Commune est la faueur aux meschans cônoiteux.
Conuoiteux ioüyssans des biens indignes d'eux,
　D'eux par qui ie reçoy l'indigence importune,
　Importune fierté qui leur semble opportune,
　Opportune doulceur s'esgare de leurs yeux.
Yeux qui ne voyent pas leurs ennemis en armes,
　Armes qui donteront leurs insolents vacarmes,
　Vacarmes qu'on verra abhorrer d'vn chacun.
Chacun les poursuyura, i'enten desia l'Orfroye,
　L'Orfroye auant-coureur du dueil de nostre Ioye,
　Ioye auancez vous donc, & n'en laissez pas vn.

CXXXVIII.

CE petit Pelerin qui fait si bonne mine
　(Aussi a-il RONSARD l'esprit & le cœur bon)
　Ne se voüe à LIESSE où l'VNIQVE a renõ,
Vne autre nostre Dame eschauffe sa poitrine.

Il a deuotion à celle de l'espine,
  Qui esteint doulcement le feu de Cupidon,
  Il y va bien empoint, garny d'vn beau bourdon,
  Afin d'honorer mieux ceste image diuine.
Aussi tost qu'il sera pres de ce digne Autel,
  Il pri'ra d'appaiser son bisarre martel,
  Tenant chandelle ardente en humilité grande,
Et n'aura si tost dict sa briefue oraison,
  En iettant l'eau beniste (apres sa belle offrande)
  Qu'il n'aye (en se croisant) la doulce guerison.

CXXXIX.

CEluy auroit le cœur d'vne roche marine,
  Qui voyant tes vertus n'en seroit Amoureux,
  Dont moy galand, affable, honneste, genereux,
  I'adore ta beauté, l'image d'Erycine.
Or comme vn messager qui longuement chemine
  Parmy l'ample cãpagne & grands bois ombrageux
  S'esgare aucunesfois: de mesme auantureux
  Ie crain quelque destour en chose si diuine.
Mais si tu veux m'Amie oster ton mal d'esprit
  (Douleur qui par Amour seulement se guerit)
  Belle Blaisoise il faut m'embrasser sans faintise.
Comme vn clou chasse l'autre, ainsi mon feu nouueau
  Consommera l'ardeur qui gaste ton cerueau,
  Et en tes ceps d'Hymen te mettra en franchise.

CXL.

MARCHANT, tu n'es marchãt que de cœurs honorables,
  Encores ton achapt est vn glorieux gain:
  Car ta bouche est si franche & si franche ta main,
  Que soudain tu acquiers des Amis desirables.

J'admire tes vertus qui sont esmerueillables,
 En ce regne rompu sanglamment inhumain,
 Parce qu'en ta ieunesse on reconnoist à plein
 La prudence & l'effect des guerriers redoutables.
En la Cour iusticiere, où l'on va reculant,
 MARCHANT tu marches droict, d'vn pied qui non foulant
 Te fait comme vn miracle en la France paroistre.
Ainsi reluist ainsi ton cœur iamais vaincu,
 Dont ma Muse apprendra qu'entier tu as vescu,
 Et que vray Paladin tu t'es faict reconuoistre.

LA goute rage mondaine,
 Où le docte est ignorant,
 Horreur de l'alme neufuaine
 M'embasme d'vn feu si grand
Que ie ne puis respondre ore
 A ces carmes singuliers,
 Dont le pere que i'honore
 Merite vn rond de Lauriers.
Mais si la santé amie
 Thresor de l'extresme bien,
 Sans qui vie n'est point vie,
 Bande mon Luth Delphien,
Et que dispos ie reuiue
 Ie resonneray des vers
 Qui en sa faueur naïfue
 Primeront par l'Vniuers.
Or ie vis en esperance
 De reuiure encores mieux.
,, Viure en cruelle souffrance
,, Ce n'est qu'vn viure odieux.

Et suis maintenant en doute
  Que l'on meure de douleur,
  Puis qu'on ne meurt de la goute
  Plus oultrageuse fureur.

Dialogue auec les Muses.

LASPHRISE.

Vses qui deffiez l'affront du temps volage
Ie me deulx fort de vous (nõ pour mõ interest)
I'ay par vous, vous par moy vn honneur qui parest
Et qui apres mille ans parestra d'auantage.

MVSES.

Que vous auons-nous faict ? qui vous meut donc

LASPHRISE.

A vous plaindre de nous, qui vous aimõs sur tous,
Et qui auons monstré tant seulement en vous
Que nostre Art sans nul Art est d'humeur plus exquise?

LASPHRISE.

I'auoüe (& est bien vray) que vous chere Neufuaine
Entre vn nombre excellent de braues Paladins
M'auez daigné choisir, pour sur tous voz diuins
Faire treluire en moy vostre ardeur souueraine;
Mais ie ne suis ingrat de vostre alme richesse,
  L'ay-ie pas employée au front des beaux Amours,
  Et en vingt mille vers, lumiere de vos iours?
Puis seul ie vous fay seul naistre au lict de proüesse.

MVSES.

Nous le connoissons bien, c'est pourquoy comme vnique
  Nous vous glorifions d'vn renom nompareil;
  Mais à fin qu'on ne pense en nous aucun orgueil,
Dictes, puis nous ferons quelque iuste replique.

LASPHRISE.

C'est qu'aux chāps de DVNOIS vn Cheualier habite
Que vous ne sçauriez pas pour fils desaduoüer,
Tant sa doulce Chanson peut grauement loüer,
Dont vous mesconnoissez l'honneur de son merite.

MVSES.

Qui est ce Gentil-homme issu de nostre essence
De qui taisons le los (bien de nos biens disers?)

LASPHRISE.

Tel est VILEGOMBLAIN, pere de si beaux vers,
Qu'il deuroit estre guide en vostre saincte dance.

MVSES.

Comment proponcez vous paroles si depittes?
S'il nous accuse il est digne d'estre accusé,
Non, non, VILEGOMBLAIN ne peut estre excusé
Par Iunon, par Hymen d'abandonner nos suittes.
Que s'il s'est mesconneu, ceste mesconnoissance
Ne surionne de nous qui l'auons allaicté,
Et si ne nous hantant l'Amour l'a mal traicté,
Qu'il ne s'en prenne à nous, ains à son oubliance.
Ainsi fait le dolent qui n'vse du regime
Que le sçauant Peon luy auoit ordonné,
Et ainsi le plaideur lors qu'il est condamné
N'ayant suyuy l'aduis d'vn VOVLY qu'on estime.
Le bisarre soldat honoré par les armes
Ainsi masche vn desdain, iniuriant Mauors.

LASPHRISE.

Ce Paladin n'est tel: car luy des plus accords
Vous loüe infiniment, & vous taisez ses carmes.

MVSES.

Il ne falloit pourtant laisser son origine:
  Car il a bien paru que sortant du berceau
  Il estoit arrosé du Moly & de l'eau
  Qui par son onde rend l'ame toute diuine.
Que s'il n'eust esquiué nostre bande sacrée,
  Vnique il eust esté vn Homere François,
  Encores luira-il, & le bruit de sa voix
  Sera fameux Orphée en chacune contrée.
Oy, appren les honneurs qui par nous le renomment,
  Nos desirs cristalins le font connoistre à plein,
  Leurs gracieux murmurs disent VILEGOMBLAIN,
  Et rien que ce nom là les Najades ne nomment.
Va depuis l'Antarticq iusques à l'autre pôle
  Contemplant le plaisir en nos doctes ruisseaux,
  Tu verras, tu oirras que la voix de ces eaux
  Dira VILEGOMBLAIN en modeste parole.
A luy seul nous sacrons l'vnique benefice
  (Vnique le disons: car seul il n'est qu'à luy)
  A l'onde & aux forests où passons nostre ennuy,
  Dans les valons secrets son nom sert de delice.
Aux plaisantes saisons qu'on oyt le gay Zephyre
  Saliiant nos Syluains à l'embouchoir d'vn val,
  Il dit VILEGOMBLAIN, ronflant son nom fatal,
  Et riē que son beau nom le doulx vent ne souspire.
Si donc VILEGOMBLAIN a laissé nostre table,
  (Soit par les biens sorciers, ou Royales faueurs)
  Il s'en faut prēdre à luy, & nō pas aux neuf Sœurs,
  Qui l'ont fatalisé d'vn heur irreuocable.
Nous n'auōs pas soucy des grādeurs d'vn Monarque,
  Sans nous en peu de tēps ce n'est qu'vn ombre vain:
  Car si durant ses iours nous n'y mettons la main
  Il n'a plus qu'vn Coquin d'honorable remarque.

LASPHRISE.

Bien que ce nouueau Mars se plaise à l'opulence,
Si ne vous a-il pas mises à nonchaloir,
Il vous adore trop, qui me faisoit douloir,
Voyant que son renom n'esgaloit sa science.

MVSES.

S'il se plainct, sa plaincte est ingratement picquante.

LASPHRISE.

Sainctes Déesses, non, il paroist mieux nourry;
Mais ie ne pensoy pas que l'eussiez tant chery,
Pardonnez donc de grace à ma faute innocente.
„ Le propre aux Deitez, que deuot ie reclâme,
„ C'est remettre l'erreur qui n'est faicte à dessain.

MVSES.

Viuez doncques enfans, & que VILEGOMBLAIN
Soit l'ame de LASPHRISE, & LASPHRISE
son ame.

CXLI.

Puis que tu es mon ame enjoincte par les Dieux,
Ie viuray doncq par toy, ma belle ame infinie,
Puis que ie suis la tienne, aussi suis-ie ta vie,
Dŏt l'vn ne peut sans l'autre estre au mŏde ioyeux.
N'entre pas, cher Patron, au fleuue Stygieux,
Ie flotteroy chetif sur la vague noircie,
De mesme ie fuyray la mortelle furie,
Afin que tu reluisé au iour victorieux.
Mais mon ame ne peut empescher la destresse
Qui m'afflige brouillonne, où ton ame maistresse
Borneroit aisément le bisarre destin.
Comme le Soleil vainc la lueur de l'estoile,
Et la grand nef bouffante vne petite voile,
Ainsi tu peux Auguste auoir mon Augustin.

CXLII.

JE me plains, mon Amy, de ma fortune estrange
Et de l'effort menteur d'une orde trahison,
  Qui broüille le diuin de ma saine raison,
  Qui m'ennuye ardemment en penible meslange.
Plain moy & ie plaindray ton bon-heur qui se chãge
  Depuis le dur despart de ta belle maison;
  Mais non, maugré le sort l'heur y est à foison,
                        Anagramme.
Parce qu'en ta faueur DIEV Y MET LE BON ANGE.
N'ayes doncques soucy du coup Mauorien,
  En despit des voleurs tu as assez de bien;
  Amy ie t'ayderay à la vengeance extresme.
Ne te fasche, BEAVLIEV, le Ciel sera pour toy,
  Puis qu'en ton beau logis est la verité mesme,
  Mais attendant l'effect plain mon bisarre esmoy.

CXLIII.

ENcores que la gloire immortelle beauté
D'un honneste hõme entrant au joug de mariage
N'en amoindrisse point, il n'est plus grand seruage
Qui puisse aueugler l'œil de l'honneur indompté.
Quand il espouseroit une lubricité,
  Son Laurier pour cela ne deuiendroit sauuage,
  Mais il faut s'abrier voyant l'espais nuage,
„ Qui par sa faute a mal merite aduersité.
Qui voudra donq, VALANCE, engarder que sa fem-
  Ne s'esgaye du tout d'une impudique flame, (me
  L'eslongne de la Cour ennemie au soucy.
Sur tout celle d'esprit triomphe de Cythere,
  C'est ietter le poisson dans une bonne eau clere
  Que de la mettre là, à la grand' ville aussi.

CXLIIII.

Pour me desennuyer ie n'ay qu'vn gros Picard,
 Qui danse quelquesfois d'vne grace posée,
 Il emble tout ainsi qu'vne ieune espousée,
 Et de cadance encor iamais ne se despart.
Sur le soir plus dispos il bondist par hazard,
 Il tombe doucement comme vne tour rasée,
 Il souspire à hocquets, il rid de sa risée,
 Il est pour vn camus amiable paillard.
Il est laborieux, il prend bien ceste peine
 De boire du meilleur la tasse toute pleine;
 Bref il est merueilleux, c'est vn noble Cocu,
Qui prononce bien Dieu alors qu'il se courrouce,
 Il a sur tout la grace aggreablement doulce:
 Car tousiours, tant est bougre, il va gratāt son Cu.

CXLV.

Mon Picard n'a qu'vn vice en chaque qualité,
 Il n'est de ces fringās qui veulēt qu'on les loüe,
 Tout le plaisir qu'il prend il veult que ie l'auoüe,
 Et dit que c'est d'autant que ie suis attristé.
Mais afin d'euiter la molle oisiueté,
 Il dort, ou boit, ou masche, ou paillarde, ou il ioüe,
 Contrefaisant le singe il morgue, il fait la moüe,
 Il baue, il rotte, il pette en toute honnesteté.
Hardy comme vn Renard il ne rougist de honte,
 Mon Picard n'en a point, si ce n'est quand il conte
 Que sa femme à Paris à chacun tend beau ieu,
Qu'il a pour compagnon vn monde magnifique,
 Estant plein, son plain chant surpasse la musique,
 Car il a bonne voix pour bien crier au feu.

ELE

ELEGIE.

Chere CLION, ma fidele compagne,
Qui enfermée ou guerriere en campagne
M'as veu tousiours pleine d'affection,
Debifarrant ma dure paſſion
Tantoſt d'Amour, qui m'a tant faict d'oultrage,
Que forcené d'vne jalouſe rage
Ie fuſſe mort de moy-meſme bourreau,
Sans ton ſecours des ſecours le plus beau:
Car ta doulceur m'affriandoit charmeuſe
En deſtournant ma fureur impiteuſe,
Tantoſt bleſſé deſſoubs les eſtendards,
Tantoſt dolent par les peines de Mars,
Tantoſt faſché par vne perte bleſme
D'vn bon parent ou d'vn Amy qu'on aime,
Tantoſt attainct d'autre accident mondain,
Tantoſt brouillé d'vn procés inhumain,
Somme tu m'es comme mere opportune,
Me renaiſſant deſpitant l'infortune.
C'eſt donc raiſon qu'en mes œuures diuers
Ie te loüange admirant ſi beaux vers:
Car mon Démon n'eſt ſi meſchamment rude,
Qu'il loge en luy la laide ingratitude,
Vice abhorrable aux hommes & aux Dieux,
Comme de tous le plus pernicieux.
Mes Nepueux donq apprendront la nouuelle
Comme tu m'as eſté ſi naturelle,
Que ſans nul Art comme ſans eſtudier
Tu fluë en moy m'honorant du Laurier;
Mais d'auantage, ô vertu nompareille,
(Qu'on doit tenir comme rare merueille)

Z

Qu'en mon dormant d'vn gracieux repos
Tu me viens voir composant à propos;
I'en ay noté en mes beaux Epigrammes,
Ie ne tairay les duisans Anagrammes,
Qui sans chenille ornent mes vers dorez,
Que (pour subject) ie n'ay tous declarez;
Mais, ma Mignonne, afin qu'on ne t'oublie,
Ni ta faueur, belle ame de ma vie,
Il faut, ie veulx enuoyer cest escrit
A l'Amy franc ton cœur, & ton esprit,
C'est luy qui sçait nostre verité vraye,
Qu'il defendra d'ardeur brauement gaye,
Soit par parole, ou par le fer trenchant:
Car Paladin la gloire il court cherchant,
Il va, il vient par l'honorable monde,
Et puis chez luy diuerse gent abonde,
Et a tousiours tant de discretion,
Qu'Amour l'adore auecq' deuotion;
Tesmoings m'en soyent maintes Nymphes Dunoises,
Et la Déesse aux riues Vendomoises,
Royale fleur au beau tainct blanchissant,
Qui rend VIEFVY en Amour fleurissant.
I'atteste ainsi ses loingtaines Maistresses,
Puis là les Mars apprennent les proüesses,
Dont sa maison est le lieu vertueux:
Ainsi, CLION, nous suruiurons heureux,
Comme vn grand Prince attainct de la tourmente
Fait de beaux vœux si Neptune l'exempte,
Et tout soudain qu'il se void sur le bord,
Que la Nauire est ancrée à bon port,
Il va deuot dedans le sacré temple,
Et par ses vœux il sert de bonne exemple,
Ses vœux offerts au supresme Patron

Font l'admirer luy acquerant renom,
C'est le phanal de son digne voyage,
Ainsi t'offrant à VIEFVY, mon courage,
Mon cher voisin lustre de la vertu,
Par qui le vice est difforme abbatu,
Nous reluirons en despit de l'enuie.
Porte luy donc ma coulante Elegie,
En l'asseurant que ie seray tousiours
Son seruiable honorant ses Amours.
Que tu seras CLION la bien-venuë,
La belle HEAVME vne Charite esluë,
Son cœur, ses yeux, sa gracieuse sœur
Caressera ta gentille doulceur,
Puis tu verras DES TOVSCHES leur bon frere,
Qui accomply te fera si grand' chere,
Que ie ne puis icy te l'exprimer:
Car il me daigne extresmement aimer.

CXLVI.

LE sage estant attainct de maladie,
Si tost qu'il sent quelque mal intestin
 Va rechercher le docte Medecin,
 Qui estant creu luy sauue apres la vie.
Dont me voyant gonflé de frenesie,
 En composant iour, nuict, soir & matin,
 Où depuis peu ie sens mon cœur enclin,
 Dy moy (DV PORT honneur de Poësie)
Pourquoy ie suis aux vers tant addonné,
 Moy qui pensoy estre seulement né
 Pour voir l'ardeur de l'altiere Bellonne,
Qui m'a bruslé d'vn feu ambitieux;
 Mais toutesfois sa flame ne m'estonne
 Tant que me fait l'Astre de deux beaux yeux.

Z ij

DIVERSES

Responſe du ſieur de DV PORT au ſuſdict Sonnet.

CXLVII.

LASPHRISE, ie ne veux celer ce qu'eſt en nous,
Pour frauder le loyer que la Vertu merite,
Si i'ay quelque ſçauoir dans l'eſprit qui m'agite,
Tu n'en as moins que moy pour te rendre reſouls.
Tu ſçais que le Deſir qui nous commande à tous
Rencontrant autre ardeur la raiſon premedite,
Lors noſtre iugement dans la ſource nous quitte,
Dont les braues eſprits ne furent iamais ſaouls.
Tu ſçais que la Vertu, qui de la nuict nous tire,
Ne ſe plaiſt qu'en ſa nuict comme tu te deſire,
Cela ne te part point (ô diuines Amours)
Que tu n'ayes gouſté des neuf Muſes la grace;
Que me ſeruiroit donc te faire des diſcours,
Puis que tu es deſia au ſommet de Parnaſſe?

ELEGIE.

FRANCE, qui m'as donné la chere nourriture,
Et dont i'attends auſſi la doulce ſepulture,
Mere ie te ſupply' de ſouſtenir ton fils,
Si quelque meſdiſant luy vſoit de meſpris.
Or ie te veux conter ce qu'on voudra meſdire,
Et ce que iuſtement tu pourras contredire.
Si quelque Auolé dict que ie cele mon nom
(Volant par l'Vniuers) qui eſt DE PAPILLON;
Reſpons luy au contraire, ains que ie l'eterniſe;
Mais parce qu'à bon droict l'on m'appelle LASPHRI-
Et que par autre nom ie ne ſuis renommé,   (SE,
Qu'on ne me connoiſtroit d'vn autre nom nommé,
Qu'auſſi eſt-ce vn fief de la terre ancienne
De VAVBRAVLT d'où ie ſuis aux beaux champs de
TOVRENE,

Que MARC est mõ nom propre illustre en toutes parts,
Et qu'en son braue honneur i'ay faict beaucoup de
  MARS,
Qui pourront quelque iour Herôs parmy les armes
Acquerir cent Perrons sur les plus fiers gend'armes.
Quelqu'autre te dira que ie suis vn vanteur;
Dy que c'est la coustume à vn loüable Autheur.
,, Qui seme doit auoir du profit de la graine,
,, Que la seule loüange est le fruict de ma peine,
,, Que cil qui par valleur sceut les Palmiers planter
,, Sans enuie & sans honte au moins les peut conter,
,, Qui blasme vn qui se vante en son acte estimable,
,, Est signe qu'il ne fait chose qui soit loüable,
,, Que mille œuures diuisans d'enuie eussent peris,
,, Si par leurs bons Autheurs ils n'eussent esté dicts:
Tesmoings tant de grãds Chefs qui morts reuiuẽt ores,
Hannibal, Marc, Caton, Plutarque, Tulle encores.
Mais quoy ? ils estoyent vieux : & mon labeur passé
Menaçant du tombeau me rend desia cassé.
Que m'auroit-il serui si ma gloire fameuse
Ne duroit plus que moy en balance douteuse?
Il m'eust bien mieux vallu (comme dict l'Eloquent)
Viure gay en repos sans me trauailler tant.
En parle qui voudra, i'aime mieux qu'on m'enuie,
Que comme vn auorton la memoire m'oublie.
,, Qui n'aspire au renom demonstre euidemment
,, Qu'il est pauure de cœur, & plus de iugement.
Ie ne suis donc blasmable alors que ie me loüe,
Imitant les plus grands, dont le diuin m'aduoüe.
Puis si quelqu'vn te dict que mes beaux vers François
N'ont esté faicts sans art, que ie ly quelquesfois,
Respons pour m'approuuer que ma Bibliotheque
Est vn ratelier d'arme', où de iour en iour presque

Si le Ciel ne larmoye, & si ie suis dispos,
I'y pren mon escopette & m'exerce à propos,
Que ie regrette fort de n'auoir la nature
(Comme tant de sçauans) encline à la lecture.
S'on te dict que ie prens (moy qui suis retiré)
Le nom de Capitaine, ores moins honoré;
N'oublie à repliquer que ce genereux Tiltre
Ne s'esuanouïst pas comme cil d'vn belistre,
Que ie ne perdray point (car ses Lauriers sont verds)
Ce beau grade guerrier, l'ornement de mes vers,
Ce nom de Capitaine acquis d'espece vraye,
De trauail, de douleur, de sang, de coups, de playe,
Bien que plusieurs mal-nez ores l'ayent soüillé
Par les mal-heurs du temps peruersement broüillé,
Et que ieunet desia ardant de belle flâme,
D'ambition guerriere, où s'addonnoit mon ame,
Ie trauersay les Mers sans craindre le méchef,
Afin d'auoir vn iour ce digne nom de Chef,
Que ie n'ay redoubté ni l'onde glaciale,
Ni celle dont l'ardeur d'vne autre n'est esgale,
Que l'Afrique, l'Asie, & que l'Europe aussi
Ont plusieurs mois conneu ma braue humeur ainsi,
Que la chaude ANCELOTTE ouyt mon harquebuse,
Et la froide Allemagne, où Bellonne s'amuse,
Si ie commençay bien, que ie n'acheuay mal,
Ce fust à VIMORY, où l'honneur Martial
Me saluä si bien, que sans l'ingrate essence
Mon loyer eust donné à d'autre recompence;
I'auoy esté vn an sans voir mon Duc prisé,
Et croy que tout alors m'auoit fauorisé,
Air, terre, eau, feu, clair, rôde, humide, plein de braise,
Luisoit, accomplissoit, baignoit, me brusloit d'aise,
Et mon Genie heureux m'auoit de gloire orné,

Quand il me mena viste au camp à COVRTENÉ.
Là ie n'eu le loisir seulement de repaistre
Pour aller à la guerre, où mon-seigneur mon maistre
N'ayant auecques luy que quarante guerriers
(Gentils-hommes d'hôneur Amoureux des Lauriers)
Defist, garantissant sa bonne Infanterie,
Bon nombre d'ennemis, ennemis de sa vie,
Monstrant à son langage au front de la fureur
Qu'il vouloit qu'on conneust son magnanime cœur;
Trois Cornettes pres luy parurent dans la plaine.
CHARGE (dist ce grand Prince) A MOY LE
  DVC DV MAINE,
VICTOIRE MES AMIS: Prononceant tels propos
Chamailloit l'ennemy qui luy monstra le dos,
Et auoit rencontré (fortune esmerueillable!)
LE BARON D'OSNE, chef de l'armée effroyable,
Qui blessé sentit bien le bras victorieux,
Les Thudesques sauuez de choc si furieux
Tesmoigneront des coups qu'ils ont eus par derriere
Que l'enfant Gaulois frappe aussi bien que le pere.
Ce fust là où vaillant par vn iuste debuoir
Ie fis à ce grand Prince honorablement voir
Que ie n'estoy de ceux qui primoyent à sa table,
Mais bien en le suyuant au combat remarquable.
Là i'eu là ce bon-heur, qui est mon bien plus grand,
De l'auoir trouué seul au danger euident
Bouillonnant & fumeux, plein d'honneur temeraire,
Où croyant mon aduis, qui luy fust salutaire,
Nous courusmes fortune ensemblément sans peur,
Et fus seulet vne heure aupres de luy vainqueur,
Depuis par son vouloir en bourrasque hazardeuse
I'allay viste à Nancy pres son Altesse heureuse,
Retournant indispos ie laissay lors ma Cour,

Z iiij

Et m'en reuins en Beauſſe à Moiſy mon ſejour,
Ayant veu que i'eſtoy comme vn qui auec peine
Marche alteré bien loing pour boire eau de fontaine,
Et quand il en eſt pres, qu'il tient le verre plein,
Par mal-heur ſans ſa faulte il luy caſſe en la main.
Or par la ſolitude & la melancholie,
Et par les coups guerriers qu'a tant receu ma vie,
A ceſte heure à toute heure on me void douloureux
Beau guerdon le guerdon d'vn ſoldat mal-heureux.
Voyla ce qu'il faudra qu'en tous lieux tu reſponde,
Afin de rendre begue vn preſomptueux monde,
Qui m'eſt fort deſplaiſant: car de mon naturel
Ie ſuis honneſte, & veux que l'on m'eſtime tel,
Et à l'endroit du Sot, qui m'vſe d'arrogance,
I'eſpouſe la ſuperbe, & ſuy l'oultrecuidance,
N'enuiant à aucun ſon heur ni ſon moyen;
Mais qui m'eſtime peu ie ne l'eſtime rien.
Et ceux qui abuſoyent de mon humeur aimable
Doulcement gracieuſe, humblement accoſtable,
Se ſont touſiours trompez: car comme le vin doulx
Eſt lors qu'il eſt aigry bon vinaigre ſur tous;
Ainſi certes ainſi le Caualier honneſte
Vainc l'homme glorieux qui d'homme ſe fait beſte.
Ie diray de cecy vn exemple de foy
Que DIEV par ſes bontez fiſt reconnoiſtre en moy.
Sept me vinrent cercher à Paris l'opulente,
Plus d'vne heure dura la bourraſque ſanglante,
Vainqueur iamais vaincu pourtant i'eſpouuanté,
Et baty non batu chaque ennemy venté,
Memorable combat! où le grand Duc DE GVISE
Comme mediateur honora ceſte priſe.
Or eſtant la trompette icy de mon beau los
(Loyer de mon labeur en mes ans plus diſpos)

POESIES.

Ie ne doubte l'orgueil de la ialouse enuie,
Ains ie veux maugré elle au long plaindre ma vie.
,, Beaucoup de chose en peu ne se peut declarer,
,, Le mal qui touche au cœur fait le plus souspirer.
Hé! penible douleur, fais ouyr ta parole,
Las! ce qui en mon dueil quelquesfois me console,
C'est que si les Martyrs doiuent estre loüez,
Si leurs mal-heurs les font pour heureux auoüez,
Ie le seray en fin: car ie n'eus onc iournée
Qu'on puisse entierement dire bien fortunée,
Et quand i'ay attrappé quelque plaisant souhet,
C'est chiquette à chiquette, à grand' peine, à regret,
Si ie n'eusse auisé preueu ma doleance,
La denanceant d'vne ame & saincte prouidence,
Comme le bon pasteur en gardant son troupeau,
Voyant le temps brouillé, signe d'orage, d'eau,
Choisit viste vn abry, & promptement l'y meine
Coupant chemin au flot, aduancourant sa peine:
De mesme ie couroy au deuant du mal-heur,
Et quand il m'est venu apparence d'vn heur,
C'a esté vn appast d'affaires ennuyeuses.
Ie me parforce assez d'inuentions ioyeuses,
Brauant le sort ingrat, dont les coups me defont,
Quand ie le considere en vn penser profond:
Car si l'artisan a du gain de son ouurage,
Et si les beaux effects meritent aduantage,
Ie deuroy aduancé paroistre opulemment,
Vous m'en estes tesmoings Rencontre de DORMANT,
Où ie fus veu tuant, en pourpoinct, pesle-mesle,
Le VERNAY, VYMORY, fossé de la Rochelle,
Vous monde d'escarmouche, assaults de Lusignan,
Danfront, Sainct Lo, Broüage, & Fontenay, Maran,

Z v

Sainctes, Mesle, la Meure, & villes Daulphinoises,
Vous meurtriere Thetys, vous honorables noises,
Et vous cent mille hazars par miracle passez,
Qui souuët m'ont faict mettre au rang des trespassez,
Ie me puis bien vanter de cecy sans enuie,
N'y ayant butiné que coups & maladie,
Ie meurs me souuenant d'auoir à mes despens
Tant couru, tant souffert, perdu mes plus beaux ans,
Soubs l'ombre d'vn honneur, & n'aspire m'estendre
En de plus grans moyens qu'à fin de mieux dependre.
Pardon, si ie vous dy que vous deuiez, ô Dieux,
Me rendre plus heureux, ou moins ingenieux,
Pour ne comprendre point mes peines inutiles.
Trois fois bien fortunez, pauures gens imbecilles,
Vostre fel vous est sucre, & receuez le fiel
Tout aussi doulcement que si c'estoit du miel.
Nul viuant ne sçauroit sentir la Parque inique
Plus que moy, qui seroy de sens paralitique,
Desnué de raison, autant qu'vn dur rocher,
Si mon sort impiteux ne me faisoit fascher,
Et le plus grand plaisir que le ciel me desparte
C'est lors que ie ne pense à ma fortune ingrate;
Ingrate est elle bien : car au lieu du guerdon
La mauuaise m'a pris ce que i'auoy de bon.
Ne m'a-elle pas veu dés ma douillette enfance,
Où ie la seruoy plus que ie n'auoy puissance?
Mon Printemps gracieux la suyuit iusqu'au bout,
Et mon ardent Esté qu'elle a eu ainsi tout,
Elle n'en aura plus la farouche cruelle,
(Aussi n'en puis-ie plus par ma douleur mortelle)
Elle fait que les morts sont plus heureux que moy.
,, La mort aux gens de bien borne le triste esmoy.
Mon esprit est rongé de regrets desplorables.

Pour auoir trop conneu les ingrats detestables.
On dira que plusieurs, mesmement les vieillards,
(Soit au chãp de Neptune ou soit au champ de Mars)
Ont senty sa rigueur ardemment rigoureuse;
Mais nõ tant que la miéne entre autres mal-heureuse:
Car où est le soldat, où est l'auanturier,
Qui n'ait eu plus que moy de bien pour son loyer?
,, Qui plante les Lauriers doit auoir de la graine,
,, Et le bon laboureur ne refuse la glaine
,, Aux loyaux moissonneurs qui amassent son bien.
Ainsi chacun (fors moy) reçoit quelque moyen.
Làs! où peut-on trouuer de desastrez gens d'armes,
Qui ayent de mon âge autant paty aux armes,
Es sans trefue tantost soubs l'estrange horison,
Soldat sur mer, en Cour, au camp, en garnison?
Blasonne qui voudra ma Muse veritable,
Ie voudroy me vanter d'honneur plus profitable,
A fin qu'à bon escient on m'appellast vanteur,
Mais ie ne vante, helas! que mon haultain mal-heur,
Qui l'enui'ra, ô Dieu, toute grace opportune,
Fay pour le chastier qu'il coure ma fortune,
Que ces vers apprendront, qu'il soit braue & galand,
Errant vingt & vn an pres de Mauors sanglant,
Que plusieurs coups mortels, les douleurs, les trauerses,
Les pertes, les trauaux, les passions diuerses,
Pesle-mesle à toute heure, vn sur l'autre entassé,
L'assaillent comme moy n'estant recompensé,
Et puis desesperé de sa Cour sa ruine
Seul à part retiré son mal-heur il rumine,
Au front des feux guerriers en continu hazard;
Alors il connoistra si ie me plains par fard.
Vous ieunes Cheualiers comme moy d'humeur franche,
Ayez bien de mon mal qui vous serue de planche.

Z vj

Si le sort vous menace apres que vostre cœur
En beaucoup de bons lieux aura acquis honneur,
Retirez vous plustost: car vous estes trop braues
Pour mandier tousiours, & pour rester esclaues,
Vous aurez beau peiner, les muguets effrontez
Auront de vos labeurs les biens bien meritez;
N'ayez peur pour cela que personne vous blasme,
Qui l'oseroit? les grands sans Amour, & sans ame,
Vos beaux actes conneus les dementans feroyent
Qu'en abbaissans les yeux de honte ils rougiroyent.
Ie voy (si vous n'auez à mon dire creance)
Que vous aurez en fin tardiue repentance.
Plus on est à la pluye estant mal habillé,
Et plus (mes compagnons) on s'en reuient mouillé,
Tant plus on entre auant aux forests espineuses,
Plus tant plus on reçoit picqueures douloureuses,
Et qui plus seruira les ingrates grandeurs,
Plus aura de regrets, & plaintiues clameurs;
Mais ie ne puis sortir de ceste voye estrange,
Plus i'en cuide partir, plus ie r'entre en sa fange,
I'ay beau me destourner de si salle chemin,
Tousiours ie m'y r'embourbe, & n'en trouue la fin:
Car ceste infinité du mal qui me rend morne,
(Incurable douleur!) n'a riue, fons, ni borne.
Comme il semble au malade attainct de la poison
Qu'à force de vomir il trouue guerison,
Ne s'en pouuant garder (tant le venin l'oultrage)
Il m'est aduis ainsi que mes maux ie soulage.
„ *La plaincte au mal-heureux est l'extresme bon-*
„ *Le plus cruel mal est la muette douleur.* (heur,
Encor mes tristes vers n'ont point ceste licence
De dire ouuertement tout cela qui m'offence,
I'en pourroy accuser le principal motif,

Ne pouuant de moy-mesme estre nay si chetif:
Ma fiebure est d'accident, ie n'ay d'humeur peccante,
Et à fin que l'on sceust ma douleur innocente,
Me sentant le cœur net vn iour pres CHARLES VAL
Ie voulu esclaircir la cause de mon mal.
I'allay voir vn Oracle, apres ma belle offrande
Il respondit diuin à ma iuste demande:
Tu perds ton temps, dict-il, retire toy soldat,
La nouuelle Venus t'a rendu Mars ingrat,
Et à plusieurs Vaillans. Bellonne, dy-ie à l'heure,
Qui m'a nourry enfant, qui de mon cœur s'asseure,
Amour que i'ay seruy, & que ie sers encor,
Qui me daigne honorer de son digne thresor,
M'en vengerõt-ils point? La vengeance est prochaine,
Cleopatre rendra mal-heureux MARC ANTHOINE
Terreur des redoutez, & puis elle sera
Vne peste à chacun qui la diffamera.
Ha! que ie suis à plaindre, espoir me desespere,
Et ne treuue par tout que renfort de misere.
Tay toy, me dist l'Oracle, on ne force le sort,
Ta maison soit ta Cour, qui sommeille n'est mort,
„ PATIENCE ET COVRAGE ameine gloire exquise,
Puis vn Soleil couuert ta gentille deuise
Auecques ces deux mots (obstantia soluet)
Vne bonne esperance à la fin te promet.
La laide femme aupres de la belle accostable
Demonstre sa beauté d'anantage aggreable,
Et la froideur d'Hyuer la chaleur de l'Esté,
Le Cheual mieux picqué est le mieux achepté,
Le noir est lustre au blanc, l'ombre de la nuict lente
Plus admirable rend la iournée esclairante,
L'ail & l'ongnon planté pres l'odorante fleur
Luy fait auoir beaucoup vne meilleure odeur:

De mesme la Vertu ta compagne ordinaire
Se fait paroistre mieux autour de son contraire:
L'enuieux empesté son venin vomissant
Ainsi en voulant nuire ayde au iuste innocent.
Il faut donc viure gay en l'infortune aduerse,
Comme le bon Socrate en sa douleur peruerse.
,, Pren tout selon qu'il vient. Fol est qui a soucy
,, De l'Empire & du temps quand il est sans mercy.
Ce dict: l'Oracle sainct disparut en la nuë
Semblable au vent leger qui vole à l'impourueuë.

Fin des diuerses Poësies.

DISTIQVE
A LA MEMOIRE
DE GASPAR HOLSTER,
ISSV DES ROYS
de Suede.

Amy de mes Amis ie te mets en mon Liure,
Afin qu'auecques nous tu puisses tousiours viure.

Strenuo, Pancratico, Potanti   id est e.
   fabæ Regi, Gaspar rex,
τῦ αἴνειν, id est, τῦ κρῖτlαν.

Ecce nouo in regno, regē saluere iubemus:
   Cum rege, & regis regia quotquot habet.
Regis nomen habet, regis qui nómen adorat:
   Rectè vnus nomen possidet, alter habet.
Sors dedit in te maioris præludia regni:
   Ast me consuetum nomen inane fouet.
Ergo meo meliore, precor, sub sidere regnes:
   Nec nobis regna, vt nomina conueniant.
Sed quoniam ingrederis nouus Aduena regna
   Accipe quę primò sunt peragēda tibi. (Lyæi,
Illius ante focos Bacchar cingatur Amomo,
   Tu quoties celebras Orgia sacra Deo.
Sanguine mox Hircus procumbēs abluāt aras:
   Sintque faces sacri, cornua adusta Capri.
Vtque alij fuluo frontem Diademate cingunt:
   Sic tu Pampineis tempora vincta geras.

Ex humeris alius tyriam suspendat Abollam,
  Tu tua Dircæa Bassare, colla tegas.
Sceptra gerant alij rutilo conflata metallo:
  Porrò tuas Thyrsus compleat ipse manus.
Exornent alij Cocco sub poplite suras:
  Qui tua condecoret crura, Cothurnus erit.
Hinc procul esse iube caperata frōte Catones:
  Et quod Stoa gerit, tolle supercilium.
Inq; orbē *cyathus semper rediturus oberret:
  Ponantur mensis fercula mille dapum.
          *Iuxta illud, A potu incipe cœnam.
Ipsa etiā hîc adsit blanda cum Thaide Thyas:
  Seruiat hæc sacro, seruiat illa toro.
Inde leues Thyasos saturi tentanto, sequatur
  Saltu Bacchantum vos temulenta cohors.
Vtque alius Cereri sacros decantat iulos,
  Personat & Pæan, Phœbas Apollo tuum:
Sic vos, ista quibus Bacchi noua regna colūtur,
  Ferte * Thydirambos, carmina grata Deo.

  * *Poëta etiam correptus Enthusiasmo per*
    Metathesim inuertit syllabas.

              Holsteri Sueci pægnia.

Sur mon Caresme-prenant.

BOns compagnons, qui viuez librement,
Et qui bien-naiz faictes chere accomplie,
Lisez les vers de ma Muse esiouye,
Qui à vous seuls les offre seulement.

D'Anagram'.

C'Est vn sot qui te blasmeroit
De blasmer l'yurongne blasmable,
Et sot qui moins t'estimeroit
D'estimer le vin estimable.

Philasser.

STANCES
DE BACCHVS ET
CARESME-PRENANT,

Composées le mesme iour par le Capitaine
Lasphrise.
Et cinq Sonnets sur pareil subject.

S I en ce iour gaillard, où chacun fait festin,
Ie loüe les bontez du delectable vin,
Il ne s'ensuyt pourtant que mon sens s'en esgare,
(Consequence mauuaise entre les vertueux:)
Tel aime ainsi l'Amour qui n'est point bourdeleux,
Et tel prise ainsi l'or qui ne fust onc auare.

Ie sçay qu'és vicieux l'yurongne est le premier,
Pechant il scandalise un monde singulier,
Et si en s'offençant Dieu & l'homme il offence,
Le menteur, le iureur ne fait point tort qu'à luy,
Le larron a profit du moyen de l'autruy,
Et du plaisir l'yurongne engendre desplaisance.

On ne peut esgaler ce peché ébeté,
Puis que Dieu, puis que l'hôme & la doulce santé
Se ressentent blessez par l'orde yurongnerie,
Quel mal-heur est pareil à ce salle forfaict?
Du plus extresme bien extresme mal on faict,
Le vin est sainct, l'yurongne est remply d'infamie.

Quelle plus grande horreur faisant extresme mal?
D'homme image de Dieu deuenir fol brutal,
Plus que les Animaux qui sont irraisonnables:
Car l'yurongne occira son pere le flattant,
Vn chien rid à son maistre, & fust-ce en le batant,
N'approchez donc de moy yurongnes abhorrables.

Dieu, les hommes encor i'atteste haultement,
Si pour boire on m'en void viure indiscrettement,
Mon vin est arrousé d'humidité eueuse,
Nõ tãt pour craindre tãt d'ebrouiller mon ceruean,
Qui fermement solide apparoist tousiours beau,
Que i'ay peur d'offencer la santé doulcereuse.

A fin qu'on ne s'abuse en cest art faict sans art,
Ie ne blasme l'yurongne emmiëlé d'vn fard,
Ie l'abhorre à bon droict, & si rends estimable
Le vin delicieux, le bon beuueur aussi,
Qui iamais ne s'enyure, en beuuant bien ainsi
Il reçoit sans pecher du plaisir desirable.

Ie ne veux donc icy diffamer le bon vin,
Ie l'honore, au contraire, entre tous biens diuin,
On ne doit accuser la matiere incoulpable;
L'estoc nostre defence ainsi nous occiroit,
Il en faut mespriser le goulafre qui boit,
Et non l'excellent vin de soy plus admirable.

Comme il n'y a rien plus que le vin de parfaict,
Son trop est plus horrible extremité d'effaict;
Le Safran fait ainsi vn rids de Sardonie,
Trop de bausme est mortel, du trop la vie est mort,
Bref rien n'est plus vilain que l'yurongne plus ord,
Tel qu'vn qui se fait mordre à sa Chienne iolie.

ET CARESME-PRENANT.

Encores le bon vin paroist si souuerain,
  Que par l'eau temperé estant beaucoup plus sain,
  Comme pur il destourne vne infortune estrange,
  Il produict mots nouueaux, esgayant l'ennuyé,
  Dont à l'ombre d'vn verre à son iour dedié
  I'escriray sa merueille, annonçant sa loüange.

Chante donc qui voudra les combats furieux,
  Les fouldroyans assaults de Mars victorieux,
  Mes Lauriers empourprez mon honneur testifient,
  Pardelà Gilbalthar i'en ay conquis enfant,
  Pour ne renouueller mon mal qui me deult tant,
  Ie diray donc les biens qui plaisans desennuyent.

On dict qu'il fait beau voir vn bataillon armé
  Marcher en ordonnance à la guerre animé,
  Mais l'ordre des flâcons a bien meilleure mine,
  Et plusieurs plats fournis sur la table arrengez;
  Or puis que l'on combat pour les biens ombragez,
  Messieurs les conquerans triomphent en cuisine.

Le braue entreprenant y fonde son project,
  Le Monarque plus fier est tousiours son subject,
  Où la cuisine fault la guerre est abolie,
  Sa fumée est Royale, & peut brusler les cœurs
  D'Ambitiõ, d'Amour, c'est la mere aux seigneurs,
  Dont l'aimant ie seray d'illustre compagnie.

Qui a bonne cuisine & qui n'est point ingrat,
  Ains d'humeur liberale, encores qu'il soit fat,
  L'Amour luy fait l'Amour, & l'honeur reuerence,
  Sans la cuisine vn Prince est comme n'estant pas,
  Rien n'est si precieux, c'est le mont du soulas,
  I'enten tousiours cauée, où gist son excellence.

Ces superbes Palais couuerts d'or precieux,
Où Bacchus soubs-terrain n'a son logis ioyeux,
N'ont la proprieté de la caue vineuse,
L'Esté il y fait frais, l'Hyuer il y fait chaud,
C'est la maison de vie, oncques le cœur n'y faut,
Et la voulte celeste espoir de l'ame heureuse.

Magnanimes seigneurs de cuisine opulents,
Qui sembleriez honteux si vous entriez dedans,
Puis que c'est vostre honeur il n'en faut auoir hôte,
On ne doit dédaigner ce qui fait respecter
La cuisine par qui on vous va bonneter:
Car sans elle de vous on ne feroit nul conte.

Qu'on ne s'estonne donc si le Prince appasté
Prend de l'autruy par force ombré de pieté,
L'essence cuisiniere extresmement profite,
C'est le grand œuure exquis, c'est la blonde toison
Conquestée en Colchos par le braue Iason,
Mesme Dieu est prié par la bonne marmite.

Escoute Gentillastre, ô Courtisan musqué,
Qui te mocques de tous, qui de tous es mocqué,
En prisant la cuisine on n'est point mesprisable,
Il y va de la vie & de l'honneur entier:
Car sans elle on mourroit, c'est d'où vient le Laurier,
On ne peut donc loüer chose plus estimable.

Tout se faict pour la morse, on a beau estre accort,
Sans cela tout n'est rien, le plus vif semble mort,
Sus doncques TERPSICHORE appren nous ta scien-
Pour honorer celuy qui t'honore le plus: (ce,
Car nous sommes au temps dedié à Bacchus,
A Caresme-prenant, il faut que chacun dance.

ET CARESME-PRENANT. 551

Voicy le iour festé plus solennellement,
  O feste souhaitable! on n'y void nul tourment,
  On chante, on saulte, on rid, tout plaisir s'y arreste,
  On p.. le ouuertement, on y trouue tout bon,
  Dont i'entonne en ce iour sainct Denys son patron,
  Et voudroy tous les iours qu'on celebrast sa feste.

N'en desplaise à sainct Ian auec son feu ioyeux,
  Et vous Saincts depriez, ô S. Faustin l'heureux,
  Sainct Auit, S. Genou, sainct Vif, S. Iust, S. Cyre,
  Vo° n'approchez sō heur, luy seul est plus que tous:
  Car sa feste est salubre aux sages & aux fous,
  D'vn tel Sainct general grossement on souspire.

Il est au Carneual où chacun fait l'Amour,
  (I'entens l'vn portant l'autre à mode de la Cour,
  Ie ne veux offencer les oreilles plus tendres)
  Plus grand il est chommé & de iour & de nuict,
  Ce n'est vn maigre Sainct, son iour de graisse luit,
  Sa Vigile est charnelle, on s'en degraisse aux Cedres.

Vn mois deuant chacun se prepare gaillard
  (Sās respect de Fiacre) au iour de sainct Pansart,
  Qui guerist de la faim & de la soif mortelle,
  Qui a ceste vertu, qui fait viure vn chacun,
  Autant comme titou, il n'y en a pas vn
  Par sur tous Saincts, aussi sa feste est solennelle.

Et apres en l'honneur de ses merueilleux tours,
  Comme d'autres il n'a vn ou deux feriez courts,
  Les siēs sont Printemniers qui passent quarātaine,
  Dont tesmoing du regret de son bien eminent
  On ieusne le Caresme attendant le prenant,
  Que mesme par Iustice on sent ores sans peine.

Hommes, femmes, enfans, mes voisins, mes Amis,
  Apportez le Mommon, ne soyez endormis,
  Il me plaist Saltadin que toute nuict tu bales
  Aux doux fredonnemens de mes beaux Violons,
  Qui voudra dansera rondement aux chansons,
  Io, voicy le iour des gayes Bacchanales.

Faut-il parler Hebreu, Arabe, Grec, Latin,
  Pour chanter les bontez de l'admirable vin?
  On dict qu'il fust trouué en ces terres estranges,
  (Benist qui l'apperceut) si c'est le bon Noël,
  Que ne luy faisons-nous par honneur quelque Autel,
  A fin d'aller deuots y chanter ses loüanges?

C'est luy I A Y N, d'où vient Ianus au double front,
  Qui deux mondes voyoit luisans d'vn regne rond,
  Luy qui nous r'engendra tropant les flots tragiques,
  Luy qui fust si diuin, qu'on le dict en tous lieux
  Le pere des mortels & le pere des Dieux,
  Qui espousa Vesta Déesse des pudiques.

Vous donques ses enfans, vous Princes commandans,
  Vous Theologiens, vous doctes, vous prudens,
  Vous valeureux, & vous femmes fuyans le vice,
  Sus, venez adorer le Patriarche sainct,
  Ne faictes point la mine en fronçant vostre tainct,
  Nous sommes tous tenus de luy faire seruice.

Luy qui a conserué le digne genre humain,
  Luy qui a inuenté le bon vin, le bon pain,
  Qui d'eternelle nuict nostre ame a destournée,
  A luy donc ne faut estre ingratement rebours,
  Aussi le sainct Prescheur le caresse tousiours,
  Et les plus grands en ont la face enluminée.

On admire Pallas pour auoir inuenté
La toile blanchissante, on a ainsi vanté
Ian Guttemberg qui fist la docte Imprimerie,
L'autre l'hor'loge bonne aux hommes trauaillans,
Et la pouldre Allemande effroyable aux vaillans,
Et l'hazardeux Typhis qui en mort est en vie.

Au prix du vin c'est peu que ces inuentions,
Ie voy bien Cerés riche auec ses espics blonds,
Par qui l'on faict le pain, qu'à peine l'on façonne;
Mais en des lieux loingtains on en pestrist de bon
D'vne grosse racine abondante à foison,
Et de speltre qui est espece nourrissonne.

„ Toute repletion est mauuaise vrayment,
„ Mais celle-là du pain blesse plus griefuement,
Son effect n'est subtil, ni gay, ni n'encourage,
Comme celuy du vin beu auecques raison.
„ Sans mediocrité l'antidote est poison,
„ Commence ton soupper par boire, dict le Sage.

I'entens bien que le vin pris intemperamment
Cause dedans le corps vn refroidissement,
Et dissipation, mesme generatiue,
Qu'il gaste veines, nerfs, qu'il hebete les sens,
Mais pris en modestie, ainsi que ie le prens,
Il est tout bon, sans pair, l'essence d'Amour viue.

Pource on dict que Priape est enfant d'Osiris,
Et de Venus la belle aime-dance, aime-ris,
Et dict-on que sans luy elle est bien morfonduë.
Puis qu'vn prouerbe antique est Oracle diuin,
Pour faire bien l'Amour il faut donc de bon vin,
L'honneste Dame aussi n'en est pas despouruëue.

STANCES DE BACCHVS

Tant de doctes nombreux i'enfuyuray l'honorant,
En lãgage Frãçois, puis qu'en Frãce il viẽt grand,
Comment le nommeray-ie ? il a plufieurs patries,
Voulant monftrer par là aux hommes curieux
Qu'il eft certainement vn des plus puiffans dieux,
On ne peut eftre grand fans grandes feigneuries.

Vnique appren moy donc ton plus beau nom aimé,
A fin qu'en ce conuy chaque Amy eftimé
T'inuoquant auec moy aye ta grace entiere,
Nous en porterons mieux nous refiouiffans bien,
Tu en auras l'honneur : car fans toy tout n'eft rien,
Où manque le bon vin l'on ne faict bonne chere.

Ceux que ie traicte icy ne font gens diffolus,
Des buueurs effrontez, des yurongnes, goulus,
Mes Amis font bien naiz, triomphans de la gloire
Qu'ils ont prife au combat d'vn bras victorieux,
Ils aiment comme moy le vin delicieux,
Il ne fuft iamais grand qui n'aimaft bien à boire.

Demonny & Phipher demourans icy pres,
Qui boiuent doctement, y viendront tout expres,
Et l'habile Briou plein de bonne humeur gaye,
Puis mes proches voifins, mon debuteux Coudré,
Qui au deffert dira vn beau conte madré,
Et mes Mores galands, & ma Pierre & ma Haye.

Pour plus excellemment magnifier Bacchus,
Le diray ie Pfyla ou Liber qui eft plus,
Hymenean Noah, Baffar fuperbe, agile,
Des Menades le chef, des Thyades ou Pan,
Vieil enfant Indien, Thebain, Nictilian,
Cuiffe-né, Silenin, Semelin, franc, vtile ?

Ie me pers aux grandeurs dont Bacchus est issu,
L'ardant ciel Afriquain, ce dist-on, l'a conceu
Au ventre glorieux de la Palme hardie,
Les vieux peres refuoyent de l'auoir couronné
De Pampre & de Lierre estant plus braue né,
Ie luy baille la Palme, elle est son armoirie.
Tout il est de par tout (fors d'où la glace est fort)
Il n'aime la froidure, image de la mort,
Gonflé de claire ardeur la lumiere il demande,
Il est brusque & gaillard, Amoureux de l'Amour,
Comme pourtraict de vie il se plaist au chaud iour,
Bacchus, Phebus, Venus, ont affinité grande.
On te depainct diuers, les vns te font chesnu,
Ceux-cy douillet, sans barbe, & les autres cornu,
Voulans par là monstrer ta corne d'abondance,
Ou bien que tu fais faire en tous lieux des cornus:
Car en rassasiant tu prouoques Venus,
Pource on dict de tout temps, DE PANCE VIENT
  LA DANCE.
Non non, tu es cornu, CORNVAV est ton nom
Non à cause du Bouc, ni de Iupin Hammon,
Mais parce que tu viés plus grãd à l'ample vigne,
Que l'on appelle ainsi, dont la saincte liqueur,
L'honneur de VAVBERAVLT, sur toute autre
  a l'honneur,
Quiconque ment en vin de viure n'est pas digne.
Ce plan deuient puissant, il n'y faut du charmier,
Aussi son vin est prompt, fort, vermeillet, altier,
On luy doit le buuant la trompette sonnante,
Ie veux qu'à chaque fois qu'on en bura, sou-
  dain
On die vne chanson qui aura pour refrain,
Gay, gay, viue Bacchus, & cuisine odorante,

Mais on ne peut souuent le reconnoistre bon,
  La plus-part ne le void que d'vn œil de renom,
  Regrettable beauté! qui fait honte à Gascongne,
  A Beaulne, à Orleans, à Coucy, Bar, Anjou,
  Son mal en son bien dõc c'est qu'on ne le void prou.
,, En la grand' rarité on fait mal sa besongne.

L'estranger ne le void, les Princes, ni les grands,
  Fussent-ils, ô Bacchus, tes illustres enfans,
  Par miracle estonnant il est en ma Touraine,
  Et en ma terre aussi, au clos Vaubraunien,
  O suc priant, riand, gaillard, Venerien,
  En cueillant le beau Mirthe on esgare la peine.

Il faut donc par luy toy solleillant entre tous
  Garçonner ore assis debout ou à genoux,
  Mettant à ceste fois l'Aretin en lumiere,
  Cà Briare aux cent-mains, brindes en general,
  Fy du palle soucy, viue l'Amour loyal,
  Sans la femme on ne peut faire vne chere entiere.

Du plus beau nombre sept sallions nos Amours,
  Puis leur faisons sept fois, sept planetes, sept iours
  Meinent le bal de l'an; mais nos iours ne retournẽt
  Employons les donc bien tandis que nous viuons,
  Hà, hà, hà, c'est biẽ dict, baisons, chantons, buuons
  Au tenebreux tombeau les plaisirs ne sejournent.

Disons le mot, gaussons, non en Courtisans fainçts,
  Cest honneur reuerend, ce baisement de mains,
  Rien, cela me desplaist, faisant chere accompli
  I'inuente vn traict ioyeux, chacun ait pres de l
  Vn verre cristalin, & d'vn son resiouy
  Demandera à boire en plaisante harmonie.

N'oublions nos Amis, tins dins, apporte plein,
  Que ie boiue à mon cœur, mon cher VILEGOM-
    BLAIN,
  Chef-d'œuure glorieux, si courtoisement sage,
  Puis à VIEFVY nostre ame, où la vertu se plaist,
  Puis à nos bons germains; bref en ce bel appreſt
  R'appellons le bon temps pour le mettre en vsage.
Nous saluërons ceux-cy presque comme presens,
  A souppé ie buray aux intimes absens,
  A mon BEAVVAIS NANGY gros d'ardeur
    singuliere,
  Puis à mon BOIS-DAVLPHIN tout-Amour,
    tout-honneur,
  Et puis à la santé du MAYNE mon seigneur,
  On ne songe en buuant à la fortune fiere.
En saluänt ainsi la santé des Amis
  Ne gastons point la nostre, à nous mesme ennemis,
  Pour begayer vn peu, disant le mot pour rire,
  Tout n'en ira que mieux, tout est bon maintenant:
  Car tout est (comme on dict) de Caresme-prenant,
  La Dame biscotée vsa de ce beau dire.
O Caresme-prenant que tu es vn grand Roy,
  Tous les Roys assemblez ne sont si grands que toy,
  L'vn rõpt l'Edict de l'autre, & ta loy n'est defaicte,
  Ton Regne vniuersel est tous les ans galand,
  L'Amour s'y peut embler (priuilege excellent)
  Dont la Royale Cour t'est plus humble subiecte.
Par toy buuant l'on plaist à l'homme qui nous plut,
  L'Italien mesdit d'vn si digne salut
  Pris de nos bons Majeurs, d'où vient l'alme science,
  Quand l'vn à l'autre boit c'est signe d'amitié,
  L'ennemy mesme en est mieux reconcilié:
  Car ce tesmoing vineux ameine esiouïssance.

L'abstinence me plaist & la ciuilité,
  Et buuant nettement ce n'est qu'honnesteté,
  Aussi ces faincts Missiers & souldados si graues
  Ne sont sobres que d'ōbre, & plus nacres chez eux:
  Car ne leur coustât rien ils frippent buuans mieux,
  Comme si le bon vin sourdoit aux noires caues.

Ie hay ceux-là & vous, à vous fiers Othomans,
  Qui n'osez boire vin, dont estes si friands,
  Que vous estes trompez en vostre loy maline!
  Vous ne sçauriez nier (& sans parler Chrestien)
  Que le vin ne soit sang, le plus subtil du bien
  De la terre nourrisse, ainsi qu'asseure Pline.

Qui vous meut d'apparence ainsi souiller son nom?
  Est-ce en despit de Christ? est-ce l'ambition?
  Car vous vous promettez l'vniuerselle boule.
  Si vous accoustumiez au vin miraculeux,
  Vous craindriez son default en vostre ost populeux,
  Qui en amoindriroit, bien que tost il s'en saoule.

Quand vous ne seriez Turc, ennemy de IESVS,
  Puis que vous mesprisez l'estimable Bacchus,
  Plus tost mourir que viure en vostre obeissance,
  Ton pretexte esgaré, ou ceste antique Loy,
  Que tu veux contre Pan faire obseruer soubs toy,
  Te perdra sans iouir de si douce excellence.

O IAYN CORNVAV, essence du bon mot,
  O Bacchus cornuau l'honneur du sainct piot,
  Nous te cherissons ore en reuerence honneste,
  Chacun a du Lierre, & chacun est paré,
  Mes Amis comme moy t'estiment plus sacré,
  Par vin sacrifié le salut se conqueste.

Nous sommes aux repas substantez du bon vin,
Et pris en qualité l'homme en suruit diuin,
Dont c'est d'ame & de corps le salutaire amorce;
Aussi les Dieux voyans qu'il n'estoit rien de tel,
L'ont appellé Nectar, qui veult dire immortel,
Et nous le nommons vin par sa viuante force.

Ie ne me puis garder, de merueille surpris,
D'admirer son effect d'inestimable prix,
Car détraquant l'ennuy l'allegresse il enuoye,
Sans qui le plus grãd bien ne sçauroit estre doulx;
Trinquons donc, compagnons, çà, resiouyssons nous,
Qui en mourant bura en mourant aura ioye.

Que le ciel face donc qu'en mourant nous humions
De si bonne pianche, à fin que ne sentions
Le redoutable orgueil de la Parque bourrelle,
Ie t'offence, ô Nectar, pais qu'immortel tu es,
Qui te boira tousiours il ne mourra iamais:
,, Car l'immortalité rend la chose immortelle.

Buuons doncques tousiours pour viure incessamment,
Et sans nous soucier d'autre medicament;
Les cheueux argentez ne viennent point à table,
Puis que le contraire est du contraire guery,
Le bon vin resiouyst le renfrongné, marry:
Car rien n'est si plaisant, si gay, si delectable.

Tins, dins, fringue IOYEVX honorant de l'exquis
D'vn beau coup larmoyãt mõ cousin DV PLESSIS,
Dont l'Apollon tonnant les fouldroyans estonne,
Il nous fera raison, & de la main du cœur
D'ORMES VIART à luy donne donc du meilleur,
Comme meilleur Amy qui nous affectionne.

Si i'ay chanté Bacchus en ces vers ou ailleurs,
Honnestement gaillard de ses gayes fureurs,
Ie n'aime, ô sot iasart, pourtant l'yurongnerie,
Vn sobre monde illustre ainsi l'a esleué,
Qui mesdira de NOVS d'eau soit-il abreué,
Tant qu'il sente gonflé la froide hydropisie.

Ce Monde déguisé qui le Sainct contrefaict,
Blasme la bonne chere & sourdement la faict,
Tel fainct le Curius qui vit à l'Allemande.
„ Le bien n'est faict qu'à fin d'en vser plaisamment,
„ La viuante santé vient du bon aliment.
„ Meure vn chichart, & meure vn fripon qui gour-
(mãde.

Tout le monde est vieilly plus tant plus est vsé,
Plus le monde est vsé plus tant plus est rusé,
Et plus il est rusé plus se plaist à mal faire,
Ce mal vient plus de Mars maintenãt sans soulas,
(Ains surjon de tout vice) & non des bons repas,
Aussi que MARDIGRAS est iour extr'ordinaire.

Veux-tu point que ie pleure, ô grand deuotieux,
En mangeant & buuant les biens delicieux?
Tu veux que le bon viure ainsi soit hayssable;
Son nom tesmoigne vie, & tu es nay en luy,
Par luy tu es viuant, on meurt sans iceluy.
„ Il est bien mal-heureux qui s'est abhominable.

Si la peine ou le dueil quelque bien nous faisoit,
Et si par la disette on s'emparadisoit,
I'eusse esté Sainct, tesmoing Neptune & Mars tragi-
Nõ, passe-prudẽt, nõ, va, sois tousiours chagrin, (que
Ne boy le vin riand, chomme sainct Mathurin:
Car l'extresme bigot est fol, melancholique.

Bref

ET CARESME-PRENANT. 561

Bref boire honnestement c'est delice sans mal,
,, L'ame, le corps n'en deult: du vin seigneurial
La feste aux Roys sacrez chaque an se solennise,
Dont chacun pour mieux boire a desir d'estre Roy,
Puis le Roy-boit se chante en tous lieux loing d'es-
Ainsi le puissāt sceptre au flācō sympathise. (moy;

Cinq Sonnets sur le mesme subject.

I.

I'Ay assez de Lauriers, ie suis las de la guerre,
Ie veux me resiouir, ie veux faire festin,
Ie veux faire l'Amour brauant le fier destin,
M'encouronnant le chef de Mirthe & de Lierre.
Marie Orleannois emplis donq mon grand verre,
Voicy le Carneual, l'amy de sainct Martin,
Verse premierement de ce blanc Angeuin,
Bien qu'il soit de Touraine & du creu de ma terre.
Fay voir à mes Amis que i'ay de l'Orleans,
Beaulne, Coucy, Aï, & qu'aux banquets friands
La liqueur Nectarine est plaisante sur toute.
Ce vin est sainct, pur, net, la larme en vient à l'œil,
On l'aualle sans eau, on n'y en laisse goute,
Euohé, on en chante en enchantant le dueil.

Aa v

II.

ANtidote d'ennuis, trompe-dueil, chasse-esmoy,
Puissant Dieu Nisean, dont i'honore la gloire,
Ie veux en ta faueur me rebrasser pour boire
A tes discrets mignons puis qu'ils ont beu à moy.
Bien que le Chien celeste en son ardent aboy
Maintenant ne m'esueille à t'auoir en memoire,
Si buray-ie du blanc à mon cœur ma victoire,
Mon D'ASSEZ pres Briare inuiolable en foy.
Puis du vermeil au BOVRG, de mesmes à la FVYE,
Puis à mon PONSONAS amoureux de ma vie,
A la collation ie buray verre plein
A l'intime BLAIAN, puis à mon cher la TOVSCHE,
Et puis du cramoisy, qui remplist mieux la bouche,
On salu'ra PERAY nostre Amy souuerain.

III.

LOrs que l'on te reçoit, d'une honneste faconde
Les bons Dieux sont chez toy, & aussi Iupiter
T'a voulu par miracle à demy enfanter,
Te sauuant par Inon pour soulager le monde.
Par toy l'esprit celeste en promptitude abonde,
Par toy Venus la belle aime à se mignotter,
Et par toy l'on la void plus souuent baisotter,
Et comme nostre pere elle est par toy feconde.
Sans toy son fils diuin l'Amour semble estre hayneux,
Puis qu'on ne fait sans toy tant l'œuure tãt ioyeux,
Par toy on chãte, on dãce, on faict chere accomplie.
Chaque bien assemblé vn bien sans toy n'est pas:
Car sans toy l'on ne peut faire vn friand repas,
D'où vient le jeu d'Amour, lumiere de la vie.

IIII.

IE te saluë icy, cher enfant de Semele:
Car ta diuinité est sans comparaison,
   Tu confortes le cœur, tu rends vn esprit bon,
   Tu fais resiouyr l'homme en tristesse mortelle.
Tu fais encourager & venger la querelle,
   Et dormant & veillant tu charmes la prison,
   Secourant l'affligé tu dores la raison,
Pourueu que tu sois pris en honnesteté belle:
Car qui t'empongne à flat en mespris comme l'eau,
   En luy tu deuiens Singe, ou Lyon, ou Pourceau,
   Pour perdre ce gourmand qui si peu te respecte;
Parce que ta bonté plus propre au genre humain,
   (Qui mesme le fait croistre incitant l'Amourette)
   Se doit prendre tousiours d'vne modeste main.

V.

I'Appelle mes bons vins les chansons de merueille,
Ils font chanter, dancer, inuenter nouueaux mots,
   Qui naissent en la bouche & si bien à propos
   Qu'vne diuinité s'y iuge nompareille.
Le Paladin qui hume en ma docte bouteille
   Il epilogue, il fait des vers coulamment beaux,
   Ils abondent en luy à la foule, à monceaux,
Et fureur sur fureur coup sur coup s'appareille.
Le flux Pirenean, qu'on nomme flux diuin,
   C'est vn nom corrompu, c'est le flux du bon vin,
   Par luy l'on Pindarise, on rid, on acquiert gloire,
N'en prenant comme moy qu'auec discretion.
   Tel qui veult donc suruiure en reputation
   De mon sçauant vin-noble aille honnestemẽt boire.

Fin des vers de Caresme-prenant
& de Bacchus.

NOUVELLE TRAGICOMIQUE.

Par le Capitaine Lasphrise.

ENTRE-PARLANS.

Ambrelin Lacquais.
Dominicq le seigneur.
Vouly.
Griffon Aduocat.
Arcquigue.
Bergers.
Magis le sçauant.
Candelin le portier de la ville.
Hospes, maistre hostelier.
Chicanoux.
Gonophage femme de l'Aduocat.
Furcifer le brigand.

Sur la nouuelle Tragicomique de Monsieur de Lasphrise,

SONNET.

Ve n'as-tu appris ta science,
  Sœur Melpomene, à ce guerrier?
  Il eust des meilleurs le premier
  Gaigné la Cothurne de France;
Toutesfois sans la connoissance
  De ton mysterieux mestier
  Il a gaillard auanturier
  De ton honneur large abondance.
Il a ce que chacun n'a point,
  Qu'oultre ce que son vers espoinct,
  Il force, il enseigne, il anime;
Bref fait ainsi en se iouant
  Dernier qu'il marche loing deuant
  Tous ceux qui t'ont sacré leur rime.

LE PLESSIS PREVOST.

ARGVMENT.

VN seigneur auoit enuoyé son Receueur & son laquais querir à vn de ses fermiers six mille francs; il y eust vn voleur qui tua celuy qui portoit l'argent & le prist. Le laquais se sauue à grande peine, dist à son maistre le desastre, qui s'en fasche extremement: vn de ses Amis d'vn bon iugement estoit là d'auanture, qui luy enseigna vn moyē pour sçauoir qui auoit faict ce vol, luy disant que son Aduocat connoissoit vn docte Magicien qui demeuroit à deux lieües de Paris, on l'enuoya querir & ne trouue bon cest aduis, iniuriant ce sage deuin, en fin il l'alla voir, monté sur vn Genet d'Espagne. Ce docte dist à l'Aduocat les paroles iniurieuses qu'il auoit dictes de luy, l'autre s'excuse, puis le Magicien luy apprend où estoit le brigand, & qu'il le trouueroit couché auecques vne femme qu'il connoissoit, dont l'Aduocat part diligemmēt, fait ouurir la porte de la ville, & apres auoir assemblé plusieurs gens & de la Iustice, il va pour prendre le voleur, où nonobstant apres plusieurs remises & considerations il rompit l'huis de la chambre où estoit le meurtrier, & luy seul parlant. La femme, qui estoit couchée auecques luy entēdant la parole de l'Aduocat, qui estoit son mary, pensant qu'il fust là venu à cause d'elle, voyant la porte rompue, se jette toute décoiffée aux pieds de l'Aduocat, qui eſtonné de ceſt eſtrange ſpectacle, ne ſe ſoucia de prendre le voleur, parla ſeulement quelques mots à luy, qui luy reſpōdit de meſme. La compagnie s'eſcarta çà & là fort eſbahie de ceſt acte. Le brigand va en la ruë, & monte aſſeurément ſur le bon cheual que Dominicq auoit preſté à l'Aduocat, & va en diligence querir des Sergens, & fiſt mettre priſonnier l'Aduocat, & puis ſe ſauua. Le ſeigneur va voir Griffon en la priſon, lequel luy promet payer le cheual. Cependant la femme de ce bon Aduocat ſe retira habilement chez ſes parens, qui pour couurir ſon honneur font courir le bruit qu'ils auoyēt faict mettre priſonnier ſon mary, à cauſe qu'il la battoit trop, le tiennēt quelque temps en priſon, & iuſques à ce que l'Aduocat iuraſt deuant bōne trouppe qu'il ne la battroit iamais, ni meſme tenceroit, luy permettant, s'il faiſoit autrement, de s'en retourner. Eſtant en liberté il fiſt nouuelles nopces ioyeuſemēt, & traicta ſa femme mieux que iamais.

QVATRAIN.

Mon Amy, tu pourras en ces vers remarquer
Que l'on ne doit iamais meſdire ou ſe mocquer
Des doctement prudens, que l'ignorance accuſe,
Et que le cault trompeur à ſa honte s'abuſe.

NOVVELLE
TRAGICOMIQVE.

Par le Capitaine Lasphrise.

AMBRELIN.

„ MAl-heureux l'entaché de pesante paresse.
Ie doy remercier mon agile vistesse,
Sans elle i'estoy mort, & si ie n'ose entrer
Dedans ce fort chasteau craignant la declarer:
Car disant mon salut ie publi'roy la perte,
Qui ne peut estre, helas! nullement recouuerte.
Ie ne veux qu'on me nomme vn sinistre Corbeau,
„ Il n'est pas bien venu qui apporte vn tombeau.

DOMINICQ.

Qui se deult là dehors? mon oreille ententiue
Se trompe grandement, ou c'est la voix plaintiue
Du dispos Ambrelin; mais sa celerité
Ne me l'eust faict venir en telle hastiueté
S'il n'estoit suruenu quelque estrange infortune,
Qui est aux gens de bien en toutes parts commune;
Baste, quiconque sois entre par le guichet,
Il n'est point verrouillé, ni fermé qu'au loquet,
Hò! ie m'en doutoy bien, mon Dieu quelle disgrace
Te r'ameine, Ambrelin, si tost en ceste place?
Quoy? tu ne parles pas; tu trembles, & ta peur
Rend le poil de mon chef herissé de froideur,
Puis tes yeux noirs de pleurs & ton tainct iaune palle,
Presagent quelque orgueil de l'aspre Sœur fatale

Donteuſe des vainqueurs: dy moy donc hardiment
Pourquoy deffiguré tu viens ſi viſtement,
,, Oſte moy de balance. Il n'eſt douleur ſi grande
,, Comme le mal d'eſprit, où la doubte commande.

AMBRELIN.

Mon ſeigneur, mon ſupport, mon refuge aſſeuré,
A qui ie ſuis fidele & ſeruiteur iuré,
Ie voudroy bien qu'vn autre euſt pouuoir de vous dire
L'object de ma viſteſſe & de mon fier martire,
Deſirant entre tout ne vous annoncer rien
Qui ne vous ſoit plaiſant, duiſable à voſtre bien,
Mais nul que moy ne peut contenter voſtre enuie:
Car nul que moy n'a veu rougir la tragedie,
Enuers voſtre LOYAL voſtre bon recepueur
Aſſaſſiné de coups, miſerable mal-heur,
Par la main d'vn brigand, qui au ſang ſe delecte,
Et en le maſſacrant a volé ſa malette,
Où ſont deux mille eſcus qu'il penſoit vous porter,
Que voſtre bon fermier luy venoit de conter.
Et ce Scythe enragé que l'horreur meſme abhorre
M'a gallopé vn iour pour me tuer encore,
Mais agile i'ay tant nagé, couru, ſauté,
Que m'en ſuis maugré luy galamment exempté,
Ie ne le connoy point, & ne ſçay qu'il peut eſtre.
,, Qui a l'aueugle peur ne ſçauroit reconnoiſtre.

DOMINICQ.

O deſaſtre inhumain! hà! quelle cruauté!
Quel mal-heur! quel encombre! hé Dieux! quelle fierté
De perdre enſemblément le corps & la richeſſe!
Falloit-il que le Ciel ſurchargeaſt ma triſteſſe?
N'eſtoy-ie aſſez faſché des greſlans tourbillons
Qui viennent de gaſter l'or blond de mes ſeillons?

C'eſt tout vn pour les biens, la perte en eſt à plaindre,
Mais ce mal ſe repare, hé! qui pourroit refraindre
La mortelle douleur ſuruenuë à l'Amy,
Meſmement d'vne mort par vn traiſtre ennemy?
Toutes autres rigueurs enſemblément conioinctes
N'ont tant que ceſte-là de poignantes attainctes.
Quel remede à mon dueil, qui m'égare l'eſprit,
Qui fait pleuuoir mes yeux, qui me rend interdict?
Las! il n'y en a point. LOYAL ma nourriture,
Mon gentil meſnager, ma chere creature,
Par qui ſeul, par qui ſeul reluiſoit ma maiſon,
Eſt mort pour me ſeruir, eſt mort en trahiſon.
Perfide, ſcelerat, maudict, abhominable,
S'il euſt ſceu, s'il euſt ſceu ton deſſein deteſtable,
Qu'il euſt peu ſeulement mettre l'eſpée en main,
Il t'euſt reduict en pouldre au premier coup ſoudain.
Encor ſi ie pouuoy pour le dernier office
Que ie doy à LOYAL pour ſon loyal ſeruice,
Connoiſtre qui tu es, aſſeure toy brigand,
Que ce grand Vniuers ne ſeroit aſſez grand
Pour te ſauuer des coups de ma iuſte vengeance;
Ie ne te feroy mettre au hault d'vne potence,
Ni deſſus vne roüe, ou jetter dans le feu
Par la main d'vn bourreau; c'eſt moy qui peu à peu
Sans mourir te feroy mourir à toutes heures,
Les geſnes, les horreurs, les rages les plus dures
Nourriroyent ta poiſon: car ton boire & manger
Seroit ton ſang noiraſtre & ta puante cher,
Chaque iour tu ſerois apporté dans ma chambre,
D'vn ferrement rouillé ie t'oſteroy vn membre,
Et craignant que mon coup ne te fiſt treſpaſſer,
Ie te feroy ſoudain par vn barbier penſer;
Bref tu viurois touſiours de ton vilain carnage

En langueur miserable, en bouillonnante rage,
Iamais le mal-heureux, le chetif Ixion
N'a receu telle ardeur par son ambition,
Iamais telle rigueur n'eust l'alteré Tantale :
Car ma douleur rendroit ta douleur inégale ;
Mais ie ne te tiens pas, ô traistre assasineur,
O lasche sanguinaire, ô impiteux voleur,
I'en suis tout hors de moy, tant que i'en desespere.

VOVLY.

Tout beau, Monsieur, tout beau, il ne faut ainsi faire,
Vous me pensiez plus loing, ie venoy bellement,
Vous oyant plaindre vn mal si courageusement,
Que i'y prenoy plaisir encor qu'il me desplaise.
„ *L'Amy souffre du mal de l'Amy en mal-aise,*
„ *Mais mal-heur par mal-heur oncques ne s'addou-*
„ *Et douleur sur douleur le dolent ne guerist.* (cist,
Si pour se forcener, pour lamenter, pour plaindre,
Nous allegions nos maux, qui ne se peuuent faindre,
Il seroit bon, Monsieur, d'éuenter ces regrets,
De se desesperer, de plorer tout exprés,
Rien ne seroit si cher que les plainctes depittes,
Au contraire tels traicts sont de peu de merites,
Ie sçay bien que de front on ne peut s'empescher
Quand vn desastre vient de soudain se fascher :
„ *Mais il se faut resouldre aux coups de la fortune,*
„ *La prendre à son plaisir soit doulce ou importune ;*
„ *Vn magnanime enflé de reputation*
„ *Se fait paroistre estant en grande affliction.*
Il faut s'éuertuer, & non pas ainsi faire
Que le Chartier versé lequel s'amuse à braire,
A inuoquer le Ciel, à tirer ses cheueux,
A se battre soy-mesme auecques mots piteux,

TRAGICOMIQVE. 573

Larmoyant à genoux dans la voye mal nette,
Au lieu de s'efforcer à leuer sa charrette.
„ *Dieu nous donne l'esprit pour le bien employer,*
„ *Et non pour au besoing tristement larmoyer.*
Reprenez donc vos sens, & r'entrez en vous mesme,
Laissez le desespoir & la complaincte blesme,
Essayez de tirer vengeance du meffaict.
„ *Par vengeāce on cōnoist le cœur d'Amour parfaict,*
„ *C'est ce que desirez; mais desir sans main mise*
„ *Est de peu d'efficace, & iamais ne se prise.*
Il faut donc entreprēdre, & poursuyure en tous lieux,
„ *On dict que la fortune ayde aux audacieux.*

DOMINICQ.

Vouly, tu dis si bien qu'il ne se peut mieux dire,
Mais quel moyen d'auoir raison de mon martyre?
Où prendroy-ie le traistre autheur de mon soucy?
S'il a voulu aller il est bien loing d'icy,
(Chose à mon grand regret, chose trop presumable)
Voyant l'argent qu'il a & son forfaict doutable;
Mais toutesfois afin que l'on ne croye rien
Que ie vueille espargner & ma vie, & mon bien,
I'ensuyuray ton aduis estimé des plus doctes.

VOVLY.

Ie ne vous mettray point en des passions fortes,
En danger de querelle & de vous embrouiller,
Il ne faut pour cela plus matin s'esueiller
Pour aller au Palais, pour aller aux allarmes.
„ *Vn noble au sang voleur souille ses riches armes.*

DOMINICQ.

Si ne voudroy-ie pas employer vn Sergent,
Ni vn hardy Preuost pour prendre ce meschant,
Ie penseroy tacher ma gloire blanchissante,
Iustice excuseroit ma raison apparente,

Cest enorme forfaict me touche tant au cœur,
Que ie voudroy moy-mesme en estre punisseur.
VOVLY.
Cela se pourra faire auecques modestie.
DOMINICQ.
Dictes moy donc comment, Vouly, ie vous supplie.
VOVLY.
Icy pres il y a vn homme plus qu'humain,
Qui sçait tout, qui void tout, qui en vn tourne-main
Vous apprendra le nom de ce traistre homicide,
D'où il vient, où il va, où souuent il reside,
Cest homme non mortel (mais ce Prophete exquis)
N'est gueres loing d'icy, & s'appelle Magis,
Faictes venir Griffon, & qu'il aille à ceste heure
Le trouuer promptement, il sçait où il demeure.
DOMINICQ.
C'est tres-bien auisé, va t'en viste Ambrelin,
Va t'en dire à Griffon Aduocat cault & fin
Qu'il vienne incontinent, d'autant que sa presence
M'est ores necessaire en chose d'importance,
Ne viens sans l'amener, & ne luy dis pourquoy,
N'arreste, cours tousiours pour m'oster hors d'esmoy.
ARCQVIGVE.
Cestuy-là qui attend est en peine excessiue,
Il nage entre deux eaux, & si lors qu'on arriue
Il n'ose demander, quand c'est pour grand subject,
S'il aura son desir, ou s'il en est distraict,
Il resue, il se pourmeine, il fait cent mille gestes,
De ses tristes ennuis vrais tesmoings manifestes,
Son cœur bat-bat tousiours, il est & si n'est pas,
Ore il s'estime hault, ore il s'estime bas,
,, C'est la confusion en mal-heur ineffable,
,, Que la perplexité d'vne attente doutable.

Dominicq fust gonflé de ce bisarre ennuy,
Et en voyant Griffon s'en courut viste à luy,
Dont Griffon esbahy parla de ceste sorte.

GRIFFON.

Quelle nouuelle affaire à ce coup vous transporte?
Quelques vns veulent-ils proceder contre vous?
Monsieur, ne vous faschez, ie les brouilleray tous,
Encor qu'ils eussent droict, par ma langue diserte,
A leur honte leur gain leur sera pure perte.

DOMINICQ.

Mon Amy, ie voudroy que l'on voulust plaider,
Iusques à me vouloir tout mon bien demander,
Et n'estre point gonflé du dueil qui me tourmente,
On a tué LOYAL, dont ie n'ay nulle attente
D'en auoir la raison sinon par ton moyen,
Tu connois icy pres vn homme homme de bien,
Qu'on appelle Magis, qui fouldre de science
Te pourra dire où est ce larron de finance,
Ce guetteur de chemins par qui i'ay tant de mal,
Ayant volé mon bien & massacré LOYAL.

GRIFFON.

Monsieur, si me croyez vous prendrez autre voye,
Elle est toute illicite, en elle on se foruoye.

DOMINICQ.

On ne s'y peut tromper: car si Magis ne sçait
Qui est ce fier larron, ie quitteray ce faict.

GRIFFON.

Comment le diroit-il? c'est vne grosse teste,
Vn homme mal formé qui n'est rien qu'vne beste.

VOVLY.

Ne le prenez pas là, le sage Socrates
Estoit tres-mal marqué & ses œuures parfaicts

Sont si resplendissans que c'est vne lumiere
D'alme Philosophie Amour plus singuliere,
Vn peintre contrefaict fait bien vn beau tableau,
Il vient bien de bon vin du fonds d'vn laid tonneau,
Qui est tout espeigné, tout pertuisé, tout sale,
N'assayons iugement sur vn visage palle
D'vn homme mal-basty, ne regardons l'ouurier,
Mais l'œuure seulement; on void l'arbre fruictier,
Bien qu'il soit laid, moussu, porter de bon fruictage.
Ne prenons garde au corps, contemplons son ouurage.

DOMINICQ.
Allez donc maintenant voir ce docte Magis,
Parlez luy de LOYAL, sçachez qui l'a occis.

GRIFFON.
Il vaudroit mieux ietter vne querimonie.

DOMINICQ.
Ceste longueur tient trop de la chiquanerie,
Hé! que sçait-on où est ce traistre sans pitié?
Puis il sçait bien qu'il est ia excommunié.

GRIFFON.
Mais il est tātost nuict. DOMI. Pren mō cheual d'Es-
Tu n'arresteras point de passer la cāpagne.   (pagne

GRIFFON.
Monsieur, ie suis d'aduis que faciez autrement,
On ne peut à son dire asseoir bon iugement.

DOMINICQ.
Selon qu'il vous dira i'ay assez de prudence
Pour gouuerner ce faict sans le mettre en balance
Des voix de la Iustice, & s'il est esclercy
Mon bras m'en vengera, n'en ayez donc soucy.

GRIFFON.
I'y vay donques Monsieur. DOMIN. Vostre mon-
  ture est preste.

GRIFFON.

Ie suis marry d'aller requerir vne beste;
Mais puis que le voulez il n'en faut plus parler.

DOMINICQ.

Fay ce que ie te dis, puis sans le reueler
Va où dira Magis, où mon espoir s'asseure,
Si la brunette nuict te surprend d'aduenture,
Tu ne sçaurois si tost venir au pont-leuis
Que tu ne face' ouurir la porte de Paris,
Qui te refuseroit il seroit mal-habile,
Tu y es reconnu comme enfant de la ville.

GRIFFON.

Ie m'en vay au galop cependant qu'il est iour,
Craignant le sanglant vol, ou l'ennuyeux destour,
En faict si chatouilleux il ne faut compagnie,
Ie suis ia pres du lieu, i'en voy la bergerie,
Pasteurs qui r'emmenez vos bestantes brebis,
Dictes moy, mes mignons, trouueray-ie au logis
Le tout sçauant Magis, dont i'ay beaucoup affaire?
Car il pare les coups de fortune aduersaire.

BERGERS.

Le voyla dans cest antre aupres de ce vallon,
Où il prend son plaisir d'entretenir Echon,
Qui par le doux murmur des gentilles Naiades
Respond plus plaisamment à ses chansons gaillardes.

GRIFFON.

Enfans vous dictes vray, c'est luy, ie le connois,
Mais il me faut haster qu'il n'eslongne le bois,
Holà hó! arrestez de grace, ie vous prie.

MAGIS.

Ie le veux, qui a-il? GRIF. C'est vostre preud'hômie,
Et le docte renom, gloire de vostre chef,
Qui m'ameine vers vous à cause d'vn mechef

Bb

Venu à vn seigneur par vne main cruelle,
Qui vollant a tué son seruiteur fidelle;
Mais il ne sçait qui c'est, ayant sur tout desir
D'en prendre la vengeance vn iour à son plaisir.

MAGIS.

Vous changez de discours & n'ay changé de teste,
Suis-ie pas mal-formé ? suis-ie pas vne beste ?
Griffon, vous l'auez dict. GRIF. Magis, pardonnez
MAGIS. (moy.

Vous l'auez dict deux fois; mais puis que i'apperçoy
Vostre desdict honteux auecque honneste amande,
Ie suis content, Griffon, ie feray ta demande,
Il ne faut pour cela inuocquer les Démons,
Ie sçay tout quand ie veux sans coniurations,
Ie fay trembler la terre à ma seule parole,
Nothus s'en va, s'en vient, & le grondant Æole,
Le passé m'est present, le futur i'appren bien,
Rien ne m'est inconneu : car ie n'ignore rien,
Tu le reconnoistras dés ceste nuict prochaine.
Va à Paris aupres du petit sainct Anthoine,
En vne hostelerie où pend le plat d'estain,
Tu verras Furcifer le meurtrier inhumain:
Car c'est en ce quenton que Venus la secrette
Fait ordinairement sa diuerse retraitte,
Deguisée elle y vient iouir de volupté,
Comme estant de Paris l'endroict plus escarté,
Dont par vn doulx exemple ou belles ou hideuses
Des Dames de ce lieu sont tousiours Amoureuses,
En ieunesse elles font le bel Astre iumeau,
Et seruent en vieillesse à tirer le rideau,
Que si sterilité estoit venue au monde,
En ce champ Anthonin elle seroit feconde.
Qui veult auoir lignée y face quelque væu,

Y offre sa chandelle, il en aura dans peu,
Nostre Dame d'argent est là qui fait merueille,
Elle est fertilement sur toute nompareille,
Et nul tant soit-il laid, difforme, au nez tortu,
Riand en sainct Medard, glorieux, sans vertu,
En ce lieu cul-butant n'aura la porte close,
Il sera bien venu (& si bien dire i'ose)
Que de Palefrenier il deuiendra seigneur
(l'enten bien riche en bien, & biē pauure en hōneur)
Tel s'aduance auiourd'huy & veult faire trophée
D'y acquerre le bruit de brayette eschauffée,
Les enfans Leopards conceus furtiuement
Pourront maſſonner là & forger sourdement,
Et-là leur mere là qui à d'autre est marastre,
Paſſant l'an cinquantiesme engendre le fillastre.
Cecy (voire au commun) veritable est trouué.
Or Furcifer ayant ce doulx air esprouué,
Apres auoir ioüé de l'or du brigandage,
Il ioindra gayement la belle Gonophage,
(Femme que tu connois) non par ce nom icy
Que ie luy ay donné, le meritant ainsi,
Puis tu te souuiendras pres le lict deshonneste
Que Magis au gros chef n'est rien moins qu'vne beste.

GRIFFON.
Magis, n'y pensez plus, non ie ne voudroy pas
Dire cela de vous, dont l'on doit faire cas,
Et quand ie l'auroy dict, voyez la repentance.
MAGIS.
Tu voudrois curieux n'auoir veu ma science.
GRIFFON.
Mais puis que m'aſſeurez de trouuer le voleur,
Ie n'en puis estre qu'aise, esperant vn bon heur:

Car ce n'est pas, Magis, vne pauure fortune
De prendre vn tel brigand auec tant de pecune,
Et si ie le rencontre asseurez vous, Magis,
Qu'on vous fera present qui sera de grand prix.

MAGIS.

Ce que ie vous ay dict sera veu veritable,
Vous en serez tesmoing & plus qu'autre croyable,
Pour ce beau don rien rien ie ne refuseray,
Il sera si subtil que ie ne le verray.

GRIFFON.

Ne vous mesfiez point de ma parole vraye,
Ie ne suis vn gausseur, ni vn donneur de baye.

MAGIS.

Bien, bien, ie n'en ay peur, i'en suis tout asseuré.

GRIFFON.

A Dieu donques, Magis, ie m'en vay, ie feray
Selon que m'auez dict. MAG. N'arrestez d'auātage
Car Furcifer demain monté à l'aduantage
Apres auoir ioüé auec l'Amour sans foy,
A ta honte, Griffon, par toy & maugré toy,
Se pourroit enfouyr, & si pourra encore
Faire enfermer le chef d'Amour qui le dédore.

GRIFFON.

O l'homme non mortel sur tous bien fortuné,
Quel esbahissement! quand il a deuiné
Les denigrans propos, l'iniure deshonneste,
Que i'auoy dict de luy l'appellant vne beste,
I'en ay dans l'estomach le sang encor glacé,
Et le poil en mon chef de merueille herissé;
Mais baste, c'est tout vn, i'auray tantost la bourse
C'est là où gist mon cœur : car c'est la viue source.
O qu'ardent de desir i'ay volé par chemin,
Ie suis ja pres la ville. Hò ! maistre Candelin,

TRAGICOMIQVE. 581

Ouurez viste la porte. CAND. Estes vous en la rue.
GRIFFON.
Nō nō ie veux entrer. CAND. Mais il est heure indue.
GRIFFON.
Hastez vous, mon Amy, n'entendez vous ma voix?
CANDELIN.
Si fay, Monsieur Griffon, ores ie vous connois,
Quel heur ou quel mal-heur maintenant vous incite?
Voyla la porte ouuerte, entrez & me le dicte.
Quoy? vous estes tout seul, où est vostre valet?
Vn tel homme que vous ne va iamais seulet,
Mesmemēt à telle heure, ô dieux! que pourroit-ce estre?
GRIFFON.
Tu le pourras tantost vrayement reconnoistre,
Vien t'en auecque moy, ameine aussi tes gens.
CANDELIN.
I'ay plus six loüagers Procureurs, & Sergens.
GRIFFON.
Que la chauue Déesse ores m'est opportune!
ARCQVIGVE.
» Pauure qui ne sçait pas sa prochaine infortune!
GRIFFON.
I'auoy besoin d'amis, mesme d'Huissiers Royaux,
Sans cercher i'en recouure amortissant mes maux;
Mais hastōs nous pour prēdre vn traistre sanguinaire.
» La celerité prompte est requise en affaire.
Allons droict chez HOSPES, mes Amis, suyuez moy,
Voyla la porte; HOSPES, ouurez de par le Roy.
HOSPES.
Hola! qu'est-ce que i'oy qui tabourde à ma porte
Si fort qu'il la romproit si elle n'estoit forte?
Seroit-ce point le guet poursuyuant les Matthois?
Non, c'est monsieur Griffon, c'est luy, i'entens sa voix.

Bb iij

Debout seruans, debout, sus que chacun se leue,
Comment ? seroit-ce luy? peut estre que ie resue,
S'amuseroit-il bien à battre le paué,
Luy qui est de nouueau soubs Hymen esclaué,
Ayant, comme l'on dict, femme belle & honneste,
Prou d'affaire chez luy sans qu'ailleurs il en queste?
Que feroit-il icy? mesme en l'ombreuse nuict
Vn tel homme ne va; mais on faict vn grand bruict,
Sçachons la verité, voyons par la fenestre
Qui rõpt là bas ma porte. GRIF. Ouurez viste ouurez
   maistre.

HOSPES.

L'on y va, l'on y va, quoy? c'est monsieur Griffon
L'Aduocat de la Cour, qui a tant de renom,
Que diantre me veult-il? ie n'ay point faict offence,
Et puis ce ne seroit à luy la connoissance.

GRIFFON.

Hospes, ie viens icy auec authorité,
A fin que me disiez tout hault la verité
Deuant les gens du Roy, le bras de la Iustice,
Ne déguisez donc rien, que l'on ne vous punisse,
Dy moy, as-tu ceans quelque passant caché?

HOSPES.

Ie ne recelle rien, mais vn homme est couché
Là hault auec sa femme, il a bien l'apparence
D'estre vaillant gend'arme, & a force finance,
Il n'a faict tout le soir que ioüer tref-beau ieu,
Il fait litiere d'or, beaucoup luy est vn peu,
Et gardez vous d'aller sans compagnie armée
L'attaquer orgueilleux en sa chambre fermée,
Il a le petrinal, postillon de la mort,
Le coutelas trenchant d'où l'estincelle sort.

CHICANOVX.

Ce n'est pas nostre estat d'assaillir, de combatre,
Pour n'estre que batus cela nous fait esbatre,
Tels coups sont nos moissons, c'est nostre bien urgent,
Nous nous faisons frotter pour auoir de l'argent,
Incitans nos voisins argenteux, choleriques,
Nous n'en sommes que mieux ayans telles pratiques,
Mais ce fier inconneu au lieu de nous bourrer,
Nous pourroit pistolant sur l'heure massacrer,
Ou bien nous donneroit vn traict de vieille escrime,
Cacre, il n'y fait pas bon. CAND. Mais il feroit vn cri-
CHICANOVX. (me.

Que s'en souciroit-il, il est prou criminel
Ayant vollé tant d'or par son meurtre cruel.

GRIFFON.

Si le laissions sauuer nous en serions en peine.
Il ne voudra tirer qu'à moy le Capitaine,
Puis nous le faisirons comme vn traistre ennemy,
Nous sommes plus de vingt contre vn hôme endormy,
Il est croyable, il dort las du jeu d'Amourette,
Il fust venu au bruict. CHI. Peut estre il nous aguette,
Il nous veult amorcer, bien que soyons beaucoup
Tât plus aura d'hôneur. GRI. I'auray le premier coup.

CHICANOVX.

Il pourra s'abuser, tirant en telle approche
Souuët le Ramier boult qu'ô vouloit mettre en broche.

GRIFFON.

„ En la riche entreprise on ne blasme iamais
„ Ceux qui veulent hardis faire de beaux effaicts.

CHICANOVX.

Mais nous ferez vous part de sa grande finance?

GRIFFON.

Vous en aurez, Messieurs, honneste recompence.

CHICANOVX.
Hazard, donnez dedans, tout beau, non faictes, non,
Contre vn feu canonnant ie sçay vne oraison.
CANDELIN.
Estant loing du combat elle cuitte l'oultrage.
CHICANOVX.
Beuuons donc du meilleur pour auoir bon courage.
GRIFFON.
Mais les grands bãqueteurs ne font pas grand effaict.
CHICANOVX.
Sommes nous conquerans? ce n'est pas nostre faict.
GRIFFON.
Nous les conquerons bien ou le bien qui leur reste.
CHICANOVX.
Ce n'est qu'auec la plume hors de danger moleste.
GRIFFON.
Messieurs, vous pourriez bien recouurir vn festin,
Mais non l'occasion d'vn si riche butin,
Que faictes vous tant là? quelle estrange rustrie?
Ie ne vous amenoy pour la friponnerie.

CHICANOVX.
Ca, ça, c'est prou humé, sus, boutons, allons tous,
Nous ne craignons plus rien si ce ne sont les coups,
Vous marcherez deuant, nous irons à vostre ombre,
Vostre sainct corcelet nous gardera d'encombre,
Et nos estocqs sacrez en pourront faire ainsi,
Ils n'ont iamais tué ni blessé, Dieu mercy,
Leurs impollutions nous seront fauorables,
Si nous ne les souillons nous ne serons coulpables,
Parlons superbement, mais ne deguaisnons pas
Craignans qu'aucun de nous n'encourust le trespas,
Resolution belle, & qui n'est temeraire.

GRIFFON.

Courage donc, allons, nous deuons ainsi faire,
Garçon tien mon cheual, qu'il ne faut débrider,
Ie l'enuoyray querir sans beaucoup retarder,
Allumons trois ou quatre esclairantes chandelles,
Si ce larron estoit caché dans les ruelles,
Nous le pourrons ainsi plus aisément trouuer,
Sans qu'il faille nos cœurs autrement esprouuer.

CHICANOVX.

Mais si l'huis est fermé? GRIF. Il faut que l'on le rō-
CHICANOVX. (pe.

Non, à fin que ce faict par mal-heur ne nous trompe,
Allons y bellement, & quand serons aupres
Pour mieux le faire ouurir faisons parler HOSPES.

GRIFFON.

I'approuue cest aduis, l'inuention est bonne.

HOSPES.

Pour couurir les glaçons de vostre ame poltronne,
Vous estes les plus forts dedans ceste maison,
Ie n'y seruiray point d'ombre de trahison.

GRIFFON.

Ce n'est pas trahison que faire prendre vn traistre.

HOSPES.

Mon logis est public où vn chacun peut estre.

GRIFFON.

C'est pour le bien public, il volle en tout cartier.

HOSPES.

Faictes en donc Iustice, est-ce à vn hostelier
De s'enquerir du monde allant en sa tauerne,
Quel il est, d'où il vient, comment il se gouuerne?
Cela ne se doit faire en vn logis commun,
Pour l'argent, sans s'enquerre, on reçoit vn chacun.

Bb v

GRIFFON.
Nous dirons que la force a ton ame contrainſte.
HOSPES.
Ie violeroy touſiours l'hoſpitalité ſainſte,
Qui me voudroit hanter? vn chacun à bon droiſt
Et mon logis infame on abomineroit.
GRIFFON.
Or ſus, de par le Roy ie vous le baille en garde,
Hé! liurez le moy donc, de peur qu'il ne s'euade,
Mettez-le entre mes mains, ie le garderay bien.
„ On n'eſt iamais comptable où l'on ne baille rien.
CHICANOVX.
Deſlogeons ou entrons, l'heure ſemble duiſable.
„ La chauue Occaſion n'eſt pas touſiours prenable.

GRIFFON.
Cà, nous ſommes tous pres, nul ne parle que moy,
Hola! mon compagnon, ouurez de par le Roy.
GONOPHAGE.
Hé Dieu! Monſieur, hé Dieu! ie ſuis femme perdue,
C'eſt mon mary qui parle, il vient pour ma venüe,
Par mal-heur, par hazard on l'a peu aduertir,
L'vn pour l'amour de l'autre ores pourra patir,
Ne nous laiſſons donc point. FVRC. Ce que tu dis peut
GONOPHAGE.   (eſtre.
Ce mot de compagnon ſe faiſt aſſez connoiſtre.
FVRCIFER.
Ou bien il ſe gendarme. GRIF. Auance toy d'ouurir.
FVRCIFER.
Atten, que ie m'habille. CHIC. Il en feroit mourir,
La porte enfoncera, pouf, la voyla tombée.
HOSPES.
Si iamais on a veu vne ame perturbée

TRAGICOMIQVE.

Il falloit voir GRIFFON sans combat combatu,
Voyant sa femme nue auprés l'huis abbatu,
Qui toute decoiffée à cause des delices
Qu'elle auoit pris la nuict en si doulx exercices,
A genoux iointes mains elle a lors supplié
Son badault de mary qu'il prinst d'elle pitié,
Qui tremblant, interdict de l'horrible infamie,
Ne sçauoit s'il estoit ou en mort ou en vie,
L'œil baissé taciturne on eust dict à le voir
D'vne idole sans poux qui ne se peut mouuoir,
Il n'a plus le desir en sa pensée auare
De prendre Furcifer : chacun qui se separe
D'vn desplaisant plaisir se contriste en riant,
On est aise & fasché de l'inconuenient.
Griffon luy, n'est plus luy, par l'estrange spectacle,
Il ne dict, ni ne faict : car ce triste miracle
Closoit la bouche à tous qui sont sortis de là,
Puis en fin souspirant au traistre ainsi parla.

GRIFFON.
Pourquoy rauissez-vous le cher honneur des Dames?

FVRCIFER.
Griffon, pour mō argent ie fay l'Amour aux femmes,
Ie ne les prends à force, & si ne m'enquiers pas
Si sont femmes d'Huissiers, ou femmes d'Aduocats,
Fust-ce vne grand' Princesse, où la grace s'expose,
„ Que l'or tout puissant vainc, puis qu'il vainc toute
„ Qui plº en a plus est, c'est l'Astre de la Cour, (chose,
„ Ie ne me souciroy de luy faire l'Amour.

CANDELIN.
Ce disant s'en alla sans auoir l'ame esmeüe
Monter sur le Genet qu'on tenoit en la rue,
Nul ne s'y opposa : car chacun escarté
De merueille surpris sembloit espouuenté.

Bb vj

Ceſt aſſeuré brigand ſi enflé d'artifice
Courut ſubitement aduertir la Iuſtice,
Offrant nombre d'eſcus diſoit qu'vn ruffien
Luy retenoit ſa femme & beaucoup de ſon bien.
Les courſiers ſouffle-fleux ne nous auoyent encore
Amené le tainct clair de la luiſante Aurore,
Qu'il euſt pluſieurs Sergens qu'il conduiſit ſoudain
Au logis remarqué qu'on nomme plat d'eſtain,
Où il trouua GRIFFON ſeulet les mains croiſées
Qu'il miſt au Four-l'Eueſque augmentant les riſées.
Dominicq ſceut de moy ceſte eſtrange rumeur,
Et voyant qu'il auoit mal-heur deſſus mal-heur,
Perdant ſon bon cheual l'eſlite de l'Eſpagne,
Il va dans la priſon, où ſeul ie l'accompagne,
Afin de voir GRIFFON, qui d'vn eſtonnement
(Dequoy l'on ne ſe doit esbahir nullement:
Car toutes femmes ſont au ieu d'Amour ſubjectes)
Auoit laiſſé ſauuer auec honteuſes pertes
Ce cruel ſcelerat digne de mille morts.

DOMINICQ.

Qui t'a mis là, Griffon? GRIF. Les trahiſſans efforts
Du meſchant Furcifer qui ſoubs vn faux entendre
Qu'il a faict à Iuſtice en ce lieu m'a faict rendre.

DOMINICQ.

Que ne le prenois-tu? tu auois prou d'amis.

GRIFFON.

Ie fu ſurpris, Monſieur. DOM. Dictes pluſtoſt ſot pris,
Mal-heureux; tu auois au bras de ta puiſſance
Le meurtrier, le larron ſi chargé de finance,
Le laſche ruffien qui a ſouillé ton lict,
Qui t'a vilipendé de ſon ſalle delict,
Et qui comme brauant la fortune hazardeuſe
T'a mis en la priſon vilainement hideuſe,

TRAGICOMIQVE. 589

Où tu deuois le mettre; ô pauure entrepreneur,
Tu fais perdre mon bien en perdant ton honneur.
GRIFFON.
„ L'honneur ne depend pas des feſſes d'vne femme.
DOMINICQ.
Si tu n'euſſes failly tu n'aurois point de blaſme.
GRIFFON.
„ L'on n'eſt maiſtre de ſoy au premier mouuement,
Telle apprehenſion ne ſe reigle aiſément,
Vne panique peur m'auoit l'ame occupée
En vn douteux aduis d'vne proſopopée.
DOMINICQ.
Ton eſpouuentement ne me ſatisfera.
GRIFFON.
Ie vous pay'ray cela que le cheual vaudra,
Du reſte excuſez moy, i'en porte aſſez la faute.
DOMINICQ.
Ie le veux, mais, GRIFFON, ayes l'ame plus caute.
GRIFFON.
Ces fiers euenemens ne ſont pas couſtumiers,
Et de garder l'effect des Amours iournaliers
(Compagnons feminins) on le tient impoſſible,
C'eſt choſe naturelle à la Cour remiſſible.
„ Le bruict eſt plus pechant que le meſme peché,
„ Qui doit eſtre touſiours ſecrettement caché.
S'il arriue autrement, là le mal-heur excede.
„ En l'extreſme mal-heur il n'y a nul remede.
Qui pourroit faire, ô dieux, qu'vn faict n'euſt point
Ainſi ie me conſole en mon aduerſité.   (eſté?
„ Nous ſommes tous pecheurs, la loy ne fauoriſe
„ L'homme plus que la femme incontinent eſpriſe.
Plus ie diffameroy ma femme mon eſmoy,
Ie me vergongneroy, ie ſeroy contre moy.

DOMINICQ.

Considerations, tu seras dict sage homme,
Et bon sur les bons IANS qu'à Paris on renomme,
Te sens-tu point attainct d'Amour indisposé,
Puis qu'en si grand combat tu parois appaisé?
Que s'il estoit ainsi i'auou'roy ton beau dire.
Qui fait quester le gueux? c'est qu'il n'a dequoy frire.

GRIFFON.

Ie ne vous respons rien. DOM. Qui se taist il consent.

GRIFFON.

Adieu, i'ay dict assez. DOM. Hà! la Cour vous entend,
Ie sçay que la gent basse au monde chicanique
Est plus actiue aux plaids qu'au combat Venerique.

CANDELIN.

Ainsi soubs faux espoir d'auoir quelques escus
Il s'est faict declarer Cocu sur tous Cocus.

DOMINICQ.

Mais d'auoir sottement mesprisé la science
Du sçauant des sçauans aigres à la vengeance,
Magis ce grand Magis eust faict prendre autre part
Par GRIFFON FVRCIFER detestable pendart,
GRIFFON au lieu de honte eust acquis vne gloire.
,, Il ne se faut mocquer des enfans de memoire,
,, N'oublians vn meffaict qu'vn autre eust oublié,
,, De loing il frappe pres d'vn coup si palié
,, Que l'on ne le void point encor que l'on le sente.

ARCQVIGVE.

Or tandis qu'on menoit GRIFFON en l'ombre lente
La ieune GONOPHAGE alla chez ses parens,
On laissa son mary prisonnier quelque temps:
Car pour couurir sa faute on sema renommée
Qu'il auoit presque helàs! son espouse assommée

Pour subject sans subject, & qu'ils ne vouloyët point
Endurer qu'on traittast leur parente en tel poinct.
Ce mary bon mary sans cholere oultrageuse
Desireux de sortir de la prison ombreuse
Iura à pere, à mere, aux parens desormais
Qu'il la mignoteroit sans l'offencer iamais,
Qu'au contraire il donnoit la licence à sa femme,
S'il la tençoit tant peu, ou s'il luy donnoit blasme,
De se refugier chez son pere benin:
Pour confirmer son dire il fist vn beau festin,
Delice sur delice estoit en ceste feste,
La plaisante Musique auec la dance honneste,
Les Dames de la Cour y venoyent pour baler,
Dont plusieurs grands seigneurs y voulurent aller.
Vn chacun pour l'Amour de sa Dame iolie
Faisoit quelque beau traict, & chacun à l'enuie
Le cartel, le deffy, le cimeterre nu,
La perleuse faueur d'vn moumon inconnu;
Bref l'honneur honora ce double mariage,
Puis la femme & l'espoux refirent bon mesnage.

Fin de la nouuelle Tragicomique.

ELEGIES AV ROY
TRES-CHRESTIEN.

Par le Capitaine Lasphrise.

ELEGIE PREMIERE.

NE pouuant, affligé par douleur continue,
Aller plus à la guerre où la gloire est conceüe,
Pour te faire seruice ainsi que ie seruois
Ton bon predecesseur, dernier des DE VALOIS,
Si ne veux-ie, mon Roy, demeurer inutile,
I'ay le vouloir trop braue & l'humeur trop habile,
Il est vray que ma main qui s'empourproit iadis
Au sang ambitieux des plus fiers ennemis,
Au lieu d'vn coutelas tient la plume legere,
Pour estre auant-coureuse & prompte messagere
De ton ardeur vaillante autant que la valeur,
Et que mon bel esprit suppléra à mon cœur,
Non point par vn default mais par vne impuissance
Contrainte du destin, forceant la resistance:
Si doncques dans ton camp tu n'auises mon corps,
Tu y verras l'esprit tenu des plus accords,
Cest esprit, mon esprit, qui celeste imagine,
Void (comme l'on void Dieu) ta Majesté diuine
D'vn œil ingenieux : car mes yeux, yeux d'Amour,
Ne te veirent iamais (desastre de leur iour)

Si ce n'est dans ma chambre en belle portraiture,
Ou en quelques testons par trop rare auanture,
Et voudrois que le Ciel t'eust donné le souhait,
De me faire ainsi voir plus souuent ton portrait,
En attendant ce bien que ma raison aspire,
Afin de suruenir à mon mal qui empire,
Ie veux, ne puis-ie pas? te renommer HENRY,
Fils aisné de Mauors, son cher mignon chery,
Qui comme vn grand Hercule as terrassé les môstres,
Qui en cent mille assaults & cent mille rencontres,
Par fer, par feu, par sang, par fouldre, par esclat,
Par esclair, par tonnerre, & par aspre combat,
Par miracle admiré, voire incomprehensible,
As esté la terreur du vainqueur plus terrible,
Mais il me faut en blot & non point éplucher,
Qui pourroit tes Palmiers infinis rechercher?
Aussi que ma CLION doulcement delicate
Ne sçauroit entonner tant d'honneur qu'on exalte,
Et que ie n'ay peu SIRE, approcher vigoureux,
De ton fer, de ton feu, de ton sang genereux,
Ton fouldre, ton esclat, ton esclair, ton tonnerre,
Ton combat, ton miracle, indicible en la guerre,
Toy qui en peu de temps as conquis indompté
Trois cents lieües au moins de païs reuolté,
Non comme ce Romain, qui plus par la fortune,
Vainquit vn Roy Gregeois gros d'auare rancune,
Tellement qu'il sembloit se plaindre du bon-heur,
Craignant qu'il eust la gloire, & non pas sa valeur,
Tu as forcé la force, & ton Laurier fleuronne,
(En despit du despit) sur l'or de ta Couronne,
Puis le bruit de ton los a puis-apres sousmis
A ta doulce mercy tes plus grands ennemis,
Dont ta clemence humaine, & ta vaillance iuste

Te feront bien-heureux dire vn nouuel Auguste,
Que si ton Alumelle eust plus loing flamboyé,
Pour ce Royaume vn cent tu aurois guerroyé,
T'ensceptrant tost, plus tost : car la guerre ciuile
Aux entrailles anchrée est la plus difficile.
Comme vn qui a chez soy plusieurs ennemis forts,
Est plus empesché qu'vn qui les void au dehors,
Et comme vn Medecin qui le dolent gouuerne,
Guerist l'exterieur mieux que le mal interne :
,, Ainsi, certes ainsi, la salle trahison
,, Est la plus redoutable, & mesme en la maison.
Tes Ayeux de grãd cœur ont l'honneur qu'on estime,
Ie te preuue mon Prince encor plus magnanime :
Car ils furent tous Roys par la grace de Dieu ;
Ma Muse apres mille ans apprendra en tout lieu
Que tu fus Roy de France, où ta gloire est campée,
Par la grace de Dieu, & par ta bonne espée.

ELEGIE DEVXIESME.

L'Habile qui par mer court tousiours la fortune
Peut mieux qu'autre parler du bisarre Neptune,
Qui sur tous les dangers paroist plus dangereux,
Par l'effroyable amas de ses flots montagneux :
Et si l'on ne craint tant la tourmente qui gronde,
Que la terre & le feu, bien que l'on soit sur l'onde :
Ainsi qui de tout temps se delecte au mestier
D'apprendre en apprenant, d'escrire, d'estudier,
Et qui n'a iamais faict autre plus digne chose,
Que composer en rime & composer en prose,

Pourra bien mieux que moy entonner vos combats,
Bien que si bien que moy ne les comprenne pas:
Car comme son estat est l'art du beau langage,
Le mien plus genereux c'est celuy du courage,
Où brusque i'ay paru gentillement nourry
Aux champs de Mars qui m'a ingratement chery,
Ne m'ayant rien donné pour l'heur de sa victoire
(Vermeille de mon sang) que l'acquest d'vne gloire,
Et qu'en son ost, ieunet, la gaillarde Eraton
Me voulut saluër, pour honorer mon nom.
C'est doncq pourquoy la belle Amoureuse & guerriere
Vous fait la reuerence auec humble priere
D'accepter ses doulx vers de telle volonté
Que s'ils estoyent enflez d'obscure grauité,
Imitant ce grand Roy trois fois grand Capitaine,
Qui prist d'aussi bon cœur vn peu d'eau de fontaine
Qu'vn pauure luy donnoit, que les dons precieux
Que luy auoyent offerts des Princes glorieux.
,, Qui presente son bien (bien que ce ne soit guiere)
,, De franche affection, d'vne ame toute entiere,
,, Il le faut reconnoistre & le gratifier:
,, Le plaisir dessert l'autre, on ne doibt l'oublier,
Mais moy chetif helas! qu'vn mal fait interdire,
Que le tombeau menace, hé! que feroy-ie SIRE,
Tout mon tout est si peu, si peu que ce n'est rien
Pour vous faire seruice, & si c'est tout mon bien,
Bien, bien petit pour vous, Roy bon Roy, magnanime,
Mais bien bien grãd pour moy qui tousiours vous esti-
Que si le ĵ..ĩ.. nalade appaisoit sa fureur,   (me,
Peut estre que ce bien se trouueroit meilleur:
Car il est pur & net, sans aucune malice,
S'ombrageant il n'emprunte vn manteau d'artifice,
Sa beauté naturelle est brillante sans fard,

„ Et la vraye nature est plus belle que l'Art.
Ma main accepte tout, mon cerueau ne dispute,
Ie reçoy ce qui vient, sans conseil i'execute,
La pensée effectue incontinent mes vers,
Dont ils voleront viste en cest ample Vniuers.
Et s'ils se trauailloyent ajoignant beautez iointes,
Comme aucuns que dorez ils s'orneroyent de pointes,
Mais ne voulant voir liure, & forcer mon humeur,
Mon humeur volontaire éprise de douleur
(Telle qui de marcher le plus souuent m'engarde)
Sans me peiner en rien ma Muse les mignarde,
Et ne leur siera mal de dire vos valeurs,
Et de chanter icy le miel de vos doulceurs.
Vous estes reconnu pour vn Dieu de la guerre:
Car par vous Mars Gaulois bien libre est ceste terre,
Nous n'y entendons plus les Canons fouldroyans,
Ni le cry des paysans tristement larmoyans,
Et au lieu des tambours, des phifres, des trompettes,
On oyt les flageolets, les hault-bois, les musettes,
Tout y rid vous loüant, il n'est petit Oyseau
Qui ne degoise icy, & le gazouil de l'eau.
Tantost l'heureux succez d'vne haulte entreprise
Fait egayer le Noble, & le Peuple, & l'Eglise,
Le bruit de vostre honneur n'apporte les regrets,
Rien que coups glorieux, que faueurs & qu'attraits,
Resiouyssant beaucoup vos sujects qui vous vantent:
„ Car quand le Chef sent mal tous les membres s'en
Que si le iuste espoir ne trompe ma raison, (sentent.
Et si le Ciel exauce encor mon Oraison,
Vous prendrez vos plaisirs en paix vniuerselle:
Desia le prime Amour qui l'âge renouuelle
Vient d'allumer chez vous son flamboyant flambeau
Par vne ayant le nom d'vn Ange le plus beau,

Vne vnique vrayment où la grace s'admire,
Qui vous faict ores plaire en vn plaisant martire.
„ L'association des guerres & d'Amours
„ Est (sur toutes beautez) aggreable tousiours,
Aussi que Mars n'est point sans la belle Cythere,
Comme vous l'excellez en son Art militaire:
Ainsi vostre ame, ainsi vostre sage Cypris
Oultre-passe Erycine, aime-dance, aime-rids.
Venus n'estoit que belle, & la vostre plus belle
Est chastement pudique à vostre ardeur fidelle,
Non pas sans beau suject : qu'eust-elle peu choisir
Qui luy donnast tel bien, tel honneur, tel plaisir?
I'ay sceu diuinement, gonflé de saincte flâme
(Luisante par la voix du prophete Anagramme)
Qu'il faut pour voir l'Amour doulcement soulager,
(NOBLE DESIR D'EBAT) LE ROY
 NV HEBERGER.

ELEGIE TROISIESME.

Qvi de son naturel s'est tousiours addonné
A faire voir son Art, auquel il estoit né,
Et qui l'a dignement çà & là faict connoistre,
Est bien marry alors qu'il deuroit plus paroistre,
Que par ie ne sçay quel mal-encontreux destin
Il ne le peut monstrer, menacé de sa fin.
Ainsi qu'vn marinier qui sur l'onde azurée
Dés son âge enfantin en diuerse contrée
Est sans trefue, vogant deuenu plus expert,
Et au port desiré par desastre il se pert:

AV ROY.

De mesmes moy guerrier conceu en temps de guerre,
Que i'ay tousiours cerchée & par mer & par terre,
Qu'en mille & mille hazards enflé d'vn braue cœur
I'ay faict luire l'orgueil de ma chaude valeur
Seulement pour plaisir qui est ma recompence,
Et maintenant qu'on void l'affaire d'importance,
Que vous auez besoing de François vrays François,
Ie ne puis, indispos, plus porter le harnois,
Qui me fait chagrigner d'vn chagrin si extresme,
Que ie veux mal-heureux si grãd mal à moy-mesme,
Que si en dueil si fier Dieu n'estoit mon appuy
Fortifiant mes sens, ie finirois d'ennuy.
Il m'en empesche donq', & l'heureuse memoire
Qui me resueille alors, d'estre gonflé de gloire,
Que vaillant i'ay conquise en l'honorable ranc
Par ma trenchante espée aux despens de mon sang.
Qui voudroit contredire à veritez si vrayes
Se trouueroit honteux voyant mes nobles playes.
Sans nulle excuse donq qu'on excuse mon mal,
Qui ne peut supporter vn labeur Martial,
Si est-ce que souuent ie m'irrite à ma veüe,
Disant ainsi : Mes yeux, que la Vertu salüe,
Que n'eustes vous ce bien ? pourquoy ne l'auez vous
D'auiser vostre Roy genereusement doulx ?
C'est luy, luy qu'apres Dieu vous deuez reconnoistre,
Il est vostre seigneur, vostre tout, vostre maistre.
Et puis en r'assemblant mes esprits esgarez
I'accuse iustement mes tourments desastrez,
„ Concluant qu'on ne peut iusques aux Cieux at-
taindre,
„ Et que nul ne sçauroit le fort destin contraindre.
PATIENCE ET COVRAGE en mon aduersité
Ie prens pour ma deuise attendant la santé,

Qui d'apparence helas! ne se monstre prochaine,
Sentant de iour en iour accroistre quelque peine
Vienne, ou ne vienne point, il faut, c'est la raison
Tandis que sang, nerf, veine, ont chez moy liaison,
Et que l'air poulmonnique évente encor mon ame,
Que de cent mille honneurs s'honore vostre flâme,
Belle ardeur qui fait luire Amour, Phebus, Mauors,
Sur tous autres grands Roys, cheris, doctes, & forts.

Fin des Elegies au Roy.

PARAPHRASE SVR LE CANTIQVE DES TROIS ENfans Saincts iettez dans la fournaise, pris du Grec du troisiesme chapitre de Daniel.

A Monsieur DES TOVSCHES Sigongnes.

DEs TOVSCHES, si le Ciel dés mõ adolescẽce
M'auoit gratifié de vostre connoissance,
   Alors que le sãg chaud, gaillard & vigoureux
M'enflamma galamment d'vn desir Amoureux,
Que le soucy rongeard ne chagrignoit ma face,
Que mon vueil & mon pied prenoyent pareille place,
Que ie n'estoy attainct d'aucun mal nuict ni iour
(Sinon forcé de Mars) que d'vn libre d'Amour,
Que le temps plus discret en la gendarmerie
Honoroit comme honneur ma genereuse vie,
Que fortune sembloit saluer mes beaux ans,
Braue entre les guerriers & entre Courtisans,
Bref que le seul plaisir estoit ma seule peine,
Soit en estant soldat, ou estant Capitaine:
» Car il n'est bien si doulx parmy les gens d'honneur
» Qu'acquerre de la gloire au glorieux labeur,
Vous eussiez (ô mon cœur) en ce temps regrettable
Sceu les dignes secrets de ma Muse aggreable,

Ce

Elle vous eust conté au vif ses passions,
Et eust receu de vous des consolations,
Oncques bisarrement ne se fust esgarée,
Dont sa beauté seroit d'auantage admirée :
Car ie puis dire icy mignon de verité,
Miracle de vertu, qu'il n'a iamais esté
Gentil-homme mieux nay, ayant plus de prudence,
D'amitié seruiable, & de riche Eloquence ;
Puis donques qu'il n'a pleu au ciel au large sein
M'estre si fauorable en mon âge serein,
Et qu'ayant pris congé de Clion non commune,
Par l'orde ingratitude & diuerse infortune,
Et qu'ores ie me voy beaucoup indisposé,
Que mon sang n'entreprend ce qu'il eust bien osé :
,, Car c'est au beau Printêps que la Muse est hardie,
,, En Automne, en Hyuer elle est appesantie,
,, Ou bien toute contente en doulx presens des cieux,
,, Ne voudroit receuoir aucun mal soucieux ;
Mais làs ! puis que la mienne est donc autrement née,
Voire qu'en sa bonté elle est infortunée,
Ne pouuant resister aux oppositions,
(Sans qui vous flamboyriez en ses affections)
Ie vous offre (ô mon ame) un bel ouurage antique,
C'est des trois enfans saincts le merueilleux Cantique.
Il aura plus de grace en mes carmes luisans :
,, (Car sans rime en Fráçois les cháts ne sont plaisans)
Dont ie m'esueille donc de mon vicieux somme,
Qui sorcier m'a rendu desastré Gentil-homme,
Pour prier l'Eternel qui prend soing des humains,
Luy qui les a formez de l'œuure de ses mains,
Qu'il nous vueille sauuer d'infortune mauuaise,
Comme il fist ces enfans estans dans la fournaise.

MIS EN LA FOVRNAISE. 603

De qui ie veux loüer l'inuiolable foy.
Nabuchodonosor le tres-inique Roy
Leur voulant fierement oster soudain la vie,
(Hà! qu'il est bien gardé qui au Seigneur se fie)
Ces enfans cheminoyent tout au trauers du feu,
L'vn d'eux (Azaria) loüangeoit ainsi Dieu,
Benist sois-tu (dict-il) Dieu paternel loüable,
Digne d'estre honoré de gloire perdurable,
Tu es plein de Iustice, en ce que tu nous fais,
Ta voye est toute droicte, & tes iugemens vrays,
Ce que tu enuoyas au séjour de noz peres
Fust la punition de tes iustes choleres,
A cause des pechez que faisions maintesfois,
Contreuenans Seigneur à tes diuines loix;
Nous reuoltans vers toy nous faisions grande faulte,
Nous n'auons escouté ta diuinité haulte,
Nous n'auôs point suyuy ton sainct commandement,
A fin qu'il nous aduinst des biens entierement;
Tu as donc bien iugé, Seigneur, en toutes choses,
Que tu as faict venir, ô Dieu qui tout disposes,
Nous liurant maintenant entre noz ennemis
Tres-meschans & sans loy d'vn traistre Roy garnis,
Voire iniuste vrayment plus qu'autre de la terre,
Nous ne pouuons parler, nostre bouche est en serre.
Quelle confusion deuant tes seruiteurs!
Quel opprobre! ô mô Dieu, Seigneur sur tous seigneurs,
Nous te prions qu'ainsi ne facions demourance,
Pour l'honneur de ton nom, ne rompts ton alliance,
Ta doulceur ne retire, ô support eternel,
A cause d'Abraham, d'Isaac, & d'Israël,
Qui sont tes bien-aimez comme l'on peut connoistre,
Ausquels tu as promis que tu ferois accroistre

Cc ij

Comme sable au riuage & comme estoille aux cieux,
Leur semence & cela qui se procréroit d'eux:
Car nous diminuons par nostre erreur immonde,
Nous sommes auiourd'huy les plus petits du monde,
Il n'est ores Prophete ou gouuerneur aucun
Qui t'offre oblation, sacrifice ou parfun,
Nous n'auõs lieu, Seigneur, par noz mal-heureux vi-
Où sçachiõs presenter deuant toy les premices,   (ces,
Nostre cœur ne peut estre ainsi fauorisé;
Mais làs! reçoy nostre ame & nostre esprit brisé,
Comme auec l'holocauste à la mode ancienne
Des Taureaux, des Aigneaux, des Moutõs portet-lai-
Tout de mesme auiourd'huy deuant ta Deité   (ne,
Ce parfaict sacrifice ores soit presenté,
Et la confusion n'aura pas de puissance
Pour ceux-là qui en toy ont toute leur fiance,
Ores nous te suyuons d'vn cœur tref-genereux,
Nous te craignons beaucoup, nous demandõs tes yeux,
Ne nous confons donc point, mais auec nous accorde,
Selon l'humble grandeur de ta misericorde,
Selon tes merueilleux ouurages de renom,
Deliure nous Seigneur donnans gloire à ton nom,
A fin que tous ceux-là qui font souffrir des peines
A tous tes seruiteurs (playes trop inhumaines)
Par ton pouuoir tref-grand soyent maintenant rendus
Sans force, sans ardeur, honteusement confus,
Connoissans que tu es le Seigneur magnifique,
Le Dieu plus glorieux, le souuerain vnique.
Les Registes tandis qui les auoyent iettez
Ne cessoyent d'allumer ce lieu de tous costez,
De Nepthe, de serment, & de poix, & d'estouppes,
(Que Dieu fait biẽ cõnoistre à vn chacun ses coulpes)

Or la flame sortoit d'vne ardente fureur
Par dessus la fournaise, & de telle grandeur,
Qu'elle contenoit bien quarante neuf couldées,
Qui pres d'elle brusla ces mal-heureux Chaldées;
Mais l'Ange du Seigneur descendit en ce lieu,
Et d'aupres ces enfans chassa le cruel feu,
Faisant en ce fourneau comme vn eueux Zephyre,
Tellement que l'ardeur ne les peut iamais nuire,
Approcher, ne toucher, molester nullement,
Dont tous trois d'vne voix loüoyēt Dieu haultement,
Disans : O Seigneur Dieu, ô Dieu des Peres nostres,
Ton sainct nom soit sans cesse exalté sur tous autres,
Benist sois-tu au temple, & ta grand' Majesté
Soit tresglorifiée en toute eternité;
Toy qui vois cest abysme, & qui t'assiez au reste
Dessus les Cherubins, toy au throsne celeste
Benist sois-tu Seigneur, & sainctement loüé,
Chanté, glorifié, & tousiours aduoüé;
Vous œuures de celuy qui a puissance entiere
Vous neige blanchissante, & ciel porte-lumiere,
Et vous haultaines eaux, pures vertus encor,
Vous astre flamboyant Soleil aux cheueux d'or,
Vous Lune, vous Estoille, & vous pluye & rosée,
Vous vent, vous feu, vous froid, vous beau temps, vous
    broüée,
Nuicts, iours, glace pleuuante, & vous tōnant esclair,
Vous terre & vous nuage, & vous gresle, & vous air,
Vous ô grande montagne, & vous ô vous petite,
Vous choses qui germez sur terre où l'on habite,
Vous fontaines, vous mer, vous poissons dans les eaux,
Et vous oiseaux du ciel, vous bestes, vous trouppeaux,
Vous tous qui demeurez dans ceste masse ronde,
           C c iij

Vous qui estes là hault, vous qui estes sous l'onde,
Vous fils de l'homme aussi, vous Israël, & vous
(Vrays Sacrificateurs du Souuerain tres-doux)
Vous tous ses seruiteurs, & vous tres-iustes ames,
Vous tres-humbles de cœur, espris de sainctes flames,
Et vous Ananias, & vous Azaria,
Et vous ô Misaël, (leur bouche ainsi pria)
Benissez Dieu vous tous, collaudez-le sans cesse,
Et par dessus tout autre exaltez son Altesse:
Car il nous a sauuez du sepulchre mortel,
De la fureur du feu (chastiment criminel)
Confessez qu'il est bon & remply de clemence,
Vous ses fidelles serfs loüez son excellence,
Comme le Dieu des Dieux priez le incessamment:
Car sa misericorde est eternellement.

Fin du Cantique des trois enfans Sainctz.

CANTIQUE DE LA VIERGE MARIE.

En S. Luc 1.

MON ame estime haultement le Seigneur
Et mon esprit s'esgaye en mon Sauueur,
Parce qu'il veid l'humblesse en sa seruante,
Voyla comment pour estre humiliante
D'oresnauant toute posterité
Renommera ma grand' felicité:
Car Dieu par moy a faict œuure admirable,
Son Nom est sainct, sa grace est pitoyable
De race en race enuers ceux qui l'ont craint,
Son bras puissant a le superbe attaint
Pour le penser de son cœur plein d'audace,
Il a les grands deboutez de leur place,
Il a supresme esleué les petits,
Il a de biens les affamez remplis,
Et delaissant le riche miserable,
Il a receu Israël seruiable,
Se souuenant de sa doulce mercy,
A nos Ayeulx il l'auoit dict ainsi,
A Abraham & à tout son lignage,
Qui auec luy dureront d'âge en âge.

Ces six Sonnets suyuans sont les dernie-
res œuures qu'a faict l'Autheur
en extremité de maladie.

Miseres de sa Vie.

I.

DANS mō berceau le poipre enflāma sa furie,
Trois ou quatre ans apres mon pere trespassa,
Puis la guerre venant nos biens appetissa,
Et m'osta du College où reluisoit ma vie.
I'eu des traistres procés, i'ay combatu l'enuie,
Neptune plus d'vn an pauurement m'oppressa,
De pierres, fer & feu le fier Mars me blessa,
Obeyssant soldat, & ayant compagnie.
I'eu des sanglans debas, Courtisan i'ay pené,
Et furieux d'Amour trois ans passionné,
Vne dissenterie autant me fut cruelle.
I'eu fiebures, rumes, goute, vne colique aussi,
Dont deux mois sans dormir i'eu l'extresme soucy,
I'ay perdu mes plus chers & de ma parentelle.

II.

COmme le pot feslé estant contregardé
Ne laisse de seruir à faire bon potage,
Mais s'il est transporté en diuers païsage,
Par desastre on le rompt en estant mal gardé.
Ainsi quand ie suis ore en santé mignardé
Ie pourray bien nourrir, aider à l'Amy sage,
Non à Mars, m'eslongnant à l'abandon volage
Du temps qui m'abbatroit si i'estoy hazardé.

J'ay un rume oultrageux que ie pi euoy ma lame,
Il m'oultrage si fort que souuent ie me pasme,
Ne pouuant dégorger la glace de son flux.
Aux iambes vn catarre enflant d'enflures fieres,
Renouuellant les maux de mes playes guerrieres,
Dont ie suis presque ainsi que si ie n'estoy plus.

III.

LAs! où est le beau tēps que l'hyuer m'estoit doulx,
Que mille & mille fois i'ay couché à la pluye,
N'ayant bougé vingt ans de la gendarmerie,
Que penible guerrier on m'estimoit sur tous?
Làs! où est le beau temps que les trauaux, les coups
Me sembloyent gracieux glorifiant ma vie,
Que ie n'estoy attainct d'aucune maladie,
Sinon forcé de Mars qui m'honoroit resoubs?
Làs! où est le beau temps que courant la fortune
Ie n'estimoy que moy sain, dispos, gaillard, ieune,
Ayant ma doulce mere & ma treschere sœur
Dont le ciel m'a priué pour me combler d'encombre?
Beaux tēps où estes vous, & vous robuste humeur?
Làs! vous estes coulez me laissant cāme vn ombre.

IIII.

IE rēds grace au bō Dieu d'estre hōme qu'on honore,
Dont le viste penser, dont le long souuenir,
Le vray songe & raison luy semble entretenir
Quelque affinité haulte enuers luy que i'adore.
Ie rends grace au bō Dieu que dés ma tendre Aurore
I'appris en mille endroits à bien viure & mourir,
Ie rends grace au bon Dieu de m'auoir faict guerir
Des douleurs & des coups dont ie me ressens ore.

Ie rends grace au bon Dieu que par mon dur labeur
 I'ay en ma petitesse entre grands pleins d'honneur
 Compagnonné habile estant conneu loüable,
N'ayant la conscience & le cœur entaché;
 Et rends grace au bõ Dieu que nul ne m'a fasché,
 Qui s'en soit resiouy tant fust-il redoutable.

V.

A La guerre ieunet l'Amour m'a inspiré,
 Si bien que bon Poëte il me fist sans estude,
 Les miens & mes Amis en ont beatitude,
 I'ay embelly le beau du desir desiré.
I'ay long temps Capitaine & soldat enduré,
 I'ay franchy l'Ocean, i'ay eu diuers coup rude,
 I'ay franc gratifié maugré l'ingratitude,
 I'ay desensewely le mortel esgaré.
I'ay mocqué le mocquable, & bafoüé le vice,
 I'ay braué les mal-heurs, i'ay plaudé l'Iniustice,
 I'ay conscientieux craint Dieu entierement;
Et gentil Gentil-homme ay vescu sans diffamᵉ.
 Quelque humain puisse dõc pres de mõ monument
 D'vn souspir arrousé reuerer ma belle ame.

ORAISON POVR DIRE EN AFFLICTION de maladie.

SEVL SAVVEVR des humains, ne permets que le sang,
Qui iuste ruissela de ton precieux flanc,
Soit sans cause versé pour moy qui te reuere;
Et toy, PERE ETERNEL, ne me sois point seuere,
Voudrois-tu? ne defaicts la façon de ta main,
Qu'elle n'aye chetiue esté formée en vain,
L'ouurier ne rompt son œuure encore qu'il le blesse,
L'homme est ton bel ouurage & ton idée expresse,
Ne l'extermine donc bien qu'il t'aye offensé,
I'auoüe auoir mal faict, mal dict, & mal pensé,
Ie m'accuse pecheur, & d'ame repentante
Ie te prie oublier ma faute desplaisante.

Oraison Chrestienne pour dire en mourant.

VI.

SEIGNEUR, qui de là hault le beau Soleil envoye,
   Dont la lampe allumée accroist tout icy bas,
Ie te prie, ETERNEL, assiste à mon trespas,
A fin qu'en ce danger mon ame ne foruoye.
Que i'aille droictement dans ton estroite voye
   Deroutant de Satan les horribles pourchas,
Pour marcher doncques bien, pour ne m'esgarer pas
Fay que ton sainct Esprit dans les cieux me conuoye.
Misericorde, ô DIEV, pardonne à mes erreurs,
Ie m'en repens en cris, en tourmens, & en pleurs,
Et ma constante foy est en toy seul fondée.
Que mon dernier souspir vante ta TRINITÉ,
Reçoy ce qui est tien à ceste extremité,
Cherissant par IESVS mon ame ton idée.

Fautes suruenues en l'impreßion.

Page 7. Sonnet 7. au vers 6. *qui m'englace.* lisez, *qui m'enlaſſe.* p. 12. S. 16. v. 3. *paroiſtra-il.* lisez, *paroiſtrat'il.* & ainſi en ſemblables occurrences de mots. p. 13. S. 17. v. 3. *qui m'enuie.* lisez, *qui m'ennuye.* p. 16. Chanſon 2. v. 17. *voſtre faueur.* lisez, *ceſte faueur.* p. 20. Ch. 3. v. 11. *mais l'inſomne.* lisez *l'inſomne.* p. 22. Ch. 5. v. 4. *Ha deſaſtrée.* lisez, *deſaſtré.* p. 30. S. 28. v. 1. *Vien çà.* lisez, *Vien.* p. 44. S. 43. v. 8. *& comme vn criminel.* lisez, *priſonnier.* p. 45. S. 44. v. 1. *trouues-tu.* lisez, *trouuez vous.* p. 53. S. 60. v. 10. *ne m'en empeſcheront.* lisez, *ne t'en empeſcheront.* p. 59. Ch. 15. v. 17. *la nuict.* lisez, *le iour.* p. 61. S. 67. v. 12. *ardeur maline.* lisez, *inſine.* p. 63. v. 12. *eſperance,* lisez, *apparence.* p. 66. Ch. 17. v. 21. *egayer,* lisez, *eſgarer.* p. 67. en la meſme Ch. v. pen. *ou de quelqu'autre encombre.* lisez, *ou bien de quelque encombre.* p. 68. S. 73. v. 8. *ennuier.* lisez, *annuiter.* p. 74. S. 86. v. 1. *fiere.* lisez, *frere.* p. 75. S. 88. v. 4. *les blafardes.* lisez, *tes blafardes.* p. 80. S. 98. v. 8. *inſtamment.* lisez, *iuſtement.* p. 84. en l'Elegie, v. 16. *il ne bouge d'vn lieu.* lisez, *il ne voyage point.* p. 92. S. 100. v. 13. *ou* DANIAY, lisez, DV DANION. p. 93. S. 103. v. 5. *& Roy.* lisez, *& voy Agamemnon.* p. 94. S. 107. v. 3. *vetiſt.* lisez, *netiſt.* p. 98. Ch. 18. v. 8. *qu'elles chantent.* lisez, *qu'elle chante.* p. 105. S. 122. v. 12. *de ſon Amour.* lisez, *de ſon ardeur.* p. 111. S. 132. v. 4. *pour les.* lisez, *par les.* p. 114. S. 139. v. 2 *haſtant.* lisez, *baſtant.* p. 119. Ch. 21. v. 11. *que la rage.* lisez, *que*

ta rage. p. 125. v. 1. *Tu t'enquiers, mes Amours.*
lisez, *Tu t'enquiers, mon Amour.* p. 130. S. 162.
v. 11. DE HOVRCHES. lisez, DE CHOVR-
CES. p. 146. S. 2. *mon honneur temeraire.* lisez,
mon humeur. p. 151. S. 12. au dernier vers. *Ne*
medites. lisez, *Ne medisez.* p. 158. Eleg. v. 26. *depuis*
trois mois. lisez, *depuis dix mois.* p. 164. S. 21. v. 9.
cerueaux. lisez, *cerceaux.* p. 173. S. 37. v. 10. *qu'vn*
loup. lisez, *qu'vn clou.* p. 174. S. 39. v. 12. *affligez.*
lisez, *offencez.* p. 185. St. v. 10. *enfermée.* lisez, *fer-*
mée. p. 188. S. 47. v. 8. *ces draps.* lisez, *les draps.*
p. 191. Ch. 9. v. 23. *mes Amourettes.* lisez, *les A-*
mourettes. p. 203. S. 70. v. 11. *Me fust.* lisez, *Ne*
fust. p. 226. S. 107. v. 5. *ennuyeux.* lisez, *enuieux.*
p. 230. S. 115. v. 14. *à soy.* lisez, *à toy.* p. 231. S. 117.
v. 9. *Ay-ie eu.* lisez, *ay-ie E'eu.* p. 232. S. 119. v. 8.
s'ennuye. lisez, *s'enuie.* p. 236. S. 127. v. 6. *beson-*
gnes penibles. lisez, *besongnes fertiles.* p. 259. S. 164.
v. 7. *Ni mesme de Lupin.* lisez, *Ni son* MIDAS *son*
cœur par sa richesse blonde. p. 265. S. 168. v. 5. *ame.*
lisez, *arme.* p. 271. St. v. 4. *duisable.* lisez, *conue-*
nable. p. 276. v. 18. *hazard.* lisez, *iasard.* p. 284.
v. 3. *doulces malices.* lisez, *doulce malice.* p. 288.
v. 29. *sienne.* lisez, *saine.* p. 290. v. 14. *porte-paix.*
lisez, *portent paix.* p. 293. v. 1. *le grand peché.*
lisez, *son grand peché.* p. 294. v. 27. *seiournoit.*
lisez, *s'aiournoit.* p. 300. v. 8. *douleur.* lisez, *doul-*
ceur. p. 303. v. 6. *ennuyeux.* lisez, *enuieux.* p. 307.
v. 1. *quæ dat.* lisez, *quæ das.* & au dernier vers,
quæ Phrygijs. lisez, *quæ fugis.* p. 317. S. 10. v. 6. *ie*
laue. lisez, *ie leue.* p. 348. v. 2. *par fois.* lisez, *par*
foy. p. 358. v. 23. *meditez.* lisez, *medisez.* p. 364.
v. 19. *defroque.* lisez, *defrousle.* p. 365. v. 11. *la gra-*

pe. lisez, la rape. ibid. v. 27. regrain. lisez, regain. p. 365. v. 8. d'estache. lisez, d'atache. ibid. v. 29. entendre. lisez, estendre. p. 368. v. 23. laine, lisez, l'aigne. p. 373. v. 9. empescher. lisez, empeser. p. 375. v. 24. foureau. lisez, fourneau. 377. v. 9. faim. lisez, fin. p. 384. v. 14. doulcurs. lisez, doulceurs. p. 392. v. 28. simple Amour. lisez, simple humeur. p. 394. v. 1. elle put. lisez, elle sceut. p. 394. v. 8. Ie n'en ay qu'assez dict. lisez, Tesmoing S. Iean Baptiste. En fin que l'on côtemple. p. 396. v. 10. infame paruinst. lisez, y paruinst. p. 401. v. 10. ne soyez. lisez, ne soyons. p. 406. v. 4. tristesses. lisez, trauerses. p. 430. Ch. 4. v. 30. leur Amour. lisez, nostre Amour. p. 434. S. 32. v. 10. le coüard. lisez, soldat. p. 444. S. 44. v. 12. Cosme. lisez, comme. p. 445. S. 46. v. 5. par raison. lisez, pour. p. 447. S. 51. de Bouteuile. lisez, à Bouteuille. p. 448. S. 52. v. 12. fault. lisez, fait. p. 460. v. 2. groubvo. lisez, gruob. p. 473. v. 3. chanter. lisez, hanter. ibid. v. 7. iour traistrement peruers. lisez, iour maudict par mes vers. p. 508. v. 27. viure. lisez, vaincre. p. 512. v. 27. de s'aduouer. lisez, desaduouer. p. 513. S. 124. v. 11. en plume. lisez, & plume. p. 522. v. 14. m'embasme. lisez, m'enflamme. p. 529. v. 26. Mes nepueux. lisez, les nepueux. p. 536. v. 26. cercher. lisez, charger. p. 537. v. 14. ame. lisez, alme. p. 560. v. 13. Tout le monde. lisez, Plus le monde. p. 562. S. 3. v. 8. nostro pere. lisez, nostre mere.

www.ingramcontent.com/pod-product-compliance
Lightning Source LLC
Chambersburg PA
CBHW071157230426
43668CB00009B/989